남북관계의 이해

경희대학교 국제학연구원은 정치학, 경제학, 경영학을 아우르는 국제학 연구의 산실이다. 1997년 사회과학정책연구원으로 설립, 2012년 국제학연구원으로 개명하였다. 학술회의, 세미나, 수요포럼과 공동연구를 통해 국제학 연구와 교육의 중심이 되고자 노력하고 있으며, 기관 학술지 Asian Journal of International Studies를 발간하고 있다. 향후 "동아시아의 평화와 발전"을 화두로 동아시아 지역연구의 발전과 지식 네트워크의 형성에 주력할 예정이다. 국제학연구원 학술총서는 국제학연구원의 연구 성과를 모으고 확산시키고자 하는 의도에서 기획되었다.

남북관계의 이해

UNDERSTANDING INTER-KOREAN RELATIONS

우승지 지음

경희대학교 출판문화원

머리말

미국에서 학위를 받고 귀국한 지 벌써 15년 이상의 세월이 훌쩍 지났다. 외교안보연구원(현 국립외교원)과 경희대학교에 재직하면서 학술지 등에 출간한 논문 10여 편을 모아 이번에 단행본으로 출간하게 되었다. 연구 성과라고 하기에는 너무 미비하지만 그간의 학술활동을 정리하고 향후 10년의 연구 방향을 잡는 데 도움이 될 것이라고 판단하여 경희대학교 국제학연구원 학술총서로 펴낸다.

그동안 필자는 북한정치와 남북관계에 초점을 두고 글을 써 왔기에 책의 이름을 『남북관계의 이해』로 정했다. 총 4부로 구성되어 있으며, 1부는 남북관계 연구의 쟁점과 과제, 2부는 냉전 시기 남북관계의 이해, 3부는 탈냉전 시기 북한의 대전략, 4부는 북한문제의 해법에 대해 다루고 있다. 북한문제와 남북관계의 성격에 대한 이해를 도모하는 것이 이 책의 기획 의도이다.

1부에는 남북관계 60년사, 남북관계 연구, 북한 인권문제 연구와 관련된 이슈와 쟁점을 살피는 글을 실었다. 남북관계사를 어떻게 접근할 것인가에 대해 고민하고, 남북관계 연구 관련 주요 과제들을 점검해 보고자 한다. 2부에서는 데탕트 시기 남북화해와 한미동맹의 동학을 점검한다. 남과 북 갈등의 역사에서 예외적으로 벌어진 데탕트 시기 해빙의 동학과 그 과정이 한미동맹에 미친 영향을 살펴본다. 탈냉전 시기 남북화해의 연구는 미래의 숙제로 남겨 놓는다.

3부에서는 탈냉전 공간에서 북한의 핵전략과 대남전략의 기본성격을 고찰하고, 북한이 국제질서를 어떻게 인식하고 있으며 생존을 위해 주변국과 어떤 관계를 맺고 있는지를 연구한다. 4부에서는 북한 국가 또는 체제의 성격을 구명하는 글, 북한의 선진화 또는 정상국가화를 위해 북한 스스로 선택해야 하는 노정과 우리가 실천해야 할 과제에 대한 내용이 담긴 글을 읽는다. 북한 인식론과 북한문제 해결을 위한 우리의 해법을 모색해 보는 공간이다.

1부 1장 '남북관계 60년'에서는 1948년부터 2008년까지 남북관계 60년사를 분단확정기(1948-1953), 냉전기(1954-1987), 탈냉전기(1988-2008)로 크게 분류하여 고찰한다. 냉전기는 다시 전후복구기, 냉전기, 데탕트 시기, 신냉전기로, 탈냉전기는 다시 냉전의 해체기와 포용과 핵협상기로 세분화된다. 필자는 2018년 현재 시점에서 지난 70년의 남북관계사를 48체제 시기, 61체제 시기, 87체제 시기로 새롭게 나눈다. 48체제(1948-1961)는 건국, 한국전쟁, 전후재건의 시기로 북한의 군사력 우세, 경제력 경합의 특징을 보이며, 61체제(1961-1987)는 남한에 군사정부가 들어서고, 북한에 유일체제가 공고화되는 시기로, 유신과 유일의 대결이 펼쳐졌던 공간이다. 이 시기는 남한과 북한 사이 국력의 전이가 발생한 시기이기도 하다. 87체제(1987-현재)는 한국의 민주화와 북한의 선군화가 진행된 시기로, 한국의 체제우위에 대해 북한이 핵과 미사일 무장으로 맞서고 있다.

1부 2장 '남북관계 연구'에서는 그동안의 연구를 국제정치이론, 남북화해, 남북갈등, 경제협력, 북핵, 평화, 인권 등의 주제로 나누어 살펴보고 있다. 이 글에서 필자는 특정 정책이나 특정 이념에 치우친 '바람개비 같은 북한 담론'의 문제점을 지적하면서 남북관계사를 재료로 한 새로운 이론과 개념의 생산을 주문한다. 1부 3장 '북한 인권문제 연구의 쟁점과 과제'에서는 인권개념의 보편성과 문화적 상대성에 대한 논의부터 시작하여 북한인권 침해의 증거, 원인, 해법 등에 대해 고찰하고 있다. 필자는 북한인권 문제의 기원과 관련 내인과 외인을 함께 살펴야 하며, 문제해결을 위해 평화와 인권 사이에 선후를 두기보다는 병렬적으로 해법을 찾아야 한다는 입장을 개진하고 있다.

2부 4장 '데탕트 시기 남북화해'에서는 진화기대이론의 관점을 적용해 남북대화의 원인을 외적 위협의 변화, 레짐 성향의 변화, 경쟁 능력의 변화, 제3자의 압력, 경영 능력, 상호성에서 찾는다. 필자는 현재 충격, 지배연합의 변화, 위협인식의 변화, 전략적 이해계산으로 구성되는 보다 간소화된 모델로 숙적 간 화해의 동학을 설명하려는 작업을 진행 중이다. 내외 충격과 새로운 지배연합의 등장이 위협인식과 전략적 이해의 변화를 초래해 숙적 사이 화해의 공간이 열린다는 주장이다. 2부 5장 '남북화해와 한미동맹'에서는 데탕트 시기 남북대화의 과정에서 동맹국 미국이 어떤 영향을 주고받았는지에 대해 관심을 두고 살핀다. 여기에서 이 글은 한미동맹을 설득, 편승, 모방, 포기의 두려움, 동맹의 관리 측면에서 다룬다.

3부 6장 '2·13합의 이후 북한의 핵전략과 대남전략'에서는 2007년의 공간에서 북한이 핵을 협상용으로 이용하고 있다는 논지를 비판하면서 북한의 궁극적 목적이 핵무장에 있다는 점을 적시하고 있다. 한편 북한과 미국이 협상을 벌여 일정 수준 북한의 핵무력을 제한/동결할 가능성을 열어 두고 있다. 북한은 기회의 창이 열리면 민족공조 차원에서 남북관계를 이용, 대미 협상에서 유리한 위치를 점하려는 의도를 드러냈으며, 2018년 현재 시점에서 북한의 핵미사일 전력 강화로부터 한국의 안전보장을 확보하는 방안을 진지하게 고민하지 않으면 안 된다. 자체 핵무장 또는 미국의 전술핵 재배치 없이 남북 간의 군사력 불균형을 해소할 방법이 있는가? 미사일 방어에는 어느 정도의 경비와 노력을 쏟을 것인가? 북한의 핵무장이라는 공간에서 대북 포용정책은 어떤 모습을 가져야 하는가? 자주국방과 미국의 핵우산 어디에 더 방점을 둘 것인가? 한민족의 생존과 번영을 위한 중요한 질문들이다.

3부 7장 '김정일 시대 북한의 국제관계론'은 북한이 세계정치를 어떤 시각으로 바라보는가의 질문에 대한 필자 나름의 답변이다. 북한의 세계관은 현실주의적 성격과 제국주의론 중심의 마르크스·레닌주의에 기반하고 있으며 국가, 권력, 갈등 위주의 인식은 북한식 현실주의를 나타낸다. 국제관계를 자주세력과 제국주의 세력 간의 투쟁으로 인식하는 부분은 마르크시즘의 영향을 보여주고 있다. 핵무장을 축으로 미국과 대치하고 있는 오늘의 북한 정권으로부터 세계관의 '신사고'는 아직 기대하기 힘든 부분이다.

1990년대와 2000년대 북한은 '고난의 행군'을 거치면서 국가 존망의 위기에 빠졌다. 주요 후원국 소련, 중국과 거리가 소원해졌고, 우방(友邦) 동구 사회주의국가들은 사라져 갔다. 소련의 몰락과 거듭된 자연재해로 경제는 날로 피폐해졌다. 김일성 사후 북한이 내우외환 속에서 생존을 위해 국제사회와 맺은 의존의 네트워크를 3부 8장에서 추적하고 있다. 여기에서는 국제기구, 비정부기구, 국가를 아우르는 국제사회의 원조 그물망 현황을 살핀 후 북한이 수직적 의존 네트워크를 탈피하고, 수평적 상생의 네트워크로 나올 것을 주문하고 있다.

4부 9장에서는 국가 성격과 관련하여 북한이 현상유지 국가인가, 현상타파 국가인가라는 질문을 던진다. 한 국가가 양국 사이 권위, 영토 분배에 불만을 품고 군사력의 사용을 통해 현 상태를 변경하려고 시도하느냐, 기존 세력균형 분배에 불만을 품고 군사적 세력균형 재분배를 통해 이를 변경하려고 하느냐의 기준을 제시한 후, 북한이 경제와 복지의 후퇴를 감내하며, 한정된 자원을 핵과 미사일 전력 강화에 집중 투자하여 남북한 사이 세력균형을 역전시키려는 현상타파적 성격을 보이고 있다고 주장한다. 김정은 집권 이후 북한의 현상타파적 성향은 오히려 강화되는 추세를 보이고 있다.

4부 10장은 북한이 '요새국가'에서 '수륙양용국가'로 거듭나기 위한 조언을 담고 있다. 선진화 방안은 1단계(체제 모순이 심화되는 쇠퇴의 시기), 2단계(계몽수령이 등장하는 과도기적인 이행기, 부분적 개혁과 개방 선택), 3단계(선부와 선민의 근본적 변화의 시기)의 점진적 개혁노선을 이상적인 모델로 제시한다. 가장 실현성이 높은 시나리오라기보다 우리의 관점에서 덜 충격적이며, 상대적으로 바람직한 시나리오의 제시라고 보면 된다.

4부 11장 '북한문제와 창조적 관여'는 향후 대북정책의 기본 방향이 관여의 포기가 아닌 관여의 진화여야 함을 명시하고, 일방적 압박과 일방적 양보를 벗어나 과거 정책의 장점들을 보완, 심화시키는 방향으로 나아갈 것을 주문하고 있다. 이 글은 새로운 관여의 원칙으로 열린 사고와 유연성, 적극적 자세와 전략적 관여, 공진화(共進化)와 복합적 방법론을, 실천과제로 북한의 선민노선 유도, 사회통합, 평화의 정착, 주변국과 공조, 남북한과 주변을 잇는 네트워크 형성을 들고 있다.

출판을 맡아 준 경희대학교 출판문화원, 편집과 교정을 도와준 박경희, 최사라 연구원에게 감사한다. 그간 학은을 베풀어 준 서울대학교 외교학과 선생님들, 학연을 맺어 준 외교안보연구원 선배, 동료 교수들과 경희대학교 선배, 동료 교수들에게도 감사의 뜻을 전한다. 특히 석사학위논문을 지도해 준 하용출 선생님과 박사학위 논문을 지도해 준 윌리엄 톰슨(William R. Thompson) 교수님의 고마움을 잊을 수 없다. 블루밍턴, 사당, 죽전의 여정을 함께 한 아내 민정, 두 딸 시원과 정원에게 기대와 설렘으로 앞으로 여정도 함께 할 것을 약속하며 글을 맺는다.

차례

제 1 부

남북관계 연구의 쟁점과 과제

제1장
남북관계 60년: 1948-2008*

1. 서론

건국 60년이 되는 2008년은 한반도에 남북국 시대가 도래한 지 60년이 되는 해이다. 이 글은 1948년부터 2008년까지 한반도의 분단사를 정리, 해석, 음미하려는 목적을 갖고 있다.

한국의 현대사는 곧 분단사였다. 일본 제국주의로부터 해방된 이후 한반도에는 대한민국과 조선민주주의인민공화국의 대립되는 두 정체가 등장하였다. 분단의 배경에는 미군과 소련군의 진주와 더불어 일제 시기 국내 세력의 이념적 · 정치적 군웅할거(群雄割據)가 자리 잡고 있었다. 남북국 시대의 등장과 거의 동시에 한반도는 김일성 정권의 무력에 의한 통일 시도에 의해 전화(戰禍)에 휘말리게 된다. 미군과 중국 자원군의 참전으로 국제전이 되어버린 한국전쟁은 3년여의 공방 끝에 휴전협정과 함께 끝이 난다.

한국전쟁으로 공고화된 한반도의 남북 간 숙적관계는 이후 냉전이라는

---

* 이 글은 『국제 · 지역연구』(17권 2호, 2008년 여름, 121-156쪽)에 발표했던 논문을 수정 · 보완한 것이다.

외적 환경 아래 배양되었으며, 갈등과 위기의 시기를 거치며 성숙되어 갔다. 남과 북 사이에는 때로 긴장완화의 순간들도 있었다. 탈냉전 이후 교류협력의 시도 등 냉전 시기에 비해 괄목할 만한 협력의 증가가 목도되기도 하였다. 그러나 2000년을 전후하여 나타난 남북협력의 신장에도 한반도의 정세는 아직 평화공존의 시기나 숙적관계의 해체기에 접어들지 못하고 있다.

이 글은 지난 60년의 남북국 시대의 흐름을 진화기대이론(evolutionary expectancy theory)의 틀이 강조하는 몇몇 변수들을 중심으로 하여 협력과 갈등의 순환이라는 관점에서 조명하게 될 것이다. 국제정치이론에서 숙적관계 연구와 관련하여 제시된 이론을 통하여 남북한 숙적관계의 협력과 갈등을 하나의 단일한 분석틀을 가지고 설명하고자 한다.

2. 연구방법 및 구성

1) 관련 이론

남북관계는 서로를 숙적(rival)으로 보는 숙적관계(rivalry)로 요약된다. 한 쌍의 숙적으로 구성되는 숙적관계는 경쟁자 신분(competitor status), 위협인식(threat perception), 적 신분(enemy status)의 세 구성요소를 공유하고 있다.[1] 두 숙적들은 상대방을 안보상의 위협으로 인식하고 있으며, 정치적 영향력 또는

1 William R. Thompson, "Identifying Rivals and Rivalries in World Politics," *International Studies Quarterly*, 45, 2001, p. 560. 딜과 거츠(Diehl and Goertz)는 이와 달리 숙적관계를 "양자가 모두, 다소 규칙적으로, 군사적 위협과 무력을 사용하고 또한 군사적 차원에서 외교정책을 형성하는 두 국가 사이의 관계"라고 정의한다. 톰슨의 정의는 정책결정자의 인식을 중요시하며, 딜과 거츠의 정의는 군사적 수단의 사용이라는 사실을 강조한다(Paul F. Diehl and Gary Goertz, *War and Peace in International Rivalry* (Ann Arbor: The University of Michigan Press, 2000), p. 4). 필자는 숙적관계의 핵심이 위협인식과 기대의 변화에 있다는 점에 주목, 톰슨의 정의를 따른다.

종교의 확산과 같은 무형의 자산이나 영토 또는 자원과 같은 유형의 자산을 배타적으로 점유하기 위한 갈등적 관계에 있다. 국제정치학에서 숙적의 탄생과 소멸은 제국의 명멸만큼이나 중요한 의미와 영향력을 지닌다. 무릇 전쟁과 평화의 외교사는 숙적들의 흥망성쇠의 역사(歷史) 또는 적자생존의 기록(記錄)이라고 할 수 있다.

숙적끼리의 상호작용에는 여느 국가 간의 상호관계와는 다른 특별함이 있다. 숙적은 상대편의 행위와 전략에 대해 선입견을 가지고 바라보며, 정형화된 이미지의 틀을 갖고 상대의 외교행위에 의미를 부여한다. 서로에 대한 편견은 숙적 사이의 갈등을 상승(escalation)시키는 윤활유 역할을 한다. 숙적관계에 있는 두 국가는 다른 상황에 있는 국가군(群)에 비해 무력충돌이나 전쟁에 휘말릴 가능성이 더 높은 것으로 조사되고 있다.[2]

한번 형성된 숙적관계는 반복과 상승을 거쳐 '중독(addiction)'의 면모를 지니게 된다. 즉 숙적 간 상호작용의 현재는 과거에 구속되며, 현재는 또한 미래를 상당 부분 규정하게 된다. 학습과 사회화 과정을 통해 숙적관계는 한 세대에서 다음 세대로 세습되며, 이러한 차원에서 지구력(持久力)을 갖고 있다고 볼 수 있다. 숙적관계 모드는 비교적 길게 지속되는 안정성을 가지지만, 정치적 충격 등의 외부의 변수가 작용하면 평형이 깨지고 한동안 불안정한 상태를 유지하다가 다시 새로운 균형점을 찾게 된다. 결국, 숙적관계의 기본적 성격은 점진적으로 변화하기보다 불규칙적으로 지속과 급변의 순환

2 John A. Vasquez, "Distinguishing Rivals That Go to War from Those That Do Not: A Quantitative Comparative Case Study of the Two Paths to War," *International Studies Quarterly*, 40, 1996; Karen Rasler and William R. Thompson, "Explaining Rivalry Escalation to War: Space, Position, and Contiguity in the Major Power Subsystem," *International Studies Quarterly*, 44, 2000.

과정을 거치게 된다는 것이다.

숙적끼리의 상호작용은 분쟁, 갈등, 전쟁을 동반하기 마련이나 때로 태풍의 눈과 같은 데탕트, 긴장완화, 화해의 시간을 갖게 만들기도 한다. 숙적관계는 탄생, 성장, 성숙, 쇠퇴 또는 소멸의 진화적 과정을 거치며, 때로 전쟁, 내전, 쿠데타 등 국제적 또는 국내적 사변의 영향으로 갑자기 나타났다가 갑자기 사라지기도 한다. 숙적관계는 폭력적이지 않은 방법, 즉 전략적 이해관계의 변화, 평화 지도자의 등장, 외교적 협상과 흥정 등에 의해 풀리기도 한다. 숙적관계에 있는 지도자들이 다른 위협 또는 국내적 문제에 몰두할 경우, 오랜 시간에 걸쳐 무관심 속에 천천히 소멸되기도 한다. 이러한 경우 숙적관계의 지속 여부가 관찰자들에게는 불분명한 회색지대로 나타나기도 한다.

이 글은 남북관계 역사의 협력과 갈등의 순환을 보여주게 될 것이다. 그러나 설명변수를 취사선택함에 있어, 연구주제에 대한 접근 태도에 있어 현실주의, 자유주의, 마르크시즘 등 기존 패러다임에 얽매이지 않는 태도로 연구주제에 접근하고자 한다. 물론 구미학계의 정통 패러다임들이 국제정치의 현실을 이해하고 설명하는 데 많은 도움을 준 것이 사실이고, 이들이 아직도 적실성을 갖고 있음을 부인할 수 없다. 그러나 다른 한편으로 현실의 총체적, 입체적 이해의 작업에서 이들 패러다임 또는 이들에 기초한 이론들이 불편한 갑옷 또는 족쇄의 역할을 하게 되는 경우도 종종 있다. 하나의 패러다임 또는 이론이 현실의 특정 측면만을 부각시키고, 다른 각도에서 이해를 방해하는 부작용을 빚기도 한다. 최근 '분석적 절충주의(analytical eclecticism)'가 바람을 타는 것도 특정 패러다임에 갇힌 사고에서 벗어나 보다 자유롭게 현실을 바라보고, 새로운 해석의 틀을 꾸미고 싶은 희망에서 비롯된 것이라고 볼 수 있다.[3]

이 글은 '진화기대이론(evolutionary expectancy theory)'에 기반을 두고 있으며, 국내정치의 영역에서 국내 행위자들이 국가기구와 권력을 쟁취하기 위해 서로 투쟁하고 협조하는 다원적 모델을 취한다. 여러 국내 행위자들은 자신들의 자원과 능력을 바탕으로 스스로의 이익을 추구하기도 하며, 때로는 다른 행위자와 합종연횡을 통해 힘을 기르기도 한다. 성공적인 연합을 형성한 그룹이 정권을 탈취, 국가운영을 맡게 되며, 이 국가의 외교정책을 좌우하게 된다. 진화기대이론은 신현실주의와 신자유주의가 공유하고 있는 합리성에 대해서도 반대 입장을 분명히 한다. 정책결정자가 자신의 선호도에 대해 모호한 입장만을 가질 수 있는 가능성과 불완전한 정보, 부족한 시간의 환경 속에서 의사결정이 이루어지는 경우를 염두에 두고 있는 것이다. 이 이론에 따르면 외교정책의 결정은 합리적 선택보다는 시행착오의 과정에 가깝다. 행위자는 주변환경의 조건에 적응하려고 노력하는 동시에 정책의 실행을 통해 새로운 환경의 조성에 공헌하며, 그렇게 하여 변화된 현실은 또 다른 선택과 실천을 위한 배경이 된다. 선택의 반복을 통해 행위자는 숙련되고 노련해지지만 때로는 계속해서 어긋난 선택을 하기도 한다.[4]

숙적관계의 탄생과 소멸에는 '정치적 충격(political shock)'이 긴요하게 작용을 한다. 국제체제의 진화, 체제 기본 단위의 성격 변화(예를 들면 도시국가에서 민족국가로의 변화 등), 제국의 탄생과 소멸, 숙적관계의 생로병사에는 곧 외부

---

3 Peter J. Katzenstein and Nobuo Okawara, "Japan, Asian-Pacific Security, and the Case for Analytical Eclecticism," *International Security*, 26(3), 2001/02; Robert Jervis, "Theories of War in an Era of Leading-Power Peace," *American Political Science Review*, 96(1), 2002; David Shambaugh, "Asia in Transition: The Evolving Regional Order," *Current History*, April 2006.

4 William R. Thompson, "Explaining Rivalry Termination in Contemporary Eastern Eurasia with Evolutionary Expectancy Theory," Paper Presented at the Annual Meeting of the International Studies Association, Hawaii, 2005.

의 충격이 주요 역할을 한다는 것이다. 숙적관계는 갈등, 협력, 위기, 전쟁으로 구성되어 있는 생사(生死)의 주기를 가지고 있으며, 숙적은 서로를 국가안보의 치명적인 위협 요소로 간주한다. 이렇게 한번 형성된 상대방에 대한 기대(expectation)는 쉽게 변하지 않는다. 기대의 변화(expectancy revision)는 충격을 필요로 하며, 진화기대이론은 유형상 외적 위협 인식(external threat perception)의 변화, 레짐 성향 또는 전략(regime orientation/strategy)의 변화, 경쟁능력(competitive ability)의 변화, 국내자원의 위기(domestic resource crisis)를 중요시한다.[5] 본고는 이 네 변수를 중심으로 남북 숙적관계의 탄생과 협력과 갈등의 순환을 설명하게 될 것이다.

2) 시기 구분

이 글은 1948(또는 1945)년부터 2008년까지 즉 건국 이후부터 오늘날까지 한국 현대사 60년을 연구대상으로 한다. 60년이라는 세월은 물리적으로 2세대를 거치는 기간이며, 국제정치적으로 냉전과 탈냉전의 기간이기도 하다. 냉전의 존속과 해체가 국내외적으로 한국 정치, 경제, 사회에 미친 영향에 주목하면서 본 연구는 남북국 시대 60년사를 크게 분단확정기(1945-1953), 냉전기(1954-1987), 탈냉전기(1988-2008)로 삼분하고자 한다.[6]

지난 60여 년의 남북 숙적관계는 위협 인식의 변화, 경쟁 능력의 변화, 신지도부 국가전략의 변화와 함께 많은 굴곡을 겪었다. 해방 이후 남과 북에는 각각 '탐험선국가(voyager state)'와 '요새국가(fortress state or castle state)'가 탄생

5 Thompson, 2005.

6 통일노력60년 발간위원회, 『하늘길 땅길 바닷길 열어 통일로』(서울: 통일부, 2005)의 시대구분 삼분법을 따랐다.

하였다. 탐험선국가는 외부세계와 인적·지적·물질적 소통과 교류를 중시하며 상호의존과 대외지향적 경제개발전략을 추구하는 해양친화적 국가를 의미하며, 요새국가는 정권안보를 국가의 제일목표로 삼고 자주, 자위, 자립에 의존하는 대륙친화적 국가를 의미한다.

표 1. 탐험선국가 대 요새국가

탐험선국가(voyager state)	요새국가(fortress state)
해양국가(sea power) 지향성	대륙국가(land power) 지향성
상호의존(interdependence)을 중시	자주(independence)를 중시
군부 엘리트, 해외 유학파 중심의 지배세력 구성	항일 유격대, 국내파 중심의 지배세력 구성
대외지향적 경제발전 추구	자력갱생과 자립경제 추구

대한민국 첫 정권인 이승만 정부의 등장과 함께 한국에는 탐험선국가가 등장하였고, 박정희의 군사 쿠데타 이후 국가의 외부지향성, 해양지향성이 심화되었다. 탐험선국가는 차츰 미국, 일본의 해양국가와 전략적 협력관계를 형성해 나갔으며, 자신을 해양국으로 인식하였다. 북한의 존재와 이념적 격리로 대륙 또는 대륙국가와의 직접적 소통의 길이 막힘으로써 해양성은 고착화·재강화되었다. 군사정권 시절에는 조직화된 군부 엘리트와 더불어 해외에서 교육을 받고 사회화를 거친 유학생 집단이 권력의 핵으로 등장하였다. 탐험선국가는 자주와 자립보다는 상호의존의 확대를 통하여 근대화 과업과 근대국가의 공고화 작업을 수행했으며, 자본, 시장, 자원 획득을 위해 대외교역, 인력수출, 해외투자, 해외사업 수주 등 외부지향성을 보여주었다. 탐험선국가의 경우, 민간독재 세력이 주축이 되어 건국의 과업을, 군부독재 세력이 중심이 되어 산업화 과업을 달성하였고, 이제 민주화세력에 의한 선진화, 강국화(强國化), 남북통합의 과업이 수행되고 있다.

북한에는 김일성 항일 유격대 중심의 정권 형성과 더불어 요새국가가 등장하였다. 요새국가는 소련, 중국의 사회주의국가와 전략적 협력관계를 형성하였으며, 대륙국가들은 권력의 집중, 권위주의적 문화, 정치와 이념의 우위와 경제의 종속이라는 공통성을 향유하게 되었다. 일본 제국주의 시절, 만주 벌판에서 무력 항쟁을 하던 유격대 집단이 차례로 국내파, 연안파, 소련파의 도전을 물리치고 요새국가 권력의 중추를 형성하였는데, 이것은 군부, 일본 유학생, 미국 유학생 중심의 엘리트 그룹을 형성한 탐험선국가의 경우와는 판이했다. 이 국가들은 정치적, 경제적 종속을 경계하여 자립경제, 독자노선 등 자주적이고 내부지향적인 정책을 추진하였다. 요새국가는 김일성의 정권 탄생기인 48체제, 주체사상과 김일성 개인숭배가 공고화되는 68체제 또는 유일체제, 탈냉전 이후 김정일 정권의 형성기인 98체제 또는 선군체제로 나누어 볼 수 있다.

지배연합의 변화는 전략의 변화, 추구하는 핵심 가치의 변화를 가져온다. 이것은 다시 상대방에 대한 새로운 정책과 노선의 추구로 이어질 것이다. 남북관계는 건국부터 한국전쟁 휴전까지의 분단 확정기에 이어, 전후 냉전 시기를 이승만 대통령과 김일성의 대립 시기, 박정희 쿠데타 이후 1960년대 시기, 1970년대 데탕트 시기, 1980년대 전두환 정부에 의한 군부 통치의 연장 시기로 세분할 수 있고, 이어지는 탈냉전 시기는 1987년 이후 민주화와 냉전의 해체가 진행된 시기, 1998년 이후 남한에 김대중, 노무현 대통령이 연이어 대북 포용정책을 실시하고, 북한에 김정일 정권이 들어서 '민족공조'를 강조한 시기로 나눌 수 있다.

일본 제국주의가 물러난 힘의 공백에 미국군과 소련군이 진주하고 남과 북에 별개의 정권이 들어서면서 남북 숙적관계가 형성되었다. 남과 북은 숙적의 탄생과 거의 동시에 전쟁을 경험하였고, 이 경험은 다시 숙적관계를 공

표 2. 시기구분과 특징

시기구분		한국의 대북노선	북한의 대남노선	주요 사건	특징
분단 확정기		북진통일론	민주기지론	분단과 건국, 한국전쟁	숙적관계의 탄생, 숙적의 격돌, 숙적관계의 공고화
냉전기	전후복구기	전후복구에 치중	전후복구에 치중	한미동맹 형성, 북한 국유화집단화 완성	이승만과 김일성의 대립
냉전기	냉전기	선건설, 후통일론	남조선 혁명론	한일기본협정, 월남 파병, 한국 군부 쿠데타, 북한 소련, 중국과 동맹 형성, 북한 4대 군사노선 채택, 푸에블로호 피랍 사건, 청와대 습격기도 사건	박정희와 김일성의 대립
냉전기	데탕트 시기	대화 추구 후 대립으로 회귀	대화 추구 후 대결노선으로 회귀, 미국과 직접 협상 선호	7·4공동성명, 땅굴 발견, 판문점 미루나무 절단 사건	일시 대화 후 대립으로 회귀
냉전기	신냉전기	대결과 대화 병행	대결과 대화 병행	북한의 대남 수해지원, 랭군 폭파사건, 대한항공 폭파사건	전두환 군부통치 연장, 한국의 점진적 민주화
탈냉전기	냉전의 해체기	북방정책	방어적 대화	남북기본합의서, 북핵 위기	화해 추구, 북핵문제 발생
탈냉전기	포용과 핵협상기	대북 포용정책	민족공조론	2000년 남북 정상회담, 북한 핵실험, 2007년 남북 정상회담	숙적관계의 긴장완화, 핵과 인권을 둘러싼 공방

고히 하는 역할을 수행하였다. 60년대에 등장한 박정희 정부는 통일문제보다 근대화 문제에 국력을 집중하였으며, 이러한 전략은 어느 정도 성과를 거두었다. 한편, 김일성 정권은 이 시기 경제와 국방을 동시에 발전시키는 전략을 채택하였으며, 이 선택은 훗날 경제성장에 부담을 주는 부메랑으로 돌아오게 되었다.

1970년대 데탕트 시기 남과 북은 국제적인 화해 무드에 발맞추어 직접대화의 형식으로 짧지만 강렬한 인상을 남긴 한반도의 미니 데탕트를 연출했다. 1980년대까지 이어지던 남과 북의 팽팽한 대결은 80년대 후반 남과 북의 세력균형 붕괴, 한국의 민주화, 냉전체제 해체의 '쓰나미(tsunami)'를 만나면서 그 성격에 변화를 경험하게 된다. 김일성 정권이 황혼기에 접어든 무렵 세계사회주의권이 붕괴하는 외적 환경에서 김일성은 수세적 입장에서 한국과 대화전략을 취했고, 그 결과로 나온 것이 '남북기본합의서'였다. 이후에도 북한의 국력은 경제난, 외화난, 식량난에서 볼 수 있듯이 급전직하하게 된다.

탈냉전의 시기 두 숙적의 경쟁능력이 크게 불균형을 이룬 상태에서 레짐 성향의 변화가 남북관계의 질을 결정하는 변수로 떠오르게 된다. 김정일의 98체제는 세력 불균형을 절대무기의 개발과 보유로 일시에 해결하려 하였으며, 미국과의 협상을 통해 외교적 고립과 체제 위협 요인을 제거하려 시도하고 있다. 반핵에 가치를 둔 김영삼 정부에서 남북관계는 시련을 겪었으며, 화해를 우선시한 김대중 정부에서는 몇 번의 군사적 위기 발발에도 불구하고 남북관계가 양적인 성장을 이루었다. 한국은 김대중, 노무현 대통령 아래 지속적으로 대북 포용정책을 실천하였고, 북한은 98체제 아래 체제보위를 최우선 가치로 내걸고 남한의 호의와 자본을 활용하는 '실리주의적 연합전선전술'을 실행에 옮기고 있다. 현재 남북관계는 교류협력의 진전과 핵, 인권을 둘러싼 갈등이 겹쳐진 이중주의 면모를 보이고 있으며, 이러한 복잡한 단계가 지속될지, 결정적인 숙적관계 해소의 길로 접어들지는 아직 판단하기 힘들다.

3. 분단 확정기의 남북관계

20세기 전반부 두 차례의 세계대전은 기존 국제질서를 붕괴시켰으며, 새로운 질서를 탄생시키는 기폭제 역할을 하였다. 선발주자인 영국 중심의 세계질서에 대한 유럽 대륙 후발주자 독일의 도전은 모두 실패로 끝났다. 18세기와 19세기 지구의 바다를 호령하던 대영제국의 국력은 세계대전을 겪으면서 무디어졌고, 서반구의 신생독립국 미국이 세계 정치와 경제를 주무르는 '팍스 아메리카나(Pax Americana)' 시대가 개막되었다.

2차 세계대전 또는 태평양전쟁의 정치적 충격으로 동아시아 지역질서는 크게 요동쳤다. 서구 제국주의의 침투가 끝이 나고, 일본의 제국주의적 세력권 또한 사라졌다. 일본제국이 꿈꾼 대동아공영권은 태평양전쟁에서 미국이 승리하고, 히로시마와 나가사키에 원자폭탄이 투하됨으로써 허무하게 무너졌다. 종전과 함께 이 지역의 세력균형을 좌지우지했던 일본과 중국의 숙적관계, 일본과 러시아의 숙적관계, 일본과 미국의 숙적관계는 일거에 정리되었다. 일본은 미국 점령기를 거치면서 민주주의 국가로 거듭났으며, 미일 안보동맹이 일본의 안보를 지키는 방패가 되었다. 결국 일본과 소련, 일본과 중국의 전통적인 숙적관계는 당분간 수면 아래로 잠수, 휴지기(동면기)에 들어선 반면 소련과 미국, 그리고 조금 뒤늦게 한국전쟁과 맞물려서, 중국과 미국의 새로운 숙적관계가 대두하였다. 소련과 미국의 숙적관계는 냉전 내내 지속된 반면, 중국과 미국의 숙적관계는 한국전쟁의 악연에도 불구하고 1960년대 후반부터 해빙기를 맞이한다. 두 사회주의 강대국 소련과 중국 사이에도 1950년대 후반 숙적관계가 형성되어 그 갈등이 천안문 사태 무렵까지 지속되었다.

위에서 언급한 숙적들이 지역질서에서 우위를 점하기 위한 '위상형 숙적관계(positional rivalry)'인데 비해 동북아시아에는 특정 공간에 대한 배타적인 점유를 꿈꾸는 '공간형 숙적관계(spatial rivalry)'가 탄생했으니 그것은 대만-중국, 한국-북한의 숙적관계였다. 이들의 대결구도는 냉전 시기 동구 사회주의 진영 대 서구 민주주의 진영과 일치하면서, 민족적 성격과 동시에 국제적인 성격도 지니게 되었다.

일본제국주의가 물러간 공백으로 미군과 소련군이 진주하면서 해방과 더불어 한반도는 분단이 되었다. 2차 세계대전의 승전국들은 '보호'라는 명목으로 일정 기간 한반도를 대리통치할 계획을 세웠으나, 소련이 예상보다 빨리 이 지역에 진출하여 한반도 전체를 점령할 가능성이 커지자 급히 분할점령으로 세력권을 분할하는 쪽으로 방향을 틀었다. 38선을 기선으로 서구진영과 동구진영의 세력균형이 이루어진 것이다. 미국에게 이러한 분할은 일본에 대해 배타적인 점령을 보장해 주는 방파제 역할을 하게 만드는 계기가 되었다.

1948년 8월 15일 대한민국이 수립되고, 그로부터 약 3주 남짓 지난 9월 9일 조선민주주의인민공화국이 수립되었다. 2차 세계대전과 새로운 세력균형의 형성이라는 정치적 충격으로 한반도에 숙적관계가 탄생한 것이다. 이승만이 이끄는 남한 정부와 김일성이 이끄는 북한 정부는 각각 '북진통일론'과 '민주기지론'을 내세우며 한반도에 대한 배타적 지배 욕구를 감추지 않았다. 양측이 모두 공세적 전략을 갖고 있었음에도 그러한 의도를 실천에 옮길 수 있는 실천력을 가진 것은 북한뿐이었다. 김일성 정권은 해방 이후 소련이 제공한 무기와 일제와 투쟁을 통해 단련된 군사력을 보유하고 있었다. 일제 시기 일본이 북쪽에 주로 남긴 산업 능력 또한 한반도의 힘의 불균형에 이바지하였다.

1950년 6월 하순 만주 항일 빨치산이 중심이 되어 탄생한 김일성 정권은

'남조선 해방'의 기치 아래 무력으로 한반도를 통일하려고 시도하였다. 초반 북한의 우세는 유엔군의 참전으로 유엔군 우위로 역전되었다가 중국의 참전으로 차츰 평형을 유지하게 된다.[7] 1953년 종전으로 한반도의 정치지형은 '전쟁 이전의 상태(status quo antebellum)'로 복귀하였으며, 전쟁은 숙적관계를 공고화시켰(rivalry consolidation)다. 냉전체제의 형성은 한반도의 국내, 국제정치적 삶을 크게 규정했을 뿐 아니라, 역으로 남북한 분단체제가 역으로 국제질서의 동서 대결구도를 확대재생산하는 데 기여하기도 하였다.

4. 냉전기의 남북관계

1) 전후 복구기와 냉전기

3년간의 한국전쟁으로 한반도의 숙적관계는 공고화되었다. 이후 60여 년 동안 지속된 대결구도의 기반이 이때 마련되었다고 할 수 있다. 1950년대에 남과 북은 전쟁의 여파로 서로에 대한 위협 의식이 자못 컸으나 양자 사이의 상호작용보다는 각각 전후 복구에 더 매진하게 되었다. 휴전 이후 한

---

7 김계동, "한반도 분단·전쟁에 대한 주변국의 정책: 세력균형이론을 분석틀로," 『한국정치학회보』, 35(1), 2001. 김명섭은 한국전쟁이 냉전의 대결구도를 봉인하는 한편, 냉전이 열전으로 진전되지 않도록 하는 국제적 합의의 형성에도 기여했다고 본다(김명섭, "한국전쟁이 냉전체제의 구성에 미친 영향," 『국제정치논총』, 43(1), 2003). 이철순은 한국전쟁 이전 미 군부는 전쟁 발발 시 미 지상군을 투입할 가치가 없다고 판단한 반면, 미 국무부는 미소 간의 위신 대결에 비추어 한국의 가치를 높게 보았다고 주장한다. 그는 미국의 한국전 참전이 한국의 상징적 가치 때문이었다고 본다(이철순, "한국전쟁 이전 미국의 한국의 가치에 대한 평가," 『국제정치논총』, 43(1), 2003). 오충근은 소련 대표의 유엔 안보리 불참에 대해 미국을 자극하지 않고, 자국이 전쟁 개시에 공모하였다는 인식을 주지 않기 위해 취한 스탈린의 신중한 선택이었다고 본다(오충근, "한국전쟁과 소련의 안전보장이사회 결석: 허사로 끝난 스탈린의 '실리'외교," 『한국정치학회보』, 35(1), 2001).

국과 미국은 동맹을 맺었으며, 이로써 한국이 미국의 세력권에 편입되었고, 이 방위조약은 냉전시대는 물론 탈냉전시대에도 지속되고 있다.[8] 평양 당국은 미군의 폭격으로 잿더미가 된 강토를 재건하는 데 매진하여 1956년 전쟁 이전의 경제 수준을 회복하였고, 1958년에는 상업의 사회주의화와 농업의 협동화 목표를 달성하였다고 발표하였다.[9] 이 시기 한국전쟁에 참전했던 중국 자원군도 철수를 완료하였고, 전쟁의 후유증과 전후복구의 필요성 때문에 남과 북의 레짐은 각각 내부지향적인 성향을 나타냈으며, 재건 위주의 전략을 실천하였다. 이러한 성향은 이 시기 남북관계가 소강기 또는 휴지기를 거치는 주요 요인이 되었다.

1960년대는 박정희 정부의 '선건설, 후통일론'과 김일성 정권의 '남조선혁명론'이 맞선 시기였다. 1961년 5월 박정희 주도의 군부 쿠데타는 이후 60년대, 70년대, 80년대로 이어지는 무인통치 시대의 개막을 알리는 서곡이었다. 쿠데타 세력은 혁명공약 제1조에 반공을 국시로 내걸고 북한과 날카롭게 대립각을 세웠다. 60년대 진행된 북한 요새국가의 심화가 박정희 정권의 위협 인식을 상승시켰음은 물론이다. 숙적 북한의 존재가 무인통치 연장의 정당성을 부여해 주는 기제로 작용하였는데, 마찬가지로 평양 요새국가의 탄생과 강화에도 숙적 남한과 그 배후에 있는 미국의 존재가 긴요하게 작용하였다. 박정희 정권의 근대화 이념은 정통성의 결핍을 메우기 위한 한 방편이기도 했으며, 박정희의 수출 주도형 산업화 정책은 결국 한국경제의 양적 성장을 도모하는 데 긍정적으로 작용하여 1980년대 이후 남북 숙적관

---

8 한미 상호방위조약의 기원과 비준을 둘러싼 논란에 대한 연구는 이혜정, "한미동맹 기원의 재조명: 한미 상호방위조약의 발효는 왜 연기되었는가?" 『한국정치외교사논총』, 26(1), 2004. 참조.

9 김성보 · 기광서 · 이신철, 『사진과 그림으로 보는 북한 현대사』(서울: 웅진닷컴, 2004), 119-132쪽.

계의 경쟁능력의 변화에 큰 영향을 끼쳤다. 1967년 1월 17일 연두교서에서 드러나듯이, 박정희는 경제건설의 성취가 통일의 기반을 닦는 일이라고 믿고 있었다.

> 통일은 단순한 염원이나 국토분단을 개탄하는 것으로만은 가까워질 수 없으며, 현실의 냉엄한 사리에 어두운 사람들의 막연한 소망에 영합하려는 비현실적 통일론이나 방안은 도리어 백해무익한 것입니다.
> 착실하고 꾸준한 통일을 위한 과정에 있어서 수많은 정치적, 경제적, 문화적 과업을 충실히 행하는 데서 소기의 성과를 쟁취할 수 있는 것입니다.
> 결국 이 단계에 있어서 통일의 길은 경제 건설이며 민주 역량의 배양입니다. 우리의 경제, 우리의 자유, 우리의 민주주의가 북한으로 넘쳐흐를 때 그것은 곧 통일의 길입니다.[10]

이 연두교서에서 드러나듯이, 박정희는 경제건설의 성취가 통일의 기반을 닦는 일이라고 믿고 있었다. 박정희는 반공정책으로 북한에 대해 거리를 두고, 적대적인 정책을 펼쳤으며, 대신 남북경쟁에서 앞서기 위한 경제성장에 전력을 기울였다.

박정희 시기 동맹국 미국과의 유대가 강화되었으며, 한미동맹은 박정희 정권을 받치는 외적 지지대 역할을 하기도 했다. 1960년대 중반 한국과 일본의 국교정상화와 국군의 베트남 파병은 미국, 일본, 한국으로 이어지는 남방 트라이앵글의 안보, 경제협력의 강화를 상징하는 의미 있는 사건이었

---

10 박정희, "1967년도 대통령 연두교서(01/17)," 1967. 박정희 대통령 인터넷 기념관 http://www.parkch.com (검색일: 2008년 3월 27일).

다.[11] 박정희와 미국의 유대는 이후 닉슨 독트린, 주한미군 철수, 한국 핵개발 시도와 인권문제를 만나면서 심각한 도전을 받게 된다.

1950년대 전후복구로 한숨을 돌린 평양 정권에게 1960년대는 새로운 도전과 기회가 찾아온 시기였다. 이 시기 북한은 자립경제를 중시하면서 동원에 의한 양적 경제성장에 주력하였다. 60년대 후반에는 주체를 사상적 기반으로 하고 수령이 국가권력의 핵이 되는 유일체제를 탄생시켰다. 통일전략의 차원에서 북한은 남한의 자생적 혁명역량을 상대적으로 중요시하는 '남조선 혁명론'을 주장하기 시작하였다.[12] 이 도식에 의하면 남한에서 스스로의 혁명역량에 의해 먼저 남한정권을 무너뜨린 후 남과 북이 사회주의 체제로 하나가 되어 통일을 완성하는 것이었다.

1960년대 한국의 군사정권 등장, 한일기본협정 서명, 베트남 파병은 북한의 안보위협 의식을 높였다. 한미일 삼각동맹이 강화되고 있는 불리한 안보적 환경에서 자신이 차례로 60년대 전반 소련과, 후반 중국과 불화를 겪은 경험 또한 평양 정권을 불안하게 만들었다. 김일성 정권은 한국에서 쿠데타가 발생한 이후 소련, 중국과 동맹을 체결하였다. 50년대 재건으로 국력을 회복하고, 한국으로부터 위협이 고조되고 있다고 믿은 북한은 60년대 들어 '국방 · 경제병진노선'을 채택하는 등 군사화를 강조하는 전략을 채택하였다. 1962년 북한은 전인민의 무장화, 전국토의 요새화, 전군의 간부화, 무장의 현대화로 구성된 '4대군사노선'을 채택하였고, 1964년에는 '3대혁명역량 강화노선'을 택하였다.[13] 북한 요새국가의 강화는 1968년 1월 청와대 기습

---

11 전재성, "1965년 한일국교정상화와 베트남 파병을 둘러싼 미국의 대한(對韓)외교정책," 『한국정치외교사논총』, 26(1), 2004.

12 심지연, 『남북한 통일방안의 전개와 수렴』(서울: 돌베개, 2001), 52-59쪽.

13 이기종, "북한의 대남정책 결정요인과 전망," 『국제정치논총』, 37(2), 1997, 185쪽.

사건, 푸에블로호 피랍사건, 10월 울진·삼척 간첩침투 사건, 1969년 4월 미군 EC-121 정찰기 격추사건 등으로 표출되었다.

1960년대 남북관계는 어느 정도 갈등의 상승 면모를 보여주었는데, 이는 남북한 체제의 군사화 진전과 관련이 있는 것이었다. 서울의 군사정권 등장과 평양의 '전국토의 요새화'로 집약되는 군사노선의 출현은 한반도의 안보 상황을 불안하게 만드는 요인이었다. 인도차이나 정세의 전개 또한 상당 부분 한반도의 안보지형에 영향을 미쳤다. 한국의 박정희와 북한의 김일성은 인도차이나의 열전에서 한반도의 냉전과 유사한 면모를 발견하고, 감정이 이입된 상태에서 직간접적으로 동남아의 분쟁에 개입하였다.[14] 베트남 전쟁에 외적 충격을 받은 박정희는 이를 위기로 본 반면에 김일성은 기회로 보았다. 미국의 군사적 개입에도 북베트남은 전세를 유리하게 전개하고 있었으며, 60년대 후반부터는 미군의 철수 가능성이 나오기 시작했다. 김일성은 동남아의 혁명적 열기를 한반도에 전달할 연결고리를 찾고 있었다.

1960년대 북한의 군사적 모험주의 노선은 요새국가의 강화와 관련이 있었으며, 힘의 균형이 북쪽으로 기운 것도 밑받침이 되었다. 60년대 후반 격돌의 남북관계 배후에는 공세의 의도와 능력을 가진 행위자가 있었던 것이다. 그러나 60년대 남북갈등이 열전으로 화하지 않고 어느 수준에서 통제되는 양상을 보여주었으며, 북한의 군사모험주의에 대해 한국이 공격적이 아닌 방어적인 태세를 갖고 있었던 것, 미국이 열전의 개화를 억제하는 역할을 수행한 것, 힘이 불균형이 해소되기 시작한 것들이 이 시기 갈등의 악화를 억제하는 요인들이었다.

---

14 한홍구, "박정희 정권의 베트남 파병과 병영국가화," 『역사비평』, 62, 2003.

2) 데탕트 시기

1960년대 북한의 군사모험주의 노선으로 한반도에 긴장이 감돌았으나, 60년대 후반부터 국내외 분위기가 일신되기 시작하였다. 미중화해, 미소 데탕트의 충격 속에 남과 북은 일시적으로 대화노선을 택하게 된다. 미국, 소련, 중국과 동맹을 맺고 있던 남과 북은 강대국 게임의 법칙이 바뀌는 환경에서 과거와 다른 선택을 할 수밖에 없었다. 닉슨 독트린 발표, 주한미군 감축과 더불어 미국과 중국의 화해 움직임은 박정희 정권과 김일성 정권에게 완전히 새로운 국제환경의 도래를 의미하는 것이었다.

1971년 8월 12일, 대한적십자사 총재의 남북적십자회담 제안을 북한이 수락하면서 남북대화가 시작되었다. 전후 20여 년이 흐른 시점에서 본격적인 대화와 협상이 시작된 것이었다. 남과 북은 적십자 예비회담 중 정치협상을 개시 일련의 밀사 교환을 통해 '7·4남북공동성명'을 낳고, 남북조절위원회를 구성하게 된다. 공동성명을 통해 남과 북은 ① 자주, 평화, 민족대단결의 통일원칙, ② 비방 금지, ③ 다방면의 제반교류 실시, ④ 남북적십자회담 성사 협조, ⑤ 서울과 평양 사이에 상설 직통전화 설치, ⑥ 남북조절위원회 구성, 운영 등에 합의하였다.[15] 70년대 대화 시 남한은 점진적으로 사회문화적 접촉을 늘려가는 기능주의적 접근을, 북한은 정치, 통일문제를 먼저 해결하려는 연방주의적 접근을 취하였다. 1972년 말 한국과 북한에서 각각 유신헌법과 사회주의헌법이 채택된 후, 북한은 1973년 8월 김대중 납치사건을 명분으로 대화 중단을 선언하고, 한국을 배제한 채 미국과 직접 협상하기를 선호하였다.

---

15 7·4남북공동성명은 서울과 평양에서 동시에 발표되었다. 남과 북은 문서에 국호와 직책을 적지 않은 채 "서로 상부의 뜻을 받들어 이후락과 김영주"가 서명하였다(7·4남북공동성명(07/04), 1972).

대화 중단 이후 남북관계는 대립으로 회귀하였다. 1976년 판문점에서 미군병사가 살해되는 미루나무 사건이 발생했고, 1974년 11월 15일 제1땅굴이, 1975년 3월 19일 제2땅굴이, 1978년 10월 16일 제3땅굴이, 그리고 한참 후인 1990년 3월 3일 제4땅굴이 발견되었다.[16] 1979년 10월 26일 박정희 대통령 시해로 박정희-김일성 대결시대는 그 막을 내리게 된다.

데탕트 시기 남과 북은 공히 레짐 성향의 변화를 경험하게 된다. 남북 모두 1960년대 후반부터 레짐 변화의 조짐을 보이다가 1972년 말 헌법의 개정으로 체제 변화의 대미를 장식하게 된다. 박정희 정권은 자유민주주의와 거리가 멀고 권위주의적 총통제와 비슷한 유신체제로 변화하였다. 남북대화 추진 도중인 1972년 10월 17일 헌정이 중단되었고, 11월 21일 유신헌법에 대한 국민투표를 실시하였으며, 12월 27일 제4공화국 대통령에 박정희가 다시 취임하였다. 유신헌법은 대통령에게 긴급조치권과 국회해산권을 부여했고, 대통령 중임제한 조항을 철폐했으며, 대통령을 간선으로 뽑도록 규정했다.[17] 유신체제의 성립은 이후 북한과의 대화의 필요성을 격감시켰다.

김일성 정권 또한 1960년대 후반부터 김일성에 대한 개인숭배를 강화하며 유일체제를 만들어 나갔다. 1967년 5월 당 중앙위원회 제4기 제15차 전원회의에서 유일사상체계 확립을 결의한 것을 계기로 김일성 우상화 작업이 본격적으로 시작되었다. 1972년 12월 27일 최고인민회의 제5기 1차 회의에서 채택된 '조선민주주의인민공화국 사회주의헌법'은 사회주의와 주체사상을 강조하며 주석제를 신설하여 국정의 지도권을 김일성에게 집중시켰

---

16 이기종, 1997, 187쪽.

17 김용직, "유신체제의 정치와 외교," 한국역사정치연구회 편. 『사료로 본 한국의 정치와 외교: 1945-1979』(서울: 성신여자대학교 출판부, 2005), 453-476쪽.

다. 68체제의 형성기에 북한은 남한과 대화전술을 선택했다가 1972년 사회주의헌법의 공표로 68체제가 완성되자 남한과 대화를 끊고 미국과 직접 상대하는 정책을 펼쳤다.

미중화해 등 국제정세의 급변과 함께 한반도 두 행위주체의 세력균형 또한 변화를 경험하고 있었다. 1960년대 박정희 군사정부의 경제개발계획의 성과로 남북 사이의 경쟁능력이 어느 정도 평형을 이루게 되었다. 한국이 경제력 면에서 북한을 추격하는 데 성공함으로써 데탕트의 변화된 환경에서 한국이 적극적으로 남북대화를 추진할 수 있게 되었다. 1992년 민족통일연구원 자료에 의하면 남북한 1인당 GNP 비교는 북한이 1960년대 이후 우위를 점하다가, 1972년에 316 달러로 남과 북이 같아졌고, 1974년 남한이 535 달러, 북한이 461 달러로 남한이 앞서는 것으로 되어 있다. 중앙정보부 북한국이 1960년대 말부터 1970년대 초에 걸쳐 작성한 '남북한 경제력 비교'라는 보고서에는 1인당 GNP 기준으로 1968년 한국이 168 달러, 북한이 198 달러로 뒤쳐지다가, 1969년 한국이 208 달러, 북한이 194 달러로 한국이 역전하는 것으로 나와 있다.[18]

북한은 성공적인 전후 복구에도 1960년대 들어 경제개발 7개년 계획 목표를 제때에 달성하지 못하는 등 경제에 어려움을 겪고 있었다. 군사력과 경제력을 같이 성장시키려는 선택은 과도한 군사비 지출로 경제에 부담으로 작용하였고, 결국 국방비를 통제하고, 서방 외자를 도입하기 위해 평양은 긴장완화의 대외환경을 필요로 하게 되었다. 그러나 대서방 무역 확대 또한 오일 쇼크 등 무역환경의 악화로 좌절을 경험하게 된다. 60년대 후반의 대남 군사모험주의노선 또한 뚜렷한 성과가 나타나지 않자, 김일성 정권은 데

---

18 강인덕·송종환 외,『남북회담: 7·4에서 6·15까지』(서울: 극동문제연구소, 2004), 75쪽.

탕트의 환경 속에서 평화공세를 펼치며 미국과 직접 대화할 수 있는 공간을 확보하려 하였다.

세력균형론(balance of power theory)에 따르면 세력균형의 확보는 안정적인 질서와 연관이 깊고, 세력전이론(power transition theory)에 따르면 불안정한 질서와 연관이 깊다.[19] 한반도에서 평형의 상태는 화해의 국면과 일치하였다. 요새국가는 힘의 우위의 상실과 함께 숨을 돌릴 여유 공간을 찾게 되었고, 힘의 평형을 성취한 탐험선국가는 자신감을 가지고 대북 협상에 임할 수 있게 되었다.

남북 간의 세력균형이 이루어진 상황에서 일시적이나마 남과 북은 화해 모드를 추구할 동기를 가지게 되었다. 그러나 화해 국면은 단기에 그쳤고, 남북관계는 다시 갈등의 관계로 돌아서고 말았다. 유신체제와 유일체제를 만들어 가는 과정에서 박정희와 김일성은 남북 숙적관계의 긴장완화 국면을 선호하였다. 남과 북은 힘의 평형이 유지된 이 시기에 서로 상대방의 의중과 정세를 탐색해 보려는 동기를 가지고 있었을 것으로 판단된다. 미국과 중국의 관계가 화해 국면에 접어들고 있었던 것도 주요한 고려사항이 되었을 것이다. 그러나 일단 유신국가가 등장하고 요새국가의 68체제화 과업이 완수된 이후에는 대화 지속의 필요성이 많이 감소하였으며, 남북관계는 다시 갈등의 국면으로 복귀하였다. 미중화해와 데탕트 정국은 외적 위협의 변화를 가져왔지만, 박정희 정권과 김일성 정권이 공히 상대방을 여전히 안보상의 위협으로 간주하고 있는 현실에서 근본적인 외적 위협의 변화나 위협인식의 감소는 발생하지 않았다. 이 시기 화해국면이 단기에 그치고, 깊숙

---

19 Bruce Russett, Harvey Starr, and David Kinsella, *World Politics: The Menu for Choice* (Belmont, CA: Thomson, 2006), pp. 96-98, 210-211.

한 화해와 거리가 멀었던 이유가 여기에 있었다.

3) 신냉전기

1970년대는 미국 사회에 자유와 흑인 인권이 신장된 시기인 동시에 2차 세계대전 이후 미국의 절대적 국력이 하강한 시기였다. 베트남전쟁의 상처, 닉슨 대통령의 불명예 사임, 이란의 미국인 인질사건 등은 미국인의 자존심에 커다란 상처를 주었다. 이러한 배경 속에서 1981년 보수적 성향의 레이건(Ronald Reagan)이 이끄는 공화당 정권이 등장하였고, 소련을 '악의 제국'으로 명명하며 자본주의와 공산주의 사이의 이념대결을 펼쳤다. 1980년대 전반기에 펼쳐진 신냉전은 1985년 고르바초프(Mikhail Gorbachev)의 등장과 함께 그 변화가 예고되었다. 고르바초프는 사회주의를 고수한 채 '페레스트로이카(perestroika: 개혁)'와 '글라스노스트(glasnost: 개방)'를 통해 소련체제를 보수하려고 했으나 결국은 실패하였다.

신냉전의 외적 환경 아래 한반도의 남쪽에서는 유신체제의 뒤를 이어 군부 실력자들이 정권을 장악하였고, 북쪽에서는 김일성으로부터 김정일로의 정권이양이 공식화되었다. 이러한 내외적 환경 속에 남과 북 서로에 대한 위협인식은 줄어들지 않았으며, 양 정권은 모두 남북 숙적관계의 평화적 해결보다는 지속을 전제로 하고 있었다.

1980년대는 한반도에서 대결과 대화가 병행되던 시기였다. 10 · 26과 12 · 12를 거치면서 한국의 정국은 혼란에 빠졌고, 이러한 분위기를 틈타 북한은 남쪽을 향해 적극적인 대화 제의를 내놓았다. 대화를 통해 남북관계의 실질적 진전을 바라기보다는 한국의 정국을 테스트해 보려는 의도가 컸을 것으로 추정된다. 1980년 초 북한은 이종옥 정무원 총리와 김일 조국평화통일위원회 위원장 명의의 대남 편지 공세를 폈다. 이후 남북 총리회담을 위한 실무대표 접촉이 10회 이루어졌다. 신군부를 이끌던 전두환 소장이 정권을 잡은 후 한국은 1981년 1월 12일 남북한당국 최고책임자 상호방문, 6월 5일 남북한당국 최고책임자회담 제의 등 적극적 대화 의지를 밝혔다. 그러나 1983년 미얀마 아웅산 폭파 테러사건, 1984년 최은희·신상옥 납북사건으로 남북관계는 긴장되었다.

1980년대 중반에는 비교적 활발한 대화가 진행되었다. 제23회 LA올림픽 남북단일팀 구성, 참가를 위한 남북 체육회담이 1984년에, 88 서울올림픽을 위한 체육회담이 1985년부터 1987년까지 열렸다. 1984년 9월 한국에 수재가 발생하자, 북한이 수해물자 인도를 제안하고, 한국이 이를 받아들여 남북관계에 훈풍이 돌게 되었다. 1984년에는 남북경제회담과 남북적십자회담이 성사되었고, 이듬해에는 남북 이산가족 고향방문단 및 예술공연단의 교환방문이 성사되었다. 그러나 1986년 팀스피리트 훈련을 이유로 대화가 중단되었고, 1987년에는 KAL기 폭파사건으로 남북관계가 급격히 냉각되었다.[20]

신냉전기 남과 북은 대결과 대화를 병행하였다. 이 시기의 대화는 일시적 방편에 머물렀으며, 근본적인 남북관계의 개선과는 거리가 먼 것이었다. 전두환 정권과 김일성 정권은 각기 나름대로의 계산과 필요에 의해서 여기에는 남북대화를 전개시켰을 것이고, 여기에는 주로 국내외 청중을 대상으로 한 선전적·정치적 효과가 큰 몫을 차지했을 것이다. 군부통치를 연장한 전두환 정권과 권력이양을 앞둔 김일성 정권에게 여전히 상대방은 안보상 위협이었으며, 대화와 협상을 통해 양쪽의 이해관계의 골을 메우기에는 역부족이었다.

---

20 김계동, 『남북한 체제통합론: 이론·역사·정책·경험』(서울: 명인문화사, 2006), 97-101쪽.

1980년대는 남북한 사이 힘의 불균등이 심화된 시기였다. 군부독재에도 불구하고 한국의 대외지향적인 자본주의 경제는 양적인 성장을 이룩해 나간데 비해, 폐쇄적이고 비능률적인 공산주의를 고집한 북한의 경제는 내부로부터 정체와 퇴보의 고질병을 앓게 되었다. 냉전체제의 해체 이후 드러난 북한경제 붕괴의 조짐이 이미 이때부터 나타나기 시작했다. 한국 쪽으로 경쟁능력의 균형이 기우는 동시에 한국은 민주화를 경험하게 되었다. 한국의 민주화로 한반도 남쪽에서는 더 이상 북한과의 적대적 관계를 정권의 정통성의 기반으로 삼을 필요성이 사라지게 되었다. 이것은 향후 남북관계의 근본적 변화를 초래할 수 있는 주요한 변화였다.

5. 탈냉전기의 남북관계

1) 냉전의 해체기

1980년대 전반의 신냉전은 고르바초프의 등장과 함께 완화되었다. 1989년 미국과 소련 정상은 몰타에서 냉전 종식을 공식 선언하였고, 1990년 10월 동독이 서독에 흡수됨으로써 독일 통일이 이루어졌다. 미국과 소련을 중심으로 한 냉전기의 양극체제는 동구권의 자유화와 소련의 해체로 붕괴되었다. 전지구적 차원의 세계질서 재편은 물론 동북아시아와 한반도의 정치, 경제적 지형에도 커다란 영향을 끼쳤다. 중소화해, 미소화해, 중국의 개혁개방 가속화의 물결 속에서 남북관계 또한 질적 변화를 경험하게 된다.

북한은 1980년대 내내 지속된 전반적인 국력의 하강으로 적극적인 대남혁명전략의 추진을 포기하고, 방어적인 대남전략으로 전환할 수밖에 없었다. 소련 및 동구권과 우호적인 교역이 중단되면서 북한은 치명적 경제위협에 휩싸이게 된다. 경제위기에 직면한 평양 정권은 세계사회주의체제의 몰락이라는 부정적 환경에 적응하고, 새로운 국가전략을 마련하기 위한 시간을 벌기 위해 방어적 대화노선을 채택하게 된다.

자유주의와 시장경제의 확산, 사회주의의 침몰이라는 우호적 환경 아래 등장한 노태우 정부는 1988년 서울 올림픽을 치루고, 1989년에 헝가리, 폴란드, 유고슬라비아와 수교를, 1990년에 알제리, 체코슬로바키아, 불가리아, 몽고, 루마니아와 수교를 했다. 같은 해 6월 5일 노태우와 고르바초프의 샌프란시스코 회동에 이어 9월 30일 한국과 소련은 정식으로 국교를 열었다. 1991년에는 알바니아와 수교를 했고, 9월 18일 남과 북은 UN에 동시 가입했다. 9월 28일 부시 대통령이 '단거리 핵무기 감축안'을 발표한 후 11월 8일 노태우 대통령이 '한반도 비핵화선언'을, 12월 18일 다시 '핵부재 선언'을 발표했다. 12월 31일 남과 북은 '한반도 비핵화 공동선언'에 합의했다. 비핵화 공동선언은 핵무기 시험, 제조, 접수, 사용 금지, 핵의 평화적 이용, 핵 재처리 및 농축시설 보유 금지, 핵사찰 의무 등 6개의 항으로 구성되어 있었다. 1992년 8월 24일 한국은 중국과 수교했고, 12월 22일에는 베트남과 국교를 열었다.

냉전이 해체되어 가는 과정에 등장한 노태우 정부는 시대적 분위기를 십분 활용하여 적극적인 대외정책을 펼쳤다. 산업화의 성과로 부쩍 커진 한국의 경제력이 한국외교의 물적 자원이 되었음은 물론이다. 체제경쟁에서 우위에 선 자신감을 바탕으로 노태우 대통령은 '민족자존과 통일번영을 위한 특별선언'을 발표하였다. 1988년 7월 7일 발표된 이 선언은 남북 상호교류 추진, 이산가족 상호방문 지원, 남북교역 개방, 민족경제의 균형적 발전, 남북대표 국제무대 협력 등의 내용을 포함하고 있다. 특히 7·7선언의 말미에 노 대통령은 한국이 소련, 중국과 관계개선을 추진할 것이며, 북한이 미국, 일본과 관계를 개선하는 데 협조할 용의가 있음을 밝혔다.[21]

노태우 정부의 적극적 공세에 북한 또한 수세에 빠지지 않으려는 듯 평화 공세에 나섰다. 한국의 제안이 당국 간 대화에 초점을 맞춘데 비해 북한의 제안은 여러 사회단체들을 아우르는 형식을 취했다. 평양은 1988년부터 범민족대회 개최를 제의하며, 조국통일 범민족연합 결성을 시도하였다. 1988년 11월 7일 중앙인민위원회, 최고인민회의 상설회의, 정무원 연합회의가 '조국의 자주적 평화통일을 촉진하기 위한 포괄적인 평화방안'을 제시하였으며, 1989년 7월 9일 조국평화통일위원회 위원장 허담이 남북한 인사와 해외동포들이 참가하는 범민족대회를 이듬해 8월 15일 판문점에서 개최하자고 제의하였다. 이러한 상황에서 1980년대 말부터 1990년대 초까지 남북국회회담 준비접촉, 1990년 북경아시안게임 단일팀 구성을 위한 대화가 이어졌으며, 1990년 10월에는 서울과 평양에서 남북통일축구대회가 열렸다.[22]

1990년 9월을 시발로 일련의 남북고위급회담이 개최되었으며, 남과 북은 제5차 남북고위급회담에서 '남북 사이의 화해와 불가침 및 교류·협력에 관한 합의서'를 만들어 냈다. 기본합의서는 전문에서 "쌍방 사이의 관계가 나라와 나라 사이의 관계가 아닌 통일을 지향하는 과정에서 잠정적으로 형성되는 특수관계라는 것을 인정"하였고, 남과 북이 "평화 통일을 성취하기 위한 공동의 노력을 경주할 것을 다짐"하였다. 본문은 남북화해, 남북 불가침, 남북교류협력의 내용으로 구성되었다.[23]

---

21 민족자존과 통일번영을 위한 특별선언(07/07), 1988.

22 김계동, 2006, 101-116쪽.

23 남북기본합의서는 1991년 12월 13일 체결되었고, 다음 해 2월 19일 발효되었다. 합의서에는 대한민국 국무총리 정원식과 조선민주주의인민공화국 연형묵이 서명했다. '제1장 남북화해'에서 남과 북은 서로 상대방의 체제를 인정하고 내부문제에 간섭하지 않으며, 상대방에 대한

노태우 대통령은 북방정책이 북한을 고립시키려는 시도와는 거리가 멀었음을 증언하고 있으며, 그는 북방정책의 성격에 대해 한 인터뷰에서 다음과 같이 술회하고 있다.

> 그러니 (북한을) 양파껍질 벗기듯이 저 둘레서부터 벗겨 나가자. 그래서 완전 개방이라는 여건만 되면 통일된 것이나 마찬가지다. 이것이 우리가 전쟁을 피하고 통일을 실현할 수 있는 가장 올바르고 좋은 방법이다.[24]

> 남북한이 협력관계를 맺고 국제사회에서 서로의 이익을 위해 이바지하자. 그러기 위해서는 우리는 공산권과의 수교와 협력이 필요하다. 마찬가지로 북한 측도 미국을 위시한 우리 우방들과 협력관계가 필요할 테니 우리가 기꺼이 도와주겠다.[25]

위의 인용문에서 북방정책의 목표가 교류를 통해 북한의 점진적 변화를 유도하는 것이었음을 엿볼 수 있다. 노태우 정부 아래 외교적 성과는 물론 공산주의가 몰락하고 자유민주주의와 시장경제가 지구 곳곳으로 펴져 가는 외적 환경의 변화에 힘입은 바가 컸다. 그러나 동시에 당시 국제질서의 구

파괴 행위를 금지하고, 정전 상태를 평화 상태로 전환하기 위해 공동 노력할 것을 다짐했다. '제2장 남북 불가침'에서 쌍방은 무력 사용 금지, 의견대립의 평화적 해결, 남북 군사 공동위원회 운영, 쌍방 군사 당국자 간에 직통 전화 설치를 약속했다. '제3장 남북교류협력'은 자원의 공동개발, 물자교류, 합작투자, 과학, 기술, 교육, 문화, 체육, 보건, 방송 교류와 협력, 자유로운 왕래와 접촉, 이산가족 문제의 해결, 철도와 도록 연결, 항로 개설, 우편과 통신의 연결을 규정하고 있다(남북 사이의 화해와 불가침 및 교류 · 협력에 관한 합의서(12/13), 1991).

24 김용삼, "노태우 (전대통령)의 육성회고록 1," 『월간조선』, 1999년 5월, 82쪽.

25 김용삼, 1999, 121-122쪽.

조 변화를 간파하고 한반도의 상황을 한국에 유리하게 변화시키고자 했던 기획과 지도력 변수를 언급하지 않을 수 없다. 당시 적극적 대북정책의 추진에는 국력의 상승, 민주화에 따른 자신감이 추동력으로 작용하고 있었다. 다시 노 대통령의 증언이다.

> 그러던 중에 6共 들어와 나는 상당한 자신감을 갖게 되었다. 군사력, 경제력과 국민들의 안보의식이 높아진 데다가 6·29선언 이후 민주화에 대한 나의 강한 의지가 우리 국민과 우방들로부터 인정을 받고 지지를 얻게 됨으로써 과거 남북관계에 있어 걱정되던 일들이 사라질 정도로 강한 힘이 솟아나고 자신감이 생긴 것이다.
>
> 다시 요약해 말하자면 군사력은 수치상으로 북한에 뒤지지만 여타 경제력을 비롯한 國力은 압도적으로 우리가 우세한 상태에서 국민들의 안보에 대한 공감대가 민주화선언 이후 두텁게 형성되었다. 게다가 우방들로부터도 강한 지지를 얻게 됨으로써 대외적으로 여유를 갖게 된 것이다.[26]

북한으로부터의 위협에 의존하지 않아도 되는 정권의 탄생은 이 시기의 남북대화에 긍정적으로 기여하였다. 과거 반공에 기대어 정권의 정통성을 부여받고 정권의 생명을 연장하던 것에서 이제 자유로워진 것이다. 그러나 6·29선언과 전두환으로부터 노태우로의 정권교체가 부분적 민주화에 그쳤다는 평가는 노태우 대통령으로 하여금 적극적인 북방정책을 실천하게끔 하는 하나의 계기가 되었다. 당시 노태우 정권에게는 대북관계, 외교정책에

---

26 김용삼, 1999, 121쪽.

서 성공으로 국내 기반의 취약함을 보완하려는 욕구가 잠재하고 있었을 것이다.

한국 국력의 상승과 북한 국력의 하강은 이 시기 남북화해의 주요 배경이 되었다. 노태우 정부는 경쟁능력의 우월을 바탕으로 적극적인 대북정책을 추진하는 등 해빙의 분위기를 주도하였다. 외교적 여유, 국력에 대한 자신감, 민주 레짐의 긍정적 영향 등은 복합적으로 위협인식의 감소를 가능하게 하였다. 평양 정권은 사회주의 체제가 해체되는 길목에서 요새국가 붕괴 위기를 감지하고 방어적 대화를 펼치면서 시간을 벌었다.

탈냉전의 공간에서 활발하게 전개되던 남북화해 분위기는 북한의 핵개발 시도로 역경을 맞게 된다. 1993년 3월 북한의 NPT 탈퇴 성명으로 촉발된 제1차 북핵위기는 카터-김일성 평양회담, 김일성 사망, 제네바 기본합의로 일단락을 맺지만 이후에도 북한의 핵, 미사일문제는 한반도 안보의 난제로 속을 썩이게 된다. 1차 핵위기 때 김영삼 정부는 핵문제 해결과 남북관계의 진전을 연결시키는 '연계전략'을 추진하였고, 이러한 전략의 선택은 이 시기 남북관계 갈등의 한 축을 담당하였다. 동구 사회주의권의 붕괴와 경제난으로 한국과의 체제 경쟁에서 뒤처지게 된 평양 정권에게 핵개발은 숙적 간 경쟁 능력의 상실을 일거에 만회할 수 있는 지렛대의 역할을 담당할 수 있는 것이었다. 북한의 핵개발 시도로 한국의 북한에 대한 위협인식은 상승했고, 핵문제 해결을 우선시한 정권의 존재는 이 시기 남북 갈등의 주요 요인으로 작용하였다.

2) 포용과 핵협상기

소련과 동구 사회주의권의 붕괴는 북한에게 심리적 압박뿐만 아니라 경제적으로 심각한 악영향을 미쳤다. 계획경제의 비효율로 1980년대부터 정체를 보이던 북한경제는 소련의 지원과 우호적 교역이 중단되다시피 하면서 심각한 타격을 받았다. 실제 북한은 1990년대 내내 마이너스 성장을 기록하였으며, 흉작과 기아로 대표되는 1990년대 중반의 경제자원위기(economic resource crisis)로 대민 통치능력과 설득능력을 거의 상실하고 국가의 실패(state failure)를 경험하게 되었다. 연이은 흉작으로 북한 주민은 기아에 허덕이게 되었고, 수십에서 수백만에 이르는 사람들이 영양실조에 걸리거나 죽어갔으며, 탈북자와 꽃제비의 수가 증가하였다. 북한사회주의를 특징짓는 국가배급체계(public distribution system)는 한때 거의 그 기능이 마비되었다. '고난의 행군'과 '피눈물세대'로 대변되는 90년대 체제위기를 김정일 정권은 선군정치를 주장하며 모면하려고 하였다.[27]

국가의 총체적 위기를 극복하기 위한 김정일 위원장의 해법은 선군체제 또는 98체제의 형성이었다. 98체제 아래 김정일 정권은 군의 선도적 역할을 주장하면서도 부분적 경제개혁과 특구정책으로 경제력 향상을 도모하고 있다. 북한 당국은 2002년 7월 1일 '경제관리 개선조치'를 통해 일상생활용품의 가격을 20-40배, 식품가격을 40-50배, 임금을 15-20배 인상하고, 국가가 무료로 제공하던 각종 서비스를 폐지하고 세금을 확대하는 조치를 취하였다. 또한 기업 경영의 자율권을 일부 확대하였다. 개선조치는 노동보수제를 개선하고, 계획경제를 복원하여 중앙정부의 재정수입을 확대하려는 의도를 갖고 있었다. 평양 정권은 2002년 9월 신의주 특별행정구를, 10월에 금강산 관광지구를, 11월에 개성 공업지구를 지정하는 등 외자 유치 확대를

---

27 Alexandre Y. Mansourov, "Emergence of the Second Republic: The Kim Regime Adapts to the Challenges of Modernity," Young Whan Kihl and Hong Nack Kim. eds. *North Korea: The Politics of Regime Survival* (New York: M. E. Sharpe, 2006).

위해 경제특구정책을 펼치고 있다.[28] 2003년 3월 농업시장을 종합시장으로 전환, 거래품목을 농산물에서 공산품까지 확대하는 동시에 영농 인센티브제 강화책으로 분조관리제 개선, 실적분배 강화, 재배작물 선택권을 확대하고 있다. 개혁조치가 취해지면서 주민들 사이에 수입 증진을 위해 열심히 일하려는 경제 마인드가 형성되고 소비재 물자가 증가하는 등 긍정적인 면이 나타나는 동시에 인플레이션, 빈부격차의 확대 등 부정적인 면 또한 발생하고 있다.[29]

98체제 아래 김정일 정권이 한국의 포용정책에 대해 어느 정도 긍정적 반응을 보이고 있지만 이것이 남북한 통합의 길을 걷기 위한 행보인지는 분명하지 않다. 햇볕정책 실시 초기, 평양은 햇볕정책의 의도의 순수성을 의심하며 적대적 대응을 보이기도 하였다.[30]

> 상호주의 간판을 든 남조선 당국자들의 속심은 뻔하다. 그들의 진짜 목적은 그 어떤 선의의 감정에서 호상성을 도모하거나 애국의 입장에서 북남관계와 나라의 통일문제를 해결하려는 데 있는 것이 아니다. 그것은 몇 푼의 돈이나 물건짝을 흥정거리로 하여 우리 내부를 흔들어보려는 것이다.[31]

---

28 북한은 이보다 먼저 김일성 생존 시기인 1991년 12월 '나진 · 선봉 자유경제무역지대'를 선포한 바 있다.

29 서재진, 『북한의 7 · 1 '경제관리개선' 조치가 주민생활에 미칠 영향』(서울: 통일연구원, 2002); 김영윤 · 최수영, 『북한의 경제개혁 동향』(서울: 통일연구원, 2005).

30 신진, "김대중 정부의 햇볕정책과 구조적 한계," 『국제정치논총』, 43(1), 2003.

31 『로동신문』, 1998년 5월 23일.

> 햇볕론의 본질은 외세와 작당, 북의 사상과 제도를 질식시키고 나아가 남조선에 대한 미제의 식민통치를 우리 공화국에까지 연장하겠다는 선언이다.[32]

> 남조선 당국자들이 떠드는 햇볕론은 공화국을 개방으로 유도해 정치사상적인 무장을 해제시키고 사회주의 옷을 벗기자는 것으로 통일원칙에 위배되는 반공화국, 반통일 대결선언이다.[33]

> 햇볕정책은 화해협력을 통하여 그 누구를 개혁 개방으로 유도하겠다는 것으로써 타방의 사상과 제도를 부정하고 북침통일을 꾀하는 … 책동이다.[34]

> 반민족적이고 침략적인 것이 본질로서 북한 내부를 와해시켜보려는 악랄성과 교활성을 겸비한 정책이다.[35]

김정일 정권이 햇볕정책에 대해 체제 불안감을 드러내면서도 한국과 교류협력에 나서는 것은 북한이 생존을 위해 과거와 구별되는 대남전략을 펼치고 있음을 의미한다. 현 시기 북한의 대남전략은 네 가지 목적을 겨누고 있는 것으로 보인다. 첫째, 극심한 경제난을 해결하기 위해 북한은 부분적 개혁과 특구정책을 펼치는 한편 '민족공조'의 기치 아래 일시적으로 한국의 민족자본과 호의에 의존하고 있다. 한국으로부터의 정부와 비정부 차원의

32 평양방송, 1998년 9월 13일.

33 평양방송, 1998년 11월 13일.

34 평양방송, 1999년 3월 17일.

35 『로동신문』, 1999년 8월 18일. 위의 인용은 다음에서 재인용한 것임. 박재민, "김대중 정부 시기 남북한 간 상호성에 관한 연구," 『국제정치논총』, 43(1), 2003, 330쪽; 김계동, 2006, 119쪽.

대북지원은 북한의 경제를 지탱해 주는 주요 원천으로 작용하고 있다. 둘째, 평양은 과거 북미대결의 구도를 이제는 한민족 대 미국의 대결구도로 치환하려 한다. '우리 민족끼리' 이념은 외세배격 전략의 구호적 표현이다. 셋째, 남북관계는 북미관계를 개척하기 위한 지렛대 역할을 하고 있다. 남북관계의 적절한 진퇴를 활용하여 평양은 북미관계의 속도와 성격에 영향을 미치려 한다. 물론 북미관계의 부침을 이용하여 남북관계를 조절하기도 한다. 넷째, 평양은 한국의 자주민족세력과 연합하여 보수세력의 영향력을 약화시키는 전략을 택하고 있다.[36]

한국에는 민주화 이후 노태우, 김영삼, 김대중, 노무현 등 더 이상 북한과의 적대상태를 통치의 기반으로 삼지 않는 정권이 들어섰다. 민주화라는 레짐 성격의 변화가 탈냉전 이후 남북 숙적관계의 성격을 결정하는 주요 요인으로 작용하고 있다. 일단 민주주의의 등장은 두 숙적 사이의 과격한 갈등의 발생을 억제하는 효능을 발휘하고 있는 것으로 보인다. 그러나 민주화 이후 엘리트, 대중의 다원적 시각은 대미, 대북, 대중, 대일정책의 방향을 놓고 각 집단 내 또는 집단 사이에 심각한 분열과 갈등을 가져오기도 하였다. 북한과 화해를 강조한 김대중, 노무현 정부하에서 대북정책, 대미정책은 종종 국민 사이의 불신과 갈등의 불씨가 되곤 하였다.

1998년 2월 집권한 김대중 대통령은 취임 초부터 대북 포용정책의 실시를 분명히 했다. 김대중 정부의 포용정책은 민간 차원의 교류부터 서서히 시작되었다. 현대 정주영 회장의 방북에 이어 1998년 11월 금강산 관광선 금강호의 첫 출항으로 금강산 관광 시대가 개막되었다. 1998년 4월 북경에

---

36 우승지, "2·13합의 이후 북한의 핵전략과 대남전략에 대한 분석," 『한국정치외교사논총』, 29(1), 2007, 246-250쪽.

서 열린 남북당국대표회담에서 비료지원과 이산가족문제를 연계하는 등 엄격한 상호주의(specific reciprocity) 입장을 취하던 김대중 정부는 1999년 들면서 포괄적 상호주의(diffuse reciprocity)로 입장을 선회하였다. 김대중 대통령은 1999년 1월 국가안전보장회의와 3월 KBS 회견을 통해 향후 상호주의를 신축적으로 적용할 것임을 분명히 했다.[37, 38]

2000년 3월 10일 김대중 대통령은 ① 남북경협을 통한 북한 경제회복 지원, ② 한반도 냉전 종식과 남북 간 평화공존, ③ 이산가족 문제의 해결, ④ 남북 당국 간 대화 추진의 내용을 담은 베를린선언을 발표했다.[39] 김대중 정부가 들어서면서 꾸준하게 추진된 대북 포용정책은 2000년 6월 남북 정상회담의 개최로 일단 역사적 성과를 냈다. 6·15남북공동선언을 통해 남과 북은 ① 통일문제를 우리 민족끼리 자주적으로 해결하며, ② 남측의 연합제 안과 북측의 낮은 단계의 연방제 안 사이의 공통점을 인정하고, ③ 경제협력을 통하여 민족경제를 균형적으로 발전시킬 것을 다짐했다.[40]

2003년 2월부터 2008년 2월까지 집권한 노무현 대통령은 김대중 전임자의 햇볕정책을 계승하면서, 안보적 차원(평화)과 경제적 차원(번영)의 균형적

---

37 박재민, 2003, 323-325쪽.

38 김학노는 김대중의 대북정책이 교류협력을 통해 인식/정체성의 변화를 추구한다는 면에서 구성주의적이고, 경제적 수단과 더불어 정치력을 중심한다는 면에서 신기능주의적이라고 진단하고 있다(김학노, "평화통합전략으로서의 햇볕정책"『한국정치학회보』, 39(5), 2005). 김도종은 햇볕정책을 추진할 수 있는 국내 정치환경으로 최초의 수평적 정권교체와 탈이념화 경향을 꼽았다. 보다 구체적으로 그는 국내적 추동력을 김대중과 김종필의 공동정권, 군부의 탈정치화, 시민단체의 적극성, 국민여론의 호응, 정치지도자의 신념에서 찾고 있다(김도종, "햇볕정책과 국내정치적 역학: 대북포용정책의 정치적 함의,"『국가전략』, 6(1), 2000).

39 김계동, 2006, 122쪽.

40 6·15선언에는 대한민국 대통령 김대중과 조선민주주의인민공화국 국방위원장 김정일이 서명하였다. 6·15남북공동선언(06/15), 2000.

인 발전을 강조하는 평화번영정책을 추진했다. 한국의 2대 정권이 10년에 걸쳐 대북 포용정책을 꾸준하게 실천했고, 참여정부의 대북정책은 재충전의 형태로 나타났다. 1990년 1,300만 달러 수준이었던 남북 교역액은 2006년 13억 달러를 상회했고, 2007년에는 18억 달러에 육박했다.[41]

노무현 대통령은 2007년 10월 2일부터 4일까지 평양을 방문하여 김정일 국방위원장과 정상회담을 가졌다. 두 정상은 ① 6·15 공동선언을 고수하고 적극 구현해 나갈 것, ② 남북관계를 상호존중과 신뢰의 관계로 전환시킬 것, ③ 군사적 적대관계를 종식시킬 것, ④ 항구적인 평화체제를 구축하기 위하여 3자 또는 4자 정상들이 만나 종전을 선언하는 문제를 추진하기 위해 협력할 것, ⑤ 경제협력사업을 확대·발전시킬 것, ⑥ 인도주의 협력사업을 적극 추진해 나갈 것 등에 합의했다.[42]

대북 포용의 실천으로 숙적관계의 긴장완화가 진행되고 있으나 핵을 비롯한 안보문제의 미해결과 인권을 둘러싼 공방은 끊이지 않고 있다. 김대중 정권 말기, 노무현 정권 출범 전 2차 북핵위기가 발생했다. 1998년 8월 대포동 미사일 발사, 1999년 6월 15일 연평해전, 2002년 6월 29일 서해교전, 2006년 10월 9일 북한 핵실험 등은 한반도의 안보상황의 불안정한 면모를 보여주는 사례들이다.[43]

---

41 이동휘, “국제정치경제적 시각에서 본 남·북한 경제협력의 의의와 과제,” 『주요국제문제분석』 2007; 통일부, 『통일백서 2008』(서울: 통일부, 2008), 314쪽.

42 남북관계 발전과 평화번영을 위한 선언(10/04), 2007.

43 2000년 대선에서 보수적 색채를 지닌 공화당의 조지 W 부시 후보의 승리는 김대중 정부와 노무현 정부의 지속적인 대북 포용정책의 추진에 외적 장애로 작용하였다. 클린턴 정부의 한반도 정책이 대북 포용에 긍정적으로 작용한 반면, 부시 정부의 한반도 노선과 세계전략은 그것에 부정적으로 작용하였다. 미국 클린턴 행정부의 개입정책(engagement policy)과 한국 김대중 정부의 햇볕정책의 기본적 성격에 대한 연구로는 전재성, “관여(engagement)정책의 국제

한반도의 진정한 평화를 구축하기 위한 작업들이 아직 구체적인 성과를 내지 못하고 있고, 한반도 남북 숙적관계의 소멸도 쉽게 달성될 전망이 보이지는 않지만 2000년대를 전후하여 남북관계에 많은 변화가 온 것도 사실이다. 이 시기 남북관계는 경쟁능력의 변화에 크게 영향을 받았다. 한국은 상대적 힘의 우위를 바탕으로 여유를 가지고 북한을 대할 수 있게 되었다. 대북 포용정책의 실천 세력균형 불균형의 물질적 바탕 위에서 가능한 것이었다. 국력의 측면에서 상대적, 절대적 열세에 빠진 북한 정권은 생존을 위하여 대남정책을 전면 재조정하지 않으면 안 되었다. 2000년대에도 북한의 국내자원의 위기는 지속되고 있다. 위협인식 또한 크게 변하였다. 한국은 북으로부터 오는 현재적 위협이 삭감되었다고 보는 반면 북한의 위협인식은 오히려 상승되었다고 볼 수 있다.

민주주의하에서도 레짐의 변화에 따라 남북관계에 변화가 있었다. 반핵에 더 가치를 둔 김영삼 정권 아래서보다 협력과 포용에 더 가치를 둔 김대중, 노무현 정권 아래 보다 많은 남북접촉이 있었다. 심각한 경제난 이후 탄생한 북한의 98체제는 남북 경쟁능력의 불균형을 일거에 만회하기 위해 핵 프로그램에 매진하는 한편 남한의 자본과 주변의 원조에 의지하여 경제문제를 해결하려고 했다. 핵을 매개로 한 미국과의 협상 또한 북한 정권의 생존전략과 밀접한 연관을 가지는 것이었다.

정치이론적 기반과 한국의 대북 정책." 『국제정치논총』, 43(1), 2003을 참고할 수 있다.

6. 결론

남북관계가 기로에 서 있다. 핵, 인권, 포용의 성격을 놓고 남북 간, 한국 내 다른 전략과 선택이 엇갈리고 있다. 2000년대 이후 한국사회에는 북한 포용론과 북한 압박론이 팽팽하게 대립하고 있다. 남북화해를 이어 가기 위한 재충전이 대부분 남쪽에서 나왔기 때문에 한국사회의 여론이 분열되었고, 이것이 화해정책의 추진에 부담으로 작용하였다. 아래 〈표 3〉에서 보는 바와 같이 한국의 입장을 북한과 협력을 강조하는 '민족이익 우선론'과 미국과 공조를 강조하는 '국가이익 우선론'으로 대별해 볼 수 있다. 민족이익론은 다시 선통일의 입장과 후통일의 입장으로 나뉜다. 선통일형의 민족이익론은 통일지상주의 입장이다. 외세를 배격하고 민족공조를 지향하는 '우리 민족끼리' 이념에 의해 '탈미연북'을 주장한다. 후통일형의 민족이익론은 점진적 통합, 포용정책의 입장이다. 국가이익우선론 또한 다시 선통일론과 후통일론으로 나눌 수 있다. 선통일형의 국가이익우선론은 대북 압박 봉쇄와 롤백정책을 주장하고, 후통일형 국가이익 우선론은 북한에 대해 방치정책을 펼치면서 선진화의 과제에 집중하려는 태도를 보이는 입장과 상호주의에 입각해서 균형된 개입을 펼치고 한국 혼자보다는 주변국과 함께 하는 국제적 개입정책을 주장하는 입장을 포함한다.

표 3. 한국의 대북정책

민족이익 우선론		국가이익 우선론	
선통일	후통일	선통일	후통일
통일(unification) 지상주의	포용(embracement) 정책	봉쇄(containment)와 롤백(rollback)정책	무관심(benign neglect) 정책, 상호주의(reciprocity)

북한의 핵실험 이후 2008년 초, 현재 영변 원자로 불능화 작업이 진행되고 있지만 핵신고 이행과 관련 북한과 미국은 이견을 노출하고 있다. 한국사회에서는 북한의 핵과 관련 핵목적론, 핵수단론, 핵상황론의 세 가지 의견이 대립하고 있다. 국가이익을 우선하는 세력이 주장하는 핵목적론 또는 핵무장론은 북한이 핵에 의존 안보 위협을 해결하려 하기 때문에 평양 당국이 스스로의 결단으로 핵을 자발적으로 포기할 가능성이 극히 낮다고 본다. 남북 간의 세력균형이 전반적으로 남한에 기운 현 상태에서 북한은 남한으로의 흡수통합을 우려하고 있으며, 핵은 힘의 불균형을 해소하는 균형추 역할을 하게 된다는 것이다. 민족이익을 우선하는 세력이 주장하는 핵수단론은 북핵이 협상용이라는 시각을 고수하고 있다. 이 시각은 부시 행정부 내 강경파를 현 위기의 진원지로 간주한다. 핵상황론은 아직 상황이 유동적이라는 판단을 갖고 있다. 핵을 가지는 선택이 가져오는 손실과 핵을 포기하는 반대급부의 이득이 클수록 북한의 핵포기 가능성은 높아진다고 할 수 있다. 현재 북한은 높은 수준의 비핵화와 낮은 수준의 비핵화 사이에서 저울질하는 것으로 보인다.

북한 인권문제를 어떻게 인식하고 대처할 것인가 하는 과제가 또한 대북포용정책의 실천과 관련 한국사회에 커다란 화두로 등장하였다. 한국사회는 북한인권을 바라보는 시각에 따라서 분열되는 양상마저 보이고 있다. 북한인권문제의 해결과 관련해서도 압박론, 선접촉 후변화론 = 선평화 후인권론, 동시접근론의 다양한 해법이 제시된다. 국가이익을 중시하는 세력이 주장하는 압박론은 김정일 정권을 독재정권으로 규정하고 북한 주민의 인권 회복을 위해 대북 압박정책을 펼칠 것을 주문한다. 민족이익을 중시하는 선접촉 후변화론은 북한과 교류와 협력을 통해 북한체제를 서서히 변화시켜야 한다는 입장이다. 이 주장은 섣부른 대북 압박이 한반도의 안정을 해칠 수도 있다는 평화 우선적인 입장과 궤를 같이 하고 있다. 이에 비해 동시 접근론은 정치적 목적에서 인권문제 제기를 지양하되, 북한의 열악한 인권 상황을 감안하여 차근차근 문제를 풀어 나갈 것을 주문하고 있다.[44]

2차 세계대전으로 동북아에 새로운 세력균형이 탄생하였고, 새로운 질서 속에 남북 숙적관계가 탄생하였다(rivalry initiation). 경쟁능력의 변화(북한의 군사적 우위)는 전쟁(한국전쟁)과 남북 숙적관계의 공고화(rivalry consolidation)를 가져왔다. 한국전쟁 이후 경쟁능력의 변화(북한의 군사적 · 경제적 우위)와 더불어 북한의 요새국가화가 심화되었으며, 평양은 점점 더 공세적인 대남노선을 채택하였다. 경쟁능력에서 뒤졌던 한국은 군사정권 아래 선건설, 후통일의 전략을 선택하였다. 외적 위협의 변화(데탕트)와 경쟁능력의 변화(균형)로 남과 북은 일시적 대화노선을 추구하게 된다(7 · 4공동성명). 냉전의 해체와 경쟁능력의 변화는 1990년대 초반과 2000년대 남북화해의 기반이 되었다.

일반적으로 남북 숙적 사이에 위협인식이 높을수록 갈등이 상승하였으며, 민주주의의 등장은 갈등을 완화시키는 작용을 하였다. 세력균형의 획득과 위협인식의 약화는 일시적으로나마 화해의 가능성을 높여주었다. 남북 양쪽에 권위주의적인 정권이 등장할수록 갈등이 상승할 가능성이 커졌으며, 공세적인 의도를 가진 정권 쪽으로 힘의 균형이 기울었을 때가 수세적인 의도를 가진 정권 쪽으로 균형이 기울었을 때에 비해 갈등이 증폭되는 경향이 나타났다.

현재 남북 숙적관계는 냉전시대와 판이하게 다른 외적 환경 속에서 진행되고 있다. 외적 환경의 유동성은 한반도의 숙적관계가 주변 행위자, 당사자들의 레짐 성격의 변화와 전략적 판단에 의해 급변할 수 있는 가능성을 열

---

44 우승지, "북한 인권문제 연구의 쟁점과 과제," 『국제정치논총』, 46(3), 2006.

표 4. 남북관계의 변화

기간	정치적 충격(원인)				남북관계의 성격(결과)
	외적 위협 인식의 변화	레짐 성향 또는 전략의 변화	경쟁 능력의 변화	국내 자원의 위기	
1945-1948	2차 세계대전의 종료로 인한 지역적 차원의 세력균형의 변화				숙적의 탄생
1948-1953	적대적 정권의 탄생으로 위협 인식이 커짐.	남북 통일 지향의 레짐 탄생 남북 무력통일 전략의 선택	북한의 대남 경쟁능력 우위	–	전쟁, 숙적의 공고화
1950년대	전쟁의 여파로 위협 인식이 커짐.	전후 복구, 내부 지향적 전략의 선택	–	–	소강상태
1960년대	남북한의 군사화로 위협 인식이 커짐.	한국: 선건설 전략의 선택 북한: 대남 군사모험주의 선택	–	–	갈등의 상승
1970년대	미중화해, 주한 미군 철수로 위협 인식이 변화함.	유신체제와 유일체제의 등장	남북 경쟁 능력의 평형		일시적 화해 후 갈등으로 복귀
1980년대	신냉전의 전개	한국: 군부 정권 장악 북한: 정권 이양 공식화	불균등 심화	–	갈등과 협력
1980년대 후반 -1990년대 초반	냉전 체제의 해체	한국: 북방정책으로 북한 끌어안기 북한: 방어적 대화전략	한국의 대북 경쟁 능력 우위	북한 심각한 경제난	남북 긴장 완화 추구
1990년대 중반	제1차 북핵위기 발생	한국: 핵문제 해결 우선 연계전략	한국의 대북 경쟁 능력 우위 지속	북한 '고난의 행군'	핵공방, 갈등
1990년대 후반 -2000년대 초반	제2차 북핵위기 발생	한국: 대북 포용정책, 병행전략 북한: 남한 활용전략 선택, 98체제의 형성	한국의 대북 경쟁 능력 우위 지속	북한의 경제위기 지속	남북 긴장 완화 추구와 핵 공방 지속

어 놓고 있다. 냉전 시기와 현저히 구분되는 남북 숙적관계의 해빙 속에서 남과 북이 핵과 인권을 둘러싼 갈등과 교류협력의 신장이라는 협력의 두 축이 병행되고 있는 작금의 남북관계가 평화공존체제 또는 숙적관계의 소멸로 넘어갈지, 새로운 갈등관계로 접어들지는 아직 판단하기 이르다.

한국의 대북정책, 통일정책은 이제 60년의 두 세대를 거쳐 새로운 세대로의 진입을 목전에 두고 있다. 제3세대 대한민국의 대북정책이 과거의 경험에서 장점은 살리고 단점은 극복하는 방향으로 이루어져야 할 것은 분명하다. 민족이익과 국가이익의 균형이 필요하며, 맹목적 포용이 아닌 전략적 개입이어야 한다. 한국의 대북 지원이 북한의 개혁, 개방으로 이어지는 상호주의의 복원도 필요하다. 안보 문제의 해결 없는 경협 확장론을 경계하는 동시에 연계냐, 병행이냐는 소모적인 논쟁보다 탄력적 연계, 유관적 병행의 지혜가 필요할 것이다. 향후 대북정책은 포용의 포기가 아닌 포용의 진화가 되어야 할 것이며, 포용의 방법론에 대한 사회적 토론과 합의가 도출되어야 할 것이다. 탈냉전 이후 북한과의 교류협력의 경험을 바탕으로 전략적 마인드와 보편적 가치의 바탕 위에 사회적 합의에 기초한 대북정책을 펼쳐야 한다.

제2장
남북관계 연구: 검토와 과제*

1. 서론

남북관계에 대한 연구는 한반도의 남쪽과 북쪽에 각기 상이한 정치, 경제, 사회체제가 등장하여 협력과 갈등의 역사를 풀어가는 것과 동시에 행해졌다고 할 수 있다. 남북관계는 연구의 대상이면서 곧 실천과 삶의 대상이다. 해방과 분단 이후 한반도에서 삶을 영위한 사람들에 의해서 남북관계가 만들어졌고, 그들 중 성찰적·비판적인 일부 사람들에 의해 관계사가 쓰였다.

남북관계에 대한 연구는 (국제)정치학의 일부이면서 또한 경제학, 사회학, 법학, 문학, 어학의 영역이기도 하다. 현재 통일연구원, 외교안보연구원, 세종연구소와 전국 주요 대학의 정치외교학과, 국제학부, 북한학과의 연구진들이 정치, 경제, 사회분야의 남북관계 연구를 선도하고 있다.

남북교류를 최고위 엘리트들의 사상과 활동을 통해 정리할 수도 있고, 중간 실무자나 분야별 전문가 또는 일반 대중들의 삶의 궤적을 통해 추적할 수도 있다. 또 정치, 안보적 분야에 초점을 맞출 수도 있고, 환경, 사회, 개인,

* 이 글은 『국제정치논총』(46집 특별호, 2007, 159-182쪽)에 발표했던 논문을 수정·보완한 것이다.

교통, 통신, 경제, 문화, 방송 등 특정 분야에 초점을 맞출 수도 있다. 이렇게 다양하고 다층적인 남북관계에 대해서 본 연구는 남북화해 및 교류협력, 갈등, 국제정치의 패러다임과 양자관계, 국내정치와의 연계, 북핵문제 등의 주제에 관심을 갖고 정리, 분석하는 작업을 시도하고자 한다. 시기적으로는 한국전쟁 이후부터 북한의 핵실험 시기까지의 남북관계를 포함하였으며, 통일 및 통일정책 관련 논의는 제외하였다.[1]

2. 국제정치이론과 남북관계 연구

60여 년에 달하는 남북관계사는 국제정치학자들에게 국제정치이론과 패러다임을 적용하고 테스트할 수 있는 무대를 제공하였다. 남북관계를 연구하는 학자들은 종종 현실주의, 자유주의, 구성주의, 합리주의 이론적 틀 속에서 남북관계의 역동성의 의미를 발견하려고 시도하였다. 안보 딜레마를 강조하는 현실주의, 상호의존, 상호이익, 협력의 제도화를 중시하는 자유주의, 정체성의 변화에 주목하는 구성주의 외에도 분단체제론, 특수관계론, 비교정치론, 분단질서론, 역사주의적 시각의 관점에서 남북관계가 연구되고 있다.[2]

---

1 정세현의 논문은 분단 이후 80년대 후반까지 통일문제와 남북관계 연구의 추세를 분석하고 있다(정세현, "남북한관계와 통일문제: 연구현황과 방향," 『국제정치논총』, 28집 1호, 1988).

2 구갑우, "남북한 관계의 이론들: 분류와 비판," 경남대학교 북한대학원 편, 『남북한 관계론』(파주: 한울, 2005), 91-108쪽. 백낙청은 분단체제론을 통해 남북한 지배계급이 기득권 유지에 봉사하고 있는 현실에서 남북한 민중이 분단극복을 위해 자기 사회의 개혁과 민주화에 매진하여야 한다고 주장한다(백낙청, 『흔들리는 분단체제』(서울: 창작과 비평사, 1998)). 박명림은 남한과 북한의 상호작용이 하나의 질서를 이루며, 이 질서가 다시 행위자를 제약하는 '대쌍관계 동학(interface dynamics)'의 성격을 갖는다고 본다. 그는 분단질서 형성기, 분단 고착과 지속의 시기, 분단 해소의 시기로 시기구분을 하고 있다(박명림, "분단질서의 구조와 변화:

이근은 구성주의 시각에서 정상회담 이후 남북관계의 변모 추이를 관찰하고 있다. 남과 북의 정책적 변화, 언술행위, 상징조작이 남북한의 정체성을 변화시키는 과정을 보여주고 있는 것이다. 그는 남과 북의 정체성 변화의 의미, 변화의 지속성 여부, 정체성 변화를 지속가능하게 해 주는 정책적 수단 등에 대해 논하고 있다.[3] 전재성은 구성주의 관점에서 남북관계를 연구할 때 정체성 획득, 규범의 내재화, 규범으로부터 이익으로의 전환, 이익개념이 외교정책과 궁극적으로 국가행위로 연결되는 과정에 주목할 것을 주문하고 있다.[4]

김재한은 탈냉전의 상황에서 남북관계가 비제로섬게임의 성격을 갖고 있다고 보고, 남북 사이의 협조를 강화하기 위해 공동이익의 창출, 상대의 신뢰를 얻기 위한 노력, 접촉 증가, 조건부적인 양보, 선도적 노력을 당부하고 있다.[5] 장노순은 현실주의, 자유주의가 기초하고 있는 전략적 선택과 구성주의가 기초하고 있는 정체성의 변화를 묶어서 남북관계의 협력 가능성을 연구하고 있다. 그에 의하면 정체성 변화에 의한 협력과 전략적 선택에 의한 협력이 모두 가능하다.[6]

적대와 의존의 대쌍관계동학, 1945-1995," 『국가전략』, 3권 1호, 1997).

3 이근, "구성주의 시각에서 본 남북정상회담," 『국가전략』, 7권 4호, 2001.

4 전재성, "구성주의 국제정치이론과 남북관계," 하영선 · 김영호 · 김명섭 편, 『한국외교사와 국제정치학』(서울: 성신여자대학교 출판부, 2005).

5 김재한, "탈냉전과 남북한 협조," 『국제정치논총』, 30집 1호, 1990.

6 장노순, "국제정치이론의 통합을 위한 시론: 남북한 관계의 정체성 변화와 전략적 선택," 『세계지역연구논총』, 24집 1호, 2006. 하젤 스미스(Hazel Smith)는 북한을 전형화해서 '광기(mad)', '죄악(bad)'의 시각으로 바라보는 패러다임에 반대하면서, '비애(sad)' 또는 '합리적 행위자(rational actor)'의 기준에서 해석할 것을 주문하고 있다. 그는 북한에 대한 선입견에서 벗어나 북한의 전략을 행위 그 자체의 긍정성과 부정성에 의해서 판독할 때 북한과의 협력 가능성이 증대되고, 한반도의 평화체제 구축의 공간도 넓어진다고 주장하고 있다(Hazel Smith, "Bad,

김학노는 구성주의적 신기능주의와 그람시안 국제정치이론을 접목하여 김대중 정부의 햇볕정책을 '평화통합전략'으로 해석하고 있다. 그에 의하면 김대중의 대북정책은 교류협력을 통하여 서로에 대한 인식과 상호 정체성을 변화시키는 것을 지향하고 있다는 측면에서 구성주의적이며, 통합과정에서 경제적 수단을 중시하면서 정치력을 보완한다는 면에서 신기능주의적이다. 김학노는 햇볕정책의 원동력을 남한 자본, 특히 재벌의 헤게모니에서 찾으면서, 재벌들이 남북경협을 통해 북한의 지리적 거점, 노동력, 자원을 이용하여 자본의 이익을 실현하려 한다고 분석한다. 그람시안적 전통에서 그는 남남갈등을 지배세력 내부의 헤게모니 다툼으로 해석하고 있다. 즉 지배세력 중 통합지향파와 통합반대파의 갈등이라는 것이다.[7]

김용호는 김영삼 대통령 시기의 4자회담과 김대중 대통령 시기의 햇볕정책에 대해 국제관계이론의 관점에서 의미 부여를 하고 있다. 그는 4자회담이 냉전의 붕괴 이후 NATO의 확대, APEC, ARF 등 다자주의에 대한 관심이 급증하는 시류를 배경으로 하여 한반도 안보문제를 다자주의로 풀려는 시도였다고 보았다. 햇볕정책은 정경분리의 원칙을 내세운다는 점에서 신자유주의적이고, 경제교류, 금강산 관광, 이산가족 상봉 등 선(先) 사회문화 교류를 통한 상호이해관계의 형성에 초점을 맞춘다는 점에서 구성주의적 요소를 갖고 있다고 해석한다. 김용호는 4자회담이 한반도 평화와 신뢰구축이라는 원칙에는 합의를 이루었지만, 공동의 규범이나 원칙, 의사결정과정이 정형화되어 있지 않았다는 면에서 제도주의적 접근의 핵심을 포함하지

---

mad, sad or rational actor? Why the 'securitization' paradigm makes for poor policy analysis of north Korea," *International Affairs*, Vol. 76, No. 3, 2000).

7 김학노, "평화통합전략으로서의 햇볕정책," 『한국정치학회보』, 39집 5호, 2005년 겨울.

않았다고 비판하고 있다. 그에 의하면 햇볕정책은 남북 간의 교역을 통해 상호의존의 관계를 만들고 그 관계 속에서 남과 북이 공동의 이익을 발견하며, 무력 사용을 억제하게 한다는 경제평화론의 요소를 갖고 있다. 김용호는 의존의 증가와 갈등의 축소의 등식이 성립하지 않는 한일관계를 예로 들면서 비대칭적 교류는 오히려 양국관계에서 화를 불러올 수 있음을 지적한다. 또한 햇볕정책은 이산가족 상봉과 같은 교류를 통해 '우리(we-ness)'라는 공동체 의식의 회복을 도모하고 있지만, 정체성 형성은 많은 시간을 필요로 하는 과정임을 지적한다. 그는 어느 한 패러다임도 남북관계의 이해나 실천에서 독점적이고 배타적인 우월성을 가질 수 없다고 평가하고, 이론적 절충주의를 대안으로 제시하고 있다.[8]

기존 패러다임이나 이론의 적용 이외에 국제정치학은 분석수준의 측면, 즉 남북관계의 '안'과 '밖'의 측면에서 남북관계의 연구에 일정한 공헌을 하였다. 남과 북은 상위수준의 행위자와 하위수준의 행위자와 상호작용하며 영향을 주고받는다. 상위수준으로 세계 차원과 동아시아 차원을 상정해 볼 수 있고, 하위수준으로 국내의 다양한 사회세력을 생각해 볼 수 있다. 남한과 북한이라는 행위자와 그들의 상호작용의 합인 남북관계 또한 한반도의 두 행위자에 영향을 미치는 요소이다. 이때 반(反)환원주의는 두 국가의 상호작용이 만들어 내는 관계속성의 환원불가능을 주장하며, 방법론적 개체주의는 관계속성의 환원가능성을 이야기한다.[9]

남북관계와 국내정치의 상관관계에 대해서는 분석적 · 이론적 · 경험적

---

8 김용호, "대북정책과 국제관계이론: 4자회담과 햇볕정책을 중심으로 한 비판적 고찰," 『한국정치학회보』, 36집 3호, 2002년 가을.

9 구갑우, 2005, 82-89쪽.

차원에서 최완규, 박명림, 신종대, 이종석, 류길재, 김도종 등이 연구를 주도해 왔다.[10] 신종대는 북한이 한국의 국내정치에 미친 영향을 천착하고 있다. 그는 북한 요인을 구조적 요인, 상황적 요인, 행위적 요인으로 나누어 살피고 있으며, 그에 의하면 북한의 존재는 한국이 반공체제를 형성하고 자유민주주의 체제를 제도화하는 데 공헌한 반면, 동시에 역설적으로 한국의 민주주의가 민간독재 내지는 군부독재로 전락하는 데 공헌하였다. 권위주의 시절 북한의 위협이 한국 사회의 분열을 봉쇄한 반면, 민주화 시기 북한의 위협성 감소가 내부적 분열과 갈등을 촉진시키는 작용을 하고 있다.[11]

김도종은 햇볕정책을 성공적으로 추진할 수 있는 국내 정치환경에 대해 논하고 있다. 우선 최초의 수평적 정권교체와 탈이념화 경향이라는 통치환경은 김대중 대통령이 적극적으로 대북 포용정책을 추진하는 밑거름이 되었다고 분석하고 있다. 그는 김대중과 김종필의 공동정권 형성, 군부의 탈정치화, 시민단체와 이익집단의 적극성, 국민여론의 호응, 정치지도자의 신념과 동기 등이 햇볕정책 추진의 국내적 추동력으로 작용했다고 보고 있다. 아울러 김도종은 햇볕정책의 고비용, 저효율성, 유연성 부족을 문제점으로 지적하고 있다.[12]

---

10 최완규, "전환기 남북한의 국내정치와 통일게임," 『한국과 국제정치』, 가을 · 겨울, 1995; 박명림, "국내정치와 남북관계: '1.5레벨게임'의 구조와 동학," 『계간 사상』, 여름, 2000.

11 신종대, "남북한 관계와 남한의 국내정치: 북한 요인과 국내정치의 연관과 분석틀," 경남대학교 북한대학원 편, 『남북한 관계론』(파주: 한울, 2005). 남한 요인이 북한의 국내정치에 커다란 영향을 미치지 않았다는 주장에 대해서는 류길재, "남북한 관계와 북한의 국내정치: 남한 요인은 결정적 변수인가?" 경남대학교 북한대학원 편, 『남북한 관계론』(파주: 한울, 2005). 선거와 북한의 영향에 대해서는 아래 저작들을 참조할 것. 정준표, "북풍의 정치학: 선거와 북한변수," 『한국과 국제정치』, 봄 · 여름, 1998; 이종석, "대통령선거와 북한: 남북한의 적대적 의존관계와 변화가능성," 『역사비평』, 가을, 2002.

3. 남북화해에 대한 연구

남북관계는 기본적으로 숙적관계로서의 갈등, 위기, 분쟁과 반목을 연출해 왔다. 그러나 국내외 상황의 변화, 적대관계의 피로감, 새로운 사상을 가진 지도자의 등장 등으로 사막의 오아시스와 같은 화해의 국면을 노정시키기도 하였다. 70년대 초 데탕트 시기 남북화해, 90년대 초 탈냉전 시기 남북화해, 2000년대 햇볕정책 시기 남북화해가 대표적이다. 남북관계에서 협력이 갈등을 압도하는 상황의 연출은 당연히 연구자들의 깊은 관심 속에 많은 연구들을 낳았다.[13]

1) 데탕트 시기 남북화해

닉슨 미 대통령의 괌독트린(Guam Doctrine), 미중화해, 주한미군 철수, 유신체제의 등장 등 안팎의 복잡한 환경 속에서 진행된 70년대 남북대화는 이후 남북대화와 교류의 원형을 제시해 주었다고 할 수 있다. 7·4공동성명의 탄생을 둘러싼 국내외 환경에 대한 학자들의 연구와 더불어 국가기관에 의한 당시 1차 자료의 공간과 남북대화에 관여했던 인사들의 회고록과 증언은

---

12 김도종, "햇볕정책과 국내정치적 역학: 대북포용정책의 정치적 함의," 『국가전략』, 6권 1호, 2000.

13 강인덕과 송종환은 강상욱, 구본태, 서영훈, 이동복, 이병웅, 장충식, 정홍진 등 남북회담에 직간접적으로 참가한 한국측 대표들을 인터뷰하여 8 · 15평화통일구상 선언, 남북적십자회담, 남북조절위원회 회의, 1980년대 대화, 1990년대 이후 대화를 분석하고 있다(강인덕 · 송종환 외, 『남북회담: 7 · 4에서 6 · 15까지』(서울: 극동문제연구소, 2004)). 통일노력60년 발간위원회는 분단확정기, 냉전기, 탈냉전기의 시기구분을 토대로 통일환경, 정부의 통일노력, 비정부 차원의 통일노력을 정리하고 있다. 비정부 차원의 노력은 정당, 시민단체, 종교단체, 학생, 언론, 여성, 기업, 재외동포의 분단극복 노력을 포괄하고 있다(통일노력60년 발간위원회 편, 『통일노력 60년: 하늘길 땅길 바닷길 열어 통일로』(통일부, 2005)).

또한 당시 대북 정책결정의 이면을 이해하는 데 많은 시사점을 주고 있다.[14]

70년대 남북화해의 원인을 설명한 작품들의 주장을 크게 외인론과 내인론으로 나누어 정리할 수 있다. 외인론은 8·15선언, 비밀 대화, 적십자 대화, 7·4공동성명, 6·23선언으로 이어지는 남과 북의 일련의 접촉과 선언, 정책의 형성 요인을 환경의 변화로 설명하고 있다. 미중화해, 주한미군 철수라는 상황의 변화에 안보의 위협을 느낀 박정희 정부가 고육지책으로 북한과 대화라는 독배를 들었다는 것이다. 이 경우 남한의 선택은 데탕트를 위시한 국제평화 무드에 일시적으로 편승하는 전략으로 이해되고 있다. 배긍찬은 "1970년대 전반기에 이루어졌던 남북 간 대화는 당시 한반도 주변 강대국들 간의 데탕트구조에 적응하기 위한 것"이라며 환경론을 펀들고 있다.[15]

내인론은 국제적 상황 변화보다는 국내정치와 경제의 압력과 필요성이라는 측면에 더 많은 관심을 갖고 있다. 국내정치와 남북대화의 상관관계를 탐구하고 있는 것이다. 내인론자들은 박정희 정권이 독재 권력의 강화와 영속화를 위해 북한과의 대화를 통해 국내정치에서 대국민 설득력을 높이고자 했다는 점을 강조한다. 즉 독재 권력의 강화와 영속화를 위해 남북대화

14 박정희 시기 대북정책, 대미정책을 포함한 한국의 외교노선 일반에 대한 해제와 사료를 다음의 저서에서 볼 수 있다(김용직 편, 『사료로 본 한국의 정치와 외교: 1945-1979』(서울: 성신여자대학교 출판부, 2005)). 박정희 시기 외교와 통일정책의 이해에 도움을 주는 회고는 다음을 참조할 것. 김성진, 『박정희를 말하다: 그의 개혁 정치, 그리고 과잉충성』(서울: 삶과 꿈, 2006); 김용식, 『희망과 도전: 김용식 외교회고록』(서울: 동아일보사, 1987); 김정렴, 『한국경제정책 30년사』(서울: 중앙일보사, 1990); 김정렴, 『아, 박정희』(서울: 중앙 M&B, 1997). 김정렴에 의하면 박정희는 북한과 대화를 추진하는 과정에서 빌리 브란트 수상의 동방정책을 많이 참고했다고 한다.

15 배긍찬, "1970년대 전반기의 국제환경변화와 남북관계," 한국정신문화연구원 편, 『1970년대 전반기의 정치사회변동』(서울: 백산서당, 1999), 25쪽.

라는 카드를 활용해서 정권의 정당성을 고양시키려 했다는 것이다.[16]

외부의 압력(외인론)과 내부의 결정(내인론)을 절충하는, 즉 구조와 단위를 동시에 보려는 이중적 시각들도 많이 있다. 절충론은 강대국 게임에 희생당하지 않으려는 약소국의 자구책 마련의 시각에서 남과 북의 대화 정국을 바라보고 있다. 미국 독립기념일을 공동성명의 발표일로 삼은 것을 두고 돈 오버도퍼(Don Oberdorfer)는 약소국의 자주 기상을 선언하고자 한 것이라고 풀이하고 있다.[17] 김성진은 "세계적 데탕트의 흐름에 우리 나름대로 능동적으로 대처한 정책"이라며 환경적 요인과 주체적 결정을 공히 강조하고 있다.[18] 주로 박정희의 내치와 외치에 관여했던 인사들이 외부 도전에 대한 내부의 전략적 대응이라는 시각에서 7·4공동성명의 의미를 찾고 있다.

박건영 등은 미국 국립문서보관소(NARA)가 소장하고 있는 미 국무부 전문 등을 이용하여 데탕트 시기의 남북대화 과정에서 미국이 보다 적극적인 역할을 했음을 밝히고 있다. 그들은 박정희 대통령이 애초 북한과의 대화에 회의적이었으나, 차츰 남북대화를 국내정치에 활용할 수 있을 것이라는 정치적 효용성을 깨닫고, 이후 적극적으로 대화를 추진하게 되었다고 주장한다. 이 연구는 70년대 남북대화의 동력을 설명하는 데 있어서 동맹국 사이의 협력과 긴장의 순환에 초점을 맞추고 있다.[19]

---

16 이경재, "비상사태선언과 종신집권체제 완성," 『신동아』, 1985년 12월호.

17 Don Oberdorfer, *The Two Koreas* (New York: Basic Books, 2001), pp. 1-26.

18 김성진, 2006, 121-139쪽.

19 박건영 · 박선원 · 우승지, "제3공화국 시기 국제정치와 남북관계: 7 · 4공동성명과 미국의 역할을 중심으로." 『국가전략』, 9권 4호, 2003.

2) 냉전의 붕괴와 남북화해

노태우 대통령 시기 1988년 7·7선언으로 시작된 북방정책은 소련, 중국 등 사회주의국가들과 관계개선을 통해 북한을 개방과 대화의 장으로 끌어내려는 전략이었다. 사회주의국가들과의 수교 및 관계개선 노력은 한국외교의 커다란 방향전환을 의미하는 것이었다. 남북관계에서도 남북고위급회담, 남북기본합의서, 비핵화 공동선언, 남북 유엔 동시가입 등의 가시적 성과를 도출해 냈다.[20]

북방외교 실천 초기 국제정치학회는 "북방정책과 한반도"라는 제목의 '북방정책에 관한 특별하게 학술회의'를 개최하였고, 이 회의에서는 김달중을 포함 모두 10명의 학자들이 논문을 발표하였다. 김달중은 북방정책의 개념, 목표에 대해, 정세현은 북방정책에 대한 북한의 반응을 살폈다.[21] 김성철은 노태우 정부의 북방정책을 평가하면서 정책결정 및 집행의 측면에서 측근 중심의 비공식적 접근으로 제도화가 충분히 완성되지 못하였음을 지적한다. 남과 북의 합의사항마저도 필요한 규범, 규칙, 절차, 관행이 성립되지 않아 남북관계의 성숙으로 이어지지 못했다고 주장하고 있다.[22]

2002년 9월에 열린 '북방정책에 관한 학술회의'에서는 한국외교의 자주성을 화두로 하여 탈냉전 시기 남북화해 모색의 의미를 되새긴다. 이 회의에서 필자들은 독자들을 향해 한국외교가 자주적 노선을 견지할 수 있는 여건과 역량이 있느냐는 질문을 던지고 있다. 자주성의 결정요인에는 미국의

---

20 노태우 정부 시기 대북정책에 대한 증언으로는 다음을 참고할 것. 박철언, 『바른 역사를 위한 증언 1·2』(서울: 랜덤하우스중앙, 2005); 김용삼, "노태우 전대통령의 육성회고록 (1)," 『월간조선』, 1999년 5월호.

21 김달중, "북방정책의 개념, 목표 및 배경," 『국제정치논총』, 29집 2호, 1989; 정세현, "북방정책에 대한 북한의 반응," 『국제정치논총』, 29집 2호, 1989.

정책, 국내적 여건, 국력의 상승, 남북관계, 지역 및 국제적 여건들이 복합적으로 작용한다. 필자들에 의하면 북방외교를 이해하는 또 하나의 열쇠는 민주화이다. 본 학술회의는 한국외교에 민주화가 끼친 영향에 대해 천착하고 있다. 민주화로 인한 다원화로 외교정책과 대북정책에 대한 다양한 의견과 토론이 가능해졌고, 엘리트들은 국력에 걸맞는 대우를 요구했으며, 다양한 세력들의 목소리가 영향을 미쳤다는 것이 북방정책과 과거의 정책을 차별화하는 요소이다. 민주화와 외교정책의 상관관계는 노태우 대통령 시기 이후 학자들이 관심을 가져야 할 연구과제이다.[23]

전재성은 노태우 행정부의 북방정책이 동구권과의 수교, 한소 수교, 한중 수교, 남북기본합의서라는 가시적이고 구체적인 성과를 산출했음을 평가하고, 70년대, 90년대, 2000년대 남북대화 추진이 국제정치체제의 구속에서 벗어나 일정 정도의 한국외교의 자율성을 추진한 사례들이라는 점에서 공통점이 있다고 지적한다. 그는 한국 외교정책의 자율성이 동북아 주변 강대국의 이해관계 때문에 제약받아 왔다면서, 강대국 간 이해관계가 균형을 이룰 경우 한국외교의 자율성이 신장된다는 주장을 펼치고 있다. 전재성은 미국의 고립주의가 강화되거나 상대적 방치의 정책을 펼 때, 한국의 자율적 외교정책 공간이 생겨난다고 본다. 그는 또한 박정희 행정부의 유신정국, 노태우 행정부의 민주화 정국, 김대중 행정부의 여소야대 정국의 경우와 같이 국내정치의 필요상 외교정책에 집중할 때 외교의 자율성이 신장된다고 주장한다. 보다 구체적으로 국내 변수는 국내적 균형정책(internal balancing)으

---

22 김성철, "외교정책의 환경 · 제도 · 효과의 역동성: 북방정책 사례 분석," 『국제정치논총』, 40집 3호, 2000.

23 하용출, "서론," 하용출 편, 『북방정책: 기원, 전개, 영향』(서울: 서울대학교 출판부, 2003).

로서의 외교정책의 효용성, 국내자본의 이해, 정체성 요인으로 풀이되고 있다. 요약해서 이야기하면, 전재성은 강대국 간 균형이나 미국의 방치로 환경적 변화가 일어난 구조적 조건하에서, 국내적으로 정책결정가들이 내부균형정책을 펼 때 한국외교의 자율성이 신장된다고 주장하고 있다.[24]

3) 대북 포용정책과 남북화해

김대중 대통령에 의해 시작된 남북화해 국면은 북핵위기에도 불구하고 현재진행형이다. 평자에 따라 화해의 지속이라는 표현보다 대북 포용정책의 지속이라는 표현을 더 선호할 수도 있을 것이다. 6월 정상회담이 시위하듯이 2000년대의 화해는 그 이전에 비해서 양적으로 성장한 면모를 보이고 있는 것이 사실이다. 그러나 동시에 북한의 속성과 변화 여부, 북한의 핵실험 등으로 화해의 성격과 방법론에 대한 논란은 더욱 가열되고 있는 형편이다. 이러한 논란은 남북관계에서 양적 성장에 비례한 질적 성숙이 이루어졌는가 하는 의문으로 이어지고 있다.[25]

2000년대에 들어서면서 남북 교류협력의 폭이 넓어지고, 다양한 분야의 연구들이 나오고 있는 것은 반가운 일이다. 경제 전반, 수산업, 이산가족, 방송, 인도적 지원 등 과거에는 등한시되었던 분야들에 대한 연구가 활발해지고 있으며 지속적인 교류협력으로 정보와 관심의 폭이 넓어져 다양한 혜택을 보고 있다.[26]

---

24 전재성, "노태우 행정부의 북방정책 결정요인과 이후의 북방정책의 변화과정 분석," 하용출 편, 『북방정책: 기원, 전개, 영향』(서울: 서울대학교 출판부, 2003).

25 권만학, "전환기의 도전과 남북한 관계," 백영철 외, 『21세기남북관계론』(서울: 법문사, 2000).

26 남성욱, "북한의 수산업 현황과 효율적인 남북협력 방안," 『북한연구학회보』, 10권 1호, 2006년 여름; 윤여상, "이산가족 남북교류 확대에 대한 한국정부의 대응방안: 법률안 제정을 중심

김영재와 이승현은 김대중 정부의 대북정책을 북한 포용, 정경분리, 한반도 냉전구조 해체로, 김정일 정권의 대남정책을 남한 배제, 관민분리, 한반도 평화체제 구축으로 정리하고 있다.[27] 김용복은 김대중 행정부 대북정책을 첫째, 국민의 정부 출범에서 남북 정상회담 이전까지 모색기(1998.2-2000.6), 둘째, 정상회담 이후부터 부시 정권의 출범 초까지 남북관계가 급진전되고, 북미 · 북일관계가 개선된 시기(2000.6-2001.2), 셋째, 북미관계가 경색되고 남북관계가 교착에 빠진 부시 행정부 출범 이후 임동원 특사 방북 이전까지의 기간(2001.2-2002.4), 넷째, 남북관계가 복원되고, 북일관계의 개선이 진전된 임동원 특사 방북 이후 북핵위기 발생 시기까지로(2002.4-2002.10) 시기구분하고 있다. 그는 남북 정상회담 이후 남북 당국자 간 대화의 성행, 경제협력의 구체화, 사회문화 교류의 활성화를 햇볕정책의 구체적 성과로 적시한다. 김용복은 또한 햇볕정책 추진 이후 한국사회의 보혁갈등에 대해서도 언급하고 있으며, 대북지원 논란, 통일방안을 둘러싼 남북공동선언 2항의 연합제와 낮은 단계의 연방제를 둘러싼 논란, 평화와 안보문제, 남남갈등에 대해 검토한 후 정책의 일관성과 장기적 목표를 지향하라는 충고를 던지고 있다.[28]

김근식은 김대중 정부의 대북정책을 회고하는 논문에서 햇볕정책이 평화, 화해, 협력을 추구하고 있다고 평가하고 있다. 그는 김대중 대통령이 남

으로," 『북한연구학회보』, 10권 1호, 2006년 여름; 이우승 · 전영선, "국내방송의 북한관련 보도태도에 관한 연구: KBS의 9시 종합뉴스와 남북의 창을 중심으로," 『북한연구학회보』, 10권 1호, 2006년 여름; 최대석, "긴급구호에서 개발지원으로: 국내 NGO의 지원경험과 향후과제," 『북한연구학회보』, 10권 1호, 2006년 여름.

27 김영재 · 이승현, "남북한 신정부의 대북 · 대남 정책," 『국제정치논총』, 39집 1호, 1999.

28 김용복, "김대중정부의 대북정책과 남북관계: 쟁점과 평가," 『동북아연구』, 2003.

북관계를 '적대적 의존관계'에서 '화해적 공존관계'로 탈바꿈시키려고 했다면서 그의 정책은 '통일정책'이라기보다 '대북정책'에 가깝다고 주장한다. 김근식은 햇볕정책이 단기적인 북한의 변화를 목표로 하는 것이 아니라 장기적인 안목을 갖고 시행되는 정책임을 강조하면서 정부의 대북정책이 '북한변화론'이 아닌 '평화공존론'에 바탕을 두어야 한다고 충고하고 있다.[29]

박선원은 1998년부터 2002년 4월까지 정부, 보수언론, 진보언론의 여론조사 내용을 토대로 햇볕정책과 여론에 대한 실증적 연구를 행한다. 통일부와 국정홍보처의 여론조사는 93.7%에서 65.6%의 햇볕정책 지지를 보여주고 있으며, 보수언론의 경우 평균 65.5%의 지지를, 진보언론의 경우 평균 71%의 지지를 기록하고 있다. 그는 이념적 태도와 지역적 편차가 햇볕정책 추진의 제약요소로, 세대와 교육요소가 긍정적 요소로 작용한다고 분석하고 있다.[30] 최용섭은 햇볕정책이 북한의 호전성을 증대시켰고, 북한의 대응에 정책의 성공이 달려 있으며, 원칙 적용에 일관성이 없고, 통일에 대한 구체적 청사진이 결여되어 있다는 비판을 가하고 있다.[31]

북한의 혁명전략, 대남전략은 민주기지론과 남조선혁명론에 기반하고 있었다. 21세기 한국의 대북 포용정책은 북한의 대남전략이 변화하고 있다는 가정에 기초하고 있다. 정성장은 북한이 90년대 중반 이후 사상과 군대를 중시하는 강성대국 건설을 강조하는 한편 경제회복을 위해 일련의 경제개선 조치를 취하고 있음에 주목하고 있다. 그는 북한의 혁명전략이 군사주

---

29 김근식, "김대중 정부의 햇볕정책: 회고와 전망," 『한국과 국제정치』, 18권 2호, 2002.

30 박선원, "햇볕정책과 여론: 지속성과 변용의 관점에서 본 실증분석," 『한국과 국제정치』, 18권 2호, 2002.

31 최용섭, "북한의 도발행위와 대북포용정책: 동해 잠수정 침투사건과 서해안 영해 침범 사건을 중심으로," 『국제정치논총』, 39집 2호, 1999.

의적 경향과 실용주의적 경향의 병존의 모습을 보이고 있다고 파악하고 있다.[32] 백학순은 김정일 정권의 생존전략의 목표가 북한체제의 보존과 정권의 유지 및 강화이며, 대남전략의 목표는 대남경쟁의 승리와 민족통일국가 형성이라고 보고 있다. 그는 북한이 탈냉전 시기 안과 밖에서 체제의 위협을 느끼면서 통일의 목표를 뒤로 미루고, 남한으로 흡수통일되는 것을 방지하기 위해 남한과 평화공존을 추구하고 있다고 진단하고 있다.[33] 1990년대 사회주의권 붕괴 이후 북한은 체제위기 상황을 맞이했으며, 과거의 적화통일을 '현실적으로' 포기하고 유연한 대남정책을 채택했다는 것이며, 북한이 느슨한 연방제에 의한 통일방안을 주장하는 것을 하나의 증거로 보여주고 있다. 21세기 북한의 유연화를 주장하는 학자들은 동시에 한국의 흡수능력 결여, 북한체제의 견고함, 한반도의 긴장고조 등을 이유로 들어 한국 주도의 흡수통일론의 무모함을 경고하고 있다.[34]

4) 화해의 비교연구

이창희는 민주화의 범주를 가지고 한국 역대 정권의 대북정책의 변화 추

---

32 정성장, "혁명전략," 세종연구소 편, 『북한의 국가전략』(서울: 한울, 2003).

33 정성장 · 백학순, 『김정일 정권의 생존전략』(성남: 세종연구소, 2003). 또한 아래의 저작들을 참조할 것. 이종석, "북한의 권력구조 재편과 대남전략," 백영철 외, 『21세기남북관계론』(서울: 법문사, 2000); 노정호 · 김용호, "대북화해협력정책과 북한의 변화에 대한 실증적 분석," 『한국과 국제정치』, 18권 3호, 2002; 이항동, "대북포용정책에 대한 북한의 반응: 1997-1999 로동신문 논평을 중심으로," 『한국정치학회보』, 34집 1호, 2000.

34 김근식, "남북한 관계의 특성: 과도기의 이중성," 경남대학교 북한대학원 편, 『남북한 관계론』(파주: 한울, 2005). 이기종은 김정일 정권의 대남정책을 결정하는 요인으로 북한의 대내적 요인, 강대국 사이의 관계 등 대외적 환경, 남한요인을 들고 있다(이기종, "북한의 대남정책 결정요인과 전망," 『국제정치논총』, 37집 2호, 1997).

이를 설명하려고 시도하고 있다.[35] 그는 대통령의 과단성과 추진력, 북한의 경제적 어려움과 더불어 한국 사회의 정치민주화와 대북정책의 변화 사이에 깊은 상관관계가 있다고 주장한다. 70-80년대는 반공주의와 자기검열이 횡행한 시기였다. 대중을 동원하려는 엘리트의 수단으로 대북정책이 활용되곤 하였다. 이창희는 이 시기 통일문제와 관한 밑으로부터 투입은 거의 없었으며, 당시 민주화 진전 수준에서 대북정책은 선언적 의미만 가졌다고 본다. 그는 남북화해의 한 축인 민간교류의 실현을 위해서는 대중의 의식의 각성이 필요하다고 평가한다. 민주화의 과도기였던 노태우 정부 시기 대북정책에도 과도기적 성격이 드러난다. 노태우 대통령이 밑으로부터 실질적 민주화 요구에 주체적으로 대응하기 위해 전향적 통일정책을 마련하였다. 거스를 수 없는 민주화의 흐름에서 그 속도와 방향을 조절하기 위해 정권이 대북정책에서 적극적으로 나섰다는 것이다. 김영삼 정부와 김대중 정부의 대북정책의 차이도 권위주의 세력과 야합한 김영삼의 한계와 DJP 연합을 통해 자신이 주도적으로 정권을 획득한 김대중의 차이로 설명하고 있다.

박건영은 '문민정부'의 대북정책이 일관성을 갖고 있지 못했다고 진단하고, 그 원인을 통치권자의 통치철학의 빈곤, 대결적 사고체계, 정치결정주의, 정책결정과정의 체계성 결여, 장기적이고 총체적인 전략의 부재에서 찾고 있다. 아울러 그는 '국민의 정부'의 대북정책이 통일지상주의에서 벗어나야 하고, 억지와 포용을 동시에 추구하는 '복궤전략(two-track approach)'을 추진해야 하고, 대북정책 결정과정을 체계화, 조직화해야 한다고 주문하고 있다.[36]

---

35 이창희, "민주화와 대북정책," 『한국동북아논총』, 26집, 2003.

36 박건영, "대북정책의 새로운 접근," 『국제정치논총』, 38집 2호, 1998.

박영호는 김영삼, 김대중, 노무현 시기의 남북관계를 대북정책과 남북관계의 상관관계라는 관점에서 분석하고 있다. 그에 의하면 남북관계의 발전은 한국 정권의 대북정책에 의해 결정된다는 것이다. 김영삼 대통령은 민족공동체 통일방안을 제시하고, 상호비방 중지, 군사적 신뢰구축 등 남북 사이의 신뢰의 형성에 주안을 두었다. 그러나 문민정부 시기는 대북 인식의 일관성 부재를 노출시켰다. 박영호는 김대중 대통령이 "어느 동맹국도 민족보다 나을 수 없다"는 주장과 "핵무기를 갖고 있는 상대와는 결코 악수할 수 없다"는 주장 사이에서 갈팡질팡했다고 평가하고 있다. 김대중 대통령은 취임 초반부터 대북정책의 3대원칙으로 무력도발 불용, 흡수통일 배제, 남북화해와 협력 적극 추진을 내세우고 적극적인 대북정책을 펼쳤다. 그는 우선 북한의 입장을 이해하려는 공감적 대북인식을 갖고 있었던 것으로 보이지만 국민의 정부 초반 상호주의의 고집으로 별다른 진전이 없다가 2000년 3월 9일, 베를린 선언으로 전기가 마련되어 6월 남북 정상회담이 성사되었다. 이후 김대중 정부의 대북정책은 화해에 대한 집착으로 북한에 끌려 다니지 않나하는 비판에도 직면하였다. 남남갈등이 탈냉전 시기 대북정책의 실천과 관련 커다란 문제로 등장하자, 노무현 정부는 집권 초반부터 햇볕정책을 보완, 발전시키겠다는 의사를 분명히 하였다. 평화번영정책의 명명에서 보듯이 노무현 정부의 대북정책은 안보적 차원(평화)과 경제적 차원(번영)의 균형적인 발전을 강조하였다.[37] 그러나 북한의 핵실험으로 안보와 경제의 균형적 발전이라는 명분은 많이 퇴색하였다. 햇볕정책의 어디를 보완했고, 어디를 발전시켰는지는 후세의 평가가 있어야 할 것이다. 필자의 주장과는 달

---

37 박영호, "탈냉전시대 한국의 대북정책과 남북관계의 변화," 『세계지역연구논총』, 23집 1호, 2005, 203-214쪽.

리 남북관계의 추이가 한국 정부의 대북정책이라는 단일 변수에 의해서 결정된다고 보기는 어렵다. 그러나 그의 논지는 대북정책의 성격과 남북관계 진전의 역동적 관계에 초점을 맞춤으로써 유효하고, 효율적인 대북정책의 입안에 시사점을 얻을 수 있는 단초를 제공한다.

김영삼 시기의 대북정책에는 실패라는 꼬리표가 김대중 시기의 대북정책에는 성공이라는 성적표가 달려 있다. 북한의 핵실험이라는 공간에서 이러한 평가가 계속 유효할지, 대북정책의 일관성 유지가 경직성으로 해석될 여지는 없는지 자성이 필요하다. 20-30년 후 연구 대상과 심정적 거리가 확보된 후 성공의 '신화'와 성공의 '신기루'에 대한 재평가가 나올 가능성도 배제할 수 없다.

4. 남북갈등에 대한 연구

냉전 시기 남북관계는 화해와 대화보다는 갈등과 대결로 점철되었다. 민족주의의 완성, 전쟁의 경험, 상이한 체제와 적대적인 진영에 속한 거리감은 남과 북의 갈등을 첨예하게 만드는 요인들이었다. 양측의 정치지도자들은 민족통합과 통일을 이야기하면서도 상대방에 대한 적개심과 대결구도의 고착화로 정권의 생명력을 연장하려고 하였다.[38]

데이비드 강은 많은 학자들이 북한의 위협을 설명하면서 원용하는 예방전쟁론과 권력전이론을 한반도 상황에 적용하는 것에 반기를 들고 있다. 예

---

38 고대원은 서로 다른 정치경제 체제에 속한 국가들 사이의 갈등을 의미하는 체제 간 갈등(inter-systemic conflict)의 시각에서 남북관계를 접근하고 있다(Dae-Won Koh, "Dynamics of Inter-Korean Conflict and North Korea's Recent Policy Changes," *Asian Survey*, Vol. 44, No. 3, May/June 2004).

방전쟁론, 권력전이론이 북한의 전쟁 시도를 예측해 왔으나 실제로 제2의 한국전쟁이 일어나지 않은 사실에 비추어 그는 그동안의 학자들 주장이 틀렸다는 것이다. 그는 실제 북한의 국력이 한국보다 열세에 있었고, 조건에서 동 이론들은 오히려 북한의 공격을 예상하지 않기 때문에 그동안 학자들이 이론과 현실의 적합성에 대해 그릇된 판단을 내리고 있었다고 주장한다. 남과 북을 비교하거나, 또는 북한과 한미동맹의 격차를 비교해 봤을 때 북한이 우위에 있었고, 시간이 경과하면서 그 우위가 상대방에 의해서 상쇄되는 과정을 발견할 수 없다고 말한다. 경제규모와 군사비의 기준에서 봤을 때 북한은 애초부터 한반도에서 힘의 우월성을 갖고 있지 않았다. 오히려 한국보다 열세에 있었고 시간이 흐르면서 남북의 국력 격차는 더 심해졌다.

데이비드 강은 권력전이론은 역동적인 도전자와 쇠퇴하는 방어자의 관계에 관심을 갖고 있는데, 실제로 한반도에는 쇠퇴한 도전자와 상승하는 방어자가 존재하고 있었다고 주장한다. 그의 결론은 지난 반세기 간 한반도의 국제정치적 상황은 남의 북에 대한 그리고 한미동맹의 북에 대한 억지(deterrence)가 성공한 경우라는 것이다. 데이비드 강은 일반 학자들이 북한의 의지, 북한의 속성(attribute)에만 관심을 갖고, 북한이 전략적 결정을 내려야 하는 상황(situation)에는 무관심하다고 평한다.[39] 물론 한 국가의 전략적 상황이나 정책의 결정을 평가함에 있어서 구조와 개체를 동시에 살펴야 할 것이다. 그러나 구조만 보고, 개체의 속성이 결과에 미칠 수 있는 영향에 대해서 과소평가하는 것은 또 다른 오류의 가능성을 열어놓는 것이라고 말할 수 있다. 북의 의지(intention)에 대한 판단에 있어서도 데이비드 강은 북의 남한사

---

39 David C. Kang, "International Relations Theory and the Second Korean War," *International Studies Quarterly*, 47, 2003, pp. 301-320.

회의 혁명과 전 한반도의 사회주의화 목표에 대해 과소평가하고 있지 않나 하는 의문이 있다.

윤태영은 1968년 청와대 기습과 푸에블로호 피랍사건, 1976년 판문점 도끼만행 사건, 1983년 랭군 아웅산 폭파 사건 등 세 위기사례에 대한 분석을 통해 한국의 대북한 위기관리에 대해 살피고 있다.[40] 베트남전쟁이 한반도의 갈등에 미친 영향 또한 무시할 수 없다. 조진구는 미국 존슨 행정부의 베트남 개입 확대와 박정희 행정부의 월남 파병이 북한을 자극하여 평양의 모험주의 노선을 부추겼다고 주장한다.[41] 이미경은 1960년대 중소대립과 베트남전쟁이 북한의 자주노선 확립을 촉진시켰다고 주장한다.[42]

한반도의 국제정치적 역학으로 남과 북의 갈등은 양자관계에 머무르지 않고 종종 주변국을 포함한 삼각관계를 만들어 냈다. 갈등관계에 있는 숙적한 쌍이 주변 또는 강대국과의 상호작용 속에서 삼각관계(triad) 또는 그 이상의 다자관계라는 복잡한 게임을 펼치는 모습이 드러난다. 박종철을 포함한 몇몇 학자들이 일찍부터 남북미의 삼각형에 주목했다. 김병문은 한국과 미국의 대북정책의 조화와 부조화에 대해 설명하면서, 부조화의 국면이 한국 대북 포용정책의 좌절을 가져왔음을 지적하고 있다. 우승지는 7·4공동성명을 둘러싼 한미 동맹관계의 변화를 추적하고 있으며, 홍석률과 조진구는 60년대 후반 박정희-존슨 시기 북한의 공세와 한국과 미국의 대응을 둘러싼

---

40 윤태영, "한미 동맹체제하에서 한국의 대북한 위기관리, 1968-1983," 『한국정치학회보』, 33집 2호, 1999.

41 조진구, "중소대립, 베트남 전쟁과 북한의 남조선혁명론, 1964-68," 『아세아연구』, 46권 4호, 2003.

42 이미경, "국제환경의 변화와 북한의 자주노선 정립: 1960년대 시기를 중심으로," 『국제정치논총』, 43집 2호, 2003.

삼각 협상과 갈등을 다루고 있다.[43]

전현준은 90년대 후반 북한이 수령체제 유지전략의 차원에서 초강대국 미국과는 관계개선을, 동족인 한국과는 관계개악을 선택했다고 보고 있다. 그는 북한이 체제 또는 정권유지를 위해 외부와 일정한 갈등을 유발한다고 주장한다. 미국과의 대화 노선으로 주민들의 적대의식 고취가 약화되는 것을 방지하기 위해 대남 적대의식 고취가 필요하다는 것이다.[44] 장노순은 동서 양극체제가 와해되어 안보위협의 수준이 크게 증가한 공간적 배경에서 북한이 남한을 배제한 채 미국과의 외교관계를 개선하기 위한 외교적 노력을 기울이게 되었다고 설파하고 있다. 그에 의하면 탈냉전기 북한의 '통미봉남'은 미국에 대한 편승과 남한에 대한 세력균형 정책이 맞물린 결과였다.[45] 이수형은 90년대 한국, 북한, 미국의 삼각관계에서 미국과 북한 사이의 관계개선과 미국의 대북 강경책이 한국에게 포기와 연루의 두려움을 증폭시켰다고 분석한다.[46] 남북의 갈등을 통제하기 위한 노력들은 군축과 군비통

---

43 박종철, 『미국과 남북한: 갈등과 협력의 삼각관계』(서울: 오름, 2002); 김병문, "한·미의 대북정책의 전개와 변화: 김대중 정부시기 클린턴 행정부와 부시행정부의 대북정책을 중심으로," 『세계지역연구논총』, 23집 2호, 2005; 우승지, "남북화해와 한미동맹관계의 이해, 1969-1973," 『한국정치외교사논총』, 26집 1호, 2004년 8월; 홍석률, "1968년 푸에블로 사건과 남한·북한·미국의 삼각 관계," 『한국사연구』, 113호, 2001년 6월; 조진구, "존슨 정권 후반기의 한미관계: 북한의 대남도발에 대한 한미간의 인식 차이를 중심으로," 『한국과 국제정치』, 19권 3호, 2003년 가을.

44 전현준, "북한의 대남정책과 남북관계," 『북한연구학회보』, 3권 2호, 1999.

45 장노순, "약소국의 갈등적 편승외교정책: 북한의 통미봉남 정책," 『한국정치학회보』, 33집 1호, 1999년 봄호.

46 이수형, "동맹의 안보 딜레마와 포기-연루의 순환: 북핵 문제를 둘러싼 한-미 갈등 관계를 중심으로," 『국제정치논총』, 39집 1호, 1999.

제와 평화체제 구축에 관한 저작들을 낳았다.[47]

5. 경협 · 북핵 · 평화 · 인권

21세기 남북관계는 경협, 민간교류, 정부 간 협상, 인도적 지원, 인권 등을 중심으로 복잡하게 전개되고 있다. 북한의 핵실험으로 1998년 이후 지속적으로 추진된 대북 포용정책은 일대 위기를 맞고 있다. 민족과 자주를 우선하는 민족세력은 한미동맹을 희생해서라도 남북 교류협력을 과감히 확대하여 남북통합을 이룰 것을 촉구한다. 한국 정부의 정통성과 북한 정권의 시대착오적 성격을 강조하는 전통세력은 한미동맹의 바탕 아래 북한 정권을 압박해 북한의 자유화, 민주화를 달성하고 핵을 포기시켜야 한다고 주장한다. 한국의 선진화를 강조하는 세력은 북한문제에 대해 어느 정도 거리를 두고, 선진화 과업에 국력을 집중시켜야 한다는 북한에 대해 무관심정책을 주장하고 있다.

민족통합을 강조하는 이들은 그동안 대북 포용정책의 성과를 높이 평가하고, 북핵의 외교적 노력을 통한 해결 가능성이 높다고 평가하며, 대북 교류협력을 지속적으로 추진할 것을 요구한다. 대북 포용정책은 남북경협이 장기적으로 북한의 변화를 이끌어 남과 북이 모두 이익을 보는 평화와 번영의 공동체를 만드는 원동력이 될 것이라는 믿음에 기반하고 있다. 김연철은 평화와 경제의 상호관계에 주목하고 있다. 그는 '경제적 수단'이 '평화 협상'에서 중요한 역할을 수행하며, 대북 지원이 북한의 인도적 상황을 개선시킨

---

47 이상우, "남북한 군사갈등과 군축," 『한국정치학회보』, 14집, 1980; 함택영, "남북한 군비 경쟁과 군축 전망," 경남대학교 북한대학원 편, 『남북한 관계론』(파주: 한울, 2005); 박건영 외, 『한반도 평화보고서』(서울: 한울, 2002).

다고 주장한다. 김연철은 단순한 경제협력의 평화효과를 주장하는 경제평화론과 평화와 경제의 선순환에 관심을 갖는 평화경제론을 구분하고 있다. 그는 평화경제의 상징사업으로 개성공단 사업을 조사하고 있다. 향후 개성공단 넓게는 남북경협이 성공하기 위해서는 국제환경의 변화와 북한의 적극적 개혁정책이 수반되어야 함은 물론이다.[48]

정진영은 남북한 경제교류협력이 북한의 점진적 체제 변화를 유도할 수 있다는 차원에서 '트로이의 목마'가 될 수도 있고, 오히려 북한의 한국에 대한 영향력 증대를 위한 수단이 될 수도 있다는 차원에서 '볼모'가 될 수도 있다고 주장한다. 그는 한국정부가 남북관계 개선에 지나치게 집착하는 경우, 무리한 대북정책 추진으로 국민적 분열이 심화되는 경우, 위험성이 높은 대북 거래가 많아지면 남북경협이 북한의 볼모로 전락할 수 있다고 진단한다. 정진영은 경협을 뒷받침할 법적·제도적 장치를 늘리고, 북한 주민의 인식변화를 꾀하며, 북한 내의 개혁, 개방을 원하는 세력의 입지를 강화시키는 방향으로 교류가 이루어져야 한다고 주장한다.[49]

남북경협을 지속적으로 증가시켜 북한을 개혁, 개방으로 이끌고 궁극적으로 남북 경제공동체와 남북 평화공동체를 만들자는 주장에 반대할 사람은 그리 많지 않을 것이다. 문제는 환경과 조건이다. 북한의 핵무장이라는 환경과 일방적 시혜라는 조건하에서 북한에 대한 포용이 '유화'와 '퍼주기'로 해석될 여지는 없는지에 대한 의문이 제기되는 것이다.

2006년 10월 9일, 북한의 핵실험은 경협과 평화라는 방정식을 더욱 복잡

48 김연철, "한반도 평화경제론: 평화와 경제협력의 선순환," 『북한연구학회보』, 10권 1호, 2006년 여름.

49 정진영, "남북한 경제교류협력: 트로이의 목마인가 볼모인가?" 『국가경영전략』, 2집 1호, 2002.

하게 만들어 버렸다. 핵실험 이후 북한의 핵무장 원인에 대한 논쟁이 뜨거워지면서 대북정책의 시각과 방법론만큼이나 다양한 해석과 진단이 쏟아지고 있다. 현 단계에서 북한의 핵실험 동인과 책임 소재와 관련 크게 구조결정론과 단위책임론이 유행하고 있다. 구조결정론은 북한이 처한 현실과 한반도 국제정치 구조의 안보딜레마가 핵무장을 낳았다는 주장이다. 이 담론은 구조와 상황을 중시하기 때문에 그 안에 있는 개별 행위자들의 성격이나 자율성 또는 책임을 간과하는 경향이 있다. 단위책임론은 북핵문제가 특정 국가의 체제의 속성 또는 정부의 정책의 실패(성공?)에 귀인한다고 보는 것이다. 단위책임론은 다시 북한책임론, 남한책임론, 미국책임론, 북미 동시책임론, 남북미 병행 책임론으로 나눌 수 있다. 여기에서 북한책임론은 북한의 핵실험을 북한체제의 고유한 모순의 결과 또는 판단 및 정책의 실패로 해석된다. 북한 책임론자들은 북한이 외부의 적과 긴장의 연속으로 체제유지를 꾀한다고 지적하며, 주민의 복지를 희생시켜 정권의 안보를 획책하는 전략적 선택의 부당성을 공격한다.

백낙청은 "핵무기 반대는 대원칙이며, 당연히 북핵에 대해서도 끝까지 폐기를 주장해야 된다"며, "핵실험으로 인해 많은 남쪽 국민이 6·15공동선언이 정당성과 유효성에 의문을 갖게 된 상황은 비록 일시적일지언정 중대한 타격"이라고 자책하고 있다. 그는 또한 "핵폭발을 용인하면서까지 대북협력을 추진하기는 어려워졌다"며 한국의 운동세력이 반핵이라는 가치를 견지할 것을 주문한다. 핵실험과 관련 백낙청은 북미 동시책임론을 주장하고 있다. "군사적으로 볼 때 그동안 미국의 대북압박정책이 계속되어 왔고 선제공격의 위협마저 없지 않았던 상황에서 '군사적 억지력 확보'를 위한 핵무장이라는 북측의 주장에 일리가 있다"는 것이다. 그는 "핵실험을 결단하고 실행한 일차적 주체는 북측 당국이지만 안전보장만 해주면 핵을 포기하겠다는 거듭된 주장을 묵살해 온 미국의 책임을 동시에 묻지 않고 북측만 규탄하는 것은 공정치 못하다"며 미국의 책임을 부각시킨다. 백낙청은 "미국도 못 막은 핵실험을 우리가 못한 것을 두고 포용정책의 실패인 것처럼 말하는 것은 허장성세"라며 햇볕정책 책임론과 거리를 두고 있다.[50]

북한의 미사일 시험발사, 핵실험 이후 노무현 정부의 대북정책이 유화정책으로 퇴보하고 있다는 주장도 나오고 있다. 국론의 분열, 국제적인 협조체제 구축 실패, 안보불안 확산, 북한의 핵무장의 현상은 평화번영정책의 실패의 구체적 증거들이다. 실패의 원인으로는 대북정책의 전략적 사고와 유연성 부족, 북한체제의 속성에 대한 경도된 해석을 들 수 있다. 핵실험 동인을 설명하면서 구조만을 강조하는 것은 개별 행위자들의 주체적인 판단과 행위를 간과하는 분석이다. 한반도에서 냉전구도의 지속이라는 구조적인 측면과 개별 행위자들의 선택이 동시에 작용한 결과가 북한의 핵무장이다. 즉 한반도 분단구조의 안보불안 변수가 저변에 자리 잡고 있고, 한국의 유화정책, 미국의 압박정책의 강약조절의 실패와 주변국의 효과적인 공조의 부재가 상황의 악화를 초래했으며, 북한체제의 특수성에서 오는 체제불안과 안보결핍증이 결정적인 방아쇠 역할을 했다고 볼 수 있다. 북한의 점진적 개혁, 개방을 유도하고, 핵포기와 경협을 연계시키는 전략적·구성적 관여정책(strategic and Constructive Engagement Policy)이 필요한 시점이다.[51]

---

50 백낙청, "한반도식 통일과 북의 핵실험," 프레시안 창간 5주년 기념 특별강연, 프레시안 웹사이트 (http://www.pressian.co.kr, 검색일: 2006년 11월 24일). 연합뉴스, 2006년 11월 24일; 중앙일보, 2006년 11월 24일.

51 Seongji Woo, "The Failure of Appeasing North Korea," Paper presented at the International Symposium entitled "North Korea and Peace and Stability in North-East Asia," Nihon University, Mishima Campus, November 20-21, 2006.

남북관계에서 인권문제가 주요 이슈로 떠오르고 있다. 인권의 개념, 북한 인권상황의 실체, 대응방안에 대한 다양한 목소리들이 쏟아지면서 남남갈등의 한 축으로 자리 잡고 있다. 북한의 핵실험 이후에도 인권에 대한 관심이 약화되는 것이 아니라 오히려 증폭되고 있는 양상이다. 김원식은 북한의 인권문제에 대한 국제사회의 개입을 둘러싼 국내의 상이한 입장에 대한 평가를 시도하고 있으며, 인권과 주권, 자유권과 생존권, 인권과 평화권의 우선순위 및 상호관계에 대해 고찰하고 있다. 그는 인권의 보편성, 불가분성, 상호의존성 원칙에 기초하여 북한의 인권개선을 도모해야 한다고 주장한다.[52]

한편, 인권개념을 둘러싸고 보편성과 상대성 논쟁이 벌어지고 있다. 개인의 자유권을 중심으로 북한의 인권을 해석하려는 입장과 생존권, 발전권, 평화권 중심으로 북한의 인권을 바라보려는 시각이 있다. 인권침해의 원인과 관련해서도 북한체제의 국가지상주의적 속성의 탓으로 돌리는 시각과 북미대립, 냉전의식 등 체제외적 요인을 강조하는 담론이 있다. 인권문제의 해법을 둘러싸고 압박론, 선접촉 후변화론, 동시접근론 등 다양한 전략이 대립하고 있다. 압박론은 문제제기를 통해 북한의 변화를 유도하려 하고, 그 중 강경파는 아예 수령절대주의의 제거를 주장한다. 선접촉 후변화론은 인도적 지원과 교류협력을 통해 북한인권의 실질적 개선을 위해 노력해야 한다는 입장이고, 봉쇄와 압박은 오히려 역효과를 낼 수 있다고 경고한다. 이 입장은 선평화 후인권론과 맥을 같이하고 있다. 동시접근론은 인권문제, 경제문제, 평화문제를 병렬적으로 해결해 나가자는 입장이다. 평화냐, 인권이냐

---

52 김원식, "북한인권 담론의 규범적 논거들에 대한 검토: UN의 개입에 관한 국내 시민사회 담론을 중심으로," 『북한연구학회보』, 10권 1호, 2006년 여름.

는 이분법보다는 평화와 인권의 문제를 동시에 풀어 나가는 지혜가 필요한 시점이라고 본다.[53]

6. 남북관계 연구의 과제

앞에서 화해, 갈등, 이론, 북핵 등의 주제를 중심으로 남북관계 연구에 대한 검토를 시도했다. 한국전쟁 이후, 실로 많은 연구자들에 의해 남북관계의 여러 측면들이 분석되고 정리되었다. 정치지도자들의 대북정책의 변화와 서구 국제정치 이론의 수입이 남북관계 연구에 자양분을 제공해 왔다.

남북관계 연구의 역사는 향후 남북관계의 전개방향을 예측하는 데 도움을 줄 수 있는 역할을 해야 한다. 현재 북한의 생존전략과 한국의 통일전략을 둘러싼 논의가 난무하고 있다. 정상국가 추구론, 기회주의 전략, 핵무장론 등 북한의 생존전략과 민족공조론, 전략적 관여론, 상대적 방치론, 대북압박론 등 한국의 대북전략 또는 통일전략의 여러 갈래를 분류하고, 각각의 논의에 깊이를 더해가는 작업이 필요하다. 북한의 전략과 남한의 전략이 만나는 접합점으로서의 향후 남북관계 시나리오의 재점검이 필요한 시점이다. 자기 입장에 대한 일방적 옹호나 상대방 전략에 대한 비방을 넘어서서 성찰적으로 각 전략의 장단점과 득실을 따져보는 작업이 필요할 것이다.

그동안 정책지향적 연구와 이념지향적 연구의 양산은 근시안적 대증요법을 낳은 측면이 크다. 김대중 정부의 햇볕정책 실행 이후 화해와 교류에 대한 연구가 봇물 터지듯 터져 나왔고, 이러한 연구 경향은 북한의 핵실험 이후 역풍을 맞고 있다. 북한의 정체성과 전략의 변화에 대한 근본적인 이해

53 우승지, "북한 인권문제 연구의 쟁점과 과제," 『국제정치논총』, 46집 3호, 2006.

없이 당파성, 이념성의 기준으로 편의적으로 북한을 이해하고, 남북관계를 재단하는 일이 다반사로 나타나고 있다. 북한의 불규칙적인 언행에 일희일비하는 시세추종적인 바람개비 같은 북한 담론과 그에 기초한 대북정책, 관계연구가 주종을 이루었다고 볼 수 있다. 남북문제 담론의 가장 큰 수요자인 정부의 기호에 충실한 담론과 연구를 양산해 내는 경향 또한 비판적 북한론이나 생산적 남북관계론의 산출을 저해하는 요인으로 작용하고 있다.[54] 우경화의 오류와 좌경화의 오류를 모두 극복하는 제3세대의 북한담론과 남북관계 연구가 시급한 실정이다. 냉전시대 대결 위주의 대북정책의 문제점을 극복하는 동시에 북핵 실험의 교훈을 아우르는 새로운 대북정책과 대북시각의 생산을 기대해 본다.

남북관계의 이해, 한국의 대북전략, 북한의 대남전략의 역사를 이해하는데 교차사료의 이용이 절실하다. 북한의 자료가 공개되지 않는 상황에서 한국의 대남정책의 수립과 실천에 종사했던 인사들의 회고록은 많은 도움이 된다. 미국, 중국, 러시아뿐만 아니라 동구의 문건들도 남북관계, 남과 북의 전략과 이해관계의 연구에 도움을 주고 있다. 베른 세퍼의 연구는 동독의 외교사료를 활용한 연구이다. 77년 12월과 84년 5월 동독의 지도자 에릭 호네커와 김일성의 대화록 등의 자료에는 문화혁명 시 북한이 중국의 광기로부터 느꼈던 안보의 위협이 생생하게 기록되어 있다. 여기에서 김일성은 5년간 지속된 북중 긴장의 시기에 직접적인 무력 충돌의 가능성도 있었지만 평화를 지키기 위해 북한이 인내해야 했다고 증언하고 있다.[55] 세르게이

---

54 김도종, 2000, 55쪽.

55 Bernd Schaefer, "North Korean 'Adventurism' and China's Long Shadow, 1966-1972," *Cold War International History Project Working Paper #44*, October 2004.

레드첸코의 연구는 러시아 사료를 이용하여 60년대 후반 북한의 모험주의 노선의 배경을 연구하고 있다. 기존에 미국은 푸에블로호 피랍사건을 소련이 미국의 힘을 약화시키기 위해서 배후에서 조종한 것으로 추측하고 있었으나, 러시아 사료들에 의하면 사전에 크렘린은 전혀 모르고 있었으며, 북한의 도발로 원하지 않는 분쟁에 휘말려 들 것을 염려하였다. 김일성은 한반도 정세를 악화시키지 않는 대가로 소련으로부터 경제 및 군사지원을 얻어냈다고 저자는 주장한다.[56]

국제관계이론에서 전쟁과 평화의 열쇠를 쥔 주요 개념으로 동맹과 함께 숙적(rival) 또는 숙적관계(rivalry)에 대한 연구가 유행하고 있다. 숙적은 상대방에 대한 안보상의 위협인식을 공유하고 있는 한 쌍의 국가를 말한다. 숙적관계는 유한성의 주기를 가지고, 그 주기의 일정 중 전쟁, 위기, 갈등과 화해를 반복하다가 때로는 급격하게 때로는 서서히 소멸되어 가는 특징을 보여주고 있다.[57] 숙적관계의 역동성을 결정짓는 변수들은 양자 사이의 힘의 전이, 동맹관계의 추이, 국내정치의 영향들이다. 숙적관계 이론들을 보다 적극적으로 한반도의 상황에 적용해 보고, 이를 통해 숙적관계론의 폭과 깊이를 넓히려는 시도가 필요하다.

---

56 Sergey S. Radchenko, "The Soviet Union and the North Korean Seizure of the USS Pueblo: Evidence from the Russian Archives," *Cold War International History Project #47*, July 2005.

57 숙적과 숙적관계에 관심을 갖고 있는 국제정치 이론가들은 국제분쟁과 숙적관계의 상관관계에 주목하고 있다. 정책결정가의 인식에 기초하여 숙적을 정의하는 연구로는 William R. Thompson, "Identifying Rivals and Rivalries in World Politics," *International Studies Quarterly*, 45, 2001; William R. Thompson, "Principal Rivalries," *Journal of Conflict Resolution*, 39: 2, June 1995. 분쟁의 빈도수에 근거하여 숙적을 작동화시키는 연구로는 Paul F. Diehl and Gary Goertz, *War and Peace in International Rivalry* (Ann Arbor: The University of Michigan Press, 2001); Gary Goertz and Paul F. Diehl, "Enduring Rivalries: Theoretical Constructs and Empirical Patterns," *International Studies Quarterly*, 37, 1993.

70년대, 90년대, 2000년대 화해 노력을 각각 별도의 이론틀로 설명하기보다 세 화해를 하나의 분석틀로 통합적으로 이해하려는 노력이 필요하다. 이러한 노력은 남북화해를 결정하는 우연적 요소와 필연적 요소를 구별해 주고, 체계적·법칙적인 설명을 가능하게 해 줄 것이다. 또한 화해와 갈등을 별로도 분리 설명하는 것에서 벗어나, 화해와 갈등의 순환을 하나의 이론적 틀로 통합하여 설명할 수 있는 모델의 개발이 필요하다.

남북관계를 국제정치이론의 관점에서 이해하려는 시도는 반가운 일이다. 특정 모델을 적용한 사례연구는 사례 이해를 돕고, 이론의 정교화, 수정, 보완에 상호 도움을 주는 방향으로 전개되어야 한다. 또한 단순한 국제정치이론의 적용이 아닌 한반도의 숙적관계의 경험을 바탕으로 한 새로운 이론, 모델, 패러다임의 개발에도 힘써야 할 것이다. 아직까지 남북관계사를 재료로 한 주목할 만한 새로운 가설이나 모델, 이론이 개발되지 않은 현실은 남북관계 연구자들의 지적 상상력의 부족을 드러내는 것이다. 남북 양자관계에 일정한 영향을 미치는 삼자, 사자, 또는 그 이상의 다자관계의 동학에 연구와 이해 또한 필요하다.

제3장
북한 인권문제 연구의 쟁점과 과제*

1. 서론

2005년 12월 9일, 서울에서는 성격이 다른 두 개의 행사가 개최되어 세간의 눈길을 끌었다. 서울 W 워커힐호텔에서는 김대중 전 대통령의 노벨 평화상 수상 5주년 기념행사가 열렸다. 이후 김 대통령은 이 자리에서 북핵 해결을 바탕으로 "남측의 남북연합제와 북측의 낮은 단계 연방제를 통합한 통일 제1단계에 들어가야 한다"고 주장했다. 그는 대북지원과 인권문제를 연계하는 방안에 대해서는 부정적 견해를 피력했다.[1] 같은 날, 신라호텔에서는 북한인권 국제대회가 열리고 있었다. 이 대회에서 황장엽 전 북한 노동당 비서는 "남한의 일부 학생들이 김정일 세습집단의 말만 듣고 친북·반미 주장을 하고 있는데, 이는 불행하기 그지없는 일"이라고 평했고, 데일리NK

---

* 이 글은 『국제정치논총』(46집 3호, 2006, 189-212쪽)에 발표했던 논문을 수정·보완한 것이다.

1 『중앙일보』, 2005년 12월 9일. 김대중 전 대통령은 월간중앙팀과 가진 인터뷰에서 먹는 문제 해결이 우선이며, 인권문제에 정부가 나서면 북한과의 모든 교류가 단절될 것이라는 견해를 피력했다. 그는 "정치적 인권문제 해결을 위해 모처럼 해온 인도적 인권도 망치는 일을 할 수는 없는 일"이라고 주장했다(『중앙일보』, 2005년 12월 20일).

의 손광주 편집장은 "한국정부와 일부 지식인들이 북한 인권 실태에 대해 파당적 이해관계에 따라 외면하는 게 문제"라고 지적했다.[2]

같은 날 열린 이 두 행사는 넓게는 북한문제, 좁게는 북한 인권문제에 대한 국내의 서로 다른 입장을 대변하고 있었으며, 북한의 인권을 바라보는 두 시각이 평행선을 달리면서 남남갈등의 한 축을 이루었다. 일부에서는 김정일 독재정권을 북한 인권문제의 근원으로 보고, 정치범 수용소, 납북자 문제 등에 대해 정부의 적극적인 대책을 요구하고 있다. 다른 쪽에서는 북한이 처한 환경과 입장에서 북한 인권문제를 바라볼 것을 주문하면서 미국과 일본의 문제제기 뒤에 숨은 정치적 의도에 주목하고 있다. 결국 북한체제, 북한정권의 성격에 대한 판단이 북한 인권문제를 바라보는 시각을 결정하고 있다.

이러한 평가의 양분화로 말미암아 인권연구의 양적 팽창에도 불구하고 북한인권에 대한 논의는 국내외에서 접점을 찾지 못한 채 보수의 담론과 진보의 시각이 공존한다. 이 글의 목표는 북한 인권문제를 둘러싼 쟁점들을 정리하고 이 문제에 대한 이해를 높이기 위한 과제를 제시하는 것이다. 우선 북한인권 연구현황을 점검하고, 이어서 인권개념을 둘러싼 쟁점, 원인론과 증거를 둘러싼 쟁점, 해법을 둘러싼 쟁점, 인도적 지원을 둘러싼 쟁점, 미국의 북한인권법을 둘러싼 쟁점에 대해 차례로 살펴볼 것이다. 본 글은 여러 쟁점에 대한 고찰을 바탕으로 북한인권 연구의 발전방향을 제시하는 것

---

2 『중앙일보』, 2005년 12월 9일. 북한인권 국제대회는 서울선언 8개항을 채택하고 막을 내렸다. 서울선언은 (1) 탈북자 고문 등 중단, (2) 정치범 수용소 해체, (3) 납북자 · 국군포로 생사 확인과 송환, (4) 조직적 인권 유린 중단, (5) 외부지원 영 · 유아 최우선 배분, (6) 한국정부의 북한인권 관심, (7) 비참한 삶 누리는 북한주민에 손길, (8) 매년 12월 북한인권 국제캠페인 추진의 내용을 담고 있다(『중앙일보』, 2005년 12월 10일).

으로 끝을 맺는다.

2. 연구 현황

북한인권에 관한 연구는 국내외에서 다방면으로 이루어지고 있다. 국가 또는 국책연구소, 국제기구, 인권관련 단체들에 의한 보고서 형태의 연구와 국제법학자, 국제정치학자, 북한전문가들에 의한 학술적 연구가 주종을 이루고 있다. 북한인권에 대한 이해를 높일 수 있는 일반적인 연구에는 김병로, 김병묵, 전현준, 최성철의 저서들이 있다.[3] 탈북자들이 쓴 체험기, 수기류와 탈북자의 인터뷰를 중심으로 한 연구서들은 북한 인권상황에 대한 이해도를 높여주는 참고서 역할을 하고 있다.[4] 『말』, 『한겨레21』, 『생명과 인권』, 『Keys』, 『북한』, 『민족정론』, 『한국논단』 등의 출판물들은 인권문제에 대한 주장과 논의의 주요 출구 역할을 하고 있다.

학자들에 의한 연구는 주제별로 심화되고 있는 추세이다. 김원식은 북한인권문제에 관한 담론의 규범적 근거에 대한 의미 있는 분석을 시도하고 있으며, 그는 우리의 대북 인권정책이 "전통적인 국가주권에 대한 인권의 우위, 자유권과 생존권의 동시적인 보호와 신장, 평화권과 인권에 대한 평행적

---

3 김병로, 『북한인권문제와 국제협력』(서울: 민족통일연구원, 1997); 김병묵, 『북한의 인권, 그 실상과 허상』(서울: 다나, 1995); 전현준, 『북한의 인권실태연구』(민족통일연구원, 1993); 최성철, 『북한인권론』(서울: 한양대 통일정책연구소, 1998); 최성철 편, 『북한인권의 이해』(서울: 북한인권개선운동본부, 1995).

4 좋은벗들, 『북한사람들이 말하는 북한이야기』(서울: 정토출판, 2000); 좋은벗들, 『사람답게 살고싶소』(서울: 정토출판, 1999); 윤대일, 『'악의 축' 집행부 국가안전보위부의 내막』(서울: 월간조선사, 2002); 강철환, 『수용소의 노래』(서울: 시대정신, 2005); 이영국, 『김정일 친위대원의 수기: 나는 김정일 경호원이었다』(서울: 시대정신); 김태현, 노치영, 『재중 북한이탈여성들의 삶』(서울: 하우, 2003).

인 접근이라는 규범적 원칙에 충실"할 것을 주문한다. 서보혁은 인권 논의에 있어서 극단적 보편주의와 극단적 상대주의를 모두 비판하면서, 한반도 평화와 북한인권에 대한 포괄적 접근을 시도하고 있다. 이신화는 인간안보(human security)의 관점에서 인권문제를 다루고 있다.[5]

국제사회의 대북 인권정책에 대한 연구로는 김수암과 최의철의 저술을 들 수 있으며, 김수암은 부시행정부의 대북 인권정책을, 최의철은 유럽연합의 대북 인권정책을 다루고 있다. 한편 이근은 북한인권법의 정치적 의도와 효과를 분석하고 있다. 고든 플레이크와 스콧 스나이더의 저서와 하젤 스미스의 UNIP 특별보고서는 90년대 중반 이후 북한에서의 국제 NGO들의 대북지원 활동상과 교훈에 대한 주요한 정보와 분석을 담고 있다. 북한의 인권문제를 법의 관점에서 접근한 연구들도 있다. 안식은 10년간의 대북 인도적 지원이 북한주민의 삶을 개선시키지 못했다고 전제하고, 그들의 생존권 문제를 해결할 보다 실질적인 개선안으로 '인도적 지원법'을 제안하고 있다. 김동균은 북한의 헌법, 형법, 형사소송법, 기타 인권관련 법규에 대한 분석을 통해 인권법제 현황과 개선방향을 모색하고 있다.[6]

---

5 김원식, "북한인권 담론의 규범적 논거들에 대한 검토: UN의 개입에 관한 국내 시민사회 담론을 중심으로," 『북한연구학회보』, 10권 1호, 2006년 여름. 인용은 92쪽; Bohyuk Suh, "When Human Rights Meet Peace on the Korean Peninsula," *Korean and World Affairs*, Vol. 28, No. 3, Fall 2004; 이신화, "탈북자와 인간안보," 『계간 사상』, 13권 2호, 2001년 여름호.

6 최의철, 『유럽연합(EU)의 대북 인권정책과 북한의 대응』(서울: 통일연구원, 2005); 김수암, "부시행정부의 대북인권정책: 북한인권법과 민주주의증진법을 중심으로," 『한국정치외교사논총』, 27집 2호, 2006년 2월; 이근, "북한인권법 제정의 전략적 함의: 북한주민 이탈의 pull factor 및 push factor의 분석," 『국제관계연구』, 11권 1호, 2006; 안식, "북한주민의 생존권과 대북인도적 지원법," 평화재단 창립 1주년 기념 심포지엄 발표 논문, 2005년 11월 15일; 김동균, "북한의 인권법제 현황과 개선방향," 평화재단 창립 1주년 기념 심포지엄 발표 논문, 2005년 11월 15일; L. Gordon Flake and Scott Snyder, *Paved with Good Intentions: The NGO Experience in North Korea*(West Port, Connecticut: Praeger, 2003); Hazel Smith, "Overcoming

국내에서는 통일연구원이 1996년부터 연례적으로 『북한인권백서』를 발간하고 있다. 동 백서 2006년판은 "2005년에도 국제사회의 북한인권문제 제기를 제도전복으로 인식하는 북한 당국의 태도로 인해 인권상황이 크게 개선되지 못한 것으로 평가된다"라고 적고 있다. 백서는 북한의 인권 실태에 영향을 미치는 요인들로 물리적 억압기구와 비밀감시, 유일지배체제 강화를 위한 사상교육, 전근대적인 사법제도, 경제난과 생존권의 위협 등을 들고 있다.[7] 미 국무성 또한 연례적으로 인권보고서를 출간하고 있으며, 2005년판 보고서는 북한을 인권 탄압국가로 지목하고, 인권실태 개선을 위한 국제적 공조의 필요성을 역설하고 있다. 미국은 북한과 접촉하는 국가들에게 "구체적이고 검증되고 지속적인 인권상황 개선을 조건으로 삼도록" 촉구한다.[8]

유엔 인권위원회(UN Commission on Human Rights)는 2003년, 2004년, 2005년 연속해서 대북 인권결의안을 채택하고 있으며, 우리나라는 2003년 표결에 불참한데 이어 2004년과 2005년에는 기권했다. 인권위원회의 결의안은 종교와 집회의 자유의 제한, 이동 및 해외여행 제한, 고문, 공개처형, 정치적 이유에 의한 사형, 수용소와 강제노동, 장애 아동에 대한 부당 대우 및 차별

Humanitarian Dilemmas in the DPRK," *United States Institute of Peace Special Report*, July 2002.

7 북한인권연구센터, 『북한인권백서 2006』(서울: 통일연구원, 2006). 인용은 xvi쪽.

8 2005년 2월 28일 발표된 국가별 연례 인권보고서-북한편의 전문은 미 국무부 홈페이지에서 열람할 수 있다. 자세한 내용은 http://www.state.gov/g/drl/rls/hrrpt/2004/41646.htm을 참조할 것. (검색일: 2006. 5. 5) 김수암과 이금순의 다음 글은 동 보고서의 내용 및 특징을 분석하고 있다. 김수암, 이금순, 『2005 국무부 연례각국인권보고서(북한부분) 분석』(서울: 통일연구원, 2006.3). 또한 다음을 참조. U.S. Department of State, *DPRK: Country Reports on Human Rights Practices* 2005, March 8, 2006. http://www.state.gov/g/drl/rls/hrrpt/2005/61612.htm. (검색일: 2006. 3. 14)

등을 지적하고 있으며,[9] 2004년 7월 유엔 북한인권 특별보고관에 임명된 비팃 문타폰(Vitit Muntarbhorn)은 1년 동안의 활동을 거쳐 2005년 8월 북한인권 상황에 관한 보고서를 61차 유엔 인권위에 제출했다.[10]

국내외 인권, 민주화 운동단체들에 의한 활동 및 연구도 활발하게 이루어지고 있다. 북한인권시민연합, 북한민주화네트워크 등의 보수단체들이 먼저 북한인권 논의를 제기하고, 인권운동사랑방, 평화네트워크 등의 진보단체들이 반론을 제기하는 형태로 운동이 전개되고 있다.[11] 북한민주화운동본부(nkgulag.org)는 2003년 6월 3일 정치범수용소 출신자들과 청년 탈북자들이 중심이 되어 창립되었으며, 북한주민의 인권문제를 제기하고 북한

---

9 2005년 11월 60차 유엔총회는 찬성 84, 반대 22, 기권 62표로 '북한인권 결의안'을 채택했다. 한국은 기권했다. 북한은 "결의안이 거짓말과 왜곡된 내용을 담고 있다"며 비난했고, 중국은 "남북관계를 개선하고 있는 북한을 격려해야지 손가락질을 해선 안 된다"고 논평했다. 이집트와 쿠바도 "정치적 목적을 위해 북한 인권 문제를 거론하는 것은 명백한 이중잣대"라며 미국과 EU를 겨냥했다. 한국이 기권한 사실을 놓고 한나라당은 "대한민국은 인권국가이기를 포기했다"는 논평을, 열린우리당은 "한반도 평화를 위해 신중한 접근이 요구"된다는 논평을 내놓았다(『중앙일보』, 2005년 11월 19일).

10 문타폰은 보고서에서 북한인권의 긍정적인 측면으로 북한이 4개 인권협약에 가입한 점, 때로 인권 상황 모니터링을 허용하는 점, UN 기구들이 북한 내에서 활동 중인 점들을 꼽았다. 그러나 문타폰은 북한정권이 인권상황 개선을 위한 실행 의지가 미약하다고 지적하고, 해결과제로 식량문제의 해결, 생명의 존중, 차별금지, 법에 의한 보호 등을 제시하고 있다(Vitit Muntarbhorn, *Situation of human rights in the Democratic People's Republic of Korea, Commission on Human Rights*, 10 January 2005). 북한은 1981년 A규약으로 알려진 '경제적, 사회적 및 문화적 권리에 관한 국제규약'과 B규약으로 알려진 '시민적, 정치적 권리에 관한 국제규약'에, 1990년 '아동에 관한 권리협약'에, 2001년 '여성차별 폐지협약'에 가입했다. '고문방지협약'과 '인종차별 폐지협약'에는 아직 가입하고 있지 않다(최의철, 『북한의 인권부문 외교의 전개 방향』(서울: 통일연구원, 2003)).

11 북한인권과 관련한 진보, 보수단체의 활동상은 김수암, "북한인권문제에 대한 국내동향과 쟁점," 『북한조사연구』, 8권 1·2호, 2004의 논문 중 '3. 대북인권개선 운동 전개과정,' 8-13쪽에 자세히 정리되어 있다.

체제의 민주화 실현을 위한 출판, 강연, 자료수집, 연구 등의 제반 활동을 하고 있다.[12] 이 외에도 북한민주화네트워크(nknet.org), 북한인권시민연합(nkhumanrights.or.kr), 북한인권정보센터(nkdb.org) 등의 기구들이 활동하고 있다. 특히 좋은벗들은 북한 인권문제의 탈정치화를 주장하며, 대북인권 논의와 관련 ① 정확한 사실에 근거한 인권문제 제기, ② 정치적 목적에 따른 정략적 차원의 인권문제 제기 지양, ③ 북한주민의 인권을 보장하기 위한 구체적 방안 마련 등 세 가지 원칙을 제시하고 있다.[13]

국제사면위원회(Amnesty International)는 1979년 북한 정치범수용소에 관한 보고서를 발표한 이후 매년 연례 보고서의 발간을 통해서 북한의 인권문제를 제기하고 있다. 위원회의 보고서 'Starved of Rights: Human Rights and the Food Crisis in the Democratic People's Republic of Korea'는 북한이 식량을 정치경제적 통제를 위한 수단으로 이용하고 있으며, 부족한 식량을 국가에 대한 충성도에 기초해 분류된 계층에 따라 분배하고 있음을 지적하고 있다. 이 보고서는 식량난으로 아동들이 신체적·정신적 발육 장애를 겪고 있으며, 생존에 필요한 식량을 훔친 이들이 공개 처형되고 있는 상황을 고발하고 있다. 국제사면위원회는 비정부기구들의 원활한 인도적 지원활동을 위해 북한 당국이 모든 지역을 개방할 것을 권고하고 있다.[14]

---

12 이 단체는 정치범수용소 현황, 수감자 및 행불자 리스트를 담은 저서를 출간하였다(북한민주화운동본부, 『북한 정치범수용소 수감자 행불자 조사보고서: 잊혀진 이름들』(서울: 시대정신, 2004)).

13 좋은벗들은 특히 북한주민에 대한 고려가 결여된 일방적 정치적 압박이나 한반도 정세를 고려한 인권문제의 경시 태도를 동시에 비판하고 있다(좋은벗들, 『북한식량난과 북한인권』(서울: 좋은벗들, 2004)).

14 AI의 보고서는 http://web.amnesty.org/library/print/ENGASA240032004을 참조. (검색일: 2006. 5. 5)

2001년 미국 수도 워싱턴에서 설립된 미국 북한인권위원회(U.S. Committee for Human Rights in North Korea: hrnk.org)는 독립적인 비영리 민간단체로서 북한주민의 인권보호와 민주화를 위한 운동을 벌이고 있다. 이 단체는 한국이나 일본 기업이 북한에서 생산한 상품을 노예노동에 의한 것으로 간주해 미국 수입금지운동을 전개하기도 하였다.[15]

3. 인권문제의 본질에 관한 쟁점

북한의 인권문제를 둘러싸고 국내외에 많은 논쟁들이 벌어지고 있으며,[16] 논쟁의 제일 큰 화두는 인권 개념 자체를 중심으로 전개되고 있다. 여기에는 인권개념의 보편성을 주장하는 입장과 문화적 상대성을 강조하는 입장이 대립하고 있다. 북한은 상대주의의 입장에서 자신들의 체제가 인민의 인권을 잘 보장하고 있다고 주장하고 한다. 또한, 북한주민의 인권이 법적으로, 사회적으로 존중되고 있다고 주장하면서, 이러한 사실은 "인민 자신이 실생활 체험을 통해서 피부로 절감하고 있는 진리이며 세상 사람들이 공감하고 있는 엄연한 현실"이라고 말한다. "하나는 전체를 위하여, 전체는 하나를 위하여 서로 돕고 이끌면서 온 나라 전체 인민이 화목하게 살며 인민적 정치가 꽃피는 인민대중 중심의 우리나라 사회주의야말로 인권이 최대한 보장되고 존중시되는 우월한 사회"라고 공언하고 있다. 북한은 부시 행정부

---

15 미국 북한인권위원회의 이사진에는 모톤 아브라모위츠, 척 다운스, 안재훈(RFA), 니콜라스 에버스타트(AEI), 헬렌 루이스 헌터, 마커스 놀랜드(국제경제연구소), 수잔 솔티(방위포럼재단) 등 보수적 인사들이 포진하고 있다. 동 위원회는 북한의 정치범 수용소 체계에 대해 개괄적이고 세부적으로 소개한 데이빗 호크, 이재광 역, 『감춰진 수용소(*The Hidden Gulag*)』(서울: 시대정신, 2003)을 발간하기도 했다.

16 인권을 둘러싼 쟁점에 관한 선행 연구로는 김수암, 2004 참조.

가 핵과 인권을 빌미로 군사적 공갈정책을 강화하여 마침내 무력침공을 감행하려는 속셈을 보이고 있다고 비난하며, 또한 북한은 미국이 인권을 무기로 사상문화적으로 침투, 인민들의 혁명의식을 마비시켜 사회정치적 혼란을 조성하고, 마침내 사회주의를 자본주의로 변질시키려는 음모를 꾸미고 있다고 판단하고 있다.[17]

북한 사회과학원이 펴낸 『정치용어사전』은 인권을 "인민이 가져야 할 정치적·경제적·문화적 및 사회적 제반권리를 말한다"고 정의하고, "인권은 온갖 착취와 억압이 청산되고 인민이 나라의 주인으로 된 사회주의 제도하에서만 철저히 보장된다"고 말하고 있다.[18] 북한헌법 제63조는 인권보장의 대전제로 "공민의 권리와 의무는 〈하나는 전체를 위하여 전체는 하나를 위하여〉라는 집단주의 원칙에 기초한다"고 밝히면서 인권의 집단주의적 성격을 강조하고 있다.[19]

북한은 사회주의권 붕괴 이후 인권개념을 자주권, 생존권, 평등권, 발전권을 포함한 권리로 정의하고 있다.[20] 첫째, 자주권이란 주체사상이 강조하는

---

17 평양방송, 2005년 10월 31일. 2005년 12월 2일자 『로동신문』은 "우리 인민은 인민 대중 중심의 우리식 사회주의 제도 아래 온갖 정치적 자유와 권리를 마음껏 행사하고 있으며 자주적이며 창조적인 생활을 누리고 있다"고 주장하고, "미국은 우리의 제도와 체제를 악랄하게 헐뜯으며 우리 내부를 와해 변질시키고 나아가서 사회주의 제도를 전복하려고 필사적으로 발악하고 있다"고 비난했다(『연합뉴스』, 2005년 12월 3일). 김일성은 1990년 신년사에서 "제국주의자들은 〈평화〉와 〈완화〉의 막뒤에서 인민들을 무장해제시키고 자주와 진보의 길로 나아가는 나라들에 대한 침략을 강화하고 있으며 〈원조〉와 〈협조〉의 간판밑에 다른 나라들에 대한 간섭과 예속화 책동을 로골적으로 강행하고" 있다고 설파하고 있다(김병로, "북한 인권문제 현황과 북측의 태도," 통일정책연구소 북한인권문제 토론회 발표논문, 1999년 12월 22일, 12-14쪽).

18 사회과학원, 『정치용어사전』(평양: 사회과학출판사, 1970), 718쪽.

19 김병로, 1999, 11쪽.

20 김병로, 1999, 8-10쪽.

자주성과 관련 '사회적 존재'로서 인간이 갖는 '자주적 권리'를 의미한다. 이것은 외세의 지배를 받는 나라 인민들에게는 인권이 없다는 것을 의미한다. 김정일은 인권문제를 자주권에 속하는 문제라고 규정하고, 자주권을 떠난 인권이란 없다고 못박고 있다.[21]

둘째, 평등권은 헌법에 선거권, 피선거권, 언론·출판·집회·결사·시위·신앙의 자유, 주택·인신에 대한 불가침을 규정한 것을 의미한다. 평등권은 그러나 철저하게 계급성에 기반을 두고 있으며, 북한은 반혁명분자들에게는 인권이 보장되지 않는다고 공공연하게 말하고 있다. 반혁명분자는 "철두철미 인민의 리익을 배반한 반역자, 매국노들이며 인권을 유린한 인간쓰레기들"을 지칭하는 것으로 "이런 자들에게 인권이란 말은 당치 않다"고 주장한다.[22] 즉 북한의 평등권은 역설적으로 계급에 기반한 불평등성을 내포하고 있다.

셋째, 생존권은 노동에 대한 권리, 의식주 보장, 무상치료 등 생존권 보장을 뜻한다. 이 권리는 인권보호의 물질적 기초를 부각시키고 있다. 넷째, 개발권은 경제발전 없이는 인권보장이 어렵다는 인식을 담고 있다. 이렇듯 북한은 인권을 주체적으로 정의하면서 북한사회주의 체제의 성격상 북한에는 인권문제가 존재할 수 없다는 불가론의 입장을 견지하고 있다. 그러나 막상 90년대 식량난 이후 정상적인 교육체계, 의료체계, 보건체계, 식량배급체계가 상당 부분 훼손된 상황에서 스스로 내걸은 인권의 조건도 충족시키지 못하고 있다.

미국, 유럽 등 서구 선진국가들은 개인의 자유권을 중심으로 인권문제에

---

21 김정일, "사회주의는 과학이다," 『로동신문』, 1994년 11월 4일.

22 『로동신문』, 1995년 6월 24일.

접근하고 있다. 한국의 보수진영 또한 시민적·정치적 권리에 대해 규정하고 있는 B규약을 중심으로 북한 인권문제를 다루고 있다. 이들은 북한이 처한 사회적·경제적 환경에 대한 고려를 하지 않은 채 과도하게 선진국이 누리고 있는 시민적·정치적 권리의 잣대로 북한의 인권상황을 재단하려는 속성을 보이고 있다. 이에 비해서 한국의 진보진영은 경제적·사회적·문화적 권리에 대해 규정하고 있는 A규약을 중심으로 북한 인권문제를 이해하고 있다. 예를 들면 인권운동사랑방의 성명은 유엔인권위원회의 북한인권결의안은 지나치게 시민적·정치적 권리 중심으로 구성, 식량권, 평화권, 발전권에 대한 비중이 낮다고 비판하고 있다. 즉 인권운동사랑방은 경제적·사회적·문화적 권리의 침해가 시민적·정치적 권리의 부정으로 연결된다는 입장을 보이고 있다.[23]

자유주의적 인권논의와 경제주의적 인권논의가 평행선을 긋고 있는 가운데 양자의 절충이 필요하다는 담론 또한 늘어나고 있다. 절충론은 북한주민의 생존권을 위협하는 경제문제의 해결과 정치사회적 권리의 점진적 보장이 모두 중요하다는 태도를 갖고 있다. 즉 자유권, 생존권, 발전권에 대한 동시 접근이 필요하다는 시각이다. 김수암은 미국이 강조하는 자유권과 더불어 생존권, 발전권, 평화권이 동시에 발전되어야 한다는 견해를 피력하고 있다.[24] 이대훈 또한 인권의 한 측면만 강조해서는 곤란하다는 입장이다. 그는 인권 자체의 개선과 보장 원칙 아래 균형있게 북한인권에 접근할 것을 주문한다. 이대훈은 생존권, 자결권, 발전권의 중요성을 강조하면서, 현재 자유

---

23 인권운동사랑방의 성명, 2004년 4월 16일.

24 김수암, "미국의 북한인권법 발효 이후 한반도," 6·15남북공동선언 실현과 한반도 평화를 위한 통일연대 공동토론회, 2005년 2월 3일.

주의적 인권론의 접근으로는 저개발, 빈곤, 성차별의 문제를 다룰 수 없다고 비판한다. 그는 특히 발전권에 주목하면서, 북한의 발전권 실현을 위해 각국이 추구해야 할 국제협력의 과제를 발굴하고 공통의 전략을 마련하자고 제안한다.[25]

서보혁은 북한 인권문제를 구조적으로 이해하고, 포괄적으로 접근할 필요성을 제기하면서 인권의 내용에 자유권, 생존권, 평화권, 개발권, 자결권을 담고 있다. 그는 북한인권 개선을 위해 점진적·단계적으로 접근할 것을 주장하고, 핵사태의 1단계에서는 안전보장과 핵포기의 연계라는 평화권을, 식량난의 2단계에서는 경제제재 해제와 생산의 현대화라는 사회권을, 개혁개방의 3단계에서는 기술 혁신, 투자 유치 등의 발전권을, 체제전환의 4단계에서는 대의민주주의, 권력분립 등 자유권을 당면 해결과제로 제시하고 있다.[26]

북한의 인권문제를 논함에 있어서 시민의 권리를 중시하는 견해와 경제적 생존권을 강조하는 입장 사이에서 절충이 필요하다. 인간의 인간다운 삶을 보장하기 위해서는 시민권과 경제권이 모두 필요하기 때문이다. 이는 인권개념에 대한 논의가 점차 시민의 권리를 강조하는 1세대, 생존권을 강조하는 2세대, 집단권을 강조하는 3세대로 발전해 온 시류를 반영하는 것이기도 하다. 동시에 경제권, 집단권의 강조가 본래 인권의 영역이었던 자유권의 중요성을 훼손하거나 유보시키는 논리로 활용되어서는 곤란하다. 경제적·사회적·문화적 권리를 보장하기 위해 시민적·정치적 권리가 제약받을 수도 있다는 주장은 성립하지 않는다는 것이다. 실제로 20세기 이후 대규모

---

25 이대훈, "시론: 북한인권에 대한 접근," 북한인권토론회, 2005년 3월 23일.

26 Suh, 2004, pp. 278-280.

기아는 독재국가에서만 발생하고 있다. 독재체제에서 기아가 더 횡행한다는 것은 독재정부 아래에서 생산과 분배의 비효율성, 국민적 요구에 대한 비탄력성, 소수에 의한 독단적 결정, 정권의 안보를 국민의 생존보다 우선시하는 사고체계 등이 식량의 부족 문제를 기아상태로 심화시킨다는 점을 알 수 있다.[27] 즉 시민적 권리의 제약이 경제적 권리의 박탈로 연결된다는 역사적 경험에 비추어 선경제권 보장, 후자유권 확보 논리는 빈곤과 속박의 악순환을 확대재생산하는 논리로 이용될 수 있음에 유의해야 할 것이다.

4. 인권침해의 원인과 증거를 둘러싼 쟁점

북한 인권문제의 원인을 둘러싼 쟁점은 크게 내인론과 외인론으로 구분할 수 있다. 북한체제의 국가지상주의적 속성에서 북한인권 문제의 기원을 찾는 시각과 북미대립, 냉전의식 등 체제외적 요인에서 문제의 발단을 바라보고자 하는 시각이 대립하고 있는 것이다. 1990년대 경제난과 식량난으로 북한주민들의 경제적·사회적·문화적 인권침해가 심각해진 상황을 놓고도 책임 소재를 북한경제의 폐쇄적 속성에서 찾으려는 시각과 서방의 경제제재, 사회주의권 무역의 붕괴 등 외부에서 찾으려는 견해가 맞서고 있다.

내인론자들은 북한인권 문제의 발생원인을 북한체제의 속성에서 찾고 있다. 국가가 절대적 권력을 휘두르면서 사회구성원들의 자율성을 억압하는 모습에서 인권문제의 원인을 찾고 있는 것이다. 이 주장에 의하면 인권문제의 근원은 국가의 실패에 있는 것이다. 여기서 국가는 소극적이며, 방임적인 차원에서 실패한 것이 아니라 너무 광범위하게 존재하고 오류를 인정하

27 아미티아 센, 박우희 역, 『자유로서의 발전』(경기: 세종연구원, 2001).

지 않는 전지전능의 태도를 견지함으로써 초래된 것으로 파악되고 있다. 내인론은 사회주의 경제체제의 모순, 정권의 차별적 식량배분에서 90년대 기아의 원인을 찾고 있다. 2002년 경제개선 조치 이후 도시빈민의 등장과 관련해서는 시장의 실패를 주장할 수 있다. 즉 고전적 국가의 실패 위에 시장의 실패가 겹쳐짐으로써 북한주민의 생은 더욱 궁핍해지는 것이다.

결국 북한인권 문제에 대한 판단은 북한체제의 성격을 어떻게 규정하는가와 밀접한 연관이 있다. 황장엽은 북한을 수령절대주의적 독재체제로 규정하고, 김정일 정권을 "인간의 자유와 인권을 약탈하는 정권"으로 혹평하고 있다. 서재진은 북한이 개인숭배의 이론적 정당화를 위해 프롤레타리아 독재이론, 레닌의 전위당 이론, 주체의 영도방법을 활용하고 있으며, 비판능력이 없는 인간을 만들기 위한 정치사회화 전략을 사용하고 있다고 본다.[28]

외인론은 내인론에 비해 비교적 북한사회를 따뜻한 시각으로 바라보고 있다. 루이제 린저나 브루스 커밍스의 저작들은 서구 자유주의의 입장이 아닌 제3세계의 입장 또는 북한의 입장에서 북한을 바라볼 것을 주문하고 있다.[29] 북한사회의 폐쇄성에 대해서는 세계 최강국 미국과 대결 상태에 있는 현실론을 지적한다. 북한이 비우호적인 대외환경에서 스스로의 생존을 위해 폐쇄적이고 자립적인 정치, 경제체계를 구축하게 되었다는 것이다. 한때 한국에 풍미했던 내재적 관점이나 진보의 담론이 외인론의 시각에서 북한의 인권을 파악하고 있다. 외인론은 미국의 경제봉쇄, 비우호적인 국제환경, 자연재해가 북한의 경제붕괴를 가져왔고, 이 상황에서 생존권을 비롯한

---

28 황장엽, 『어둠의 편이 된 햇볕은 어둠을 밝힐 수 없다』(서울: 월간조선사, 2001), 17, 26-147, 169-177쪽; 서재진, 『북한의 개인숭배 및 정치사회화의 효과에 대한 평가연구』(서울: 통일연구원, 2003).

29 Bruce Cumings, *North Korea: Another Country*(New York: The New Press, 2004).

북한주민들의 인권이 심하게 침해받게 되었다고 주장한다. 외인론의 주장은 자유권보다 경제권, 자주권을 강조하는 경향이 있다.

북한의 체제에서 인권문제가 비롯되었다는 체제론의 입장과 국제질서의 적대적 정책으로 북한이 고립되고 군사화하면서 개별 주민들의 인권 상황이 열악해졌다는 환경론의 비생산적 이분법을 지양하고, 북한인권 상황의 악화 요인의 다양성을 보자는 의견이 조심스럽게 대두하고 있다. 즉 내인과 외인을 함께 고려하여 북한인권 악화의 원인을 설명하자는 것이다.[30]

북한인권 유린에 대한 증거의 문제를 놓고 논쟁이 벌어지고 있다. 북한 인권상황이 열악하다는 사실에는 커다란 공감대가 형성되고 있는 가운데 일부에서는 북한체제의 비인도성에 대한 주장과 증거들이 과장되거나 왜곡되어 있다는 주장을 펼치고 있다. 이러한 입장에 서 있는 연구자들은 북한의 인권문제가 지나치게 과장되어 있다는 점을 지적하고, 근거 없는 대북 비난은 남북화해 분위기를 훼손할 뿐이라고 말한다. 이러한 입장에 선 이들은 북한인권 관련 보고서들의 신빙성과 균형성에 문제를 제기한다. 즉 탈북자 문제, 외국인 납치, 공개처형, 정치범 수용소 등의 핫이슈를 전면배치하고, 신빙성이 의심되는 일부 탈북자의 증언을 동원, 북한의 인권상황을 자의적으로 해석하거나 고의적으로 왜곡, 주관적 판단에 의해 부정적 평가를 내리고 있다는 것이다.[31]

정성장 또한 미국의 북한인권법을 부정확한 상황 인식과 부적절한 처방에서 비롯되었다는 입장을 밝히면서, 동 법안이 "북한의 인권 상황을 실제

---

30 정욱식, "한반도 평화와 북한인권, 선순환은 불가능한가?" 북한인권토론회, 2005년 3월 23일, 평화네트워크의 논평, 2003년 4월 23일. 인권운동사랑방의 논평, 2004년 4월 16일.

31 류은숙, "인권 제국주의와 북한인권," 북한인권토론회, 2005년 3월 23일.

보다 훨씬 열악한 것으로 과장되게 소개하고 있거나 불확실한 '정보'에 기초"하고 있다고 평하고, "자신의 '몸값'을 올리기 위해 과장된 발언을 일삼는 일부 탈북자들의 증언에 과도하게 의존하고 있는 것과 관련" 우려의 심정을 표명하고 있다.[32]

북한의 인권상황에 대해 보다 신중하고 정확한 정보를 수집하려는 노력은 계속되어야 한다. 과거의 사례를 기계적으로 반복하거나 미확인 보도들을 과장하여 선정적인 보도를 일삼는 태도는 극복되어야 한다. 과거에 비해 관찰과 방문이 용이해졌음에도 북한은 여전히 외부세계와 단절되어 있다. 북한의 인권상황과 관련하여 직접적인 정보를 수집하기가 여의치 않다는 사실 자체가 역설적으로 북한체제의 폐쇄적이고 낙후된 면모를 드러내는 것이라고 볼 수 있다. 북으로부터 나오는 정보, 북에 대한 평가가 일부 부정확할 수 있으나 그것이 곧 북한 내부의 인권문제의 존재 자체를 부정하는 증거로 이용될 수는 없다. 탈북자들로부터 일관되게 나오는 진술들은 북한 인권상황의 후진성을 잘 웅변해 주고 있다.

5. 북한 인권문제의 해법을 둘러싼 쟁점

북한의 인권문제와 관련한 또 하나의 논점은 인권문제의 해법과 관련이 있다. 북한 인권문제의 해법을 둘러싼 논쟁은 크게 ① 북한 압박론, ② 선접촉, 후변화론, ③ 동시접근론으로 나눌 수 있다.

우선 북한 압박론은 한국과 미국의 보수진영의 입장을 대변한다고 볼 수 있다. 이 입장은 외부세계의 지속적 관심과 북한 당국에 대한 주의 환기를

32 정성장, "미국의 북한인권법," 『정세와 정책』, 2004년 11월.

통해 점진적으로 북한체제의 변화를 유도하려고 한다. 압박론의 강경파는 북한 인권문제의 근본 원인을 수령절대주의에서 찾고, 인권문제의 해결을 위해서는 수령절대주의 제거의 길밖에 없다고 주장한다.[33] 인권문제의 근원이 북한 김정일 정권의 기본적 성격에서 비롯된다고 보기 때문에 봉쇄와 압박을 통한 정권교체 이외의 대안을 찾기는 어렵다.

온건 압박론자들은 김정일 정권과 협상과 대화를 통해 정권의 변화를 꾀한다는 입장이지만 이 또한 정권교체론과 크게 궤를 달리한다고 보기는 어렵다. 2005년 12월 7일 관훈클럽 초청 토론회에서 버시바우 주한 미국대사는 "북한의 심각한 인권문제를 개선하기 위해 행동할 시기가 왔다"고 선언했다. 제이 레프코위츠 미 국무부 북한인권특사 또한 북한인권 국제대회 기조발언을 통해 "독재 정권에 대해 인권 탄압 문제를 제기하는 데 있어 부적절한 시기는 없다"고 주장했다.[34] 이 해법의 단점은 북한에 대한 압박이 한반도의 정세 불안정을 가져올 수 있고, 이러한 상황의 악화는 북한주민의 인권개선은 커녕 악화를 가져올 수 있다는 데 있다. 북한압박론자들은 인권문제를 부각시키면서도 북한의 인권상황을 개선시키기 위한 중장기 계획의 마련이나 인도주의적 지원의 확대에 대해서는 신경을 거의 쓰지 않아 정략적으로 북한의 인권문제를 거론한다는 비판에 직면하고 있다.

선접촉, 후변화론은 인도적 지원과 교류협력을 통해 북한 인권의 실질적 개선을 위해 노력하는 입장이다. 봉쇄와 압박으로 북한을 궁지로 몰아넣으면 북한주민의 인권이 오히려 악화될 수 있으므로, 화해협력을 통해서 북한의 개혁, 개방을 유도하여 북한 사람들의 전반적인 생활수준과 정치적 권익

---

33 황장엽, 2001, 148-182쪽.

34 『중앙일보』, 2005년 12월 10일.

을 향상시키는 방법이다. 현재 참여정부의 대북 인권정책이 여기에 속한다고 평가할 수 있다. 참여정부는 북한 인권문제에 대해 ① 인권은 인류보편적 가치로, 북한 인권에 깊은 관심을 갖고 있으며, ② 각국은 환경과 조건에 따라 다양한 접근방식을 전략적으로 선택할 수 있고, ③ 평화번영정책을 통한 북한인권의 실질적 · 점진적 개선을 추구하고, ④ (북한인권법과 관련) 한반도 평화, 안정과 조화되도록 미국과 협의해 나간다는 4대 기본입장을 표명한 바 있다.

참여정부는 말에는 신중을 기하는 대신 실질적인 행동에서는 북한의 인권신장을 위해 노력해 왔음을 자부하고 있다. 북한 인권문제에 대한 지나친 압박은 북한의 반발을 가져와 오히려 북한주민의 실질적인 인권상황을 개선시키는 데 부정적 영향을 미칠 수 있으며, 중국, 베트남의 선례에서와 같이 개방과 경제발전이 주민의 인권상황을 개선하는 데 주효하다는 입장이다. 현 정부는 개방과 개혁을 유도해 북한의 점진적 변화를 도모하는 것이 북한 인권개선에 실질적으로 기여하는 방안이라는 판단 아래 대북 인도적 지원과 경제협력 사업을 지속적으로 추진하고 있다.[35]

선접촉, 후변화론은 한편 선평화, 후인권론의 모습을 갖고 있다. 선평화론은 인권문제도 중요하지만, 북핵문제 해결 등 한반도의 평화체제 구축이 선결과제라는 입장이다. 2005년 11월 초, 국가인권위원회가 비공개로 주최한 '북한인권 국제세미나'에서 박경서 인권대사는 "우선순위를 한반도 평화 정착에 두고 다음에 정치적 자유권 등을 풀어 나가는 순서를 제안하고 싶다"고 주장했고, 비팃 문타폰 유엔 특별보고관은 "즉각적인 조치"의 필요성을

35 오준, "유엔 북한인권결의안과 한국정부의 입장," 미발간 논문.

피력했다.[36] 박경서와 문타폰의 주장은 각기 평화 우선론과 인권 우선론의 입장을 대표하고 있다. 박경서는 북한의 인권문제는 북이 스스로 풀어야 하고, 인권문제, 개방문제, 경제문제를 푸는 대전제는 한반도의 평화정착이라고 말한다.[37]

선평화론자들은 인권 거론이 한반도에 긴장을 유발한다고 주장한다. 그러나 인권문제를 외면하고 북한의 구미에 맞는 사항들만을 골라 협상하면서 얻어진 남북관계의 진전이 진정한 한반도의 평화와 안정을 가져올 수 있을지는 의문이다. 오히려 인권이 보장되는 시스템이 남과 북에 공고해졌을 때 한반도에 안정된 평화의 질서가 자리잡을 수 있다는 주장도 가능하다. 평화냐, 인권이냐는 이분법보다는 평화와 인권의 디딤돌을 동시에 쌓아가는 지혜가 필요한 시점이다.

동시접근론은 인권문제, 경제문제, 평화문제의 해결에 선과 후를 두지 않고 병렬적으로 문제를 풀어 가려는 전략이다. 대표적인 사례로는 EU 방식을 들 수 있다. EU는 북한과 관계를 정상화하면서 북한의 인권상황에 관한 지속적인 대화를 관계 정상화 조건의 하나로 제기하였다. 2000년 11월 20일 EU는 대북 행동지침을 설정하고 대북 관계개선 시 특별히 고려해야 할 사항으로 인권상황의 개선, 특히 유엔인권협약의 준수와 북한 일반주민들의 외부지원에 대한 접근 허용을 포함시켰다. 북한과 인권대화를 성사시킨 EU의 노력은 인권문제의 제기가 대화의 단절로 이어질 것이라는 비관론에 경각심을 일으키고 있다.

인권운동가 데이비드 호크는 “국제사회가 북한과 관계를 개설하면서 동

---

36 『중앙일보』, 2005년 11월 4일.

37 박경서, 『인권대사가 체험한 한반도와 아시아』(서울: 울림사, 2002).

시에 북한 정부에게 인권개선을 요구해야 한다"고 주장한다. 제성호는 북한 인권문제는 보편적 가치의 문제, 원칙의 문제라고 상기시키고, 인권 개선이 통일을 이룩하기 위한 필요조건임을 강조한다. 그는 인권이 없는 대북정책은 비도덕적·반통일적이라고 전제하고, 북한주민의 인권을 시야에 넣는 대북정책의 수립을 촉구하고 있다. 제성호는 화해협력과 인권개선을 병행할 때 북한의 변화 촉진이 가능하다고 본다. 북한 인권문제에 대한 적극적 문제제기가 오히려 북한의 변화를 더디게 하고 아무런 효과도 없다는 반대 의견에 대해 제성호는 외부의 압력이 일정한 성과가 있었음을 지적하고 있다. 그는 "그간 국제사회가 꾸준히 북한인권 문제를 제기한 결과 북한은 헌법과 형법을 개정했고, 탈북자 처벌을 완화했다. 일본인 납북 사실을 인정하고 '사실상의 송환' 조치를 취하기도 했다"고 주장하고 있다.[38] 97-98년 유엔 인권소위원회에서 대북 인권결의안을 연이어 채택하자 98년 9월 북한은 헌법 개정 시 인권소위가 지적한 바 있는 거주여행의 자유를 신설했다.[39]

평화와 인권을 선후, 제로섬의 관계로 볼 것이 아니라 상보적인 관계로 파악하는 노력이 필요한 시점이다. 정략적 의도에서 비롯된 인권문제 제기가 인권상황의 개선에 도움이 될 리 없고, 동시에 평화를 핑계로 인권이라는 시급한 과제를 뒤로 미루려는 자세 또한 받아들이기 힘들다. 평화의 구축 노력과 인권을 개선하려는 노력이 결합하면서 양자 모두를 해결하는 선순환

38 제성호, "북한 인권과 서울 국제대회," 『중앙일보』, 2005년 12월 12일.

39 최의철, 『북한의 인권부문 외교의 전개 방향』(서울: 통일연구원, 2003), 47-48쪽. 1999년 8월 형법 개정을 통해 사형 죄목을 33개항에서 5개항으로 축소했다. 2004년 형법 개정에서는 사형 부과 범죄구성 요건을 보다 엄격히 제한했고, 형벌을 세분화하여 죄형 법정주의를 반영토록 했다.

의 구조를 한반도에 구축해야 한다.[40]

6. 인도적 지원을 둘러싼 쟁점

1990년대 중반 북한은 연이은 자연재해와 사회주의 농업체제의 비효율성으로 극심한 식량난을 겪게 된다. 이른바 1995년부터 1997년까지 '고난의 행군' 시기에는 수많은 기아자를 낳기도 했다. 이후 외부세계의 식량원조, 비료 및 농법지원, 북한 당국의 증산 노력으로 식량사정이 일부 개선되기도 했지만 여전히 북한사회는 절대량의 식량이 부족한 상태를 겪고 있다. 북한의 경제난과 식량난은 북한주민들에게 이루 형언하기 어려운 고통을 안겨 주었다.[41] 2001년 5월 북경 제5차 아동보호 아태각료급 회의 당시 북한대표 최수헌 외무성 부상이 발표한 "90년대 북한의 기근에 관한 보고서"에 의하면, 북한의 평균수명이 93년 73.2세에서 99년 66.8세로 감소했고, 5세 이하 영유아 사망률은 1,000명 당 27명에서 48명으로 증가했으며, 출생율은 2.2%에서 2%로 떨어졌다. 1인당 국민소득은 93년 991달러에서 98년 457달러로 하락했다.[42]

---

40 정욱식, 2005년.

41 북한의 식량난과 곤궁함에 대해서는 아래의 저술들을 참조할 것. 권혁, 『고난의 강행군』(서울: 정토출판, 1999); 나초스, 황재욱 옮김, 『북한의 기아: 기아, 정치 그리고 외교정책』(서울: 다할미디어, 2003); 김정일, "우리는 지금 식량 때문에 무정부 상태가 되고 있다(1996년 12월 김일성 종합대학 창립 50돌 기념 김정일의 연설문)" 『월간조선』, 1997년 4월; 이석, "1994-2000년 북한 기근: 초과 사망자 규모와 지역별 인구변화," 『국가전략』, 2004년, 10권 1호; Central Bureau of Statistics, DPRK, *Report on the DPRK Nutrition Assessment*(November 2002); FAO/WFP, *FAO/WFP Crop and Food Supply Assessment Mission to the Democratic People's Republic of Korea*, 22 November 2004.

42 송경민, "대북 인도적 지원의 쟁점과 과제," 제30차 북한연구회 세미나 발표논문, 2003년 11월

1995년 8월 23일, 북한은 자연재해로 식량난에 접하자 유엔 인도지원국에 긴급구호를 요청했다. 이어 북한은 국제보건기구(WHO)에 의료진 파견, 유엔아동기금(UNICEF)에 5만 달러 상당의 콩 지원을 요청했고, 이후 국제사회와 한국은 북한에 다방면의 인도적 지원사업을 펼치고 있다.[43] 대북지원에 대해 정작 북한당국은 이중적인 태도를 보이고 있으며, 김정일 위원장은 제국주의자들의 지원은 하나를 주고, 열 개를 빼앗아 가는 식이라며 지원을 약탈과 예속의 올가미라고 비난한다. 이러한 비판적인 견해가 인도적 지원단체들의 자유로운 접근과 분배의 투명성을 거부하는 논리로 활용되고 있다.[44] 다른 한편으로 북한의 고위관리들은 여러 차례에 걸쳐 국제사회의 지원에 감사하는 뜻을 전하고 있다.[45]

인도적 지원을 둘러싼 논쟁의 핵심은 지원 여부, 지원 조건과 관련이 있다. 이 쟁점에는 ① 무조건 지원론, ② 조건부 지원론, ③ 접근 없는 지원 불가론의 세 입장이 대립하고 있다. 우선 북한주민의 식량권, 생존권 보장을 위해 아무 조건 없이 대북지원을 지속해야 한다는 입장이 있다. 이 주장은 인도적 지원과 인권개선은 별개의 문제가 아니라 서로 연결되어 있으며, 인도적 지원의 확대를 통해 북한의 개혁, 개방을 유도해 나갈 수 있다는 입장

15일, 4쪽.

43 우승지, "대북 인도적 지원의 현황 및 평가," 『주요국제문제분석』, 2004년 7월 30일; 송경민, 2003, 3쪽; 박진원, "북한 어린이 지원사업 사례 발표," 제30차 북한연구회 세미나 발표논문, 2003년 11월 15일; 『중앙일보』, 2004년 5월 4일. 2004년부터 2008년까지 WHO의 대북 지원전략에 대해서는 WHO Country Cooperation Strategy 2004-2008, Democratic People's Republic of Korea(June 2003)를 참조. 인터넷 주소는 http://www.who.int/disasters/repo/10414.pdf. (검색일: 2006. 5. 5) WHO는 사망률, 질병률 감소와 건강한 생활습관을 조성하고 환경, 경제, 사회, 행동 등에 기인하는 건강 위협적 요인 제거를 목표로 하고 있다.

44 『조선중앙통신』, 2000년 12월 25일.

45 이금순, 『대북 인도적 지원의 영향력 분석』(서울: 통일연구원, 2003), 58-61쪽.

이다. 지원을 통한 생존권 보장이 훗날 자유의 신장으로 이어질 것이라는 기대를 갖고 있으며,[46] 남북경제 격차, 북한의 극심한 식량난에 비추어 한국에서는 이 입장이 많은 지지층을 갖고 있다.

조건부 지원론은 인도적 지원의 지속 입장에 찬성하되 투명성 확보의 중요성을 강조하는 입장이다. 지원품을 가장 필요로 하는 계층에게 돌아가지 않을 것을 우려하여 투명성, 접근성, 모니터링의 중요성을 강조하고 있다. 또한 인도적 지원에 대한 북한의 상응조치를 강조하는 입장도 조건부 지원론의 일부이다. 이 입장은 대북지원과 북한의 다른 부문의 인권개선을 직접적으로 연계해야 한다는 주장을 펼친다. 조건부 지원론자들은 식량난 자체를 정치범 수용소나 공개처형의 문제와 같이 수령절대주의에서 비롯된 체제의 문제로 보고 지원을 통한 북한체제의 점진적 변화를 추구하려 한다.

부시 행정부 아래에서 미국은 조건부 지원론의 한 정형을 이루며, 1996년부터 2005년 사이, 주로 유엔세계식량계획(WFP)을 통해서, 200만 톤 이상의 식량을 북한에 제공했다. 주지하는 바와 같이 2002년 이후 미국의 대북지원은 급감했는데, 부시 행정부는 분배의 투명성을 가로막고 있는 북한의 태도가 미국의 대북지원을 저해하는 요소라고 지목하는 동시에, 약식의 모니터링을 실시하는 한국과 아무런 모니터링을 실시하지 않는 중국의 태도에 대해 불만을 갖고 있다. 2002년 6월 이후 부시 행정부는 ① 북한의 식량 필요 정도, ② 미국의 식량원조에 대한 경쟁적 요구, ③ 현장접근과 모니터링과 관련 검증가능한 진보 등 3요소에 대한 판단과 대북 식량원조의 수준을 연계시킨다는 공식적 입장을 견지하고 있다.[47]

---

46 인권운동사랑방의 논평, 2004년 4월 16일.

47 Mark E. Manyin, "U.S. Assistance to North Korea: Fact Sheet," *CRS Report for Congress,*

스티븐 해거드와 마커스 놀랜드가 공저한 "기아와 인권"이라는 제목의 보고서도 투명성 확보의 중요성을 강조하고 있다. 이 보고서는 "북한에 대한 구호활동이 10년이 지났지만 인도적 지원에 대한 분배투명성과 비차별성에 대한 북한의 처리는 국제규범에 아주 미달된다"고 평가하고 있다. 해거드와 놀랜드는 "시간이 지남에 따라 접근성에서 극히 일부의 개선이 있었지만 이것은 마지못해 이루어진 것"이라면서, "현재 203개 군중 42개 군에 접근이 허용되지 않고 있다"고 적고 있다. 두 저자는 "인도적 지원이 방해를 받고는 있지만 취약그룹의 요구를 충족시키는 긍정적인 효과르 가진다는 점을 강조하는 것 역시 중요하다"고 평가한다.[48]

미국에 비해 북한에 관대하던 유럽의 태도도 점차 변하고 있다. 2006년 3월 22일 프리덤 하우스가 주관하는 제3차 북한인권 국제대회가 벨기에 브뤼셀에서 열렸으며, 이 자리에서 이슈트 반 센트 이바니 유럽의회 의원은 "앞으로 EU가 북한에 대해 조건 없는 지원을 더 이상 하지 않을 것"이라고 밝혔다.[49]

마지막으로 투명성, 접근성의 보장 없이 지원도 없다는 강경론이 있다. 국경없는 의사회(MSF), 옥스팜(Oxfam) 등 NGO 단체들이 이러한 입장을 견지하고 있는데, 북한의 대기근 이후 북한에서 대북 지원활동을 활발하게 벌이던 국경없는 의사회(MSF)와 옥스팜(Oxfam)은 북한 당국의 소극적 자세로 의료지원 활동이 소기의 목적을 달성할 수 없는 상황이라는 판단하에 철수를 결정

Updated January 31, 2006, p. 3.

48 스티븐 해거드, 마커스 놀랜드, "기아와 인권: 북한 기근의 정치학(Hunger and Human Rights: The Politics of Famine)" 『KDI 북한경제리뷰』, 2005년 9월, 25-26, 31쪽. 이 보고서의 원문은 http://www.hrnk.org/hunger/toc.html 참조.

49 『중앙일보』, 2006년 3월 23일.

하였다. 국경없는 의사회(MSF)는 2001년 2월 교도통신과의 인터뷰에서 "원조식량 대부분이 정부와 군 관리 등 정부에 충성스러운 사람들에게 돌아가고 있다는 증거가 있다"며 북한의 처사를 비난했다.

국제사회의 비정부기구들이 투명성을 이유로 지원사업을 중단할 수는 있다. 그러나 같은 민족이며 남북화해를 추구하고 있는 우리로서는 이와는 다른 노선을 취할 수밖에 없을 것이다. 대북지원에 대한 적극성을 결정하는 요인 중 하나는 대북지원의 효과와 관련된 의견차이다. 대북 포용론자들은 대북지원을 통해 북한의 변화를 이끌어 낼 수 있다고 자신하는 반면, 회의론자들은 지원사업이 북한의 군사력을 증가시키고, 북한정권을 안정시키고 연장시키는 역할을 하지 않을까 우려하고 있다. 이 맥락에서 캐럴 랭카스터 조지타운대학교 교수는 워싱턴 D.C.에서 열린 한 북한문제 국제 심포지엄에서 "대북원조가 고통받는 사람들을 돕는 것인지 북한 정권의 수명 연장에 기여하는 것인지 판단하기 어렵기 때문에 원조기관과 지원국들에게 도덕적인 고민을 안겨준다"고 토로하고 있다.[50] 지원의 효과를 높이기 위한 고민과 노력은 이해할 수 있으나 지원의 효과와 지원 자체를 너무 경직되게 연결시키는 것에는 약간의 무리가 있어 보인다.

인도주의적 입장에서 시작된 사업에 본래의 목적을 넘어서는 의미 부여와 기대를 할 수는 없다. 어차피 북한사회에 서서히 변화가 올 가능성이 높으며, 인도적 지원은 점진적이고 단계적인 변화의 과정에서 고통을 겪는 사람들의 힘겨움을 덜어주고 희망을 주는 방편으로서의 성격이 강하다. 지원이 필요한 계층에게, 보다 많은 혜택이 돌아갈 수 있도록 분배의 투명도를 높이면서 인도적 지원을 지속해 나가면 북한 주민의 생활을 실질적으로 개

---

50 『조선일보』, 2004년 2월 16일.

선시키고, 북한과 외부세계의 불신을 해소하고 신뢰를 형성하는 데 기여를 하게 될 것이다.

7. 미국의 북한인권법안을 둘러싼 쟁점

부시 행정부의 대북 인권정책은 미국의 안보와 평화를 위해 자유와 민주주의를 확산시켜야 한다는 필요성과 북한 정권을 주민을 굶주리게 하면서 대량살상무기를 개발하는 폭정국가라는 인식에 기반하고 있다. 북한인권법안이 상하 양원을 통과하고, 부시 대통령이 2004년 10월 18일 이에 서명함으로써 미국은 북한의 인권문제를 다룰 수 있는 유효한 수단을 확보하게 되었다. 북한인권법은 ① 북한 내 기본적 인권의 존중과 보호, ② 탈북자들의 곤경에 대한 지속적인 인도적 해결책의 추진, ③ 대북 인도적 지원의 투명성, 접근성, 감시도 향상, ④ 북한 내외로의 자유로운 정보 흐름 촉진, ⑤ 민주적인 정부체제하에서 한반도의 평화적 통일 가속화를 목표로 내세우고 있다. 이 법은 북한 인권개선을 위해 2005-2008년까지 매년 2,400만 달러를 사용할 수 있도록 규정하고 있다. 인권 및 민주주의 관련 비정부기구, 자유아시아방송(Radio Free Asia)과 미국의 소리(Voice of America)에 대한 지원, 북한인권 담당특사(Special Envoy on Human Rights in North Korea)를 임명하는 내용이 포함되어 있다. 북한인권특사는 북한 주민들의 기초적인 인권상황을 증진시키려는 노력을 조정하고, 북한과 미국, 유럽, 유엔, 동북아 국가들과 대화를 추진하며, 북한인권 촉진을 위해 일하는 비영리 단체들에게 지급되는 돈의 분배와 감독역할을 맡게 된다. 이 법은 북한지원 시 투명성, 감시도, 취약계층에 대한 접근을 전제로 할 것을 규정하고 있으며, 북한주민이 대한민국 헌법에 따라 향유할 수 있는 대한민국 국적 취득권을 이유로 미국 난민

또는 망명 신청자격을 제한받지 않도록 규정하고 있다.[51]

인권법 대상국인 북한은 미국의 인권문제 제기에 민감하게 반응하고 있으며, 미국이 북한인권법안을 필두로 북한을 고립, 붕괴시키려는 계획을 갖고 있다고 판단하고 있다. "반동적 인권공세에는 혁명적 인권공세로, 힘에는 힘으로"라는 제하의 2004년 12월 24일자 논평에서 『로동신문』은 "미국은 핵문제와 인권문제를 2대 기둥으로 하여 대조선 압살 야망을 실현하려는 허황한 기도를 버리고 정책변경 입장을 정리해야 한다"고 주장하고 있다. 2004년 10월 4일, 북한 외무성 대변인은 인권법안을 "사회주의제도의 붕괴를 노리는 미국의 진의도를 숨김없이 드러내놓는 또 하나의 대조선 적대선언"이라고 평했고, 한성렬 유엔주재 차석대사는 11월 2일 『월 스트리트 저널』과의 전화 인터뷰에서 북한인권법은 "평양 사회주의 정권에 대한 직접적인 공격"이라고 비난했다.[52]

북한은 미국의 이라크 침공, 수용소 인권침해 사례들을 들며 오히려 미국이 인권유린의 주범이라고 역공을 펼치고 있다. 『로동신문』은 "미제는 현시기 침략과 약탈의 주범이자 인권유린의 왕초"라며, "미제를 인권재판장에 끌어내는 것이 현 시기 건전한 국제질서 수립과 인류의 문명발전, 평화로운 새 세계건설을 위한 가장 중요하고 시급한 문제"라고 선언하고 있다. 북한은 인권개념이 북한의 국권을 해치려는 세력에 의해 정치적으로 이용되고 있음을 지적하고 있다. 즉 "국권 위에 인권을 올려놓고 인권옹호를 부르짖

---

51 김수암, 2006. 북한인권법 제정 이후 미국 행정부 지원으로 2005년 7월 19일 수도 워싱턴에서 북한인권국제대회가 개최되었다(김수암, 『북한인권국제대회 동향과 향후 전망』(서울: 통일연구원, 2005.8).

52 통일부, 『주간 북한동향』, 2004년 12월 24일, 23-24쪽. 『연합뉴스』, 2004년 11월 2일. 북한 당국은 주민들의 동요를 우려, 대미 적개심 고취 및 내부단속을 위한 사상교육을 강화하고 있다. 『로동신문』, 2004년 11월 22일.

는 미제의 책동은 국권의 지위를 최대로 약화시키고 인권을 구실로 국권을 마구 유린하려는 범죄적 책동"이라는 것이다.[53] 북한에게 있어 인권은 곧 국권이며, 국권의 수호는 자주권과 연결된다. 자주권이 없으면 국권도 없고, 국권이 없으면 인권도 보장받지 못한다는 것이다.[54] 이러한 주장의 단점은 인권의 침해자로서 국가 또는 절대권력에 대한 비판과 견제를 이론적으로 무력화시킨다는 데 있다.

북한인권법의 성격과 의도를 둘러싸고 한국에서 인권법의 순수성을 옹호하는 입장과 정치성을 공격하는 입장이 대립하고 있다. 제성호는 인권법이 북한 붕괴법이 아닌 북한 민주화 촉진법이며, 북한인권 개선을 위한 국제사회의 노력과 공동보조를 취한다는 의미라고 해석하고 있다. 그는 인권법이 북한체제의 민주화와 인권개선을 겨냥하고 있을 뿐 이라크 해방법이나 버마 자유민주주의법처럼 해당 정권의 정권교체를 추구하고 있지 않다고 주장하고 있다. 제성호는 동 법이 대북 경제제재나 반북단체에 대한 군사적 지원을 명시하고 있지 않은 점을 그 증거로 제시하면서, 향후 미국의 북한인권법 실천을 북한체제 변화에 적극 활용하는 것이 바람직하다는 견해를 밝히고 있다.[55]

김수암은 북한인권법의 통과로 미국의 정책이 여론조성 단계, 입법화 단계, 행정부 정책 실행단계로 전개되고 있다고 진단한다. 이제 북한인권특사가 북한인권정책을 총괄조정하면서 구체적으로 북한당국에 인권개선 조치를 취하는 단계에 들어섰다는 것이다. 그는 전체적으로 북한의 인권상황 개

53 『로동신문』, 2005년 12월 22일; 『연합뉴스』, 2005년 12월 22일에서 인용.

54 『로동신문』, 1995년 8월 24일자의 "참다운 인권을 옹호하여" 제하의 논설 참조.

55 제성호, "미국 2004 북한인권법 공포의 의미와 전망," 북한민주화포럼 제1차 국내세미나, 2004년 11월 1일.

선과 탈북자의 보호가 인권법의 1차 목적이라고 보고 있다.[56]

이와 반대로 진보진영에서는 북한인권법의 정치적 의도를 의심하며 문제를 제기하고 있다. 이 입장은 미국을 비롯한 서구의 문제제기의 궁극적 목표가 북한주민의 인권개선이 아니라 북한체제의 전복에 있다는 것이다. 인권은 북한에 대한 강경정책을 합리화하기 위한 도구이자 수단일 뿐이라는 것이다. 민주노동당은 "소위 북한인권법은 북 체제를 붕괴시키는 것을 목적으로 한 내정간섭이자 그릇된 대북정책의 일환이며 한반도의 긴장을 고조시키고 북과의 대화를 단절시키는 잘못"이라고 평했다. 김서원은 북한인권법이 북한에 대한 정치적 공세의 성격을 가지며, 북한 붕괴 시나리오, 전쟁 준비 사전 단계로서의 의미를 지닌다고 주장한다.[57]

정성장도 북한인권법은 "인권 증진을 넘어서서 북한 정권의 붕괴를 목적으로 하는 것으로 해석될 수 있다"고 평하고 있다.[58] 그는 한국정부가 인권법의 시행이 북핵문제 해결과 남북화해에 부정적 영향을 끼치지 않도록 미국과 긴밀하게 협의해야 한다고 주문하고 있다. 이대훈은 인권법이 인권을 정치의 수단으로 전락시켰다고 혹평하고, 이러한 조치는 오히려 실질적 인권개선의 가능성을 봉쇄한다고 주장하고 있다.[59] 평화네트워크는 북한이 인권법을 정권교체 노력의 구체적 산물이라고 인식하게 되면 대미 강경노선을 걸을 것이고, 그렇게 되면 한반도 정세가 불안정해질 것이라는 우려 섞

56 김수암, "2기 부시행정부의 대북인권정책과 한반도: 진단과 전망," 국방안보학술회의, 2005년 3월 24일.

57 김서원, "북한의 인권문제 어떻게 볼 것인가?" 전북 평화와 통일을 여는 사람들 제5회 평화교실, 2004년 11월 4일.

58 정성장, 2004.

59 이대훈, 2005.

인 논평을 내놓았다.[60] 즉 북한인권법이나 미국의 대북 인권문제 제기를 둘러싼 논쟁은 인권문제를 제기하는 측의 순수성 여부를 따지는 것이다.

좁게는 미국의 북한인권법, 넓게는 미국의 대북 인권정책을 놓고 한국사회에서 열띤 논쟁이 벌어지고 있다. 참여정부의 인권정책에 불만을 품고 미국과 함께 북한의 인권상황에 대해 강경하게 대처해야 한다는 공세론과 미국의 정치적 의도를 비난하며 북한의 처지를 이해하려는 동정(공감)론이 엇갈리고 있다. 우선 각국은 처한 환경과 국가이익, 전략이 상이하기 때문에 한국의 대북정책이 미국의 대북정책과 같을 수 없다. 인권논의에 참여한 논객들이 특정국가의 인권정책의 소극성이나 무모성에 대해 평하는 것도 자연스러운 현상으로 보인다. 부시 행정부가 인권문제를 국가이익에 종속시켜 선별적·자의적으로 적용하고 있다는 주장, 인도주의적 지원이나 북한주민의 경제권의 개선에는 관심이 없이 일방적 정치적 공세에만 치중한다는 주장, 한반도 평화체제의 수립에는 소극적이란 주장들이 존재한다. 그러나 일국의 인권정책의 방향이 잘못되었다고 해서, 그것이 대상국의 인권침해에 대한 평가에 영향을 주는 것은 아니다. 한국에서의 논의는 종종 양자를, 때로는 무의식적으로 때로는 의도적으로, 혼동하는 성향을 보여주고 있다.

8. 결론

2000년대에 들어와 북한 인권문제가 북한문제의 중요한 한 축으로 자리하면서 북한 인권연구는 양적 성장을 거듭하고 있다. 양적 성장을 질적 성장으로 연결시키기 위해서 국제정세의 흐름에 민감하게 반응하고 즉흥적으

---

60 평화네트워크의 성명, 2004년 9월 30일.

로 대응논리를 제시하는 형태의 연구에서 벗어나, 보다 심도 있게 북한 인권문제의 원인과 현상을 분석하는 저술이 필요한 시점이다. 북한인권의 현황을 바라보는 입장과 해결방법을 놓고 한국사회는 심각한 분열을 보여주었다. 초기 북한 인권문제의 존재 여부를 놓고 벌어진 논쟁은 인권의 내용 중 어느 분야가 더 중요한가로 이어졌고, 차츰 상황 개선의 방법론으로 전선이 옮아가는 양상을 보여주고 있다. 전선의 한쪽에는 수용소 문제를 강조하는 쪽이 있고, 다른 한쪽에는 생존문제를 강조하는 쪽이 있다.

북한 인권연구의 성장을 위해서는 많은 연구자들이 지적하듯이 우선 객관적 자료의 수집이 중요하다. 탈북자와의 인터뷰, 방북단체들의 관찰을 통해서 북한의 참모습을 다각도로 조명해 보려는 노력이 필요하다. 논자의 이념이나 선입견 또는 정치적 이해관계가 사실관계의 파악을 저해하는 폐단을 극복하기 위해 노력해야 할 것이다. 특히 정치적 목적을 위해 북한 인권문제를 과장하거나 축소, 은폐시키는 행위에 대해 연구자들은 감시의 눈길을 늦추지 말아야 한다. 북한 인권현황에 대한 데이터베이스가 양적·질적 성장을 이룰 때 북한인권의 참모습을 판단할 수 있는 공감대의 영역도 자연스럽게 넓어질 것이다.

한국사회에서 북한인권에 대한 논의가 감정적으로 흐르는 원인 중의 하나는 연구대상과 연구주체의 정서적 거리가 너무 가깝다는 데 있다. 객관적인 연구와 이해를 위한 거리를 확보하는 데 도움을 줄 수 있는 방편 중의 하나가 인권문제에 대한 비교연구의 방법을 채택하는 것이다. 중국의 개혁·개방, 베트남의 도이모이 정책, 러시아와 동구 사회주의국가들의 이행경제에 대한 연구가 북한의 경제개선 노력의 성격규정과 방향진단에 도움을 주는 것과 마찬가지 이치이다. 국내외의 노력으로 전체주의적 억압과 빈곤의 굴레에서 벗어난 사례와 실패한 사례들에 대한 심층·비교연구가 필요하다. 다른 국가들의 사례에 대한 연구를 통해서 우리는 북한주민들의 인권증진을 위해 필요한 작업을 찾아 낼 수 있을 것이다.

북한인권 문제의 근원인 북한체제의 속성을 파악하는 데 더 많은 노력을 기울여야 한다. 분단체제와 적대의식, 국내 정치세력의 역학관계의 변화, 강대국의 영향력과 북한의 대응이라는 각도에서 오늘날의 북한을 있게 만든 대내외적 요인들에 대해 고찰하고 난 후 북한의 정체성과 그 파생물인 인권문제의 상호작용을 연구하는 작업이 필요하다.

북한인권 문제에 대한 옹호와 비난의 글에서 벗어나 북한인권의 실질적 개선을 위한 공동의 노력에 뒷받침될 수 있는 연구들이 나와야 한다. 북한과 같이 열악한 상황에 처해 있는 경우 인권개선을 위한 중장기 로드맵을 가지고, 한 걸음씩 전진을 해 나가는 것이 중요하며 이러한 과정을 통해 북한주민들이 자유와 인권에 눈뜰 수 있도록 꾸준한 접촉과 지원을 통해 국제사회에 관심과 교육을 기울이는 것이 필요하다. 자활적 개선프로그램, 국제적 관심과 촉구, 양자·다자간 협력과 지원이 합쳐질 때 북한인권 수준의 점진적이고 실질적인 개선이 앞당겨질 수 있을 것이다. 북한인권의 실질적 개선에 도움을 줄 수 있는 실천적 연구가 앞으로 더 많이 나와야 하며, 북한과 인권대화를 어떤 방식으로, 어느 시점에 시작할지에 대한 정책지향 연구 또한 필요하다.

제2부

냉전 시기 남북관계의 이해

제4장
데탕트 시기 남북화해*

1. 서론

유라시아 대륙의 동쪽 끝에 위치한 한반도에는 두 행위자가 20세기 중반 이후부터 60년에 걸쳐 숙적관계(rivalry)를 열어 가고 있다. 남한과 북한은 서로 상이한 정치, 경제체제에 의해서 운영되고 있으며, 각 정권을 담당하고 있는 세력들의 이데올로기도 판이하게 다르고, 무엇보다 서로를 안보 위협으로 간주하고 있다.[1] 남과 북은 2차 세계대전의 종언 이후 국제무대에 등장하는 것과 거의 동시에 3년 동안의 전쟁을 수행했고, 이후에도 핵(개발) 위협을 통한 위기상황과 재래식 무기, 무장 특공대를 동원한 무력충돌을 자주 연출하였다.

숙적관계에 놓인 두 국가는 갈등의 늪에 빠져 쉽게 빠져나오지 못하는 경

---

* 이 글은 『국제정치논총』(48집 2호, 2008, 107-126쪽)에 발표했던 논문을 수정 · 보완한 것이다.

1 물론 김대중 정부의 화해협력정책과 노무현 정부의 평화번영정책의 실시로 북한을 대화, 협력, 공존의 상대로 인정하게 된 것이 사실이다. 그러나 핵을 둘러싼 갈등에서 볼 수 있듯이 안보상 위협으로서의 북한이라는 존재가 아직 완전히 씻긴 것은 아니다. 현재 서로의 존재를 안보의 위협으로 인식하는 남북 숙적관계는 현재진행형이다.

향이 있다. 선입견에 사로잡혀 있는 정책결정자는 상대국에서 흘러나오는 신호나 행위를 왜곡, 확대해석하기 때문에 숙적 사이의 상호작용은 상대방에 대한 적개심과 정형화된 이미지를 강화시키는 작용을 한다. 상호 국가에 대한 적대의식은 기억과 학습을 통해 구성원들에게 주입되고 또한 세대를 넘어 세습되곤 한다. 그러나 상대적 지구력(持久力)을 가지고 있는 숙적관계가 그 생존 기간 내내 분쟁의 상승과 지속 양상만을 보여주는 것은 아니다. 숙적관계는 국제질서 또는 사회질서의 다른 관계들과 마찬가지로 탄생, 발전, 성숙, 쇠퇴의 주기와 갈등과 협력의 이중주를 보여준다. 남한과 북한 사이의 숙적관계의 역사도 예외는 아니어서 위기 국면과 화해와 대화 국면이 주기적으로 반복되고 있다.

이 글의 목적은 1970년대 초 데탕트 시기 한반도의 정치 주체들이 어떤 환경과 조건 속에서 남북대화를 추진했는지를 살피는 것이다. 분쟁과 갈등으로 얼룩진 숙적관계의 일생 중 일탈의 시간인 화해와 협력의 국면에 초점을 맞추는 것이다. 본고는 '숙적관계 긴장완화의 진화기대이론(evolutionary expectancy theory of rivalry de-escalation)'을 통해서 남북화해를 설명해 보려고 한다. 이는 데탕트 시기 남북대화의 사례연구를 통해 진화기대이론이 일반적인 차원에서 숙적 사이의 긴장완화를 설명하는 유용한 틀인지에 대한 적실성을 점검하기(plausibility probing) 위한 노력이라고도 볼 수 있다. 이어지는 장에서 최근 국제정치학의 장(場)에서 숙적(rival)과 숙적관계가 어떻게 다루어지고 있는가를 돌아보고, 진화기대이론의 구성요소를 소개한 후, 데탕트 시기 남북화해 시도에 대한 사례연구를 시도할 것이다.

2. 국제정치학(International Relations)과 숙적관계(Rivalry)

국제관계의 역사는 제국의 명멸, 강대국 사이의 갈등, 강대국과 약소국 사이의 약육강식 그리고 총칼이 난무하는 무대에서 평화와 협력을 유지하려는 여러 행위자들의 꾸준한 노력으로 이어져 왔다. 자국의 안위보장이 타국의 안위를 위태롭게 하는 현실에서 각국은 자국의 자원을 동원한 무장의 방식뿐만 아니라 타국과의 전략적 협력관계의 형성을 통해서 생존을 영위해야 했다. 타국과 안보적 협력의 상대편에는 생존을 위협하는 적 또는 경쟁국의 존재가 있었다. 안보의 영역에서 전쟁과 갈등의 이면에는 항상 그런 것은 아니지만 줄곧, 특정한 경쟁관계에 있는 한 쌍의 국가들이 존재하곤 했다. 고대 그리스 아테네와 스파르타, 중국 항우의 초나라와 유방의 한나라, 냉전 시대 미국과 소련, 남아시아의 인도와 파키스탄, 그리고 한반도의 남한과 북한의 대립은 숙적관계라는 협력과 갈등의 공통적인 과정을 연출해 왔다.

숙적은 오랜 시간 우리 곁에 있어 왔으며 역사가와 지역연구가들은 이들의 존재와 의미를 당연하게 받아들이곤 했다. 비교적 최근 국제정치학에서 숙적과 숙적관계가 화두로 등장하면서 이들에 대한 체계적인 연구가 비롯되었고, 개념 정의와 조작화(operationalization)에 대한 관심도 높아졌다. 바스케즈(John A. Vasquez)는 숙적관계를 엇비슷한 힘을 가진 국가들 사이의 끈질긴 적대(persistent hostility)의 관계라고 정의하고 있다.[2] 베네트(D. Scott Bennett)

---

2 John A. Vasquez, *The War Puzzle* (Cambridge: Cambridge University Press, 1993). 숙적 연구의 유사 선행연구로는 장기적 갈등(protracted conflict)에 관한 연구가 있다. Michael Brecher, *Crises in World Politics: Theory and Reality* (Oxford: Pergamon Press, 1993); Michael Brecher and Jonathan Wilkenfeld, *A Study of Crisis, Vol. I and II* (Ann Arbor: The University of Michigan Press, 1997); 장경룡, "2000년 이스라엘/PLO의 국제위기: 장기갈등론적 설명," 『국제정치논총』, 41: 3, 2001.

는 국가 간 숙적관계(interstate rivalry)를 "두 국가가 장기간에 걸쳐 특정한 이슈의 해결과 관련 의견 충돌을 일으켜서 결국 서로에 대항하기 위해 상당한 군사적 · 경제적 · 외교적 자원을 소모하고, 비교적 종종 일국 또는 양국 모두에 의해 갈등의 현상태에 대한 외교적 또는 군사적 도전이 발생하는 하나의 짝"이라고 정의하고 있다.[3] 그는 군사적 적대행위의 중지와 현안의 해결이라는 두 조건이 충족될 때 숙적관계가 종료된다고 주장하고 있다. 종료의 시점을 파악하기 위해 베네트는 쟁점이 걸려 있는 현안을 해결하기 위해 두 국가 지도자들이 발행한 공공문서, 합의, 문서 등을 주요 지표로 이용하고 있다.[4]

딜과 거츠(Diehl and Goertz)는 숙적관계를 "양자가 모두, 다소 규칙적으로, 군사적 위협과 무력을 사용하고 또한 군사적 차원에서 외교정책을 형성하는 두 국가 사이의 관계"라고 정의한다.[5] 또 한편으로는 "주어진 기간 동안 동일한 두 국가 사이에서 벌어지는 군사화된 경쟁"이라고 말한다.[6] 두 개념 정의의 공통점은 공간적 지속성(spatial consistency), 시간 또는 지속기간(time or duration), 군사화된 경쟁성 또는 갈등(militarized competitiveness or conflict)의 세 구성요소이다. 공간적 지속성은 특정한 두 국가 사이의 양자적 관계를 가리킨다. 그리고 시간의 차원에서 딜과 거츠는 짧은 기간 존재하는 산발적 또는 고립적 숙적관계(sporadic or isolated rivalry), 지속적인 범위까지는 아니지만 반

---

3 D. Scott Bennett, "Security, Bargaining, and the End of Interstate Rivalry," *International Studies Quarterly*, 40, 1996, p. 160

4 Bennett, 1996, p. 161.

5 Paul F. Diehl and Gary Goertz, *War and Peace in International Rivalry* (Ann Arbor: The University of Michigan Press, 2000), p. 4.

6 Gary Goertz and Paul F. Diehl, "Taking 'Enduring' out of Enduring Rivalry: The Rivalry Approach to War and Peace," *International Interactions*, 21:3, 1996, pp. 291-308.

복적 갈등으로 이루어진 원시적 숙적관계(proto-rivalry), 그리고 상당한 기간에 걸쳐 두 국가 사이의 격렬하고 반복적인 분쟁으로 점철되는 지속적 숙적관계(enduring rivalry)의 분류를 하고 있다. 숙적관계는 갈등적이며 군사화된 경쟁성의 특징을 띠고 있다. 숙적관계에 있는 일방 또는 양자 모두 외교정책의 수단으로 군사적 수단을 쓸 용의를 가진다. 숙적들은 부족한 재화(scarce goods)를 서로 차지하려는 상충되는 목표를 가지고 정치적 영향력 또는 이념적·종교적 지배와 같은 무형의 재화(intangible goods)를 차지하기 위해 싸우기도 하고, 천연자원이나 영토와 같은 유형의 재화(tangible goods)를 얻기 위해 으르렁거리기도 한다.[7]

국제정치학에서 숙적관계를 상정함은 특정한 두 국가 사이에서 발생하는 전쟁과 분쟁이 서로 다른 독립적 현상이 아니라 상호의존적 관계에 있음을 의미하는 것이다.[8] 그동안 안보학 분야에서 확산(diffusion) 연구는 주로 공간적 확산(diffusion over space), 즉 전염(infection) 현상에 치중하고 있었다.[9] 숙적관계에 대한 연구는 이와 달리 시간적 확산(diffusion over time), 즉 중독(addiction) 현상에 관심을 두는 것이라고 할 수 있다. 시간적 확산이란 국가 사이의 분쟁들이 시간축 상에서 어떻게 서로 연관되어 있는가의 문제, 달리 표현하면 분쟁의 상호연관성 또는 갈등의 역사에 대한 문제이다.[10]

---

7 Diehl and Goertz, 2000, Ch. 2.

8 Diehl and Goertz, 2000, p. 7.

9 Benjamin A. Most and Harvey Starr, "Diffusion, Reinforcement, Geo-politics and the Spread of War," *American Political Science Review*, 74, 1980; Benjamin A. Most, Harvey Starr, and Randolph M. Siverson, "The Logic and Study of the Diffusion of International Conflict," Manus I. Midlarsky, ed., *Handbook of War Studies* (Ann Arbor: The University of Michigan Press, 1989).

10 Gary Goertz and Paul F. Diehl, "Enduring Rivalries: Theoretical Constructs and Empirical

딜과 거츠는 '지속적 숙적관계의 단속적 평형 모델(a punctuated equilibrium model of enduring rivalries)'을 소개하고 있다. 이 모델의 요점은 숙적들 사이의 관계가 꾸준하고 점진적으로 변하는 것이 아니라, 한동안 균형을 유지하다가 드물게 갑작스러운 변화를 경험하게 된다는 것이다. 지속적 숙적관계는 일단 생성된 후 오랜 시간 매우 안정된 상태를 유지한다. 그러다가 환경의 충격을 받으면 재빨리 변화를 경험하는데, 이것은 숙적관계의 변화가 상당히 불규칙적으로 일어나며, 장기간의 평형과 단기간의 변화가 교환적으로 발생한다는 것을 의미한다. 딜과 거츠에 의하면 급격한 변화는 '정치적 충격(political shock)'의 결과로 오며, 여기서 정치적 충격이란 정치적 환경의 거대한 변화를 가리키는 것으로 국제체계의 변화, 국가 행위자의 변화, 또는 그 둘 모두의 변화일 수 있다. 충격은 국가들의 상호작용을 조종하는 과정, 관계, 그리고 기대를 근본적으로 변화시키는 국제체계 또는 하위체계의 극적인 변화를 의미한다. 체계 수준의 충격에는 세계전쟁(world war), 영토주권의 극적인 변화, 힘의 분배의 급변이 포함된다. 행위자 수준의 변화는 새로운 이해와 아이디어를 가진 지도력과 정부의 출현과 관계가 있다. 주로 독립의 달성, 내전의 발생, 어느 일방의 민주정체로의 전이 또는 레짐의 변화(regime change)를 들 수 있다.[11]

조작화와 관련하여 앞서 언급한 지속적 숙적관계 문헌은 MID(militarized interstate disputes) 데이터를 기초로 하여 주어진 기간 내에 양자 사이의 분쟁 발생 빈도에 관심을 두는 분쟁밀도접근법(dispute density approach)을 취하고 있

Patterns," *International Studies Quarterly*, 37 : 2, June 1993, pp. 148-150.

11 Diehl and Goertz, 2000, Chs. 7-11.

다.[12] 이와 달리 아래 설명할 전략적 숙적관계(strategic rivalry) 문헌은 데이터 수집을 위해 행위자의 인식에 기반을 둔 정책결정자인식접근법(decision maker perception approach)을 택하고 있다.

톰슨(William R. Thompson)은 외교사와 정책결정자의 인식에 기초하여 상호 간에 위협적인 경쟁자를 전략적 숙적으로 명명한다. 숙적의 탄생과 소멸 그리고 생존기간을 알아내기 위해 분쟁의 수가 아니라 관련 정책결정자들의 상호 인식의 수위에 의존한다. 그는 숙적관계의 선출요소로 관련 행위자들이 서로를 경쟁자로 간주할 것, 군사화될 가능성이 있는 실제적 또는 잠재적 위협의 근원으로 간주할 것, 적으로 간주할 것을 들고 있다. 간단히 말해서 경쟁자 신분(competitor status), 위협 인식(threat perception), 적 신분(enemy status)의 셋이다.[13] 숙적들이 서로에 대해 갖고 있는 기대는 견고한 성질을 지니고 있어서 일정한 수준의 갈등과 불신이 상습화되며, 인식의 편견으로 인해 갈등의 완화는 종종 저항에 부딪치게 된다. 숙적관계에서는 내부그룹의 단결성(in-group solidarity), 외부그룹에 대한 적개심(out-group hostility), 불신(mistrust), 오인(誤認: misperception), 자기충족적 예언(self-fulfilling prophecy) 등 여러 정책결정과 관련한 병리적 현상이 발생하게 된다.[14]

톰슨(William R. Thompson)에 의하면 전략적 숙적관계에는 공간형 숙적관계(spatial rivalry)와 위상형 숙적관계(positional rivalry)의 두 종류가 있다. 공간형은 동일 영토에 대한 배타적인 지배권을 가지려는 욕구와 관련이 있는 반면 위상형은 권력의 상대적 서열을 둘러싼 갈등과 관계가 깊다. 위상형은 다시

12 Goertz and Diehl, 1993.

13 William R. Thompson, "Identifying Rivals and Rivalries in World Politics," *International Studies Quarterly*, 45, 2001, p. 560.

14 Thompson, 2001, p. 562.

지역적 · 전지구적 · 지역적-전지구적 · 지역 간 숙적관계로 세분된다.[15]

숙적관계의 특징과 성격에 대해서는 여러 각도에서 연구가 진행되고 있다. 울프(Reinhard Wolf)는 숙적의 '탄생'에 관심을 갖고 있다. 그는 나폴레옹 전쟁, 1차 세계대전, 2차 세계대전을 거치면서 안보 파트너들이 어떤 과정을 거쳐서 숙적관계로 거듭나게 되는가를 추적하고 있다. 울프는 사적(史的) 고찰을 통해 신현실주의의 변수인 국가 간 힘의 분배보다 자유주의의 변수인 국내 행위자들의 세력분포와 이해관계가 동맹에서 숙적으로 변환을 더 잘 설명하고 있다고 주장하고 있다.[16]

베네트(D. Scott Bennett)는 숙적관계의 수명과 관련 안보 상황이 열악할 경우 일찍 종료되며, 첨예한 이슈가 걸려 있을 경우 더 오래 지속된다는 점을 발견했다.[17] 또 다른 유사 연구에서 그는 국내정치 변수가 숙적관계에 있는 국가 행위에 중요한 역할을 하고 있다고 주장한다. 베네트의 분석은 레짐의 변화(regime change)와 숙적관계 종료, 민주주의 한 쌍의 존재와 숙적관계 종료 사이에 관계가 있음을 밝히고 있다.[18] 콜라레시(Michael Colaresi)는 레짐 타입(regime type), 전쟁의 비용과 승패, 숙적의 존재가 전후 정권의 생존력에 미치는 영향을 조사하고 있다.[19]

숙적의 존재가 국가 능력의 신장에 미치는 영향에 관한 연구도 있다. 디스

---

15 William R. Thompson, "Principal Rivalries," *Journal of Conflict Resolution*, 39: 2, June 1995.

16 Reinhard Wolf, "How Partners Become Rivals: Testing Neorealist and Liberal Hypotheses," *Security Studies*, 12: 2, Winter 2002/3.

17 Bennett, 1996.

18 D. Scott Bennett, "Democracy, Regime Change, and Rivalry Termination," *International Interactions*, 22: 4, 1997.

19 Michael Colaresi, "Aftershocks: Postwar Leadership Survival, Rivalry, and Regime Dynamics," *International Studies Quarterly*, 48, 2004.

(Cameron G. Thies)는 국가건설(state building)과 내(內), 외(外)의 숙적의 관계에 관심을 기울인다. 그는 1975년부터 2000년 사이 발전도상국들에 대한 경험적 연구를 통해 외부의 숙적과 내부 종족 경쟁자(internal ethnic rivals)의 존재가 국가의 징세 능력으로 표상되는 국가 능력의 증가를 가져온다는 점을 밝히고 있다.[20]

숙적과 분쟁의 상관관계에 대한 연구는 안보학 종사자들이 가장 흥미를 갖고 있는 분야라고 할 수 있다. 복수(複數)의 경험적 연구들이 숙적관계가 비(非)숙적관계에 비해 더 많은 군사적 충돌과 전쟁을 겪고 있음을 증언해 주고 있다.[21] 바스케즈(John A. Vasquez)는 국가 사이의 분쟁의 주요 요인으로 인접국가 간의 영토분쟁을 들고 있다. 따라서 그는 영토분쟁을 안고 있는 숙적들이 그러한 문제를 갖고 있지 않은 숙적들에 비해 전쟁을 경험할 가능성이 더 높다고 주장한다. 비(非)인접국가들의 전쟁행위에 대해서는 주로 영토분쟁국들의 갈등이 확산되어 복잡해진 전쟁으로 연루되는 과정으로 이해하고 있다.[22] 라슬러와 톰슨(Rasler and Thompson)은 공간적 축만을 중심으로 한 바스케즈 식의 전쟁 동기 연구의 한계를 지적하면서, 공간(space)의 측면과 위상(position)의 측면을 같은 선상에서 중시하는 연구 접근 태도를 주문하고 있다.[23] 콜라레시와 톰슨(Colaresi and Thompson)은 숙적들이 위기(crisis) 시 비

---

20 Cameron G. Thies, "State Building, Interstate and Intrastate Rivalry: A Study of Post-Colonial Developing Country Extractive Efforts, 1975-2000," *International Studies Quarterly*, 48, 2004.

21 William R. Thompson, 2001, p. 557; Goertz and Diehl, 1993, p. 148.

22 John A. Vasquez, "Distinguishing Rivals That Go to War from Those That Do Not: A Quantitative Comparative Case Study of the Two Paths to War," *International Studies Quarterly* 40, 1996.

23 Karen Rasler and William R. Thompson, "Explaining Rivalry Escalation to War: Space, Position, and Contiguity in the Major Power Subsystem," *International Studies Quarterly*, 44, 2000.

(非)숙적들에 비해 다른 행태를 보여주는가에 관심을 갖는다. 그들의 결론은 숙적 쌍(dyad) 사이의 위기가 비숙적 쌍의 위기에 비해 중간 수준의 위협(mid-level threats), 군사화된 기고(militarized techniques), 전쟁을 겪을 가능성이 높다는 것이다.[24] 라슬러와 톰슨은 다른 공동연구에서 민주주의라는 단일 변수에 지나치게 의존해서 전쟁과 평화의 현상을 이해하고 설명하려는 시도에 대해 거부감을 표시하고 있다. 이 두 가지 연구는 레짐 타입과 숙적관계의 존재가 모두 군사화된 분쟁과 전쟁 행태에 깊은 영향을 미치고 있음을 보여준다. 동시에 라슬러와 톰슨은 숙적관계 유무가 레짐 형태보다 더 큰 영향력을 미치고 있다고 주장하면서, 민주주의의 존재에 너무 의존해서 평화의 현상을 설명하려는 노력에 대해 부정적 견해를 표출하고 있다.[25]

이렇듯 숙적과 숙적관계의 전쟁과 평화와의 연루에 대해서는 여러 각도에서 연구가 진행되고 있다. 이 논문은 전략적 숙적론의 바탕 위에서 숙적을 이해하고 있다. 이는 분쟁의 빈도보다 특정 지도자들의 위협인식의 수준이 숙적관계를 밝히는 데 더 결정적이라고 보기 때문이다. 숙적들 사이에 발생하는 전쟁과 평화의 열쇠도 상대에 대한 기대 수준의 변화와 관련이 있을 것으로 추정한다. 현재 숙적 연구에 대한 높은 관심에도 불구하고 아직 국제정치학자들은 숙적관계의 변화의 패턴과 성격에 대해 많은 지식을 축적하고 있지 못한 실정이다. 국제관계의 협력과 갈등의 맥을 짚는 작업은 아직도 완숙기에 접어들지 못했다. 숙적의 일생과 관련 이 글은 우선 서로를 안보상의 위협으로 간주하고 있는 한 쌍의 국가들이 어떤 조건에서 화해

24 Michael Colaresi and William R. Thompson, "Strategic Rivalries, Protracted Conflict, and Crisis Escalation," *Journal of Peace Research*, 39: 3, 2002.

25 Karen Rasler and William R. Thompson, "Rivalries and the Democratic Peace in the Major Power Subsystem," *Journal of Peace Research*, 38: 6, 2001.

를 궁리하게 되는가에 초점을 맞출 것이다. 정책결정가들의 평화 만들기 작업은 때로는 불완전해서 일시적인 긴장완화로 그치는 경우도 있고, 아니면 적대적 관계가 궁극적으로 해소되어 숙적관계의 종료를 가져오기도 한다. 불행하게도 한반도에서 정치지도자들의 평화 만들기 시도는 완전한 숙적관계의 종료와는 거리가 있는 미완성 화해 노력에 그치고 있다.

3. 진화기대이론의 관점에서 본 숙적의 화해

'숙적관계 긴장완화의 진화기대이론(evolutionary expectancy theory of rivalry de-escalation)'은 전략(strategy), 기대(expectation), 충격(shock), 정책결정자(decision-maker), 제3자 압력(third party pressure), 상호성(reciprocity), 강화(reinforcement)를 기본 구성요소로 가지고 있다. 이 이론은 다음과 같은 기본 전제(assumption)를 바탕으로 하고 있다.[26] 우선 합리적 행위자 모델에서 가정하는 고정된 국가이익을 추구하는 단일화된 정책결정자 상을 부정한다. 오히려 국가 행위자 내부에는 국가 어젠다와 행위에 영향을 끼치려는 복수(複數)의 국내 행위자들이 존재한다고 본다. 이들은 국가권력을 독점하기 위해서 끊임없이 투쟁하며, 때로는 연합을 통해서 권력을 쟁취하고 국가 기구의 정책을 결정한다. 연합을 유지하기 위해서 연합 구성원들의 이해가 국가의 외교정책에 반영되어야 하며, 연합의 성격이 변함에 따라 국가이익과 어젠다의 내용도 변화하게 될 것이다.

개별 행위자들의 결정은 합리적이지 않을 수도 있다. 행위자는 자신의 가

26 William R. Thompson, "Explaining Rivalry Termination in Contemporary Eastern Eurasia with Evolutionary Expectancy Theory," Paper Presented at the Annual Meeting of the International Studies Association, Honolulu, Hawaii, March 2005, pp. 6-7.

치와 선호도에 대해 모호한 생각만을 가지고 있을 수도 있으며, 때로 불완전한 정보를 갖고서 선택과 행동을 취하기도 된다. 행위자가 항상 자기 앞에 놓인 모든 선택을 숙독한 후 이익이 가장 크고, 희생이 가장 적은 선택을 하는 것은 아니다. 외교정책의 형성과 실천은 합리적인 선택이기보다는 시행착오의 과정에 가깝다. 그렇다고 해서 행위자의 실천이 무작위로 이루어지는 것은 아니며 그는 기회가 닿는 대로 기회와 위협으로 구성되는 주변 환경을 점검하며 환경의 변화에 적응하려고 노력한다.

행위자는 다른 행위자들을 경쟁자와 비(非)경쟁자로 구분한다. 경쟁자는 이해의 상충으로 인하여 자신에게 물리적 공격을 가할 수 있는가의 기준에 의해서 더 구분된다. 잠재적인 공격자가 될 수 있는 외부 경쟁자를 행위자는 전략적 숙적(strategic rival)으로 간주한다. 행위자는 상대방의 행위에 대한 기대(expectation)와 상대에 대처할 수 있는 자신의 능력에 대한 평가에 기초하여 숙적에 대한 대응 전략(strategy)을 짜게 된다. 기대는 숙적의 과거와 현재의 행동에 영향을 받으며, 한번 형성된 기대는 인식의 관성으로 인하여 쉽게 변하지 않는다. 전략은 적의 행위와 다른 환경적 요소에 기초하여 만들어지는 것이며 적의 행위에 대처하기 위한 계획을 말한다. 기대, 전략, 행위는 동일한 현상이 아니며 서로 인과 고리를 맺고 있다. 행위자의 행위(behavior)는 전략에 기초하며, 전략은 다시 기대에 바탕을 두고 있다(기대 → 전략 → 행위).

위와 같은 가정들을 바탕으로 숙적관계 긴장완화의 진화기대이론은 정책결정자의 기대의 변화를 축으로 구성되어 있다. 행위자의 기대, 전략, 행위는 관성의 지배를 받는 경향이 있으며, 기존의 기대를 바꾸기 위해서는 외부로부터 커다란 주요한 충격(shock)이 있어야 한다. 기존 기대와 전략의 적절성과 정확성을 재평가하도록 만드는 거대 충격이 기대의 근본적 변화를 가져올 수 있는데, 충격에는 외적 위협(external threat)의 변화, 레짐 성향 또는 전략(regime orientation/strategies)의 변화, 경쟁 능력(competitive ability)의 변화, 국내자원의 위기(domestic resource crisis)의 네 종류가 있다. 이 중에서도 특히 외적 위협의 수준과 경쟁 능력의 변화가 중요하게 다루어진다. 충격과 더불어 기대 변화에 영향을 주는 요소는 제3자의 압력과 경영 능력(entrepreneurial consolidation)이다. 여기에서 경영 능력은 새로운 지배연합이 기대, 전략, 행위의 수정을 반대하는 대항 연합의 저항을 넘어설 수 있는 충분한 자질을 갖추고 있어야 한다는 의미이다. 기대는 변화를 거부하는 완고성과 과거로 돌아가려는 회귀성을 갖고 있기 때문에 한번 수정된 기대의 지속을 위해서는 상호성과 강화의 요소가 투입되어야 한다.[27]

4. 데탕트 시기 남북화해의 이해

진화기대이론은 충격, 기대 수정, 변화를 추구하는 지도력, 3자 압력, 호혜성과 재강화의 변수들로 구성되어 있다. 이 장에서는 1970년대 남북화해의 사례를 기대이론의 틀 속에서 설명해 보려고 한다. 데탕트 시기 남북대화 사례에서 일부 충격 변수와 상호성의 존재를 확인할 수 있었으며, 제3자의 역할 또한 현저했던 것으로 나타났다. 그러나 지도력의 면과 재강화의 요소 투입의 면에서 미흡한 부분이 관찰된다.

27 Thompson, 2005, pp. 8-9. 충격을 구성하는 네 변수는 각자 독립적이면서 또한 상호 영향을 미치고 있다. 즉 경제자원의 위기는 경쟁능력의 변화와 정권 성향 또는 전략의 변화를 이끌 수 있으며, 정권의 전략의 변화와 경쟁능력의 변화는 상호의존적이다. 외적 위협의 변화와 경쟁능력의 변화 또한 서로 영향을 주고받으며, 전략의 변화가 외적 위협의 변화를 수반할 수 있다. 상호성에 대해서는 아래의 저작을 참조. Robert Axelrod, *The Evolution of Cooperation* (New York: Basic Books, 1984); Robert O. Keohane, "Reciprocity in International Relations," *International Organization*, 40, 1986.

1) 외적 위협의 변화

데탕트 시기 남북관계에 있어 충격 변수의 하나인 외적 위협의 변화는 다양하게 나타나고 있다. 그중 미중화해의 충격을 첫 손가락에 꼽지 않을 수 없다. 1968년 미국 대선에서 닉슨(Richard M. Nixon) 후보가 승리한 것은 전세계는 물론 동아시아질서에 일대 변혁을 예고하는 것이었다. 닉슨 대통령은 2차 세계대전 이후 형성된 체제와 구도가 더 이상 새로운 국제질서의 역학관계를 반영하지 못하고 있다고 판단하고, 키신저(Henry Kissinger) 박사의 도움을 얻어 냉전 대결구도의 완화와 세력균형에 입각한 신질서 형성에 진력했다. 베트남의 수렁에 빠져 있던 상황에서 닉슨은 중국과 화해를 통해 인도차이나 문제를 해결하려고 했다.[28] 1971년 7월 9-11일 대통령 안보담당 특별보좌관 헨리 키신저는 특사 자격으로 비밀리에 북경을 방문 저우언라이(周恩來)와 회담을 가졌다. 첫날 오후 1차 회담에서 양인은 대만, 닉슨의 중국 방문, 베트남전쟁에 대해 토론했다. 일본 재무장 문제 논의 과정에서 저우언라이가 먼저 주한미군 철수문제를 제기했다. 키신저 박사는 미중관계가 개선되고, 인도차이나 전쟁이 끝나 국군이 한국으로 돌아오면, 닉슨 대통령의 다음 임기가 끝나기 전에 전부는 아니더라도 대부분의 미군이 철수하는 것도 '가능하다(quite conceivable)'고 답변했다. 10일 회담에서도 저우언라이는 최근 2만 명의 주한미군 감축이 주한미군의 철수가 이미 시작된 것을 의미하느냐고 묻는데, 키신저는 주한미군의 철수가 계속될 것이라고 답변했다. 7월 11일 최종회담에서 저우언라이는 주한미군을 대체해서 일본 자위대가 들어와서는 안 된다고 우려의 목소리를 냈다. 키신저는 한반도 긴장완

---

28 최영진, 『동아시아 국제관계사: 제2차세계대전 이후 미중관계를 중심으로』(서울: 지식산업사, 1996), pp. 175-221.

화를 위해 미중 양국이 각자의 동맹국에게 영향을 행사할 것을 주문하는 것으로 말머리를 돌렸다.[29]

미중화해의 여파는 미소 데탕트로 이어지면서 단발성이 아닌 중첩성을 지니게 된다. 한국이 미국과 북한이 중국과 동맹을 맺고 있는 상황에서 미국과 중국의 은밀한 접근은 피후견국(client state) 지위에 있던 남과 북에게 공히 충격으로 다가왔다. 강대국들이 약소국들의 이해관계를 저버린 채 자기들만의 공모를 함으로써 후자가 전자로부터 느끼는 '방기의 두려움(fear of abandonment)'은 높아만 갔다. 동맹국의 안보공약 의지가 약해질 수 있다는 판단이 선 두 피후견국은 서로 상대방에 대해 갈등의 신호를 줄이고, 협력의 신호를 늘리는 선택을 하게 되었다.[30] 당시 박정희 정부가 느낀 위협의 증가는 비단 미중화해로 끝나는 것이 아니었다. 닉슨 독트린, 주한미군 감축, 베트남전쟁의 수세는 모두 박정희의 안보불안을 높이는 역할을 했다. 북으로부터 전해지는 직접적인 군사적 위협 또한 만만치 않았다. 1968년 1월 청와대 기습사건, 푸에블로호 피랍사건, 10월 울진 · 삼척 간첩침투 사건, 1969년 4월 미군 EC-121 정찰기 격추사건 등이 연이어 벌어지고 있었다. 새로운 형태의 위협에 대한 정책결정자의 대응은 한국군을 현대화하고, 유신체제를 선포하고, 남북대화를 진행하는 것이었다.[31]

---

29 홍석률, "1970년대 전반 북미관계: 남북대화, 미중관계 개선과의 관련하에서," 『국제정치논총』, 44: 2, 2004, pp. 32-36. 1972년 2월 닉슨-저우언라이 회담에서도 주한미군, 철수, 일본군의 남한 주둔 가능성, 유엔한국위원단의 해체 문제가 거론되었다(홍석률, 2004, pp. 37-38).

30 '연루의 두려움(fear of entrapment)'과 '방기의 두려움(fear of abandonment)'에 대해서는 Glenn H. Snyder, "The Security Dilemma in Alliance Politics," *World Politics*, 36: 4, 1984, pp. 461-495 참조.

31 우승지, "박정희 시기 남북화해 원인에 관한 연구," 정성화 편, 『박정희 시대와 한국 현대사』(서울: 선인, 2006), pp. 265-268.

북한 또한 외적 위협의 변화를 실감하고 있었다. 1960년대 북한, 중국, 소련의 관계는 차례로 긴장의 국면을 연출한데 비해, 한국, 미국, 일본의 관계는 오히려 강화되고 있었다. 60년대 전반 평양과 모스크바의 갈등, 60년대 후반 평양과 베이징의 갈등은 북한 정권의 자주노선에 이들 동맹국들이 오히려 위협 요인으로 작용할 수도 있음을 보여주는 사례가 되었다. 1961년 박정희를 필두로 하는 군사정권의 등장, 1965년 한국군 베트남 파병과 한일 기본협정 체결은 모두 김일성에게는 새로운 도전이었다. 이어 자신의 동맹국 중국이 미국과 대화를 시작하자 평양 정권은 차츰 한반도에서 무력공세보다 평화공세가 단기적으로 효과적일 수 있음을 깨달은 것으로 추정된다. 1960년대 후반 한국의 정세를 혼란시키기 위한 일련의 모험주의적 도발도 기대한 성과를 얻지 못하자 김일성 정권은 과거와 다른 대남전략의 성립을 절감하게 되었다.[32]

2) 레짐 성향의 변화

남북대화를 전후해서 남북한 정권의 성격의 변화가 있었다. 한국의 경우 남북조절위원회 제1차 회의가 있었던 1972년 10월 12일이 지난 며칠 후인 10월 17일 헌정이 중단되었고, 같은 해 12월 27일 박정희가 제4공화국 대통령에 취임함으로써 유신체제가 들어섰다.[33] 유신체제의 형성은 그동안

32 김계동, 『남북한 체제통합론: 이론 · 역사 · 정책 · 경험』(서울: 명인문화사, 2006), pp. 90-91; Bernd Schaefer, "North Korean 'Adventurism' and China's Long Shadow, 1966-1972," *Cold War International History Project Working Paper No. 44* (October 2004). 대남 군사모험주의의 실패와 함께 군부 핵심지도자들인 민족보위상 김창봉, 대남총책 허봉학, 인민군 총참모장 최광 등이 숙청된 것도 대외노선의 변화와 관련이 있을 것이다.

33 김용직, "유신체제의 정치와 외교," 한국역사정치연구회 편, 『사료로 본 한국의 정치와 외교: 1945-1979』(서울: 성신여자대학교 출판부, 2005), pp. 453-476.

형식적으로나마 유지되었던 민주주의가 폐기된 것을 의미하였다. 박정희 정권은 권력을 독점한 채 북한과의 체제대결과 근대화 과업을 모토로 국민을 설득하고 동원하는 방식을 택했다.

북한의 레짐 성격의 변화는 1960년대 후반에 시작되었다. 1967년 5월 당 중앙위원회 제4기 제15차 전원회의를 통해 북한 지도부는 유일사상체계를 세우기 위한 운동을 당과 사회 차원에서 힘차게 벌여 나갈 것을 결의했다. 이후 김일성에 대한 개인숭배가 극성을 부리기 시작했고, 북한 전역에 김일성의 항일 유격활동을 기리는 혁명전적지, 혁명기념관, 혁명기념비 등이 건립되었다. 북한은 점차 혁명의 신화와 김일성의 우상이 중심이 된 유일체제의 성격을 띠었고,[34] 1972년 12월 27일 '조선민주주의인민공화국 사회주의 헌법'의 채택으로 유일체제가 완성되었다. 이로써 북한은 이념적으로 주체사상을 앞세우고, 권력은 주석 김일성에게 집중시킨 체제를 탄생시켰다.

유신체제와 유일체제의 형성과정에서 일시적으로 남북한은 상호 대화의 국면을 선호하게 된다. 이 시기 남북대화는 진정으로 한반도에 화해를 열고, 민족통합의 길로 나아가기 위한 전략적 선택이라기보다 단기간 상대방의 의도를 탐색하고, 국내외적 정세의 변화에 적응하기 위한 측면이 더 강했다고 보인다. 국가권력 강화 초기 남북관계는 갈등의 상승을 경험했고, 중기에 해빙을 겪었으며, 다시 후기 즉 완성기에 갈등이 상승하는 협력증감의 포물선을 드러냈다.

3) 경쟁능력의 변화

흥미로운 것은 1960년대 후반에서 1970년대 초반에 걸쳐 불균등했던 남

---

34 이성봉, "1960년대 북한의 국방력 강화 노선과 정치체제의 변화," 『국제정치논총』, 44: 2, 2004.

과 북의 힘이 엇비슷해졌다는 것이다. 당시 박정희 정부는 군사정권의 등장 이래 추진했던 경제개발계획의 성과로 남과 북의 종합적 국력이 대등해졌다는 분석을 하고 있었다. 1992년 출간된 민족통일연구원의 보고서 『남북한 국력추세 비교연구』는 1972년 남한과 북한의 1인당 GNP가 316 달러 대 316 달러로 균형을 이루다가, 1974년 535 달러 대 461 달러로 한국이 앞서는 것으로 평가하고 있다. 1969년부터 1974년 사이 중앙정보부 북한국이 펴낸 보고서 『남북한 경제력 비교』는 1968년에는 1인당 GNP가 168 달러 대 198 달러로 북한이 앞서다가, 1969년 들어 208 달러 대 194 달러로 한국이 역전하는 것으로 평가하고 있었다.[35] 이제 박정희 정부는 한국의 국력이 북한의 국력에 비해 우월하다는 자신감 아래 남북대화를 추진할 수 있게 된 것이다.[36]

북한의 경우 50년대 성공적으로 전후복구 사업을 추진했고, 60년대에는 여타 사회주의 국가들에 비해 빠른 성장을 기록했다. 그러나 70년대에 들어서면서, 보다 정확하게는 60년대 후반부터 계획경제의 비효율성이 드러나기 시작했다. 한국이 60년대 두 차례의 5개년 계획 목표를 달성한데 비해 북한은 1961년부터 1967년까지의 경제개발 7개년 계획의 실패로 3년을 연장 1970년에야 목표 달성을 하게 된다. 60년대에 평양 정권이 선택한 군사력 강화와 경제건설의 병진정책이 북한경제에 부담으로 작용했음은 물론이다.[37] 이러한 문제점이 드러나자 김일성 정권은 70년대 들면서 국방비의 팽창을 억제하고, 서방의 외자를 도입해 경제를 부흥시키려는 계획을 짜게 되

---

35 강인덕 · 송종환 외, 『남북회담: 7 · 4에서 6 · 15까지』(서울: 극동문제연구소, 2004), p. 75.

36 강인덕 장관과 인터뷰, 2008년 3월 24일, 경남대 극동문제연구소.

37 김성보 · 기광서 · 이신철, 『사진과 그림으로 보는 북한 현대사』(서울: 웅진닷컴, 2004), pp. 156-167.

었다. 경제성장을 위해 대외적으로 긴장완화를 선호하게 되었다는 것이다.

갈등하는 두 국가 사이의 힘의 균형과 불균형은 두 행위자가 그동안 사용해 오던 전략을 재검토할 수 있는, 또는 재검토할 수밖에 없는, 시공간적 기회를 제공하는 경향이 있다. 세력전이론(power transition theory)은 선도국가의 국력이 쇠퇴하고, 도전국가의 국력이 상승하여 양국 사이의 국력에 균형(balance)과 전이(takeover)가 일어나는 기간에 갈등이 증폭되어 군사적 충돌이 일어날 가능성이 높아진다고 예측하고 있다. 반대로 세력균형론(balance of power theory)은 힘의 불균형이 불안정을 초래하는데 비해 균형의 회복은 안정적 국제질서를 낳는다고 판단하고 있다.[38]

세력전이의 순간에 발생하는 많은 전쟁과 평화, 세력균형의 순간에 발생하는 많은 전쟁과 평화의 사례의 존재는 대체로 세력의 변화라는 단일변수만으로 전쟁과 평화의 현상을 설명하기에는 불확정적이라는(indeterminate) 점을 보여주는 것으로 해석될 수 있다. 결국 우리는 데탕트 시기를 전후한 한반도 숙적관계의 갈등과 해빙의 순환을 설명하기 위해 경쟁능력의 변화와 더불어 다른 설명변수들의 등장을 필요로 하게 되는 것이며, 이는 다변수(multi-variate) 설명을 지향하는 진화기대이론의 본모습과도 일치하는 것이다. 특히 균형의 변화 시기 행위자들의 인식과 실천이 주요한 결과를 초래할 수 있다는 면에서 본고는 앞에서 소개된 레짐 성향 변화 변수와 경쟁능력의 변화 변수가 상호작용하는 메카니즘에 관심을 갖고 있다.

---

38 Bruce Russett, Harvey Starr, and David Kinsella, World Politics: *The Menu for Choice* (Belmont, CA: Thomson, 2006), pp. 96-98, 209-212.

4) 제3자의 압력

데탕트 시기 남북화해에는 비교적 제3자의 역할이 현저히 드러난다. 당시 미국은 한국에게 북한과 대화를 종용했고, 중국 또한 북한에게 한반도의 평화 국면이 혁명과 통일의 과업에 유리하게 작용할 것이라고 충언했다. 박정희는 애초에는 남북대화를 종용한 미국의 권유를 시기상조라는 이유로 거부했지만 박 정권의 태도는 1971년 대선과 총선을 거치면서 키신저의 비밀 중국방문이 공개된 이후, 변화하기 시작한다. 미국은 중국과 관계개선을 통해서 베트남 전쟁을 조기에 종결시키려 했으며, 이러한 구도 실현을 위해 한반도의 긴장 완화가 중요했다. 닉슨 행정부는 남과 북이 서로의 존재를 인정하며, 대화를 통해서 신뢰를 회복하기를 희망했다.[39] 박정희 정부는 북한과의 대화 아이디어에 처음에는 거부 반응을 보이다가, 차츰 적극적이고 대담한 대북 평화 제안을 내놓았고, 적십자회담을 계기로 대화에 나서게 된다.

'남조선혁명'을 강조하면서 공세를 강화하던 북한의 태도는 1969년 말부터 부드러워지기 시작했다. 키신저와 비밀회담 직후 저우언라이는 베트남과 북한을 방문하여 회담 내용을 직접 설명했다. 1971년 7월 30일 김일 제1부수상은 베이징을 방문하여 저우언라이에게 미국과 협상 때 주한미군의 완전 철수, 미국의 대남 무기 제공 중단 등 8개항에 달하는 북의 주장을 전달해 줄 것을 요청하기도 했다.[40]

1971년 8월 6일 캄보디아 시하누크 국왕 환영 연설에서 김일성은 미국의 대중 접근은 패배자의 행각이며, 중국 인민의 큰 승리라는 해석을 내렸

---

39 우승지, "남북화해와 한미동맹관계의 이해, 1969-1973," 『한국정치외교사논총』, 26: 1, 2004년 8월.

40 이종석, 『북한-중국관계 1945-2000』(서울: 중심, 2000), pp. 253-261.

다. 이는 당시 소련과 북베트남이 중국의 대미 협상을 공개적으로 비난하는 성명을 발표한 것에 비하면 상당히 주목받을 만한 태도였다. 1971년 10월 20-26일 키신저의 두 번째 베이징 방문 후인 11월 1일 김일성이 베이징을 방문하여 저우언라이와 회담을 가졌고, 상하이 코뮤니케가 발표된 후인 1972년 3월 7-9일 저우언라이가 평양을 방문하여 김일성과 회담을 가졌다.[41]

5) 경영 능력

데탕트 시기 남북대화의 전개와 관련 최고 수준의 정책결정자들의 지도력과 의지가 강하게 깃들어 있었다고 보기는 힘든 측면이 있다. 최소한 냉전의 해체를 이끈 고르바초프, 중동평화에 기여한 사다트, 남북화해를 가능케 한 김대중 수준의 경영은 없었다고 판단된다. 대체로 박정희는 진정한 남북화해의 가능성에 대해 냉담한 반응을 보였으며, 당시 남북대화는 이후락이 주도한 측면이 강했다. 박정희는 대화파와 대결파 사이에서 균형을 잡으며, 조기 정상회담 개최에 거리를 두고 있었다. 대화의 반대편에 섰던 김일성의 경우도 진정한 화해에 관심이 있었다는 증거는 별로 눈에 띄지 않는다. 김일성이 남북 정상회담을 제안하는 등 박정희에 비해 적극적인 면모를 보여주었으나, 그러한 행보는 진정한 화해의 개척을 위해서라기보다는 일종의 대남 심리전과 선전 효과를 노린 측면이 강하였다고 추측된다. 이후락의 대화상대로 나섰던 김영주는 당시 병을 앓고 있어 서울 답방에 나설 수 없는 형편이었다.[42]

---

41 홍석률, 2004, pp. 35-38.

42 강인덕, "강인덕 극동문제연구소장의 7·4공동성명 전후 증언: 박정희는 왜 김일성의 정상회

6) 상호성

대화 초기 남북 사이의 상호성은 유지되었다. 냉전 시대의 국제관계가 급속하게 화해 무드로 바뀌면서 한반도의 정책결정가들도 이에 적응하지 않을 수 없었다. 남과 북은 주거니 받거니 대화를 제의하다가 적십자회담 형식의 대화에 동의하게 된다. 1970년 8월 15일 박정희는 광복절 경축사를 통해 남과 북의 '선의의 경쟁' 제안을 내놓았고, 1971년 8월 6일 김일성은 캄보디아 국왕을 환영하는 군중대회에서 남한의 모든 정파 및 인사들과 만날 용의가 있음을 밝혔다. 1971년 8월 12일 대한적십자사 최두선 총재의 '천만이산가족 찾기운동' 제의에 북한적십자 중앙위원회 손성필 위원장이 화답하여 그해 9월 20일부터 1972년 8월 11일까지 판문점에서 모두 스물 다섯 차례의 적십자 예비회담이 열리게 된다. 남북적십자 본회담은 1972년 8월 29일부터 1973년 7월 13일까지 모두 일곱 차례 열렸다.[43]

1971년 말 무렵부터 남측의 정홍진과 북측의 김덕현 사이에 비밀 대화 창구가 개설되었다. 남측 정홍진이 1972년 3월 28일부터 31일까지 평양을 방문하여 김영주를 만났고, 북측 김덕현이 같은 해 4월 19일부터 21일까지 서울을 답방하여 이후락을 만났다. 이어 이후락 부장을 단장으로 하는 4인 대표단(이후락, 정홍진, 경호원, 의사)이 5월 2일부터 5일까지 평양을 방문, 김일성, 김영주와 각각 두 차례씩 회담을 가졌다. 박성철 제2부수상이 김영주를 대신하여 역시 4인 대표단을 이끌고 서울을 찾았다. 박 부수상은 5월 29일부터 6월 1일까지 3박 4일간 서울에 머물면서 박 대통령과 1회, 이 부장과 2회 만남을 가졌다. 제1차 남북조절위원회 공동위원장회의가 1972년 10월 12

담제의를 거절했나," 『신동아』, 1993년 1월.

43 강인덕 · 송종환 외, 2004, pp. 503-505.

일 판문점에서, 2차 공동위원장회의가 같은 해 11월 2-4일 평양에서, 3차 공동위원장회의가 같은 해 11월 30일 서울에서 열렸다. 남북조절위원회 본회담은 1972 11월 제1차 본회의가 서울에서, 73년 3월 2차 본회의가 평양에서, 3차 본회의가 1973년 6월 서울에서 각각 열렸다.[44]

이렇듯 남과 북은 대화의 장소, 형식에서 호혜성을 갖고 임했다. 장소도 중립적인 판문점이나 상대방 수도인 평양과 서울을 번갈아 이용했다. 방문과 답방의 형식을 유지했고, 대표단의 수나 체류기간에서 어느 정도 상호성을 유지하려 애썼다. 그러나 상호주의의 유지는 협상의 과정에서 깨져 버리고 말았다. 북한이 상호군축, 연방제 통일 등 정치적, 군사적 문제의 조기해결을 강조한데 비해, 한국은 신뢰구축, 이해 증진, 사회문화적 교류에 더 많은 관심을 갖고 있었다.[45] 양측 지도자의 궁극적 관심이 상이한 상황에서 남과 북은 더 이상 주고받는 식의 협상을 이끌 수가 없었다. 유신체제와 유일체제가 완성된 이후에는 재충전 또는 강화 없이 양측의 대화는 용두사미가 되어 버렸다. 1973년 초부터 남북대화는 교착에 빠졌고, 8월 말 김영주는 대화 중단을 선언했다. 중단과 더불어 북한은 미국과 직접 대화를 시도하였으며, 1974년부터 미국과 평화협정 체결을 주장했다.[46]

5. 분석

위에서 진화기대이론상 숙적 간에 긴장완화를 결정하는 것으로 알려진

---

44 우승지, 2006, pp. 268-274; 강인덕 · 송종환 외, 2004, pp. 509-510.

45 배긍찬, "1970년대 전반기의 국제환경변화와 남북관계," 한국정신문화연구원 편, 『1970년대 전반기의 정치사회변동』(서울: 백산서당, 1999), pp. 30-39.

46 홍석률, 2004, pp. 43-49.

주요 변수를 중심으로 데탕트 시기 남북화해 사례를 검토해 봤다. 주지하는 바와 같이 이 시기 대화 시도는 민족의 화해와 숙적관계의 종언으로 이어지지 못하고 말았다. 우선 사례연구의 결과를 다시 검토해 보자. 진화기대이론에서 핵심적 위치를 점하는 정치적 충격은 외적 위협의 변화, 레짐 성향 또는 전략의 변화, 경쟁 능력의 변화, 국내 자원의 위기의 네 가지로 구성되어 있다.

우선 외적 위협의 변화가 감지됨을 알 수 있다. 미중화해, 주한미군 감축 등 대외 환경의 변화는 남북의 정책결정자들에게 안보문제를 새로운 각도에서 해결하여야 하는 숙제를 안겨 주었다. 미국, 중국, 소련 등 강대국들이 데탕트를 추구하고 동북아의 안정을 추구하는 정책을 취하는 환경 속에서 한국과 북한의 전략적 선택의 폭은 좁아질 수밖에 없었다. 그러나 주변 강대국들의 화해 무드가 반드시 한반도의 두 숙적의 위협 인식을 낮게 만든 것은 아니었다. 오히려 한국과 북한의 정책결정가들은 강대국들의 변신을 의심과 두려움의 감정으로 바라보게 되었다. 또한 남과 북은 대화를 추구하면서도 서로에 대한 위협이 감소되었다고 판단하고 있지는 않았다.

이 시기 남북화해는 레짐 성향의 변화와 함께 했다. 남북한 국가권력이 경화하는 과정에서 남과 북은 갈등의 상승, 하강, 상승의 변화를 경험했다. 레짐 성향의 변화는 단기간으로만 화해 무드에 공헌했다. 박정희와 김일성이 상대방에 대해 근본적인 전략의 변화를 꾀했다고 판단할 근거는 별로 없다. 박정희와 김일성은 대화 시기 국내정치적으로 권력을 강화했으며, 권력 강화 이후 대화 인센티브는 약화되었다. 남과 북에는 협상과 대화에 의해 점진적으로 화해와 통일을 이루려는 것과는 거리가 먼 성격의 정권이 등장하게 된 것이다. 1972년 헌법의 개정으로 완성된 유신체제와 유일체제의 성립은 화해보다는 갈등을 부추길 수 있는 방향으로의 변화를 의미했다. 박정희 정권과 김일성 정권은 모두 정권의 유지를 위해 숙적의 존재를 전제로 하고, 숙적을 필요로 하였으며, 숙적 사이의 갈등을 통해 내부 단결과 협력을 도모하는 전략을 채택했다.

한국의 국력상승이 당시 한반도 질서 변화에 한 요인으로 작용하였다. 남북한의 경제력에 균형이 이루어지고, 북한이 일시적으로 어려움을 겪던 시기 양측은 화해의 손을 잡았다. 한국의 경우 북한을 추월했다는 자신감이 작용하고 있었고, 북한의 경우 세력균형의 역전을 바로잡을 시간적 여유를 필요로 했을 것이다. 이 시기 북한의 경우 국방비의 부담이 대화를 선택하는 하나의 요인이 되었다고 볼 수 있지만 당시 북한경제가 위기의 상황에까지 이르렀다고 판단하기는 어려울 것 같다. 최소한 1990년대 '고난의 행군'에 준하는 위기와는 거리가 멀었다. 따라서 국내 자원의 위기는 당시에는 남북 어느 쪽에도 존재하지 않은 것으로 판단된다.

재충전과 최고 정책결정가들의 관심과 기여는 다소 부족하였던 데 비해 호혜성은 초기 어느 정도 존재한 것으로 보인다. 데탕트 시기 남북화해의 경우 제3자의 역할은 무시할 수 없는 변수였다. 이러한 현상이 숙적관계 긴장완화의 일반적 현상인지 아닌지는 더 많은 사례연구와 데이터 분석이 필요하다. 당시 피후견국과 후견국 사이에 국력의 차이가 현저해서 이 변수가 과대평가되었을 가능성이 존재한다. 북한의 경우 1960년대 홍역을 겪으면서 북한의 자주노선이 확고해졌으나, 평양 또한 모처럼 찾아온 중국과의 화해 분위기를 중국의 대미 평화노선 때문에 해치기에는 버거웠을 것이다. 일반적으로 약소 숙적관계의 긴장완화 국면일수록 주변 또는 관련 강대국들의 영향력이 크게 작용할지 모른다는 추측이 가능하다.

21세기 초 현재 시점에도 한반도의 숙적관계는 지속되고 있다. 김대중 정부 이후 한국의 적극적인 대북 포용정책에도 불구하고 숙적 사이의 경쟁과 갈등은 지속되고 있다. 데탕트 시기 7·4공동성명으로 대표되는 남북대화는 숙적관계의 종료로 이어지지 않았다. 전쟁을 치르고 여러 차례의 위기와 갈등을 겪은 남과 북은 1970년대 초반 의미 있는 평화 만들기 작업을 시작했다. 그러나 대화의 기간은 짧았고, 갈등의 골은 깊었으며, 이질감의 벽은 높았다. 남과 북은 다시 대결 모드로 돌입했으며, 결국 이 시기 화해 시도는 기대의 수정(expectancy revision)으로 이어지지 않았다. 상대 숙적에 대한 기대가 변하지 않은 주요 이유는 일부 충격의 존재에도 불구하고, 상대에 대한 위협인식이 낮아지지 않았으며, 레짐의 변화가 화해 추구에 도움이 되지 않는 방향으로 이루어졌고, 어느 쪽도 상대에 대해 근본적인 전략적 수정을 취하지 않았기 때문이었다.

6. 결론

데탕트 시기 남북화해의 추구는 남북 숙적관계의 역사에서 처음으로 시도된 평화 만들기 작업이라는 데서 우선 그 의미를 찾을 수 있다. 1990년대와 2000년대 평화 만들기에 비해 훨씬 화해의 강도는 덜했지만, 남과 북의 지도자들이 어떤 이유에서건 긴장완화와 대화의 필요성을 절감했던 것이다. 이 시기 화해 노력이 그리 오래 지속되지는 않았으며, 남북 숙적관계의 종료로 이어지지도 않았다. 남과 북이 서로의 위협에 대해 안심하게 되고 평화에 대한 기대가 높아진 것도 아니었다. 오히려 남북대화의 중단 이후 남북 숙적관계는 더욱 공고해지는 경향을 보여주었다. 그런 차원에서 이 시기의 평화는 정책결정자들의 화해 행위와 진정성에 의심이 가는 의사(擬似) 평화일 수도 있었다.

해빙의 단명(短命)과 관련해서는 결국 양측 정책결정자 사이에 상대방의 위협에 대한 기대의 변화가 동반되지 않았음을 지적할 수 있겠다. 일부 충격 변수의 존재가 감지되나 복고적인 기대 수준을 해체하고 재구성할 만한 충격은 아니었던 것으로 판단된다. 일단 숙적관계의 긴장완화에 관한 진화 기대이론은 데탕트 시기 남북대화의 동학을 이해하고 분석하는 데 좋은 틀을 제공해 준 것으로 보인다. 그러나 하나의 사례연구를 가지고 이론의 적실성을 논하기는 아직 이르다. 이 연구가 갖고 있는 일반화의 한계는 더 많은 사례연구와 데이터 분석을 통해서 차츰 극복되어야 할 것으로 믿는다.

제5장
남북화해와 한미동맹: 1969-1973*

1. 서론

남북 교류협력의 진전과 북핵문제의 해법을 둘러싼 한미동맹 사이의 정책 조정이 때때로 갈등을 빚는 요즘의 한반도 국제정세는 라이벌 관계와 동맹 관계의 상호작용에 대한 연구의 적실성을 한결 높여 주고 있다. 본고는 이러한 시각에서 1970년대 초반 남북대화의 전개를 둘러싼 한미 동맹관계의 성격의 변화에 대해 고찰해 보고자 한다. 본 연구의 주요 질문은 70년대 초 남북화해 시 두 동맹국 한국과 미국의 입장은 무엇이었으며, 대화의 추진으로 한미동맹이 어떤 영향을 주고받았는가 하는 것이다. 박 정권은 초기에는 미국의 북한과의 대화 권유를 시기상조라고 거부하며 소극적 반응을 보이다가 71년 대선과 총선을 치른 후 대북접촉을 본격적으로 시작했다. 박정희 대통령은 남북대화를 통해 국내정치적으로 권력을 강화·연장시키고, 대외적으로 데탕트의 흐름에 적응하며, 한미 동맹관계에서 협상력을 높이려

---

* 이 글은 『한국정치외교사논총』(26집 1호, 2004, 91-126쪽)에 발표했던 논문을 수정·보완한 것이다.

했다. 박 정권은 북한과 대화를 성공적으로 수행하기 위해 미국의 전폭적인 지지와 강력한 대한 안보공약이 필요하다는 논리를 구사했다.

본고는 연구를 위해 2차 자료와 함께 1차 자료를 많이 활용하였다. 사료로는 미국 국립문서보관소, 한국 정부기록보존소, 외교통상부 공개 자료를 활용하였는데 제일 많이 참고한 자료는 미국립문서보관소가 소장하고 있는 미국무성 전문이다. 본 논문의 구성을 보면 다음과 같다. 이어지는 2장에서는 1970년대 초 남북대화를 라이벌화해의 범주 속에 위치시키고 동맹관계의 변화라는 관점에서 남북화해의 동학을 살필 것을 밝히고 있다. 3장은 남북화해의 준비시기 미국의 대화권유와 한국의 소극적 대응 양상을 살피고, 4장은 한국정부가 남북대화를 적극 추진하는 과정에서 한미동맹이 겪는 변화를 살핀다. 5장에서는 6·23선언으로 두 개의 한국이라는 개념에서 한국외교와 미국외교가 접점을 찾는 모습을 보여준다. 6장은 본 연구에서 얻은 결과를 중심으로 남북화해와 한미동맹관계의 변화의 특징들을 정리해 보고, 마지막 장인 7장에서 향후 연구과제를 제시하면서 글을 맺는다.

2. 남북화해와 한미동맹

국제정치에서 라이벌관계(rivalry)는 동맹관계와 함께 외교사의 전쟁과 평화의 열쇠를 쥔 주요 개념이다. 라이벌(rival)은 서로 상대방을 안보상의 주요 위협요소로 보는 한 쌍의 국가를 지칭한다. 라이벌관계는 시작과 끝이 있는 유한성의 주기를 가지고 있으며 그 주기 중 전쟁, 위기, 갈등뿐만 아니라 화해(데탕트)의 국면을 반복적으로 거치며 때로는 급격히 소멸하고 때로는 천천히 잊힌다.[1] 일반론의 수준에서 라이벌관계에 있는 두 국가 사이의 화해에는 라이벌 사이의 힘의 전이의 역학관계, 동맹관계의 변화, 국내정치의 변수들이 복합적으로 영향을 미친다. 50여 년이 넘는 라이벌 역사를 가지고 있는 남북 사이의 70년대 초반의 화해국면에도 이 세 축의 변수들이 함께 작용하고 있었다.

국내정치의 측면에서 남북화해는 라이벌관계와 국내정치가 만나는 접점을 이루고 있었다. 국내정치적 변수는 여러 측면에서 라이벌 사이의 대화를 추동시켰다. 박정희 정권은 남북대화가 국내정치적으로 정권강화 및 정권연장의 기회를 확대시키는 도구로 활용될 수 있음을 깨닫게 된다. 박 정권과 일반국민과의 관계, 박 정권과 야당을 비롯한 반대세력과의 관계, 박 정권 내 권력투쟁 등 국내정치는 다양한 모습으로 남북대화의 진전에 영향을 미쳤다. 60년대 박정희가 경제개발과 안보를 활용하여 정권을 유지했다면, 70년대 들어서 변화된 국내외 정세 속에서, 그리고 자신의 권력을 영구화·공고화하기 위해서 박정희는 경제, 안보 위에 통일이라는 새로운 카드를 추가하게 된다. 즉 통일의 기반을 확고히 하기 위해서 자신의 권력을 강화할 수밖에 없다는 논리를 개발하게 되는 것이다. 유신은 남북대화의 토양 위에서 성장했다.[2]

그러나 라이벌관계와 국내정치의 축에 관한 논의는 라이벌 화해와 동맹의 정치학의 상호작용에 초점을 맞추려는 본고의 성격상 생략하고, 동맹관계의 측면에 관심을 집중시킨다. 동맹관계의 측면에서 라이벌화해를 설명할 수 있는 이론적 근거는 글렌 스나이더(Glenn Snyder)에게서 찾을 수 있다. 스나이더는 그의 논문에서 연루의 두려움과 포기의 두려움이라는 한 쌍의

---

1 Paul F. Diehl and Gary Goertz, *War and Peace in International Rivalry* (Ann Arbor: The University of Michigan Press, 2001).

2 국내정치와 남북대화의 상관관계에 대해서는 이경재, "비상사태선언과 종신집권체제 완성," 『신동아』 12월호 (1985), pp. 190-219.

동맹안보 딜레마를 소개하고 있는데, 전자는 동맹국의 적에 대한 공격적 행동으로 자신이 불필요하게 적과의 분쟁에 휘말릴 수 있는 가능성을 의미하고 후자는 동맹국의 안보공약 의지가 약해져 버림받을 가능성을 의미한다.[3] 동맹으로부터 포기의 두려움이 커지는 경우 자신의 안보를 지키는 선택 중의 하나는 적국에 대해 유화정책을 취해 분쟁의 가능성을 줄이는 것이다. 동맹국의 약속 의지의 축소가 적과의 화해 가능성을 높이는 것이다. 그러나 동맹의 차원에 한정시켜 놓고 화해의 동학을 살필 때에도 실제상황은 스나이더의 모델보다 더 복잡할 수 있다는 점을 간과해서는 안 된다. 본고는 설득, 편승, 모방, 포기의 두려움, 동맹강화 기회 활용 등의 과정에 주목한다.

① 설득: 닉슨 대통령은 중국, 소련과 관계개선을 추진하고, 베트남전쟁을 조기에 종결시키는 한편 다른 열강들과 세력균형의 유지를 통해 국제질서의 안정을 도모하려고 하였다.[4] 미국은 한반도의 분쟁이 자신들의 데탕트정책에 방해가 되는 것을 막기 위해서 한반도에서 긴장의 재발을 막는 데 힘을 쏟았다. 미국은 현상유지를 통한 안정화를 추구하였다. 당시 닉슨 행정부는 남한의 주도에 의한 통일이 실현가능하지 않다고 보고, 남과 북이 서로의 존재를 인정하며 대화를 통해서 신뢰를 회복해 나가기를 희망하였다. 이런 맥락에서 미국은 한국정부에 남북대화에 나설 것을 조용하고 꾸준히 설득하였다.

② 편승: 약소국이었던 한국은 미중화해, 일중 국교수립, 미소 데탕트 등 4대 강대국 공존체제의 마련이라는 일련의 지역질서의 변화에 민감하게 반

---

3 Glenn H. Snyder, "The Security Dilemma in Alliance Politics," *World Politics* 36: 4 (1984), pp. 461-495.

4 미중화해에 관한 배경 설명은 최영진, 『동아시아 국제관계사: 제2차세계대전 이후 미중관계를 중심으로』(서울: 지식산업사, 1996), pp. 175-221를 참조할 것.

응하고 이에 적응하려는 노력을 기울이지 않을 수 없었다. "1970년대 전반기에 이루어졌던 남북대화는 당시 한반도 주변 강대국들 간의 데탕트구조에 적응하기 위한 것"이었다.[5] 대데탕트에 편승한 소데탕트의 추구였던 것이다. 특히 박 정권은 대화로 안보문제를 해결하려는 미국의 새 전략에 일정 부분 반응할 필요가 있었다.

③ 모방: 역사의 많은 부분이 모방과 흉내에 의해 이루어지는 데 박정희 정권의 남북대화 추진도 이러한 모습을 적나라하게 보여주고 있다. 당시 7·4공동성명을 앞두고 이루어진 비밀회담은 미중 사이의 비밀회담을 연상시키고 있다. 키신저가 마오쩌둥을 만나러 가는 모습과 이후락이 김일성을 만나러 가는 모습은 그 유사성과 더불어 영화적 장면을 떠올리게 한다. 또한 이 당시 남북대화는 동서독대화를 벤치마킹한 흔적도 보인다.[6]

④ 포기의 두려움(fear of abandonment): 72년 미국무성의 한 브리핑 비망록이 지적하고 있듯이 주한미군 감축, 미중화해, 미국의 수세적 베트남정책과 닉슨독트린 등은 박정희 정권으로 하여금 미국이 동맹의 약속을 저버릴 수 있다는 의구심을 갖게 했다.[7] 박정희는 미군 추가감축과 미국과 북한의 대화 움직임에 촉각을 곤두세우고 있었다. 앞에서 소개한 스나이더의 동맹안보

---

5 배긍찬, "1970년대 전반기의 국제환경변화와 남북관계," 한국정신문화연구원 편, 『1970년대 전반기의 정치사회변동』(서울: 백산서당, 1999), pp. 11-66. 한반도문제를 둘러싼 미국과 중국 사이의 비밀협상과정에 대한 연구로는 홍석률, "1970년대 전반 동북아 데탕트와 한국통일문제: 미·중간의 한국문제에 대한 비밀협상을 중심으로," 『역사와 현실』 42호 (2001년 12월), pp. 207-240.

6 실제로 박 대통령은 빌리 브란트 수상의 동방정책이 향후 북한과의 관계개선에 활용될 수 있을 것으로 보고 비서실에 많은 정보를 올리라고 지시하였다. 교수와 언론인들이 중심이 된 수요회가 자료수집에 역할을 했다고 전해진다(김정렴, 『아, 박정희』(서울: 중앙M&B, 1997), pp. 142-144).

7 "The Explosion in ROK-US Relations - Habib worries," May 26, 1972, Pol Kor S-US, RG 59, National Archives.

딜레마에 의하면 동맹게임에서 안보공약의 약화나 지원의 축소, 적대게임에서 화해의 추구는 동맹 파트너에게 포기의 두려움을 증가시킨다. 후견국의 긴장완화 정책으로 포기의 두려움이 증가한 피후견국이 스스로 자구책으로 라이벌과 위협을 낮추기 위한 정책을 추구할 수 있다. 미국의 개입의지를 의심한 박 정권은 자구책으로 자주국방을 강화하는 한편, 북한과 일시적 대화를 통해 북한의 의도를 간파하고, 시간을 번다는 생각을 하고 있었다.

⑤ 동맹의 관리: 박 정권은 남북대화를 대미 동맹관계의 강화의 기회로 활용하였다. 미국이 원하는 방향으로 대북정책을 이끌어 나감으로써 한국정부의 대미협상력은 사실상 높아졌다. 박 정권의 논리는 남북대화 추진기간 중 한국의 대북협상력을 높이기 위해서 미국이 강력한 안보공약을 약속하고 주한미군 추가 철수를 중단해야 한다는 것이었다. 존슨 시대 월남파병이 미국과의 유대를 강화하는 역할을 했다면, 닉슨 시대에는 남북대화가 그 역할을 대신하게 되는 것이다.

데탕트 시기의 남북화해는 짧은 기간이었지만 세 개의 소시기로 나누어 볼 수 있다. 1969년부터 71년 여름까지가 남북대화의 모색기, 71년 여름부터 72년 말까지가 남북대화의 적극적 추진기, 그리고 1973년이 대화의 쇠퇴기이다. 첫 시기에는 미국이 한국정부에게 북한과 대화를 설득했고 한국은 이 요청에 소극적으로 대응했다. 박 정권은 닉슨 행정부의 새로운 한반도정책에 당황하고 있었다. 이때 박정희 대통령은 8·15선언을 통해 북한과 선의의 경쟁을 선언했으나 구체적인 남북접촉은 아직 진행되지 않았다. 둘째 시기 박 정권은 71년 대통령선거와 국회의원선거를 치르고 나서 이후락 중앙정보부장을 중심으로 하여 적극적으로 남북대화를 실시하기 시작했다. 71년 여름부터 적십자 예비회담이 시작되었고 11월부터 비밀회담이 시작되어 이후락과 박성철의 교차방문 이후 7·4남북공동성명을 발표하게 된다.

이후 적십자 본회담과 남북조절위원회회담이 평양, 서울, 판문점을 오가며 지속되었다. 이 기간 동안 남과 북은 공히 헌법개정을 통하여 권력의 기반을 강화하였다. 이 시기에 박 정권은 미국의 요구대로 적극적으로 남북대화를 추진하는 한편 이를 국내정치와 동맹관계의 강화의 기회로 활용하였다.[8] 셋째 시기에는 남북대화가 시들어지는 과정을 목도하게 된다. 8월 북한은 대화 중단을 선언했고, 두달 전인 6월에는 한국정부는 6·23선언을 통해 두 개의 한국 개념을 받아들이게 되었다. 한국과 미국은 두 개의 한국에서 공동의 이해를 구하게 된다.

3. 남북대화의 모색기

1) 미국의 한반도정책 변화와 대화 권유

위협인식은 상수가 아니라 변수다. 50여 년 간 한반도 대치상황 속에서 양 진영에 대한 서로의 위협 수위에 대한 평가는 종종 변해 왔다. 김대중 정부의 햇볕정책이 국내에서 보수갈등을 증폭시켰고, '테러와의 전쟁'의 맥락 속에서 대북 강경론을 고집했던 부시 정부 사이에서 한미동맹의 균열을 가져왔던 최근의 사례는 이를 잘 보여주고 있다. 70년대 초 데탕트의 물결 속에서 한국과 미국의 정책결정가들은 북한의 위협에 대한 평가를 놓고 심각한 의견대립을 드러내고 있었다. 미국의 닉슨 행정부는 북한의 계속되는 평화공세를 증거로 북한의 침략적 의도가 줄어들었으며, 중국의 견제로 대남 공격능력 또한 줄어들었다는 평가였다. 즉 미국은 북으로부터 오는 위협은

---

8 박 정권이 초기에는 미국의 대화 요구에 소극적으로 대응하다가 차츰 대화의 효용성에 주목하고 국내정치 기반 강화에 활용하게 된다는 주장은 박건영, 박선원, 우승지, "제3공화국 시기 국제정치와 남북관계: 7·4공동성명과 미국의 역할을 중심으로," 『국가전략』 9권 4호 (2003), pp. 61-91.

의도(intention)에 있어서나 능력(capability)에 있어서나 모두 줄어들었다고 보고 있었다. 이에 반해서 박정희 정부는 북한의 위협도는 전혀 줄지 않았으며 오히려 증가하고 있다는 평가를 내리고 있었다. 이러한 위협인식의 차이는 초기 미국과 한국이 대북대화를 놓고 이견을 가진 주요 배경원인이 되었다.

존슨 행정부 시기 한미 양국은 한국의 베트남파병을 매개로 하여 동맹관계를 공고히 하였다. 당시 박정희 대통령은 한국군이 베트남에서 주둔하는 한 주한미군의 존재는 확고하다고 믿고 있었다. 박정희와 존슨은 공산주의의 위협에 공동대처한다는 인식을 공유하고 있었고, 그 기반 위에서 양국 사이의 협력을 강화해 나갔다. 미국은 베트남전쟁의 장기화와 재정의 악화라는 악재의 영향으로 닉슨 행정부의 등장과 함께 동아시아에서 적극적 개입전략에서 부분적 회귀전략으로 방향선회를 모색하게 된다.[9] 닉슨 대통령의 신외교노선은 한미동맹의 진로에 새로운 과제를 안겨 주게 된다. 1969년 7월 괌에서 닉슨 대통령은 아시아 국가들이 정치적·경제적 발전과 함께 점차 자주적인 노선을 걷고 있음을 상기시키면서, 미국 또한 불필요하게 이 지역의 분쟁에 휘말려드는 일을 삼가야 한다고 지적하고 있다.[10]

---

9 사실상 미국 외교정책의 변화는 정권교체 이전부터 감지되기 시작하였다. 미국무성은 68년부터 한반도에서 전략적 유연성을 확보하기 위한 정책을 연구하기 시작하였다. 68년부터 69년 사이 김신조 청와대 습격사건, 푸에블로호 피랍사건, EC-121 미정찰기 격추사건 등 일련의 위기상황의 해결을 둘러싸고 한국과 미국은 강온양론이 대립하는 양상을 보여주었다(신욱희, 김영호, "전환기의 동맹: 데탕트 시기의 한미안보관계," 한국정치사 학술회의 발표논문, 2000년 4월 7일, pp. 6-25).

10 김상준, "미국의 아시아안보정책," 『신동아』 1월호 (1970), pp. 172-185. 닉슨독트린은 (1) 미국의 안보공약 준수, (2) 핵위협 시 미국의 동맹국 보호, (3) 재래식 공격 시 당사국의 일차적 책임을 강조하는 내용을 담고 있다. "태평양에서의 미정책에 관한 닉슨 미대통령의 괌기자회견 (1969년 7월 25일)," Se-Jin Kim, ed., *Documents on Korean-American Relations 1943-1976* (Research Center for Peace and Unification, 1976), pp. 358-361.

69년 8월 21일부터 22일 사이 박정희 대통령과 닉슨 대통령은 미국 샌프란시스코에서 짧은 회동을 하였다. 양국의 대통령은 한국전쟁과 월남전쟁에서 다져진 양국의 우의를 재차 확인하고 한미 상호방위조약에 의거 한국에 대한 무력공격에 양국이 공동으로 대처한다는 굳은 결의를 표명한다.[11] 박정희 대통령은 귀로에 기자회견을 갖고 닉슨 대통령이 한국정책에 변화가 없을 것을 약속했다고 밝혔다. 그러나 미국의 정책변화는 생각보다 일찍 닥쳐왔다. 같은 해 12월 말 경 미국정부는 김동조 주미대사에게 미국의 단계적 철군계획을 알려왔다. 닉슨 대통령은 70년 3월 20일 한국에서 1개 사단을 철수하는 국가안보결정비망록 48호(National Security Decision Memorandum 48)에 서명하였고, 3월 27일에는 한국의 대통령에게 공식적으로 통보하였다.[12] 70년 3월 23일자 전문을 통해 미국무성은 주한미대사관에 주한미군 20,000명의 감축을 통보하면서, 박정희 대통령과 철군의 시기와 조건에 관해 상의할 것을 지시하고 있다. 미국무성은 애초에는 주한미군의 감축이 박 대통령의 제안에 의해 이루어지는 모양새를 가지기를 희망했었다. 미국은 미대사관에 "남아있는 미군병력만으로도 전투능력이나 억지력 면에서 미국의 존재는 충분하며 한국군의 현대화 작업이 물론 한국의 힘을 크게 신장시킬 것"임을 한국측에 주지시켜야 한다고 당부하고 있다.[13] 박 대통령은 닉슨 대통령에게 70년 4월 20일자 편지를 보내 주한미군 감축 반대의사를 분명히 하였다. 이 편지에서 박 대통령은 주한미군 1개사단 철수 검토를 통고받고 놀라움을 금할 수 없었다고 말하면서, 북한의 적화통일 준비를 마친

---

11 "박정희 대한민국 대통령과 리챠드 닉슨 미합중국 대통령의 공동성명(1969년 8월 22일)," Se-Jin Kim, *Documents on Korean-American Relations 1943-1976*, pp. 364-365.

12 신욱희, 김영호, "전환기의 동맹: 데탕트 시기의 한미안보관계," pp. 4-5.

13 Department of State Telegram, March 23, 1970, Def 6 US, RG 59, National Archives.

시점에서 오직 한국군의 방위능력의 향상과 한미 상호방위체제의 강화만이 침략에 대한 효과적인 억지력을 발휘할 것이라고 진단하고 있다. 박 대통령은 "1970년대 상반기(1975년까지)가 한국안보에 있어서 일대 시련기가 될 것임에 비추어 … 대한민국 정부와 국민을 대표하여 … 주한미군의 일부를 감축한다는 것에 반대하지 않을 수 없다"는 견해를 피력하고 있다.[14] 박정희 대통령은 당시의 상황에서 주한미군 감축은 무리이며, 한국군의 방위력이 현저히 증강된 이후에나 가능하다는 입장이었지만 결국 주한미군 감축은 미국의 계획대로 실행에 옮겨졌다.

한반도에서 긴장완화를 바라던 미국은 꾸준히 한국측에 북한과 대화를 종용하였다. 닉슨-사토 공동성명 발표 후인 69년 12월 29일 포터 주한미국대사는 김형욱 전중앙정보부장과 회동하고 한국이 왜 북한의 평화 선전공세에 적극적으로 임하지 않는지 물었다. 김형욱은 "독일이나 베트남의 상황은 한국과 매우" 다르며 "혼란이 야기될 것"이라고 말하고, "1973년 이후에는 한국이 미국과 직접대화에 나설 수 있을지 모르지만 그 전에는 불가능하다"라는 대화 시기상조론을 피력하고 있다.[15] 70년 2월 미상원 외교위원회 한국문제 청문회 자리에서 포터 대사는 남북대화의 범위와 영역을 탐색해 보기 위해 "한국 수뇌부와 조용한 토의를 계속해" 왔다고 증언하고 있다. 그는 자신이 이 문제에 관해 한국관리들과 의논할 수 있는 권한을 부여받았으며 이제는 좀 더 강력한 수단이 필요하다고 말하고 있다.

---

14 "Letter from President Park to President Nixon," April 20, 1970, Def 6 US, RG 59, National Archives.

15 "Conversation with General Kim Hyung Wook," Jan 2, 1970, Pol Kor S US, RG 59, National Archives.

> 현 정권은 통일문제에 관해 자신의 시간표와 방법으로 어떠한 접근법을 만들어 갈 것이다. 한국 정부의 시간계산과 방법이 과연 우리가 좋아할 만한 것인지 아닌지는 두고 볼 수 있을 것이다. 이미 나는 이 문제를 한국관리들과 논의할 수 있는 권한을 부여받았다. 처음부터 우리의 관점을 한국 정부가 고려할 수 있도록 하기 위해 조용한 설득보다는 좀 더 적극적인 방식이 자주 필요하며, 직접접촉을 통한 긴장완화의 사고방식이 전달될 수 있게 하기 위해 아마도 '좀 더 강력한 수단'(a little more leverage)도 요구될 것이다.[16]

포터 대사가 작성한 "통일에 관한 단상"이라는 제목의 전문에서도 그는 미국의 남북대화를 설득하려는 노력과 한국정부의 소극적 태도에 대해 적고 있다. 미국의 대한반도 정책을 현상태의 유지와 긴장완화라고 정의하고 있는 포터의 전문에는 "(이산)가족 방문, 서신 교환 등의 제안을 남한이 고려해 보도록 고무시키려는 우리(미국)의 노력들"이라는 구절이 나오며, "한국정부가 북한과 어떠한 종류의 "직접적 협상"(direct negotiations)도 거부하는 것이 제일 문제"라고 적고 있다. 당시 미국은 북한과의 직접 협상을 꺼리는 한국정부의 입장이 "잘못 방향을 잡고 있다고"(probably misdirected) 판단하고 있었다. 즉 당시 미국은 독일의 경우처럼 한반도에서도 남북한의 당국자들이 직접 만나 대화를 함으로써 한반도의 긴장이 완화되기를 희망하고 있었다. 포터 대사는 이 전문의 말미에서 "박정희 대통령이 직접협상까지는 제안하지 않더라도 한국의 평화적 의도와 점진적인 통일에 대한 열망을 강조하는 적

---

16 "Proposal for Increased Display of U.S. Interest in Dialogue between ROK and North Korea," February 18, 1971, RG 59, National Archives. 군수국, "사이밍턴 청문회의록 주요내용 분석(1970년 9월 21일 보고)"과 정훈국, "미상원 사이밍턴위의 한국관계 청문록 분석." 국방부 CA0001619, 대전 정부기록보존소 참조.

극적인 선언"을 생각해 볼 수 있지 않을까 궁금해 하고 있다.[17] 포터 대사의 이러한 희망사항은 두 달 뒤 박정희 대통령의 8 · 15선언을 통해 현실로 나타나게 된다.

2) 8 · 15평화통일 구상선언

1970년도 8월 15일 광복절 경축사에서 박 대통령은 북한이 무력통일노선을 포기하는 조건으로 "인도적 견지와 통일기반 조성에 기여할 수 있으며 남북한에 가로놓인 인위적 장벽을 단계적으로 제거해 나갈 수 있는 획기적이고 보다 현실적인 방안을 제시 · 시행할 용의가 있음을" 밝혔다. 또한 북한이 유엔의 권위와 권능을 인정한다면 유엔에서 한국문제 토의에 북한이 참석하는 것을 반대하지 않는다고 말했다. 남과 북의 체제 중 어느 쪽이 더 국민의 복리를 증진시킬 수 있는지 선의의 경쟁을 하자는 제안도 포함되었다.[18] 평화통일구상선언은 박정희 대통령이 주도하여 발표한 것이었다. 강상욱 당시 청와대 대변인이 구성 작업을 맡았으며 학계와 언론계의 자문과정을 거친 것으로 알려지고 있다. 1969년 7월 25일 닉슨 대통령이 괌에서 평화공존과 긴장완화를 주요 내용으로 하는 닉슨 독트린을 발표하는 등 국제정세가 급박하게 돌아가고, 한국경제의 양적 팽창으로 남북한 경제가 균형을 이루게 되었다. 박정희는 1969년을 기점으로 1인당 국민소득을 기준으로 봤을 때 한국이 북한을 앞섰다고 판단하고, 신장된 국력을 배경으로 북한과 선의의 체제경쟁을 제의하는 등 일련의 평화공세를 펼칠 구상을 갖고

---

17 "Some Thoughts on Reunification," June 9, 1970, Pol 32-4 Kor S, RG 59, National Archives.

18 "광복 25주년 박정희 대통령 경축사 (1970년 8월 15일)," 『대한민국외교년표』(외무부, 1970), pp. 298-302.

있었다. 이러한 구상에 대해 중앙정보부는 지지를, 국방부와 외무부는 시기상조라는 반응을 보이고 있었다.[19]

8월 9일 대통령, 최규하 외무장관, 이호 법무장관, 김영선 국토통일원장관, 김계원 중앙정보부장, 김정렴 비서실장, 신직수 검찰총장, 유근창 국방차관, 강상욱 청와대 대변인 등이 대통령 집무실에서 연설문 초안을 검토했다. 최 외무장관은 초안의 내용에 동의를 했지만 이호 법무장관은 반대의견을 개진했다. 그는 "북한이 남침의 기회를 호시탐탐 노리고 있어서 국민들이 허리띠를 졸라매고 대북 경각심을 높여 나가야 한다"면서 "연설문 초안에 나와 있는 것은 시기상조이며 대통령의 통치권 행사라고 하여도 반공법의 테두리를 벗어나면 곤란하다"는 의견을 개진했다. 이들은 대통령 앞에서 합의가 도출되지 않자 비서실장실로 자리를 옮겨 토론을 계속했으나 결론은 나지 않았다. 오후 5시 30분경에 다시 대통령과 합석하였고 박 대통령이 법무부의 강한 반대의견을 고려하여 직접 연설문 초안에 있던 이산가족 상봉 및 고향방문, 서신왕래, 학술, 문화, 예술 등 비정치분야의 교류와 남북경제협력 등 구체적 내용을 삭제하였다. 그는 내용을 "인도적 견지에서 통일기반 조성에 기여할 수 있고 남북한에 가로놓인 인위적 장벽들이 단계적으로 제거되면 남북한 간에 통일문제에 대한 현실적이고 획기적 방안을 제시할 용의가 있다"로 고쳤다. 대통령이 고친 부분에는 원래 있던 구체적인 남북교류 제안이 삭제되었다. 구상선언 중 유엔 부분은 외무장관의 건의로 포함된 것이다. 정부는 주한 미대사관을 통해 8월 9일 선언의 내용을 전달하

---

19 강상욱, 강인덕, 정홍진, 송종환, "남북한 체제경쟁선언-8·15평화통일구상선언 비화," 『월간조선』 8월호 (2003), pp. 232-237. 강상욱 전청와대 대변인의 회고 부분 참조.

였다.[20]

8·15선언의 발표에도 불구하고 남북대화는 아직까지 아이디어나 정책 제안의 차원에서 거론되고 있는 실정이었고, 구체적인 계획이나 강력한 추진력을 갖고 한 것은 아니었다. 북한과 대화라는 주제에 정권의 상층부에서도 많은 거리낌이 노출되고 있으며, 아직까지 최고지도자의 의중이 강하게 실려있다는 감도 들지 않는다. 이러한 소극적 태도는 미국의 환영을 받기에는 훨씬 못미치는 것이었다. 1971년 6월 미하원 외교위 청문회에서 윌리엄 포터 주한대사는 통일문제에 관한 "현정부의 접근방법이 지나치게 융통성이" 없다는 야당 대통령후보의 발언을 소개함으로써 남북대화에 적극적으로 나서지 않고 있는 한국정부에 대해 간접적인 불만을 피력하고 있다.[21] 71년 여름까지 박 정권은 닉슨 행정부의 데탕트정책에 의구심을 품으면서 북한과 화해국면을 모색해 보라는 권고에 소극적으로 대응하고 있었다.

4. 남북대화의 추진기

1) 남북대화의 본격적 전개

남북대화에 대한 한국정부의 소극적 태도는 1971년 여름부터 바뀌었다. 남북대화가 본격적으로 전개되는 동안 미국의 대화에 대한 지지와 격려는 계속되었다. 미국은 한반도의 화해무드가 동아시아의 평화와 안정에 기여할 것이라는 판단에서 남과 북의 만남을 만족한 시선으로 바라보았다. 남한

---

20 강상욱, 강인덕, 정홍진, 송종환, "남북한 체제경쟁선언-8·15평화통일구상선언 비화," pp. 236, 238-240. 강상욱 대변인과 강인덕 장관의 회고 부분.

21 "미하원 외교위 한미관계 청문회: 윌리엄 포터 대사의 증언(1971년 6월 8일)," 『신동아』 7월호(1971), pp. 140-143.

과 북한 사이의 대화는 소수의 은밀한 협상에 의존했기 때문에 미국은 운전석에서 내려와 관찰자의 입장에서 사태의 추이를 지켜보아야 했다. 남북대화가 분단국 당사자들 사이의 문제라는 인식에서 미국은 되도록 드러나지 않게 한국의 대북정책 변화를 추인하고 지지하는 태도를 보였다. 박정희와 그의 관료들은 북한과 힘의 우위의 입장에서 대화하기 위해 미국의 협조가 필요하다고 주장했다. 한국은 미국에게 북과 협상이 진행되는 동안에 주한미군이 철수하게 되면 한국의 대북 협상력을 떨어뜨릴 것이라고 주장했다. 박정희의 대북대화 추진에는 동맹국 미국의 관리와 대미 협상력 강화라는 측면도 존재했던 것이다. 그러나 진정한 화해와 긴장의 완화는 곧 미국 의회로부터 대한 원조와 주한미군 추가철수의 압박을 받을 수 있는 빌미를 제공하기 때문에 박정희 정권은 지나치게 남북관계가 개선되는 것 또한 바라지 않았다고 추정해 볼 수 있다.[22] 결국 당시 남북관계는 너무 소원해도 안 되고, 지나치게 가까워져도 좋을 것이 없는 미묘한 양면성을 지니고 있었다.

1970년 12월 주일본대사직을 맡고 있던 이후락이 중앙정보부장으로 임명되어 서울로 돌아왔다. 이듬해 박정희 정권은 대선(4월)과 총선(5월)을 연이어 치르고, 정국의 면모를 일신하기 위해 6월 3일 김종필 총리와 김용식 외무의 임명을 포함하는 개각을 단행한다. 그해 8월 12일 대한적십자사 최두선 총재가 특별성명을 발표하고 북한에 '천만이산가족 찾기운동'을 제의하였고, 놀랍게도 이틀 뒤 북한적십자 중앙위원회 손성필 위원장이 화답해 옴으로써 1971년 여름부터 남북대화가 본격적으로 시작되었다. 이후락 부장의 표현을 빌리자면, "대화없는 남북대결에서 대화있는 남북대결의 시대"로

22 이러한 분석은 당시 미국측의 한국정세 분석보고서에 나타나고 있다. "The Impact of the Korean Talks," July 7, 1972, United States Government Memorandum, Pol Kor S-US, RG 59, National Archives.

전환된 것이다.[23] 이후 남과 북은 판문점에서 72년 8월 11일까지 모두 스물다섯 차례의 적십자 예비회담을 가졌다. 71년 말부터 한적의 정홍진과 북적의 김덕현이 비밀 실무회담을 가지고 이후락과 김영주 사이의 양자회담을 갖는 데 합의하였다. 양자의 회동에 앞서 준비작업의 일환으로 남측의 정홍진이 72년 3월 28-31일 평양을, 북측의 김덕현이 같은 해 4월 19-21일 서울을 비밀리에 교환방문하였다. 이후락 부장은 72년 5월 2일부터 5일까지 3박 4일간 평양을 방문하고 김일성, 김영주와 각각 두 차례씩 회담을 가졌다. 북한은 김영주 대신 박성철 부수상을 서울에 보냈으며, 박 부수상은 이후락 부장과 두 차례 만났고 박정희 대통령을 한 차례 예방하였다.[24]

남북한은 1972년 7월 4일 오전 10시 서울과 평양에서 동시에 남북공동성명을 발표하였다. 성명은 자주, 평화, 민족대단결의 조국통일 3원칙을 담고 있었다. 또한 남과 북은 "다방면적인 제반교류를 실시"하고, "남북적십자회담이 하루빨리 성사되도록 적극협조"하며, "서울과 평양 사이에 상설 직통전화"를 설치하고, "남북조절위원회를 구성, 운영"하기로 합의하였다.[25] 이후 남북적십자 본회담이 모두 일곱 차례에 걸쳐 72년 8월 29일부터 7월 13일까지 열렸고, 남북조절위원회 본회담이 72년 11월, 73년 3월과 6월, 세 차례에 걸쳐 개최되었다. 특히 북한은 남북조절위원회 2차 본회담에서 군비

---

23 "자료: 남북공동성명 및 배경설명," 『월간 세대』 8월호 (1972), p. 69.

24 7·4남북공동성명의 준비과정에서 외무부는 철저히 소외되어 있었다. 김용식 외무는 72년 4월 말 워싱턴 출장을 마치고 돌아와 청와대에서 대통령, 김종필 총리, 이후락 부장, 그리고 자신을 포함한 4자회동에서 이후락의 평양행 소식을 처음 들었다고 술회하고 있다. 외무부는 중앙정보부와 북한 사이의 비밀접촉에 대해 전혀 모르고 있었으며 다만 진행중이던 적십자회담에 대해서만 보고를 받고 있었다. 이와는 반대로 후술한 6·23선언은 외무부가 독자적으로 구상하고 입안한 것이었다(김용식, 『희망과 도전: 김용식 외교회고록』 (서울: 동아일보사, 1987), pp. 281-283).

25 남북공동성명 전문과 이후락 중정부장의 배경설명은 『월간세대』 8월호 (1972), pp. 64-69 참조.

경쟁 중지, 군대 10만 이하 축소, 외국으로부터 군수물자 반입 금지, 주한미군 철수, 평화협정 체결 등 군사분야 5개항을 제안하였다. 남북대화가 열리는 기간 내내 남과 북은 서로의 입장차이를 좁히지 못했다. 한국은 비정치, 비군사분야에서 신뢰를 구축하고 이해를 증진하여 점진적·단계적으로 남북관계를 발전시켜 나가기를 희망한 반면에, 북한은 곧바로 상호군축, 연방제통일 등 정치, 군사적 문제를 토의하기 원했다. 남한의 내심은 장기적으로 북한체제의 변화를 유도하는 것이었고, 북한은 주한미군 철수와 한국정부의 약화를 바랐다.[26]

1971년 12월 2일자 주한미대사관의 전문은 이후락 중앙정보부장과 필립 하비브 미국대사의 대화내용을 담고 있다. 양자회동에서 이후락 부장은 박정희 대통령이 곧 국가비상사태를 선포할 계획임을 알려주었다. 이후락은 북한의 계속되는 위협에 대해 국민의 경각심을 일으키기 위해 비상조치를 취하는 것이라고 설명하였다. 대화의 말미에 이후락은 남북 간에 판문점에서 예비적 비밀접촉을 갖고 있다고 최고의 기밀을 전제로 하비브 대사에게 알려주었다. 이후락은 당시 진행 중인 것은 고위급 접촉이 아니며, 북에서는 김덕현이 움직이고 있다고 말하면서도 남한 측 인사의 이름은 밝히지 않았다. 이후락은 이러한 비밀접촉이 훗날 필요하면 고위급접촉으로 쉽게 발전할 수 있을 것이라고 전제하고, 하비브에게 만약 남한과 북한 사이에 비밀 고위급회담이 열려 정치적 분야에서 중요한 진전을 이루면 어떤 반응을 보이겠느냐고 묻고 있다: "상호간 불가침 의사를 밝히고, 양쪽 주민 사이에 통신이 열리고, 군사력 감축에 합의하고, 통일로 가는 중간적 단계로서 서로의 실체를 인정하고, 강대국들의 보장을 받아들인다면, 미국은 그러한 협정에

26 배긍찬, "1970년대 전반기의 국제환경변화와 남북관계," pp. 30-39.

찬동하겠는가?" 하비브 대사는 가설적 질문에 대답하기가 곤란하다고 전제하면서도 그러한 남북 간의 발전을 미국은 일반적으로 환영할 것이라고 답하고 있다. 이후락은 훗날 이 문제들을 더 토론할 수 있을 것이라고 말하고, 단지 그는 북한과 '화해의 기초'(basis of accommodation)를 닦는 것이 미국의 이해에 반하는 것이 아닌지를 확인하고 싶다고 말한다. 하비브는 오히려 반대로 미국은 남한과 북한이 그런 노력을 하는 것을 선호하고 있다고 답한다.[27]

72년 6월 초 미국무성의 한 비망록은 5월 29일부터 6월 1일까지 박성철 부수상의 서울방문 내용을 담고 있다. 이 비망록에 의하면 박 부수상은 박정희 대통령에게 '전면적인 정치대화'(full political discussion)를 열 것을 주장하였고, 박 대통령은 단계적으로 문제를 풀어 나가자고 대응하였다. 이 문건은 또 남북이 이 부장과 박 부수상의 교차방문 사실을 6월 말 경 국민들에게 공개할 것을 고려 중이라고 적고 있다.[28] 그러나 공교롭게도 남북의 중대발표는 미국의 독립기념일인 7월 4일로 미루어졌다. 7·4공동성명의 발표 당시, 주미 특파원이었던 조세형의 회고에 의하면, 주미한국대사관은 사전에 이에 대한 정보를 갖고 있지 않았다. 당시 주미대사는 김동조, 정치담당 참사관은 이상옥이었는데 이들은 미국시간으로 7월 3일 오후부터 본국정부의 지령을 받고 대기상태에 있었다. 서울에서 공동성명의 전문발표가 끝났을 무렵 미국시간으로 밤 8시 28분경 미국부성에서 이를 전적으로 지지하는 성명이 나왔다:

우리는 남북한 간의 대표자들 사이에 이루어진 회담에 관한 공동성명과 앞으

---

27 DOS Telegram, Dec. 2, 1971, Pol 15-1 Kor S, RG 59, National Archives.

28 "Korea-North-South Contacts," DOS Information Memorandum, June 5 1972, Pol 33-5 Kor S, RG 59, National Archives.

> 로의 접촉에 관한 원칙의 합의를 환영한다. 한국 지도자들에 의한 이와 같은 이니시어티브는 대단히 고무적이며 한반도의 평화와 안전을 위한 전망에 유익한 영향을 미칠 수 있을 것이다.
>
> 미국은 한반도의 긴장 완화를 위한 한국 지도자들의 건설적인 노력을 오랜동안 지지해 왔다. 한국과 미국의 굳은 우의는 한국의 안전에 대한 우리의 공약으로 잘 알려져 있다. 우리는 한국의 지도자들이 현재 수행하고 있는 작업이 성공하기를 간절히 빌고 있다.[29]

미국은 자신들이 주장해 오던 남북대화가 본격화되는 것을 반겼다. 그러나 환영의 분위기 속에서 일말의 불안감이 감지되기도 하였다. 7·4성명의 1항은 "통일은 외세에 의존하거나 외세의 간섭을 받음이 없이 자주적으로 해결하여야 한다"라고 명시하고 있는데, 이 부분은 미국을 지칭하는 것으로 읽힐 수도 있기 때문이었다. 7월 5일 오후 찰스 브레이 국무부 대변인과 기자의 다음 질의응답은 사뭇 시사적이다.

> 기　자: 이번 공동성명 가운데 통일은 외세의 간섭없이 이루어져야 한다는 항목이 있는데, 이것이 미국의 한국 주둔을 간접적으로 가리킨 것이라 보지 않는가?
>
> 대변인: 그렇지 않다. 그렇게 생각하지 않는다. 그 공동성명을 읽어보면, 그 성명을 기초했고 또 서명한 사람들의 의도는 그런 뜻이라고 생각되지 않는다.[30]

---

29 조세형, "박 대통령 단독결정이었는가: 72년 남북대화를 보는 미국의 시각," 『월간조선』 1월호 (1986), p. 404.

30 조세형, "박 대통령 단독결정이었는가," p. 408.

대변인이 애써 부정하고 있지만 미국의 일각에서 성명의 1항을 해석하는 데 이견이 있었음을 보여주는 실례라고 할 수 있다. 또 한편으로 미국은 남북 비밀접촉에서 남한과 북한이 한반도문제에 주도권을 쥐고 미국이 소외될 가능성에 대해서도 주의를 기울여야 했다.

72년 11월 9일 하비브 대사가 미국무장관 앞으로 보내는 전문은 11월 2-4일 평양에서 열린 남북조절위원회 회동 내용을 담고 있다. 이 회담에는 이후락 부장이 장기영 전부총리와 최규하 대통령 특별보좌관과 함께 참석했다. 이후락은 11월 3일 10시 15분부터 13시 50분까지 오찬을 겸해 김일성과 만났다. 이 자리에서 김일성은 한국과 가능한 한 빠른 시일 안에 '합작'(coalition)을 위해 뭉칠 필요가 있다는 점을 강조했다. 김일성은 연방제 아래서 양쪽이 사회체제를 그대로 유지할 수 있다고 전제하고, 여러 차례에 걸쳐 남북 정상회담을 촉구했다. 이후락 부장은 남북협력이 잘 이루어지고 분위기가 무르익었을 때 정상회담을 할 수 있을 것이라고 정중하게 거절하고, 연방제는 생각할 수 없다고 대답했다. "남북관계 진전에 대한 이후락 중앙정보부장과의 토론"이라는 제목이 붙은 72년 11월 22일자 하비브 대사의 전문은 김일성이 68년 김신조 청와대 습격사건에 대해 설명하고 사과하는 데 많은 시간을 할애했다고 적고 있다. 이 전문에 의하면 이후락은 연방제에 대해서는 거부의사를 분명히 했다. 이후락은 하비브에게 한국정부가 남북대화를 하면서 강력한 국가건설을 위한 시간을 벌고 있고 김일성 이후를 바라보고 있다고 전한다. 그는 박 대통령의 취임 이후 통일주체국민회의를 통해 ① 박 대통령에게 평화통일을 추진할 수 있는 전권을 부여하고, ② 남북교류에 종사하는 남한국민들이 반공법에 저촉되지 않도록 결의안을 채택하기를 바라고 있다고 말한다.

정홍진과 김덕현 사이의 판문점 비밀접촉을 시작한 이후인 71년 12월 비상사태를 선언한 박 정권은 7·4공동성명 발표에 이어 북한인사들이 서울을 방문한 지 1개월 후인 10월 17일 계엄령을 선포했다.[31] 72년의 10월유신은 미국정부에 큰 딜레마를 안겨주었다. 미국은 박 정권이 점차 권위주의로 회귀하는 모습을 지켜보면서 탈아시아정책에 맞는 한반도정책을 찾기에 골몰했다. 미국은 남북대화를 추진하고 있던 박 정권의 국내정치적 선택을 지켜보는 길을 택했다. 10월 23일자 하비브 대사의 전문은 한국정치의 전개에 관한 미국의 고민을 잘 보여주고 있다. 이 전문에서 하비브 대사는 미국이 "한국에서 27년간 주장하고 지지해왔던 정치철학으로부터 박정희가 멀어져가고 있는 것이 분명하다"고 진단하고 있다. 그는 미국의 대응과 관련 세 가지안을 제시한다. 첫째는 즉각적인 경제, 군사원조의 중단과 같은 구체적인 압력을 행사하는 것, 둘째는 헌법 개정의 기본 골격을 받아들이면서 보다 억압적인 측면만을 수정하도록 박정희를 설득하는 것, 셋째는 불간섭정책을 선택하는 것이다. 하비브 대사는 이 중에서 마지막 안을 추천하고 있다:

> 이러한 안을 선택한다는 것은 미국이 더 이상 한국 내정의 방향을 결정할 수도 없고 해서도 안된다는 사실을 받아들인다는 것을 의미한다. 우리는 이미 한국에서 미국의 개입의 수준을 점진적으로 낮추는 작업을 시작했다. 이러한 '불개입정책'(process of disengagement)은 가속화되어야 한다.[32]

즉 박정희 정권의 급격한 노선변화에 대해 하비브 대사는 미국이 적극적으로 개입하지 말아야 한다고 주장하고 있는 것이다. 이것은 한편으로 미국

---

31 황일도, "미 국무부 비밀문서로 밝혀진 7·4남북공동성명 내막," 『신동아』 1월호 (2004), p. 246.

32 Department of State Telegram, October 23, 1972, Pol 15 Kor S, RG 59, National Archives.

의 부담과 책임을 줄여 가려는 닉슨의 새로운 동아시아정책과도 일맥상통하는 것이었다.

60년대 후반기 한국과 미국은 밀월을 즐겼고, 그 이면에는 65년 한일수교와 베트남파병이 있었다. 박정희 정권은 미국이 그토록 원하던 정책을 수용함으로써 미국의 환심을 샀고 그 반대급부로 국내정치에서 미국의 반대를 사전저지하거나 미국의 의도된 무관심 속에 자신들의 정치적 프로그램을 실천해 나가는 등 정권의 자율성을 신장시켰다. 주월파병의 절정기였던 69년 박정희의 3선개헌에 대해 미국은 침묵하였다.[33] 미국이 원하는 것을 주면 자신이 원하는 것을 받을 수 있다는 사실을 박정희는 61년 정권을 잡은 이래 여러 번의 경험을 통해 깨닫고 있었다. 미국이 닉슨의 등장과 함께 베트남에서 손을 떼기 시작하자 이제 주월파병 카드는 그 약효가 떨어지기 시작하였다. 박정희는 이 즈음 파병을 대신할 카드를 찾기 시작했다고 추론해 볼 수 있는데, 본고는 그것이 남북대화의 추구라고 판단하고 있다. 실제 남북대화가 시작되면서 시종일관 미국은 한국의 대북정책을 지지, 승인하는 입장을 보여왔다. 유신을 단행하기 3개월 전 7·4공동성명을 발표하고 이후 남북관계를 급속도로 발전시킨 역사적 사실은 박정희 정권의 국내정치 프로그램을 진척시키는 과정에서 미국의 협조를 얻거나 또는 반대를 막으려는 박정희의 의도가 깃들여 있었다고 짐작해 볼 수 있다.

2) 미국의 대한반도 정책의 변화와 한미관계

미국의 대공산권 데탕트정책은 한반도에도 그대로 적용되었다. 즉 미국은 북한을 고립시키기보다 대화를 통해 한반도의 안보문제를 해결하려고

---

33 이상우, "박정희와 미국, 그 갈등의 전망," 『신동아』 10월호 (1984), pp. 238-239.

했다. 2000년 무렵 북한의 위협에 대해 한국정부가 포용정책으로, 미국이 봉쇄와 압력으로 대처하려 했던 것에 비해서, 1970년 초엽에는 미국이 포용정책을, 반면에 한국은 억지전략을 구사했다고 볼 수 있다. 박정희 정권이 적극적으로 남북대화를 추진했음에도 당시 박 정권이 북한의 군사적 위협이 줄어들었다고 파악하고 있었던 것은 아니었다. 오히려 박 정권은 북한의 위협이 그 어느 때보다 높다고 판단하고, 북한의 무력침공 준비가 이미 끝났다고 파악하였고, 중국과 북한의 군사협력도 우려할 수준으로 보았다. 그러나 미국은 박 대통령이 북한의 위협을 과장하고 있다고 판단하고 한국의 문제제기에 일일이 대꾸할 필요가 없다는 입장을 보였다. 북한에 대한 위협인식의 차이는 두 동맹국 한국과 미국의 정책적 차이로 나타났고 이러한 차이점은 양국 사이의 신뢰도를 저하시켰으며 갈등의 빌미를 제공하였다. 위협인식의 차이가 동맹의 갈등을 가져온다는 스테판 월트의 고전적 정리가 잘 적용되는 역사적 사례를 제공해 주고 있는 것이다.[34] 닉슨 대통령과 박정희 대통령이 주고받은 편지들은 당시 박정희의 대북관 및 안보관을 엿보게 해 주며, 미국의 일련의 정책에 대한 한국의 불만을 간접적으로 웅변해 주고 있다. 닉슨 대통령의 중국방문 계획이 공개된 후 박정희는 닉슨에게 71년 9월 16일자 편지를 보냈다. 이 편지에서 박 대통령은 한국정부가 닉슨 대통령의 "북경방문이 아세아의 긴장완화와 나아가서는 국제평화 건설에 기여할 수 있을 것이라는 희망에서 이를 환영"한다고 밝히면서도, 한국과 사전상의 없이 중국과 한반도문제를 상의할 가능성에 대해 우회적으로 관심을 표명하고 있다: "한미 양국 간의 전통적인 우호관계에 비추어, 각하의 중공방문 시

---

34 Stephen M. Walt, "Why Alliances Endure or Collapse," *Survival* 39: 1 (Spring 1997), pp. 156-179. 신욱희와 김영호는 데탕트 시기 "미국과 한국의 안보적 위협인식의 차이"를 중심으로 한미동맹의 변화를 설명하고 있다(신욱희, 김영호, "전환기의 동맹: 데탕트 시기의 한미안보관계," p. 1).

우리 정부와의 충분한 사전협의 없이 한국에 대한 어떤 결정이 이루어지리라는 것을 염려할 아무런 이유도 없다고 생각합니다." 박 대통령은 평화를 추구하는 국제적 조류에 역행하여 북한은 여전히 무력으로 한반도를 적화통일하려는 기도를 포기하지 않고 있음을 상기시키면서 한미공조와 한국군에 대한 물질적 원조의 중요성을 강조하고 있다.

> 한반도에서 전쟁 재발을 방지하고 대한민국의 안전을 보장하기 위해서는 우리 한미 양국 간의 상호 방위체제를 더욱 공고히 하고, 한국군의 전투능력 향상을 위한 현대화계획을 촉진시키는 동시에 한국에 대한 미국의 군사 및 경제원조가 적정한 수준에서 계속되어야 한다는 것을 강조하고자 합니다.[35]

박 대통령의 71년 9월 친서를 받은 닉슨 대통령은 동년 11월 말 답신을 보내왔다. 답신에서 닉슨 대통령은 곧 다가올 자신의 중국방문이 아시아의 평화와 안정을 이룩하고, 중국과 미국의 차이점을 이해하는 데 일조할 것이라고 진단하고 있다. 닉슨은 미중화해가 "점차로 그리고 상당 기간에 걸쳐 아시아에서 긴장의 완화로 이어질 것"이며, 그 혜택은 바로 이 지역의 모든 나라들이 받게 될 것이라고 말하고 있다. 닉슨은 이어서 남북화해와 관련하여 남북적십자회의가 이산가족의 고통을 더는 일뿐만 아니라 "적절한 과정을 거쳐서 북과 대화와 교류를 넓히는 길로 나아갈 수 있다고 각하의 정부가 믿고 있다는 사실에 고무"되어 있으며, 이것은 "희망적인 징조"라고 평하고 있

35 "Letter from President Park to President Nixon," September 16, 1971, Pol Kor S-US, RG 59, National Archives.

다.[36] 12월 13일 하비브 대사가 닉슨의 편지를 전달하기 위해 박정희 대통령을 만나 70분간 면담하였다. 이 자리에서 박 대통령은 비상조치에 대해 미국의 이해를 구하면서 그 취지를 상세히 설명하였다. 박 대통령은 강대국들이 화해를 추구할 때 약소국들이 뜻하지 않은 피해를 입을 수 있다고 전하면서 미국과 중국의 관계가 가까워지면서 대만이 입은 피해를 예로 들었다.

11월 30일 김동조 주미대사는 국무성의 존슨 부차관을 만나, 12월 1일 김용식 외무는 하비브 대사를 만나 닉슨 방중 전 박-닉슨회담을 요구하였다. 미국무성은 전문을 통해 하비브에게 중국방문 이전 닉슨과 박정희의 회담은 불가능하다는 점을 한국 측에 분명히 밝히라고 지시하고 있다. 미국의 논리는 미중회담에서 양자 간의 문제만 거론될 것이고, 한국을 비롯한 제3국의 문제는 거론되지 않을 것이라는 점이었다.[37]

박정희 대통령은 닉슨의 중국방문과 소련방문 사이에 다시 닉슨에게 편지를 보내 닉슨의 중국방문이 동아시아 지역의 "평화를 위한 대화의 길"을 열었다고 칭찬하면서, 마샬 그린 국무차관보의 방한을 통해 미중회담 결과를 설명해 주고 한국에 대한 방위공약의 이행을 새삼 재확인해 준데 대해 사의를 표하고 있다. 박정희는 이 편지에서 북한의 군사적 위협을 상기시키면서, 주한미군의 감군과 함께 약속된 한국군 현대화계획이 1972년에는 미국의 군사원조 삭감으로 제대로 이행되고 있지 않다고 지적하고 미국의 도움을 요청하고 있다.[38]

---

36 "Letter to President Park from President Nixon (November 29, 1971)," Pol 15-1 Kor S, RG 59, National Archives.

37 DOS Telegram, December 13, 1971, Pol 15-1 Kor S, RG 59, National Archives.

38 "Letter from President Park to President Nixon," March 23, 1972, Pol 15-1 Kor S, RG 59, National Archives.

미국무성 동아시아과가 작성한 보고서 "북한에 대한 미국의 입장"은 북한을 지칭하는 데 하급문서 또는 연락문에 DPRK라는 호칭을 사용하는 방안을 검토하고 있다. 이 보고서는 미국인의 북한여행 제한과 대북한 심리전을 중지할 것을 권고하고 있다. 미언론인의 방북과 북한 언론인의 미국방문 가능성에 대해서도 열린 태도를 보이고 있다. 또한 북한과 관계개선을 위해 미 달러화 거래 제재 완화, 미화물선 또는 화물기의 북한 항만이나 공항 기착 제재 완화, 무역제재 조치 중단, 대북 수출품 항목 자유화 등을 포함하는 무역제재 완화방안을 추천하고 있다.[39] 미국과 북한의 대화 움직임은 한국정부를 긴장시켰다. 가뜩이나 미중화해 이후 미국의 의사결정과정에서 소외되어 있다고 느끼고 있던 박 정권은 의심의 눈초리로 미국의 행동을 지켜보게 되었다. 소원해진 한미관계의 일단을 청와대 함병춘 보좌관과 미국무성 그린 부차관보의 대화에서 읽을 수 있다. 함 보좌관은 미국정부와 한국정부 사이의 의사소통이 붕괴되었다고 전제하고, 한국은 더 이상 미국의 정책방향을 종잡을 수 없다고 불평하고 있다. 그는 닉슨 대통령의 중국방문을 둘러싼 미국의 비밀유지와 중국의 저우언라이가 두 번씩이나 평양을 방문했던 일을 비교하면서 한미관계에 사적인 친밀감이 결여되어 있다고 평했다. 그린 차관보는 닉슨 독트린을 상기시키면서 북한의 위협에 대해 현실적인 자세를 취하되 북한을 포함한 다른 모든 나라와 관계개선을 추진하는 것이 미국의 기본정책이라고 답하고 있다.[40]

---

39 "The U.S. Posture Toward North Korea," March 24, 1972, RG 59, National Archives (미국무성 동아시아과 작성).

40 "함병춘 청와대보좌관과 마샬 그린 국무성 부차관보의 대화비망록," 1972년 4월 13일. 이흥환 편, 『미국 비밀문서로 본 한국 현대사 35장면』 (서울: 삼인, 2002), pp. 158-161에 소개됨.

5. 대화의 쇠퇴기

1) 대화의 쇠퇴와 두 개의 한국문제

1973년도는 남북대화의 지속과 중단 그리고 6·23선언의 해였다. 73년에 들어서자 남북대화의 열기는 급격히 식었다. 1월 이후락은 하비브에게 남북대화의 목표를 전쟁을 회피하고 평화공존의 원칙 위에서 한반도의 안정을 강화하기 위한 것이라고 소개하고 대화가 잘 발전되면 유엔에 두 한국이 가입하게 될 것이라고 예상하였다. 그는 미래의 어느 시점에 강대국의 개입이 필요할 것이라고 말하고 일본, 러시아, 미국은 괜찮겠지만 대만문제로 중국이 반대할 것이라고 예상하였다. 이후락이 두 개의 한국 개념에 대해 위험요소가 있느냐고 묻자 하비브 대사는 한국민들을 교육시키는 것이 가장 큰 문제일 것이라고 대답한다. 이후락은 한국정부가 조절위원회에 먼저 경제분과위와 사회분과위를 설치하고 나중에 정치와 군사분과위원회를 설치하는 일에 관심이 있다고 전하였다. 그는 경제분과위가 어업과 관광분야에 초점을 맞추기를 희망하였다.[41]

3월 14-16일 평양에서 열린 남북조절위원회는 별 성과없이 끝났다. 3월 27일 이후락 부장은 하비브 대사와 90여 분간 평양회담에 대해 의견을 교환했다. 이 자리에서 이후락 부장은 북한이 국제사회에 대한 선전공세에 더 관심이 있는 것 같다고 말하고, 그들은 정치, 군사문제를 다루길 원한다고 전했다. 또, 그는 사견임을 전제로 여당과 야당이 모두 참여하는 정치분과위원회를 생각하고 있다고 말했다. 그는 군사분과위원회나 평화조약에 대

---

41 "Yi Hu-Rak's View on South-North Dialogue," Jan 3, 1973, Pol 32-4 Kor/UN, RG 59, National Archives.

한 논의는 생각할 수 없다고 잘라 말했다.[42]

6월 12일 서울에서 개최될 남북조절위원회회담을 앞두고 이후락과 하비브가 회동했다. 이 모임에서 이후락은 한국정부는 계속해서 쉬운 문제부터 풀어나가는 단계적 접근법을 택할 것이라고 말하고 있다. 또한 정치세력 사이의 회동을 북한에게 제안할 것을 고려 중이라고 전했다. 하비브가 북한이 두 개의 한국이라는 개념을 받아들이리라고 믿는가고 묻자, 이후락은 북한이 두 한국을 받아들이지 않을 것이라고 말한다. 이후락은 북한이 통일과 정치, 군사적 문제를 강조할 것이라고 말하고, 그 이유는 북한이 주한미군 철수를 원하고 자신들의 국제적 지위를 높이기 원하기 때문이라고 주장했다.[43]

73년 2월 말 제28차 유엔총회를 앞두고 미국을 방문한 김용식 외무장관에게 로저스 국무장관은 북한고립화 전략의 무용성을 강조했다.

> "우리는 일관되게 '북한을 고립시키지 마라'고 말해왔습니다. 교류와 교역이 많을수록 더욱 좋습니다. 중국이나 소련이 북한이 말썽을 일으키도록 고무하고 있다고 생각하는 사람은 거의 없습니다. 우리는 북한을 고립시키는 것의 유용성을 재고해봐야 합니다."

김용식 외무장관은 형평성의 문제를 들며 로저스 국무장관에게 반박했다. 이 당시 국제무대에서 남북 간의 외교경쟁이 치열했으며 한국정부는 북

---

42 "Lee Hu-Rak's Comments on Recent South-North Coordinating Committee Meeting," March 28, 1973, Pol 32-4 Kor/UN, RG 59, National Archives.

43 "Yi Hu Rak's Comments on South-North Coordinating Committee," June 5, 1973, RG 59, National Archives.

한을 외교적으로 승인하는 국가들이 늘고있는 사실에 경악하고 있었다. 당시 박정희 정부의 가장 큰 고민은 한국과 북한의 외교적 대결에서 북한이 일방적으로 유리한 고지를 점하는 것이었다. 미국은 북한과 교류를 늘리는데 반해 소련과 중국은 한국에 대해 문호개방을 하지 않을 것을 우려하며 김 외무장관은 다음과 같이 말했다. "북한은 소련의 한국과 교역을 반대하며 중국의 한국과 교역은 더 크게 반대하고 있습니다. 이 패턴의 수정은 상황을 변화시키고 [한국정부의 태도의] 변화를 정당화시킬 것입니다."[44]

"미국의 대한정책, 1973"이라는 외교부의 보고서는 미국이 한반도의 긴장완화와 남북한 평화공존을 희망하고 있으며 그러한 환경 속에서 한국에 대한 공약과 부담을 차츰 줄여나가기를 희망하고 있다고 분석하고 있다. 미국의 대북한관계 항목에서는 한반도에서 긴장완화를 추진하기 위한 일환으로 "북한과의 제한된 범위 내에서의 접촉과 교류는 남북한 대화의 진전을 보아 할 수 있다는 태도를 취할 것이 예상"된다고 밝히고 있다.[45]

1973년 5월 29일 케네츠 러쉬가 키신저에게 보내는 비망록에는 두 개의 보고서가 동봉되어 있다. 그중 하나가 "한국정책 재고찰: 두 개의 한국정책"인데 이 보고서는 미국의 대한정책의 목표를 "한반도의 점진적 통일은 최종적인 목표로 남겨둔 채, 일정 기간 동안 남과 북 사이에 두 개의 한국을 형식화하고 공고화하는 것"이라고 밝히면서 "미국은 외교적 또는 다른 모든 수단을 동원해서 적극적으로 두 개의 한국정책을 정착시켜야 한다"고 강조하고 있다. 이 문건의 기본전제는 1950년대 냉전의 정점에서 마련된 정책들

44 "ROK Foreign Minister's Meeting with the Secretary February 22, 1973," February 24, 1973, Pol 7 Kor S, RG 59, National Archives.

45 "미국의 대한정책, 1973," 1973년 1월 18일, 외교통상부 외교문서공개목록, 721.2US, 1973.

이 이제 시대착오적인 것이 되어가고 있다는 것이다. 냉전의 약화와 미중화해의 배경 위에서 남북 간의 분쟁의 위험도를 줄이기 위해 미국의 정책목표를 두 개의 한국정책으로 삼아야 한다고 지적하고 있다. 보고서는 또한 조심스럽게 미북관계의 진전을 모색할 것을 권고하고 있다.

> 북한을 공식적으로 인정하는 것은 훗날로 미루어야 하겠지만, 북한과의 관계를 정상화하는 과정을 시작해 봄직하다. 특히 북한과의 비공식적인 비밀접촉은 북한에 대한 직접적 정보를 얻고 평양의 정책에 대한 안목을 기를 수 있는 기회를 제공할 뿐만 아니라, 평양이 서구와 좀 더 건설적인 관계를 형성하는 데도 일조를 할 것이다. 여행제한 규정을 고치거나 비공식적 접촉을 고무함으로써 우리의 의도를 밝힐 수도 있을 것이다. 단 북한과의 접촉은 남한의 민감성을 고려해야 한다."[46]

2) 6·23선언

1970년 초 무렵은 데탕트라는 국제정세의 변환 속에서 국제무대에서 주도권 확립을 위해 남한과 북한이 치열하게 외교전쟁을 벌인 시기였다. 북한이 평화공세와 대서방권 적극외교로 나오자 박정희 정부는 실질적으로 두 개의 한국을 인정하는 6·23선언의 공포로 맞서게 된다. 한국은 남한과만 단독으로 수교하고 있던 나라들이 점차 북한을 인정하는 방향으로 선회하는 데 위기감을 느끼고 있었다. 1972년 7월부터 이듬해 3월 사이에만 남한을 승인했던 11개국이 북한을 승인했고, 북한은 73년 5월 세계보건기구

---

46 "Korean Policy Reconsideration: A Two-Korea Policy," Pol 32-4 Kor/UN, RG 59, National Archives.

(WHO)의 정식회원이 되었다.[47] 6·23선언에서 박 대통령은 민족의 염원을 담아 대화를 시작하였으나 북한은 "불신요소를 남겨 둔 채 대한민국의 안전보장을 위태롭게 할 군사 및 정치문제의 일괄선결을 주장하고" 있다고 북을 비난하고 있다. 또한 박 대통령은 호혜평등의 원칙하에 모든 국가에게 문호를 개방할 것을 선언하고, 북한이 한국과 같이 유엔에 참여하는 것을 반대하지 않는다는 뜻을 밝히고 있다.[48]

6·23선언이 나온 날 미국무부는 공식성명을 통해 한국정부의 새로운 외교노선의 발표에 환영의 뜻을 표했다. 미국무부는 "박 대통령의 제안에 전적으로 동감하며, 이러한 건설적인 이니셔티브가 한반도의 평화와 안전에 관심을 가지고 있는 모든 정부의 관심과 지지를 받을 것으로 확신한다"면서, "남북한 양측이 한반도에서의 영속적인 평화를 향하여 단계적으로 전진할 수 있는 기반을 제공할 것"이라고 평했다. 미국은 동 성명으로 2년 전 시작된 남북대화가 더욱 발전할 수 있기를 기원한다고 말하고, 한국의 외교적 노력에 "확고한 지원을 계속"한다는 다짐을 했다.[49] 6·23선언은 박정희 정부의 치밀한 준비와 미국과의 비밀스럽고 긴밀한 사전협조를 통해 탄생했고, 발표 이전 한국정부는 주요 우방국들과 사전협의를 했으며, 특히 동맹국인 미국과는 제일 먼저, 그리고 상세한 토의의 과정을 거쳤다. 주한 미국대

---

47 미국무부의 한 정보보고서는 북한이 남북대화를 통해 국제적으로 평화 이미지를 제고하여 국제기구 가입과 미수교국과 수교 등 외교적 개가를 올리자 한국정부가 점차 남북대화를 '짐'(liability)으로 인식하게 되지 않을까 우려하고 있다(ROK Frustration over World Attitudes to the Two Koreas," April 27, 1973, Intelligence Note, Pol 1 Kor S, RG 59, National Archives).

48 "평화통일 외교정책 선언 (1973년 6월 23일)," 심지연, 『남북한 통일방안의 전개와 수렴』(서울: 돌베개, 2001), pp. 304-306.

49 "U.S. Statement on President Park's Proposals," June 23, 1973, Pol 32-4 Kor/UN, RG 59, National Archives.

사관의 한 전문에 따르면 박정희 대통령이 직접 새로운 외교노선의 수립과 실행에 있어서 미국과 "가장 긴밀한 협의 속에서"(in close consultation) 진행하라고 명령한 것으로 나타나고 있다.[50]

하비브 대사가 미국무성으로 보낸 전문에 의하면 하비브는 외무장관, 국무총리, 국회의장, 대통령 외교보좌관 등과 대화를 나누었고, 이들과의 만남을 통해 한국정부가 유엔문제와 남북관계에 관한 근본적인 외교정책의 변화를 꾀하고 있으며, 이를 6월 28일에 열릴 예정인 유엔총회 이전에 발표할 것으로 판단하고 있었다. 한국정부의 근본적인 외교노선 변화에 대해 김용식 외무장관이 5월 9일 하비브 대사와 처음 논의했고, 이틀 후 정일권 국회의장, 김종필 총리가, 5월 15일에는 최규하 보좌관이 하비브를 만났다. 하비브는 이들 4인의 상의 내용이 대동소이한 점으로 미루어 5월 9일 오후 국가안보회의에서 이 문제가 거론되었을 것이라고 추정하고 있다. 김 외무장관은 독일의 경험을 연구하고 있다고 하비브에게 전해 주었고, 자신의 의견으로는 7-8월쯤 특히 광복절에 즈음하여 신외교노선을 발표하는 것이 좋을 것이라는 의사를 피력했다. 또한 김 외무장관은 국가안보회의에서 미국과 이 문제를 상세히 토의할 필요가 있다고 역설했다고 하비브에게 전했다. 김종필 총리는 하비브 대사와의 대화에서 '두 개의 한국'이라는 단어를 여러 번 사용했다고 한다. 김 총리의 관심은 북한을 승인하는 국가의 수가 한국

50 "ROKG Foreign Policy Change," May 19, 1973, Pol 1 Kor S, RG 59, National Archives. 한국정부는 미국에게 당분간 다른 나라에는 외교정책의 변화에 대해 비밀에 붙일 것이라고 말하고 있다. 그러나 박정희는 주영대사관에 지시하여 비밀리에 영국에게 일련의 초안들을 브리핑해 주고 영국의 견해를 청취하고 있었다. 피터슨 주한영국대사가 하비브 미국대사에게 한국의 외교정책 변화(특히 유엔에서 한국문제)에 대해 상의함으로써 미국도 외교 비밀을 아는 것이 자신들만이 아니라는 사실을 알게 되었다(ROK Foreign Policy Changes," June 4, 1973, Pol 1 Kor S, RG 59, National Archives).

을 승인하는 국가의 수를 곧 능가하지 않을까하는 데 있었다. 따라서 그는 사회주의국가들이 한국을 승인하는 조건하에서 한국의 우방들이 북한을 승인해야 한다고 주장하였다. 하비브는 한국정부의 고위관료들과 대화를 갖고서 한국이 "바람직하고 현실적인 정책방향"으로 선회하고 있다고 평하였다. 북한을 외교적으로 승인하는 국가들이 늘고 있는 세계적 추세에 한국이 적응하고 있다는 것이다. 하비브는 비록 한국정부가 두 개의 한국이라는 용어를 사용하지는 않겠지만 '사실상 두 한국(de facto two Koreas)'의 방향으로 나아가고 있다고 진단하고 있다. 그는 미국이 "한국정부보다 앞섬이 없이, 또는 그들이 준비된 것 이상 서두르라고 재촉함이 없이" 한국정부의 새로운 사고를 격려해야 한다고 적고 있다.[51]

5월 말 김용식 외무는 박 대통령의 재가를 받고 하비브 대사에게 "신외교정책의 기본 가이드라인(Basic Guidelines for a New Foreign Policy for the Republic of Korea)"이라는 명칭이 붙은 초안을 건넨다. 초안에는 북한을 공식적으로 승인하지 않는다는 기본 원칙 아래 미국과 상의할 문제들이 적혀 있었다. 이 자리에서 김 외무장관은 초안에 대해 미국과 합의를 본 후 공식성명을 만드는 작업을 시작하고 7월 10일경 대내외에 발표할 예정임을 밝힌다.[52] 그러나 6월 초 한국정부는 북한이 남한의 발표에 앞서 기선을 제압하려는 조치를 취할 가능성에 대비하기 위해 D데이를 6월 23일로 앞당기게 된다. 한국은 미국에게 다른 주요 우방과의 협의를 6월 16일경 시작할 예정이라고 알리고, 그때까지는 미국과 의견조율이 마무리되기를 희망하였다.[53] 6월 중순

---

51 "ROKG Leaders Examining Major Foreign Policy Change," May 17, 1973, Pol 1 Kor S, RG 59, National Archives.

52 "Foreign Policy Changes," May 25, 1973, Pol 1 Kor S, RG 59, National Archives.

53 "ROK Foreign Policy Changes," June 9, 1973, Pol 1 Kor S, RG 59, National Archives.

김용식 외무장관은 6·23선언의 수정안을 갖고, 하비브 주한미국대사는 미국무부에서 온 훈령을 갖고 대좌를 하게 된다. 미국의 훈령은 국제연합한국통일부흥위원회(UNCURK)의 해체에 동의하고, 한반도의 안전문제를 확실히 한 후에 주한 유엔군사령부(UNC)의 해체를 생각해 볼 수 있으며, 남북이 동시에 유엔에 가입하는 것에 찬성하고, 북한을 외교적으로 승인하는 일은 공산주의 강대국들이 한국을 승인한 이후에 고려해 볼 수 있다는 한국의 입장에 동의한다는 것 등이었다.[54] 김용식 외무장관이 가져온 수정안에 대해 하비브는 유엔총회 토론에 대한 한국의 입장, UNCURK 문제, UNC의 미래에 관한 문제에 대한 언급이 빠져 있다는 점을 지적하며 세 항목 모두 포함시킬 것을 권고하였다. 김 외무장관은 북한 참여 하에 유엔총회 토론에 한국정부가 반대하지 않는다는 내용을 삽입하는 것에 동의하고, 한국정부는 UNCURK 해체를 기꺼이 받아들일 수 있다고 말했다. UNC 해체와 관련해서는 한국이 이 문제와 관련된 구체적인 사항들을 논의할 준비가 되어있으나 미국정부와 충분한 논의가 먼저 필요하다는 입장을 보였다.[55]

미국은 6·23선언으로 한국 및 주요 우방, 중국 및 소련과 외교적 협의의 필요성이 있다고 판단하고 국가안보회의, 국방성, 국무성, 중앙정보국(CIA)가 참여하는 한국문제 특별 워킹그룹을 조직했다.[56] 미국은 한국정부의 6·23선언을 긍정적으로 받아들였다. 이 선언으로 한반도의 평화를 다지는

---

54 "US Views on ROK Foreign Policy Changes," June 12, 1973, Pol 32-4 Kor/UN, RG 59, National Archives.

55 "US Views on ROK Foreign Policy Changes," June 19, 1973, Pol 1 Kor S, RG 59, National Archives.

56 "Coordination of Diplomatic Activity Relating to Korea," Memorandum for Dr. Henry A. Kissinger, June 22, 1973, National Archives.

중요한 진전이 이루어졌고 미국은 이 정책의 성공을 위해서 전적으로 한국을 돕겠다고 밝혔다. 이 정책의 실현과정에서 주한 미국대사와 긴밀히 협의한 점에 대해서도 사의를 표했다.[57] 6·23선언이 나온 두 달여 뒤 김영주의 남북대화 중단에 관한 성명 발표로 70년대 초 남북대화의 국면은 일단 막을 내리게 된다.[58]

6. 데탕트 시기 남북화해와 한미동맹관계 변화의 이해

데탕트 시기 한반도에서 추진되었던 남북화해와 대화의 물결은 국제정세의 변화, 남북라이벌 관계의 진화, 국내정치의 동인 등이 상호 영향을 끼친 복합적 인과관계의 산물이었다. 남북대화는 박정희 대통령에게 있어 다목적을 가진 과업이었으며, 박 대통령은 미국관계, 북한관계, 국민관계, 반대세력과의 역학, 정권 내부의 여러 집단 사이의 역학관계 등을 고려하며 라이벌 화해를 추진하였다. 박정희가 다면적, 다층적 게임을 시행한 것처럼 김일성도 화해 모색 기간 중 또는 그 이후 국제정치와 국내정치를 아우르는 다면 게임을 벌였다. 북한에게 있어 라이벌 화해 국면은 중국 및 소련과의 동맹 정치, 남한이라는 주적에 대한 판단 및 정책방향, 북한식 사회주의 노선의 향방, 후계자 구도를 둘러싼 국내정치 등이 복잡하게 얽힌 사건이었다. 남북화해를 한미동맹의 관점에서 정리해 보면 다음과 같다.

① 1970년대 초 남북화해는 모색기, 적극적 추진기, 쇠퇴기의 세 시기로

57 "ROK Ambassador's Call," June 28, 1973, DOS State Briefing Memorandum, June 27, 1973, Pol 32-4 Kor/UN, RG 59, National Archives.

58 "김영주의 남북대화 중단에 관한 성명 (1973년 8월 28일)," 심지연, 『남북한 통일방안의 전개와 수렴』, pp. 318-323.

나누어 살필 수 있다. 69년부터 71년 여름까지의 첫 시기는 미국의 대북대화 제의와 한국측의 소극적 대응과 점진적 정책변화의 기간으로 70년의 8·15선언이 대표적 사건이었다. 71년 여름부터 박 대통령은 이후락 부장을 중심으로 적극적으로 남북대화를 추진했는데, 이 기간은 72년 말까지 지속되었고 이 시기에 7·4남북공동성명이 발표되었다. 마지막 시기인 73년에는 남북대화가 종착역을 향하고 있었고 미국과 한국은 6·23선언을 통해 두 개의 한국이라는 정책에서 서로 접점을 찾게 된다.

② 남북대화의 단초를 제공한 것은 미국이었다. 미중의 화해, 미소 데탕트의 추진으로 베트남에서 철수를 계획하고 있던 미국은 동북아시아의 안정과 한반도의 평화를 바랐다. 미국은 한반도에서의 작은 데탕트가 동아시아 차원에서 미국이 추진했던 큰 데탕트에 일조를 하리라고 생각하고 박 정권에 북한과 대화를 권유했다.

③ 존슨 행정부에 비해 닉슨 행정부 때 한국의 전략적 중요도는 떨어졌다. 베트남전쟁을 수행하던 시기 미국을 도와 파병하고 있던 한국에게 존슨 행정부는 많은 배려와 관심을 보냈다. 반면 데탕트를 추구하던 닉슨 행정부에게 한미관계는 미중, 미소, 미일관계의 종속변수로만 여겨졌다.

④ 중국과 화해를 추구한 미국은 중국이 미국과 관계를 고려하여 북한의 대남 도발을 승인 또는 고무하리라고 생각하지 않았다. 오히려 미국은 미중화해로 한반도에서 중국이 북한을 견제할 것이므로 한반도에서 전쟁의 위협은 낮아졌다고 판단하고 있었다. 실제 1970년대 들어 북한이 취한 일련의 평화공세는 이러한 미국의 판단을 강화시키는 역할을 했고, 미국은 한반도의 평화정착으로 추가 미군감축을 할 수 있기를 원했다.

⑤ 북한의 대남 위협이 줄어들고, 한반도에서 공산주의 세력의 전쟁 도발 가능성이 낮아졌다는 미국의 판단에 박정희 정권은 동의하지 않았다. 박정

희는 오히려 1960년대 말부터 1970년대 초반의 일련의 국내외 정세의 변화로 안보위협이 증가했다는 판단을 내리고 있었다. 동맹국 사이의 적의 위협에 대한 인식의 차이는 당시 동맹관계를 불안정하게 하는 주요 요인으로 작용했다. 따라서 애초에는 박정희는 남북대화를 시도해 보라는 미국의 제의를 거절했다. 박정희는 일련의 북한의 도발에 대해 미국이 단호하게 대처하지 않는 것에 실망했고, 닉슨 독트린과 미중화해 등 미국의 정책 변화에 대해 우려하고 있었다.

⑥ 한미동맹관계에서 박정희 정권의 남북대화 추진은 자율과 타율의 이중성을 갖고 있었다. 타율의 측면은 닉슨 독트린과 미중화해 등 국제정세의 변화가 한국외교에 주는 압력과 미국의 직접적 설득이었다. 자율의 측면은 적극적으로 대화추진 의사를 갖고 비밀회담을 거쳐 7·4공동성명을 발표하는 등 독자적 외교공간을 마련하려고 시도한 부분이다.

⑦ 동맹관계에 있어서 남북대화의 개시와 추진은 박정희 정권의 미국에 대한 발언권을 강화시켰다. 닉슨 독트린 이후 미국의 탈아시아 움직임에 일방적으로 끌려가던 박정희는 남북대화를 통하여 후견국-피후견국 관계에서 피후견국의 입지와 발언권을 강화시킬 수 있었다. 박정희는 미국에게 서독이 힘의 우위에서 동독과 대화하듯이 한국도 단결과 강한 힘을 바탕으로 남북대화를 추구해야 한다고 역설하였다. 즉 박정희는 라이벌 화해의 성공적 추진을 위해서 한국이 강해져야 하고, 그러기 위해서는 주한미군의 추가 철수는 있을 수 없으며, 대한 군사원조를 강화해야 한다는 논리를 폈다. 화해를 추진하는 가운데 박정희는 계엄령과 10월유신을 추진함으로써 미국을 당황하게 만들었다. 일련의 초헌법적 조치에 대해서 박정희는 국론의 통일을 위해 불가피한 조치임을 미국에 주지시키려고 노력하였다.

7. 결론

남북한 라이벌관계의 50여 년의 역사에서 화해의 국면은 세 번 찾아왔다. 첫 번째 화해시도인 1970년대 초의 남북대화는 이후 남북화해의 원형을 제시했다는 점에서 의미가 깊다. 당시 남한의 박정희와 북한의 김일성은 남북대화를 통하여 평화와 통합의 길을 열 수 있다고는 생각하지 않고 있었다. 그런 점에서 1970년대 초의 화해는 1990년대 초의 화해나 2000년대 초의 화해와 구별되어야 한다. 라이벌화해인 1972 화해, 1991 화해, 2000 화해는 각기 다른 모티브를 갖고 있었다. 화해의 진화, 화해 사이의 시간적 간격의 축소는 주목할 만한 사실들이다. 주요 차이점 중 하나는 첫 화해는 남북 사이의 힘의 균형을 모색하던 시기의 정책결정가들의 스파링의 성격을 갖고 있었다는 점이다. 두 번째 화해와 세 번째 화해는 한국의 북한에 대한 절대적 우위 속에서 북한다루기의 측면을 갖고 있다. 북한은 위기 속 탈출구를 모색하는 방편으로 라이벌 화해의 공간을 이용하고 있다.

본 연구는 동맹에 초점을 맞춰 라이벌관계에 있는 두 국가 사이의 화해의 조건을 조명해 보려고 시도했다. 일단 한국과 미국의 동맹관계만을 고찰했으므로 당연히 북한과 중국 사이의 상호작용이 새로운 관심사항으로 떠오른다. 북한 외교사료의 접근이 불가능하므로 중국에 있는 자료를 탐색해야 할 것이다. 향후 연구는 또한 동맹 이외의 다른 조건들에 대한 연구를 통해 라이벌 화해의 총체적 이해로 발전되어야 할 것이다.

제3부

탈냉전 시기 북한의 대전략

제6장
2·13합의 이후 북한의 핵전략과 대남전략*

1. 서론

테러와의 전쟁과 선군정치의 배경 아래 2차 북핵위기가 진행되고 있다. 부시 행정부의 독선적 외교 스타일과 평양 지도부의 선군노선의 강행이 겹쳐지면서 2000년대 초반 한반도의 국제정세는 불안정하고 소모적인 기류에 휩싸이게 되었다. 부시 행정부는 아프가니스탄과 이라크에서 전쟁을 수행하면서 효과적인 대북정책을 수립할 심리적 여유를 갖지 못하였으며, 평양 지도부 또한 주민의 생존권을 우선적으로 해결하기보다 정권안보의 불안요소를 제거하는 데 국력의 대부분을 소모하고 있다. 6자회담의 지속과 한국정부의 노력에도 북미의 강경노선으로 한반도의 안보질서는 북한의 미사일 시험발사와 핵실험이라는 곤란을 겪게 되었다.

역설적이게도 '10·9 핵실험' 이후 평양과 워싱턴은 진솔한 대화를 나누기 시작했다. 북미 양자회담과 '2·13합의'의 도출로 한반도의 국제정세는 '순

---

* 이 글은 『한국정치외교사논총』(29집 1호, 2007, 235-257쪽)에 발표했던 논문을 수정·보완한 것이다.

풍'을 만난 형국이다. 태평양 양안에서 과거보다 진일보된 북미관계의 개선을 점치는 소리가 높아지고 있으며, 한반도 비핵화 실현에 대한 기대도 그 어느 때보다 높아지고 있다. 2007년 말 한국의 대선과 그 이듬해 말 미국의 대선과 맞물리면서 협상의 폭과 시간표와 관련된 당사국들의 줄다리기가 가일층 벌어질 전망이다. 북한은 과연 핵을 포기할 것인가? 북미 관계정상화는 이루어질 수 있는가? 이 중요한 질문에 해답을 줄 수 있는 열쇠의 절반 또는 그 이상을 북한이 쥐고 있다고 해도 과언은 아닐 것이다. 그러나 북한 지도부의 의중을 파악하는 것은 쉬운 일이 아니다. 한국의 정치인과 분석가들은 북에서 흘러나오는 '김일성 유훈' 한마디에 안도하고, '핵억지력 보유' 운운에 한숨을 내쉬는 형편이다.

본고는 현 단계 북한의 핵전략과 대남전략의 대강을 살펴보는 것을 목적으로 한다. 평양의 핵전략과 대남전략은 불가분의 관계에 놓여 있다. 북한 지도부는 핵전략을 충실히 수행하기 위해 대남전략과 전술을 활용하고 있으며, 대남전략의 목표를 위해 핵전략을 일시적으로 수정, 변경하기도 한다. 북의 핵전략과 대남전략은 통일된 지도부의 전략적 계산과 중장기 프로그램 아래 유기적인 관계 속에서 펼쳐진다고 보아야 한다. 이 글은 우선 2·13합의의 배경과 의미를 짚어 본 후 북한의 핵전략과 대남전략을 차례로 살펴보고, 끝으로 우리의 정책과제를 제시하는 것으로 마무리를 대신하게 될 것이다.

2. 2·13합의의 배경과 의미

2006년 10월 9일 북한 핵실험 이후 최악의 상태로 치닫던 한반도의 안보질서는 2007년 베이징 6자회담에서 2·13합의가 이루어져 일단 진정세로 접어들고 있다. 동결되었던 BDA 은행 자금의 인출문제로 일시적으로 유탄을 맞았지만, 기술적인 문제가 해결되면 6자회담이 정상 궤도에 진입할 수 있을 것으로 예상된다.[1] 2006년 미국 중간선거 이후부터 한반도 위기상황이 협상국면으로 접어드는 기미를 보이기 시작했다.[2] 2006년 11월 18일 하노이 한미 정상회담에서 부시 미국 대통령은 "북한이 핵폐기에 나설 경우 노 대통령, 김정일 국방위원장과 함께 한국전 종전을 선언하는 문서에 공동 서명"하겠다고 말한 것으로 전해졌고, 정상회담 직후 토니 스노 백악관 대변인은 "북한이 핵을 폐기할 경우 미국이 취할 수 있는 구체적인 목록 중에는 한국전의 종료를 선언하고 경제협력과 문화, 교육 등 분야에서의 유대를 강화하는 게 포함돼 있다"고 언급하기도 했다.[3]

2007년 1월 17-19일 크리스토퍼 힐 미 국무부 동아태 차관보와 김계관 북한 외무성 부상이 베를린에서 회동을 갖고 북핵문제에 관한 심도 있는 논의를 가졌다. 북미 양자회담 허용, BDA문제 해결책 제시 등 미국의 현란한 '양보외교'가 전개되는 가운데 결국 2월 13일 베이징 6자회담에서 참가국들은 핵문제 해결을 위한 주요한 성과를 도출해 냈다. 2·13합의는 한반도 비핵화를 조기에 평화적으로 달성하기 위해 '행동 대 행동'의 원칙에 따라 일

---

1 B. C. Koh, "Six-Party Talks: A Temporary Setback," *IFES Forum*, March 26, 2007; Stephen Kaufman, "Talks on North Korean Nuclear Program 'On Track,' U.S. Says," *Washington File*, March 22, 2007.

2 백악관 국가안보회의(NSC) 아시아 담당 보좌관을 맡았던 한국계 빅터 차 조지타운대학교 교수는 최근 한 인터뷰에서 부시 행정부의 대북정책의 선회가 중간선거 훨씬 이전부터 추진되었다고 증언했다. 그에 의하면 백악관과 국무부는 2006년 7월 4일 평양의 미사일 시험발사 이전부터 9·19합의를 촉진하고, 비핵화에 대한 북한의 진의를 시험해 보기 위한 실무 작업에 착수하였다(『중앙일보』, 2007년 5월 7일).

3 김성한, "6자회담 진전에 따른 평화체제 논의의 쟁점과 전망," 『주요국제문제분석』, 2007년 1월 30일, 2쪽.

차적으로 영변 핵시설을 폐쇄하고, 이후 비핵화의 목표가 달성될 때까지 단계별로 상호 조율된 조치를 취하기로 한 것이었다.[4]

이 합의에 따르면 북한은 60일 이내에 영변 핵시설 폐쇄, 봉인, IAEA 요원 복귀 등 초기조치를 이행하고, 그 대가로 중유 5만 톤을 지원받게 된다. 참가국들은 향후 30일 이내에 한반도 비핵화, 미북 관계정상화, 북일 관계정상화, 경제 및 에너지 협력, 동북아 평화안보 체제 실무그룹(W/G)을 개최하기로 합의했다. 북한은 모든 핵프로그램을 신고하고, 현존하는 모든 핵시설을 불능화하기로 약속했으며, 참가국은 추가로 북한에게 중유 95만 톤을 제공하기로 약속했다. 또한 초기 조치가 이행되는 대로 6자는 9·19공동성명의 이행을 확인하고 동북아 안보협력 증진방안을 모색하기 위한 장관급 회담을 신속하게 개최하기로 합의했다.[5]

현재 미 국무부는 2008년 초까지 북핵 협상을 마무리 짓고 핵무기와 핵프로그램의 해체 및 검증체제를 가동한다는 목표를 설정하고 있는 것으로 전해진다. 2008년에는 북한의 중장거리 미사일 협상의 개시도 예상되고 있다.[6] 한편 북한의 핵포기 의지에 대한 미국의 의구심이 여전하므로 미국의 태도 변화가 언제나 가능하다는 견해도 존재한다.[7] 북한의 입장을 대변하는 조총련계 『조선신보』는 "조선은 자기의 비핵화공약을 행동 대 행동 원칙에

---

4 Christopher Hill, "Update on the Six-Party Talks," Speech at the Brookings Institute Seminar, February 22, 2007. http://www.brook.edu/comm/events/20070222hill.pdf/. (accessed: May 1, 2007)

5 Moo-jin Yang, "The Implementation of the February 13 Agreement," *IFES Forum*, March 15, 2007; Kwang-ho Lee, "Landmark Agreement at Six-Party Talks," *Vantage Point*, 30: 3, March 2007, pp. 2-6.

6 『연합뉴스』, 2007년 2월 6일.

7 권용립, "내수용 민족 드라마," 『중앙일보』, 2007년 3월 15일.

따라 단계별로 이행할 결단을 이미 내렸고 그를 위한 준비도 되어 있다"며 "미국이 대조선 적대시 정책을 철회했다는 것을 행동으로 보여준다면 조선 측도 비핵화 방향으로 발걸음을 떼는 데 인색하지 않겠지만 단계별로 양자의 보폭은 반드시 같아야 한다"고 주장하고 있다.[8]

현 협상국면은 미국과 북한의 태도 변화에서 기인한 것이다. 전봉근은 미국의 대북정책 전환 배경으로 ① 부시 대통령의 외교 치적 만들기, ② 미 민주당의 비판 차단 및 2008년 공화당 대선 전략, ③ 이란 핵문제 해결 압박 전략, ④ 미 한반도전략의 전환 등의 요인을 꼽고 있다. 또한 그는 북한의 대미정책 변화 배경으로 ① 핵실험으로 '군사안보' 확보 자신감, ② '경제안보' 위협 해소 필요, ③ 부시 행정부의 취약성 이용으로 제네바합의 체제 복구 시도를 들고 있다.[9] 미국의 대북정책의 변화를 불러온 요인들을 돈 오버도퍼는 ① 북한의 핵실험으로 여타 지역국가들의 핵무장 촉발 가능성, ② 2006년 11월 중간선거 공화당의 패배와 민주당의 상하 양원 장악, ③ 네오콘 인사들의 잇단 사퇴, ④ 중국의 영향력, ⑤ 힐 차관보의 탁월한 협상력으로 정리하고 있다.[10] 마이클 그린은 이라크 문제의 장기화와 강경파의 좁아진 입지가 미국의 태도 변화의 주요 요인이며, 중국의 역할과 국제사회의 공조가 북한의 변화를 촉발했다고 분석하고 있다.[11]

---

8 『조선신보』, 2007년 2월 9일.

9 전봉근, "최근 북미의 정책 전환 배경과 관계개선 전망," 미발간 보고서, 2007년 3월 12일; 전봉근, "미 북핵전략의 미묘한 변화," 『서울신문』, 2006년 12월 21일; 전봉근, "모처럼 열린 북핵 타결의 기회," 『서울신문』, 2007년 1월 25일. 그는 북미 정상회담과 평화협정 체결은 중장기적 과제가 될 것으로 보고 있다.

10 돈 오버도퍼, "미국은 왜 북한과 손잡나," 『뉴스위크』, 2007년 3월 21일.

11 마이클 그린, "2·13합의의 중요성," 『중앙일보』, 2007년 3월 16일.

위의 논의에서 공통되는 부분은 북한과 미국이 공히 국내정치, 경제의 어려움으로 협상 이외의 선택폭이 매우 좁아졌다는 것이다. 중동문제, 제재국면으로 곤란해진 국제 환경도 협상에 의한 문제해결 가능성을 높여 주고 있으며, 대타협이 가져올 국내외적 위신의 상승도 북한과 미국의 당사자들을 협상의 테이블로 끌어들이는 매력요인으로 작용하고 있음은 물론이다.

2·13합의에 대해서는 긍정적 평가와 부정적 평가가 엇갈리고 있다. 대체로 한국사회의 진보진영은 동 합의를 평양의 전략적 결단과 동일시하며 환영하고 있고, 보수진영은 평양의 속임수에 빠질 가능성을 경계하는 분위기가 주종을 이루고 있다. 일례로 정창현은 "북한은 북미 간에 신뢰가 회복되고, 관계가 전면 정상화된다면 핵을 보유하는 것보다 핵포기를 통해 미국의 대북경제 제재 해제, 동북아안보체제 구축 등의 반대급부를 얻는 것이 더 유리하다고 판단한 것"이라고 분석하면서, 향후 평양이 북미관계 정상화에 속도를 낼 것이라고 예측하고 있다.[12] 이에 반해 보수진영은 평양의 선택이 전략적 변화보다 전술적 타협에 더 가깝다고 평가하면서, 2·13합의를 완전한 핵포기와 개혁, 개방의 의지를 천명한 것으로 간주하는 것은 위험한 생각이라는 견해를 보이고 있다.[13] 한 평자는 2·13합의를 "'외교적 성과'로 포장된 미국의 전략적 패배"로 해석하고 있다.[14] 일부 부정적인 시각에도 불구하고 현 시점에서 2·13합의가 긍정적인 요인을 담고 있음을 부정하기 힘들다. 동 합의는 비핵화 실천의 과정에서 필요한 단계적 실행 의무를 명시하고 있기 때문이다. 비판의 많은 부분이 9·19공동성명의 연장으로서, 초기 조치

12 정창현, "2·13합의에 대한 북한의 입장과 전망," 『이슈 & 오피니언』, 8호, 2007년 4월 3일.

13 『연합뉴스』, 2007년 3월 23일.

14 변상근, "한반도 해빙, 위험한 봄," 『중앙일보』, 2007년 3월 7일.

로서 2·13합의의 기본성격을 잘 이해하지 못한데서 비롯되고 있다.

북핵문제의 기본성격을 진보진영은 주로 구조결정론의 입장에서, 보수진영은 주로 단위결정론의 시각에서 바라본다. 북핵문제와 아울러 북한문제는 구조와 단위 행위자의 상호작용에 의해서 결정되고 있는 바 구조결정론, 단위결정론의 어느 하나에 매달려서는 나무만 보고 숲을 보지 못하는 우를 범할 수 있다. 구조적 요인과 단위 성격이 모두 변할 수 있다는 가능성을 열어 놓고 양자를 함께 변화시키려는 공동의 노력이 필요하다.

북한의 최근 태도가 전술적 변화인지, 전략적 변화인지 판단을 내릴 충분한 증거는 아직 없다.[15] 결국 협상의 끝에 가도 이 문제에 대한 답을 얻을 수 있다는 측면에서 현 시점에서 '협상 무용론'은 정당성의 근거가 희박하다고 판단된다. 북한과 미국의 전략적 결단 여부는 현 시점에서 완결태로 존재하는 것이 아니라 향후 협상과정에서 향배가 결정될 가능성이 높다. 북미협상은 살아있는 생물체와 같아서 향후 상호작용과 신뢰도 형성에 따라서 결과가 정해질 것이며 현 시점에서 미리 대타협의 가능성을 부정하거나, 북한이 이미 돌이킬 수 없는 비핵화의 길로 들어섰다고 속단할 필요는 없다.

3. 북한의 핵전략

현재로서는 동력이 상당 부분 존재하므로 올 여름, 가을까지 핵문제 해결을 위한 대화의 지속은 가능할 것으로 관측된다. 현재 북미 양쪽에 협상파가 입지를 확보한 상태이며, 양국의 최고위급 정책결정가도 대화에 적극적인 관심을 갖고 있고, 현 궤도에서 이탈이 어느 쪽에도 이익을 가져다주지

---

15 전재성, "2·13합의 이후의 사태전개와 전망," 『이슈 & 오피니언』, 9호, 2007년 4월 10일.

않으므로 돌발사태가 생기지 않는 한 현 국면이 상당 기간 지속될 가능성이 있다고 할 수 있다.

핵실험을 강행한 북한은 지금 강경 → 위기 → 유화 → 타협의 순환 사이클에서 위기상황을 벗어나 유화국면으로 전환하면서 국력의 상당부분을 경제회생에 투자하려는 모습을 보이고 있다. 경제난의 지속으로 정권의 정통성이 위협받는 상황에서 경제제재 완화의 효과를 노리고 동시에 미국과의 관계개선으로 체제보장을 받으려는 계산이 서려 있다고 볼 수 있다.

현재 북한의 선택과 관련 국내외의 논의는 '핵포기론'과 '핵무장론'으로 정리해 볼 수 있다. 핵포기론은 다시 '핵수단론'과 '상황론'으로 나누어지며, 핵무장론은 논리적으로 '핵목적론'과 연결된다. 핵무장론에 따르면 북한이 오랫동안 심혈을 기울여 개발한 핵능력을 자진해서 포기할 가능성은 지극히 낮다. 평양은 강대국에 둘러싸인 안보딜레마의 상황에서 일찍부터 핵개발에 관심을 기울여 왔으며, 냉전의 붕괴 상황에서 적극적인 핵무장의 길로 들어섰다는 것이다. 이 담론은 미국과의 평화조약 체결마저도 김정일 정권의 체제보전을 최종적으로 담보할 수 없기 때문에 김정일 위원장은 결국 '선군핵'에 의존할 수밖에 없다는 논리를 펼친다. 더욱이 한국으로 흡수통합을 우려하고 있는 김정일 정권은 경제력, 재래식 군사력에서 뒤져 있는 현실에서 남북 힘의 불균형을 해소하기 위해 핵무장의 유혹을 떨치기가 쉽지 않다는 것이다.

핵포기론 중 핵수단론은 북한의 핵프로그램은 애초부터 대미 협상용이라는 입장을 취한다. 핵수단론자는 2000년 이후 북핵문제가 악화된 책임을 전적으로 부시 행정부 내 강경파의 부당한 대북 적대 시 정책의 탓으로 돌린다. 10/9 핵실험도 네오콘의 압박에 내몰린 김정일이 최후의 수단으로 선택한 비장의 카드였다는 것이다. 핵수단론자는 부시 행정부가 북한을 정당한

표 1. 북한의 전략적 선택

핵포기론	핵무장론 = 핵목적론
• 핵수단론: 평양은 애초부터 미국과 협상의 수단으로 핵개발을 시작. 조건만 맞으면 북핵의 완전한 폐기가 가능하다. 10·9 핵실험은 미국의 적대적 조치에 대한 수세적 자구 수단이었다. • 상황론: 평양이 안보딜레마를 해결하기 위해 핵개발에 나섰지만 국제사회의 압력과 국내경제의 피폐로 체제보장, 경제보상을 매개로 핵포기의 결단을 내릴 것이다.	• 핵은 체제보장의 최후의 보루 • 미국과의 평화협정도 안보불안을 해소시킬 수 없으므로 결국 북한은 핵무장의 길을 걸을 것이다. • 한국으로의 흡수통합을 우려하는 평양은 경제, 재래식 군사력에서 뒤지는 상황에서 결코 핵무장을 포기할 리 없다.

대화 파트너로 인정하고 진성 협상에 임하면 평양이 기꺼이 핵을 포기할 것이라는 입장을 고수하고 있다.

이에 비해 상황론자는 핵개발의 시발은 핵무장을 목표로 한 것이었지만 대내외 조건의 변화로 북한이 핵포기라는 전략적 결단을 내릴 수밖에 없는 상황에 처해 있음을 강조한다. 예를 들면 서재진은 평양이 핵을 보유하는 데 필요한 내적 국력의 뒷받침이 없으며, 국제사회의 제재를 감내할 수 없어서 핵을 포기할 수밖에 없다고 주장한다. 그에 의하면 핵위기의 장기화가 북한에게 불리하고, 체제유지에 핵심적인 미국과 관계개선, 경제제재 해제, 국제금융기구로부터 차관 도입, 남한으로부터 경제지원의 유혹이 너무 크다는 것이다.[16] 즉 현 시점에서 핵을 가지는 선택이 가져오는 손실과 핵을 포기하는 반대급부에서 오는 이득이 공히 크기 때문에 합리적 정책결정가로서 김정일은 핵을 포기하게 되리라는 것이다. 중국을 포함한 국제사회의 압박과 만성적인 경제난에서 오는 주민들의 체제 불만 요인이 겹쳐 김 위원장이 체제보장과 경제보상을 반대급부로 핵포기의 결단을 내릴 시점이 가

16 서재진, "2·13합의 이후 북한의 전략적 결단," *Online Series*, 2007년 3월.

까워지고 있음을 상황론은 강조한다.

본고는 상황의 유동성과 북한핵이 갖는 수단/목적의 양면성에 주목하면서도 핵수단론과 일정한 거리를 유지하면서 핵목적론과 핵상황론에 무게를 두고 있다. 핵수단론은 핵문제의 근원인 북한의 전략과 의도 그리고 북한체제의 모순에 대해 지나치게 관대한 입장을 견지하면서 미국의 대외정책의 고압성에만 책임을 돌리고 있다. 북한의 최선의 선택은 핵무장을 유지하면서 체제보장을 받는 경우이다. 그러나 국내외 압박에 의해서 이 선택이 불가능해질 경우 차선책으로 핵포기와 북미수교, 안전보장의 '빅딜'을 할 가능성이 존재한다. 이 경우에도 평양은 핵의 완전한 포기보다 부분적 핵능력의 포기에 집착하려 할 것이다. 결국 평양이 자신의 핵능력 포기와 관련 미국 및 주변국과 대협상에 돌입하는 경우 북한의 전략은 ① 높은 수준의 비핵화와 ② 낮은 수준의 비핵화로 나누어 고찰해 볼 수 있다.

첫째, 평양이 높은 단계의 비핵화 전략을 구사하는 경우이다. 이 경우 북한은 영변 원자로 불능화를 실천하고, HEU 프로그램도 공개 및 포기하며, 기존 핵물질과 핵무기를 해체, 양도, 포기하게 된다. 이 선택은 평양이 워싱턴에 대해 높은 신뢰를 갖고 있을 때만이 가능하다고 할 수 있다. 따라서 북한 지도부는 미국의 대응을 주시하며 신중하게 비핵화의 길을 걸을 것이다. 높은 단계의 비핵화는 북한의 전략적 결단, 즉 평양발 신사고를 필요로 한다. 김정일 위원장은 아끼는 핵을 포기하는 대신 체제인정을 받아 내어 총성 없는 전쟁에서 미국을 상대로 승리했으며, 6·15시대를 열어 민족공조와 통일의 길을 닦았다는 업적을 자랑할 수 있게 된다. 일단 핵문제가 해결되고 북한이 국제사회의 일원으로 편입되면 김정일 정권은 모든 국력을 경제회생 프로그램에 사용할 수 있게 될 것이다. 안정된 대외관계는 주체사회주의의 한 과제인 정권의 승계문제에도 긍정적 환경을 조성하게 될 것이다.

북한이 높은 수준의 비핵화 결단을 내릴 경우 경수로를 요구하는 선택과 경수로를 포기하는 선택이 있을 수 있다. 후자의 경우 6자회담 참여국은 경수로를 대치할 수 있는 등가의 또는 그 이상의 보상을 해 주어야 할 것임은 물론이다. 전자의 경우 문제가 다소 복잡해진다. 북한이 경수로를 요구하고 나올 경우 ① 규범적 차원의 문제와 ② 시간표상의 문제를 제기한다. 첫째, 이미 국제사회의 기대를 저버리고 핵실험을 한 북한에게 핵의 평화적 이용권을 보장해야 하는가의 규범적 선택에 직면하게 된다. 또한 핵과 관련 신용을 저버린 행위자가 경수로가 보장될 경우 지속적으로 핵을 평화적으로만 이용하리라고 예측할 수 있는가하는 부정적 미래의 그림자가 드리우게 된다. 둘째, 북한이 경수로를 요구할 경우 완공까지 물리적 시간이 필요하므로 수교 및 평화협정과 선후문제가 대두되게 된다. 결국 부시 행정부의 임기 내 완전해결은 불가능하다는 결론이 도출된다. 북한이 경수로를 요구할 경우 영변 원자로 불능화를 먼저 실천하더라도 핵물질 및 핵무기의 양도와 경수로의 완공 시점을 연계시키면 협상 회의론의 목소리도 그만큼 커질 것이다.

둘째, 낮은 수준의 비핵화 전략의 경우이다. 이 경우 북한은 영변 원자로의 불능화를 실천하고 HEU 프로그램의 내용을 공개하되, 기존 핵물질, 핵무기에 대해서는 보유를 시도하는 경우이다. 즉 북핵의 잠재력과 모호성을 남겨 놓은 선택이다. 물론 평양은 미국에게 제3국으로의 WMD 확산 방지를 철저하게 약속해야 할 것이다. 낮은 수준의 비핵화 수준에서 북미 타협이 이루어지면 이것은 김정일 선군외교의 또 하나의 치적이 될 것이다. 평양은 잠재적 핵능력을 보유하면서도 숙원이었던 미국과 관계개선을 이루어 체제불안의 제일 요소를 덜게 된다. 미국의 우군화는 북한외교의 외연을 넓히는 효과를 가져와 평양은 냉전시대 중소갈등기 이래 최고의 외교환경을 맞게 될 것이다. 김정일 정권은 개선된 대외환경을 바탕으로 국내 경제문제 해결에 전력할 수 있게 된다.

현재 미국이 북한의 이러한 선택을 받을지 여부는 확실하지 않다. 물론 부시 행정부는 공공연하게 6자회담의 협상이 북핵 능력의 완전한 폐기를 목표로 하고 있음을 천명하고 있다. 미국이 낮은 수준의 비핵화를 안 받으면 북미관계는 다시 경색되고, 제재와 저항 국면으로 회귀하게 될 것이다. 미국이 이 선택을 받게 될 경우 북미 고위급 인사의 교차방문, 평화협정 체결, 수교 내지는 이에 준하는 외교행위가 가능해진다. 부시 행정부의 임기 중 북핵문제의 임시봉합 또는 미완의 '해결'이 이루어지는 것이다. 추가 확산의 방지라는 효과도 얻는다.

표 2. 낮은 수준의 비핵화 타결 시 예상되는 관련국 득실 및 결과

북한	미국	연관국
• 선군외교의 승리 • 미국과 관계개선으로 체제불안 요소 제거 • 외교 외연의 확대 • 중국 견제 • 경제회생 노력 가속화	• 임기말 부시 치적 • 추가 확산 방지 • '두 개의 코리아 정책' 추진 • 한국과 중국 견제	• 한국, 일본 우익의 수세 • 한중관계의 진전 • 한국, 일본 내 외교안보 전략 스펙트럼의 다양화 • 중국의 대북 영향력 감소 • 핵도미노 우려

낮은 수준의 비핵화 전략이 통하기 위해서는 워싱턴발 신사고를 필요로 한다. 그러나 이러한 선택이 사실은 구사고일 수도 있다. 2차 북핵위기 발생 이후 조야에서는 미국이 북의 핵개발을 인정하고, 확산방지에만 주력할 것이라는 추측이 간혹 흘러나왔다. 데탕트 시기 닉슨 행정부는 중국, 소련과 데탕트를 추진하면서 한반도에서 일시 '두 개의 코리아정책(Two Korea Policy)'을 가늠해 보기도 했다. 북한과 관계개선을 통한 핵의 관리가 중동에서 실

패로 외교적 성취를 갈구하고 있는 임기말 부시에게 솔깃한 옵션이 될 수도 있는데, 이것은 결국 북한을 동북아의 베트남화하는 전략이라고 할 수 있다. 미국은 최근 미-베트남 군사교류 강화로 베트남을 통한 중국의 견제를 시도하고 있다.[17] 핵확산을 하지 않는 북한과의 공존은 미국의 북진정책을 의미한다. 이 선택으로 미국은 대한반도 정책의 외연을 확장하게 되고, 중국의 지근거리에서 평양을 통해 중국을 견제하는 발판을 마련하게 된다.

이 선택은 또한 한국과 일본의 우파를 곤혹스럽게 하고 고립시키는 작용을 하게 될 것이며 북미관계의 개선이 한중관계의 진전이라는 부산물을 낳을 가능성도 존재한다. 한국과 일본에서는 대북전략, 외교안보전략을 둘러싸고 백가쟁명식 논의가 확산되고, 다양한 전략 스펙트럼이 등장하게 될 것이다. 중국이 이 선택의 최대 피해자가 될 수도 있다. 우선 미국의 대북 영향력 증가에 비례해서 중국의 대북 영향력이 감소하게 될 것이다. 대만과 일본이 북핵의 모호성에 주목 반발할 경우 동북아 핵도미노의 우려가 현실화되는 가능성도 존재한다. 동북아 지역에서 분단국의 핵무장은 결국 통일의 시계바늘을 뒤로 돌리는 역할을 하게 될 것이다.

현재 북한의 선호도는 낮은 수준의 비핵화 〉높은 수준의 비핵화+경수로 〉높은 수준의 비핵화-경수로의 순이고, 미국의 선호도는 높은 수준의 비핵화-경수로 〉높은 수준의 비핵화+경수로 〉낮은 수준의 비핵화 순으로 추정된다. 현 북미 대화국면은 2000년 클린턴 행정부 시기와 비교해서 상대

17 베트남 공산화 이후 미-베트남 관계개선 일지는 아래와 같다. 1975년 4월 베트남 공산화 통일. 1995년 7월 미-베트남 수교. 1997년 메들린 울브라이트 미 국무장관 베트남 방문. 2000년 11월 클린턴 미 대통령 베트남 방문. 2005년 팜반카이 베트남 총리, 종전 후 첫 미국 방문. 2006년 6월 도널드 럼즈펠드 미 국방장관 베트남 방문, '전면적 군사협력 강화' 방침 밝힘. 2007년 3월 존 투란 미 국방부 아태국장(준장) 하노이에서 베트남에 무기 판매 결정. 2007년 가을 베트남 국가주석 종전 후 첫 방미 예정(『중앙일보』, 2007년 3월 26일).

적으로 충분한 시간적 여유를 갖고 진행되고 있다. 김정일의 협상 스타일상 북은 높은 수준의 비핵화 가능성을 열어 놓은 채 임기말 부시와 담판 형의 극적인 협상을 시도하려 할 것이다. 북미 협상으로 북미 관계개선이 이루어지면 북한은 정권안보의 근원적 원인을 제거하는 성과를 얻게 된다. 또한 지나치게 비대해진 중국의 외교적·경제적 영향력을 견제할 수 있는 효과도 얻게 될 것이다. 북미 직접대화 채널이 개설되면 미국 또한 북한을 통해 중국을 견제할 수 있게 된다. 그러나 상대적으로 한미동맹이 이완되고, 서울과 베이징의 접근을 강화시키는 반작용을 낳을 수도 있다. 새로운 동북아의 안보질서 속에서 각국은 보다 유연하고 창의적인 안보전략을 구사할 것을 요구받게 될 것이다.

4. 북한의 대남전략

선군시대 북한의 대남전략의 핵심은 크게 네 가지이다. 첫째, 평양은 핵을 매개로 미국과 팽팽한 대결구도를 형성하면서 과거 북한과 미국의 대결을 남한을 포용하여 한민족 대 미국의 대결로 개편하려고 시도하고 있다. 북한은 동북아에 미·일·한의 수직적 삼각동맹이 형성되어 있으며, 미국은 한반도의 남쪽을 강점한 채 동북아의 불안정을 야기하고 있다고 보고 있다. 평양 당국은 6·15 이후 한국을 대미 추종노선에서 이탈시켜 민족공조의 깃발 아래 북과 남이 단결하여 외세와 한민족 연합이 대결하는 구도를 만들려고 시도하고 있으며,[18] 이는 소위 민족공조, 외세배격 전략이다.

---

18 김철우, 『김정일장군의 선군정치』(평양: 평양출판사, 2000), 103-130쪽; 송승환, 『우리민족제일주의와 조국통일』(평양: 평양출판사, 2004), 129-155쪽.

둘째, 평양은 북미관계를 정권안보의 핵심으로 보고 남북관계를 북미관계 진퇴의 보조축으로 활용하고 있다. 2007년에 김정일 정권은 북미관계 진전을 위해 남북관계 개선을 점화용 촉진제로 활용할 것이다. 셋째, 대북 경제지원용으로 활용하고 있다. 경제적 자립기반이 상실되어 있고 국제자본의 유입이 사실상 봉쇄되어 있는 현실에 비추어 평양은 우선 한국 민족자본의 긴급수혈로 살림을 꾸려 가려 할 것이다. 한국은 이미 북한의 2대 무역국이며 정부기관 및 지자체, 종교기구, 민간단체의 대북지원은 북한주민의 민생문제를 해결하는 주요 원천으로 자리하고 있다. 평양 당국은 개성공단의 확충 등 남한 자본의 지속적 유입을 환영할 것이다.

넷째, 평양은 지속적으로 대남 영향력 확대를 꾀하고 있다. 김정일 정권은 남한에 대한 영향력을 높여 단기적으로 북한에게 유리한 한반도정세를 구축하고, 장기적으로 북한 주도의 통일을 목표로 하고 있다. 평양은 한국의 국내정치에 영향력을 행사하기 위해 남북관계의 진퇴를 조절하면서, 한국에서 북한에 유리한 여론이 조성되도록 진보진영과 유대를 강화하고 보수진영을 고립시키는 전략을 구사하고 있다.

북한은 현재 북미관계의 개선과 남북관계의 개선을 동시에 추진하는 것으로 관측된다. 북미관계의 진전에 조응하여, 또는 그 이상 일정 수준 남북관계의 진전이 예상되고 있다. 올 들어 남북장관급회담, 적십자 실무접촉, 경제협력추진위원회 실무접촉, 열차시험운행 실무회의, 금강산 이산가족면회소 공사 재개, 남북이산가족 화상상봉 등의 행사가 차질 없이 진행되고 있다. 평양이 6자회담 진전에 맞춰 추가 특구 지정을 포함하여 파격적 개혁, 개방조치를 취하여 북미, 남북관계 개선의 윤활유로 삼을 가능성도 존재한다.

평양은 민족공조 노선을 지속적으로 강조하고 있다. 2006년 12월 20일자 "북남관계 근본문제의 해결을 외면하는 남측"이라는 제목의 분석기사에서『조선신보』는 2006년 남북관계를 상반기 진전, 하반기 경색으로 평가하고 있다. 이 일간지는 경색의 원인을 "조선반도정세의 긴장고조"와 "남측당국의 대미추종적인 자세"로 규정하고 있다.『조선신보』는 6·15시대 정세를 주도적으로 이끌기 위해 당국관계 복원을 촉구하고 있다.[19] 한편『로동신문』 2007년 3월 14일자 기사는 "남북관계발전은 서로의 의지와 노력에 달려 있다"면서 "지금 북남관계는 다시금 회복의 궤도에 올라서고 있으나 우리 민족이 각성하지 않는다면 남북관계의 현추세는 외세의 간계에 따라 또다시 결단날 수 있다"고 경고하고 있다. 북한은 민족공조 강조로 한미관계의 이완, 한국 국내정치에서 보수세력의 위축, 평양과 민족진영의 연대 강화를 꾀하고 있다.[20]

스스로 공언한 바와 같이 평양은 2007년 한국의 대통령선거에 영향을 미치려 할 것이다. 북한이 영향을 끼치려는 의도를 갖고 있다는 것과 실제 그것이 효과가 있을 것인지는 별개의 문제이다. 남북 정상회담 하나만의 이벤트로는 파괴력이 부족할 수도 있으나, 핵문제 해결이 순조롭게 진행되고, 클린턴 행정부 말기에 버금가는 북미 간의 관계진전이 이루어지며, 한반도 평화체제 수립을 위한 남·북·중·미의 공조가 순조롭게 진행된다면 향후 국내정국에 상당한 파급효과가 생길 가능성이 있다.

현 정국에서 북한의 대남전략은 실용주의적 측면과 자주민족세력과 연합전선을 구축하려는 측면을 공유하는 '실용주의적 통일전선전술'의 면모를 갖고 있다. 한국과의 경협 확대로 실익을 추구한다는 점에서 실용주의적

---

19 통일부,『월간 북한동향』, 2006.12.1-2006.12.28, 30-31쪽.

20 이교덕·임순희·정영태·최수영, "'2.13합의' 전후의 북한동향,"『통일정세분석』, 2007년 4월, 17-21쪽.

이며, 한국 내 자주민족진영과 협력을 확대하여 보수진영을 고립시키는 전략을 추진하는 면에서 통일전선의 면모가 보인다. 기본적으로 북한은 6·15 이후 민족공조의 깃발 아래 한미동맹을 약화시키고 한국과 연합전선을 구축하려는 작전을 구사하고 있다.

2007년 2월 27일부터 3월 2일 동안 평양에서 열린 20차 남북장관급회담 시 북한 측의 중점 강조사항을 보면 그들의 향후 대남전략의 대강을 엿볼 수 있다. 북한은 ① 민족우선, 민족중시의 원칙을 강조하면서, 상대방의 사상과 제도를 인정하고 존중하기 위한 실천적 조치를 취할 것, ② 민족대단합 실현과 다방면적인 협력을 추진하기 위해 법률적·제도적 장치를 철폐하고, 올해 6·15 및 8·15 민족통일대축전에 남북 당국이 지원하고 참가할 것, ③ 경협사업, 인도주의 협력사업, 적십자 회담의 실시를 강조했다.[21]

2007년의 여름은 '민족열기'로 뜨거워질 가능성이 크다. 6·15행사, 8·15 행사의 남북 공동운영으로 민족문제에 대한 관심이 제고되고, 한국사회의 자주민족진영의 목소리와 영향력 또한 높아질 것이다. 평양이 6자회담의 진전에 맞추어 강한 민족 드라이브를 걸 경우 남북 정상회담의 연출도 가능할 것이다. 남북 정상회담이 성사될 경우 김정일 위원장은 조기통일론을 바탕에 깔고 6·15합의를 넘어서는 통일논의의 진전을 요구할 가능성이 있다. 회담의 전제조건으로 보안법 폐지 등 한국의 반북 제도의 폐지를 요구할 수도 있다.

북한이 경제회생에 진력하는 모습은 곳곳에서 관측되고 있다. 평양 시내에 '핵 보유국' 관련 구호가 사라지고, 대신 '경제 건설과 인민생활 향상에서 혁명을 일으키자' 등 민생 관련 구호가 등장하였다. 북한은 내각을 나라의

21 통일부, "제20차 남북장관급회담 결과보고," 2007년 3월 5일.

경제를 지도관리하는 경제사령부라고 치켜세우며, 내각을 중심으로 인민경제의 균형적 발전을 도모하고 있다.[22] 경제에서 실리를 추구하기 위해 북한은 다방면에서 한국의 지원을 기대할 것이고 남북경협의 확대에 주력하게 될 것이다. 식량, 경공업, 전력, 수송 부분이 특히 북한이 한국에게 도움을 요청할 수 있는 분야이다.

2007년 1월 1일 발표된 신년 공동사설에서 북한은 이례적으로 정치사상과 군사보다 경제부문을 가장 먼저 언급하는 파격을 보여주었다. 공동사설은 "경제강국 건설은 현 시기 우리 혁명과 사회발전의 절박한 요구"라며 "경제문제를 푸는 데 국가적 힘을 집중"할 것을 역설했다. 경제부문에서도 2005년과 2006년 국방공업 〉농업 〉선행부문 〉경공업의 순의 기술에서 벗어나 농업 〉경공업 〉선행부문 〉국방공업의 순서를 택했다. 이는 북한 당국이 먹는 문제와 소비품 문제 등 인민생활 향상에 관심을 갖고 있음을 엿보이게 하는 대목이다. 별다른 자원과 자본을 갖고 있지 않은 북한으로서는 인민생활 향상을 위해 한국의 지원에 기댈 수밖에 없을 것이다. 공동사설에서 평양은 '민족공조'보다 한 단계 높아진 것으로 추정되는 '민족중시'의 입장을 확고히 견지할 것을 천명하고 있다.[23]

김정일 위원장의 올해 시찰 중 절반 이상이 경제부문 시찰활동으로 군부대 시찰을 능가하고 있다. 특히 자강도와 함경북도 평안북도 등 중국과 국경을 접하고 있는 북부지역을 집중적으로 돌아보고 있는 것으로 전해진다. 김정일은 자강도 희천시 희천공작기계공장, 청년전기연합기업소, 희천도자

---

22 『민주조선』, 2007년 1월 2일과 1월 17일.

23 조동호, "2007년 북한 신년 공동사설 분석: 분권적 자력갱생의 추진," 『KDI 북한경제리뷰』, 9권 2호, 2007년 2월, 3-15쪽; 여인곤 · 이금순 · 정영태 · 조한범 · 최수영, "2 · 13 북핵 합의이후 북한정세와 남북관계 전망," 『통일정세분석』, 2007년 2월, 6-9쪽.

기공장, 평안북도 태천군 태천4호발전소, 평안북도 박천군 박천견직공장, 함경북도 청진시 청진광산금속대학, 청진기초식품공장, 군민발전소, 어랑군 어랑천 1호 발전소, 장연호 양어장을 시찰하였다.[24] 최근에는 김정일 위원장이 압록강 하구의 비단도를 금융특구로 개발 추진하고 있다는 보도도 있었다.[25] 올해 안에 홍남항 개방이나, 금강산 골프장 개장, 평양, 백두산, 개성관광이 가시권에 들어올 수도 있다.

농업분야에서 북한은 종자혁명, 감자농사혁명, 두벌농사, 콩농사, 분조관리제 강화를 강조하고 있으며, 2006년 홍수로 적지 않은 피해를 보았음에도 2005년과 비슷한 수준의 곡물생산을 이루었다고 밝히고 있다.[26] 식량 자급자족을 하지 못하는 상황에서 북한은 앞으로 당분간 한국의 식량, 비료지원에 의존할 수밖에 없다. 북한은 올해 인민생활의 개선에 중점을 두면서 경공업 인민소비품 생산에 박차를 가할 계획이다.[27] 북한이 경공업 지원을 적극 요청하고 나올 가능성이 많다. 한국과 북한은 경추위 12차 회의(2006년 6월)에서 이미 열차시험운행과 경공업, 지하자원개발 협력사업을 추진하기로 합의한 바 있다. 20차 남북장관급회담에서 남북 열차시험운행 상반기 중 실시를 합의하였고, 경추위 13차 회의(4월 18일-21일, 평양)에서 시험운행 일정과 경공업 협력 합의 도출을 모색할 계획이다. 현재 한국은 시험운행 실천을 매개로 북한에 경공업 지원을 계획하고 있다.

---

24 『연합뉴스』, 2007년 3월 14일.

25 『연합뉴스』, 2007년 3월 23일.

26 『로동신문』, 2007년 1월 2일; 『조선신보』, 2007년 1월 15일.

27 『로동신문』, 2007년 1월 3일.

5. 정책과제

북한의 핵개발이라는 공간에서 한국사회는 포용과 압박의 소모적 논전보다 생산적인 관여를 위한 '포용의 방법론'을 둘러싼 논의를 더 확산시켜야 한다. 〈그림 1〉에서 보는 바와 같이 우리의 대북정책의 목표는 북한이 비핵화를 철저히 실천하고, 개혁, 개방에 적극적으로 나서는 'A'의 경우가 되어야 한다. 그러나 현재 김정일 정권이 이러한 전략적 선택을 했는지는 여러모로 불확실하다. 오히려 북한의 선택은 아래 그림에서 그림자가 쳐진 '갑을병정'으로 이어지는 사각형 공간의 어느 지점에 위치하고 있을 가능성이 크다. 그렇다면 향후 한국의 대북정책의 요체는 북한의 선택을 '갑을병정'에서 'A' 지점으로 옮기는 노력이어야 한다. 그러기 위해서 한국의 대북정책은 ① 민족이익과 국가이익의 균형, ② 현실주의적 접근과 자유주의적 접근의 균형, ③ 북한을 위한 공여와 북한에 대한 요구의 균형이라는 '3대 균형' 원칙에 따

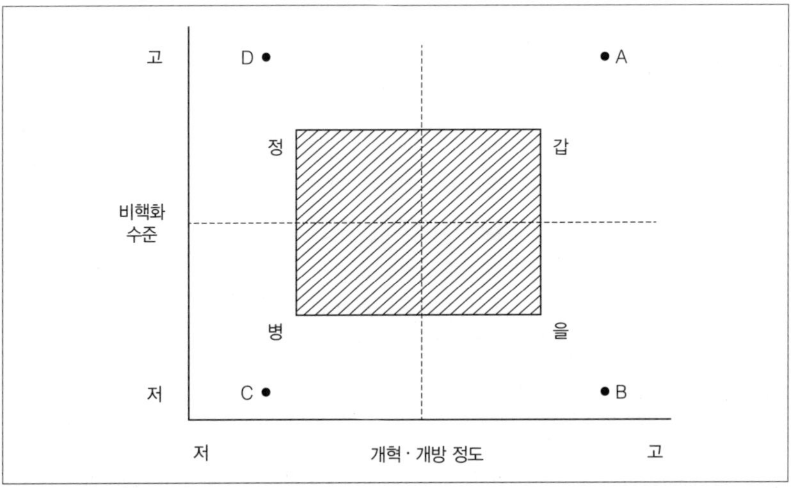

그림 1. 북한의 비핵과와 개혁 · 개방 수준

라 전개되어야 한다.

북미협상과 6자회담의 진전과 더불어 한국은 '북핵 불용'이라는 원칙과 조화되는 대북정책을 펼쳐야 할 것이다. 비핵화의 과정이 단계별로 이루어질 가능성이 많으므로 차후 단계의 협상력을 높이기 위한 인센티브를 남겨 놓아야 하며, 핵해법 없는 무책임한 경협 확장론을 경계할 수밖에 없다. 연계냐, 병행이냐는 단순 이분법에서 벗어나 '탄력적 연계' 또는 '유관적 병행'을 실천해야 한다.[28] 즉 경협의 확장과 안보문제의 해결 사이에 균형이 이루어져야 하는 것이다. 북한의 비핵화를 둘러싸고 북미협상이 고위급 수준에서 진행되면 한반도 내 국가이익, 민족이익, 대중 외교, 대북 외교, 대미 외교의 우선순위에 대한 논쟁이 심각하게 벌어지게 될 것이다. 민족 간의 화합을 우선시하는 민족이익담론과 선진화, 세계화의 과제를 우선시하는 국가이익담론 사이의 화해와 조화가 필요한 시점이다.

북한이 처한 경제난에 비추어 현 단계에서 유아, 청소년의 의료, 보건, 교육 등 인도적 지원은 전폭적으로 이루어져야 하며 체계적인 지원정책이 필요하다. 남북 상생의 경협을 위해서 북한경제의 시장화, 개방화를 촉진시키고, 북한이 국제, 지역사회의 책임 있는 일원이 되도록 도와주는 정책을 펼쳐야 한다. 경협의 확대로 경협에 이해를 갖고 있는 북한 내 세력을 확장시키는 것은 바람직한 일이다.[29] 남북한 철도, 도로 연결 등 북한 인프라에 대

---

28 남북경협의 중심에 개성공단이 있다. 개성공단에는 2007년 3월 현재 22개 기업이 입주해 있다. 공단의 총생산액이 1억불을 돌파했으며, 남북 근로자 합 1만 3천여 명이 함께 근무하고 있다. 개성공단 아파트형 공장 32개실 입주자 모집에 86개사가 입주 신청을 하여 2.7:1이 경쟁률을 보이고 있다. 현재 올 8월 입주, 가동을 목표로 하고 있다(『개성공단 뉴스레터』, 9호, 2007년 3월 29일).

29 한미 FTA 타결과 관련 북한 당국은 상투적인 비판을 했으나, 북한 민경련 관계자들이 특히 섬유분야, 개성공단 원산지 표기에 깊은 관심을 보였다는 보도는 북한의 개방화 추세와 관련

한 투자는 중장기적 차원에서 남북한의 경제를 잇는 주요 채널로 활용될 수 있을 것이다.[30]

경협과 함께 평화, 제도화, 자유화를 병행, 추진하여 안정된 평화의 기틀을 마련해야 한다. 현실주의적 변수 없이 자유주의적 변수만 갖고 화해와 평화구축을 이야기할 수 없다. 2차대전 이후 형성된 유럽 평화공동체의 경우 공동의 위협, 강대국의 공약 등 현실주의적 변수들이 평화를 세우는 데 긴요하였고, 이후 이를 유지, 심화시키는 데 상호의존, 공동의 제도가 역할을 했다.[31] 자유주의적 변수에 지나치게 의존하는 평화론에서 자유주의적 변수와 현실주의적 변수를 함께 고려하는 평화론으로 바뀌어야 한다. 연내 북핵 불능화 실현이 불투명해지면서 북한은 다시 국내정치에 끈질기게 간섭하겠다는 의도를 드러내고 있다. 한국은 남북대화를 통해서 남북 간 군사적 신뢰구축조치를 협의하고 비핵화의 구체적 방법론과 시간표를 이끌어내야 한다. 안보상의 현안문제에 대한 합의 위에 경제협력의 확대가 함께 이루어져야 할 것이다.

남북 간의 국력차이가 존재하는 상황에서 엄격한 주고받기 식의 상호주의는 필요하지 않을 것이다. 그러나 일방적 시혜의 지속은 남에게도 북에게도 이롭지 않다. 일방적 남북교류는 한국 내부에 원조 피로감을 가져올 것이고, 북한의 자구 노력의 동기를 박탈할 것이기 때문이다. 북한체제의 완만한 변화, 남북 모두에게 도움이 되는 교류협력, 핵문제 및 안보문제의 해결을 원한다면 어느 정도 상호주의는 불가피한 측면이 있다. 다만 과거 한

시사하는 바가 크다(『중앙일보』, 2007년 4월 2일).

30 동용승, "2 · 13 합의 이후 대북경협정책의 방향과 과제," 『KDI 북한경제리뷰』, 2007년 3월.

31 Norrin M. Ripsman, "Two Stages of Transition from a Region of War to a Region of Peace: Realist Transition and Liberal Endurance," *International Studies Quarterly* 49, 2005.

국사회에서 전개된 소모적인 상호주의 논쟁을 피하기 위해 적절한 수준의 상호주의에서 보수, 진보의 합의와 절충이 이루어져야 할 것이다.

북한에 대한 동포애적·인도주의적 포용은 북한의 사고방식마저 포용해야 함을 뜻하는 것은 아니다. 평양 지도부의 핵전략은 현재진행형이다. 북한의 핵포기는 전대미문의 일이 될 것이며, 동북아의 공존과 공영의 밑바탕이 될 것이 분명하다. 핵포기라는 좁은 문을 열기 위해서는 지나친 낙관론과 비관론을 경계하면서, 평양의 핵전략과 대남전략에 대한 냉철한 분석 아래 우리의 대응전략을 수립하여야 한다.

제7장
김정일 시대 북한의 국제관계론*

1. 서론

2006년 10월 9일 핵실험 이후 6자회담의 관련국들은 북한의 비핵화 실현을 위한 노력을 배가하고 있다. 2007년 초 6자회담에서 영변 핵시설의 불능화를 규정한 2·13합의가 이루어졌고, 북한과 미국은 과거와는 확연히 구별되는 탄력적인 자세로 협상에 임하고 있다. 냉전의 붕괴 이후 북한의 핵전략과 대외전략은 항상 주변국의 관심의 대상이었다. 김정일 시대 북한은 대외적으로 김정일식 자주외교인 선군외교를 제창하고 있다. 선군외교는 대외관계에서 나라와 민족의 정치적 자주성을 철저히 실현하는 것을 목표로 하고 있다고 한다. 북미 핵대결도 정치적 자주성 옹호라는 구호 아래 진행되고 있다. 북한은 제네바 합의, 금창리 사찰, 광명성 1호 발사 등 제국주의와의 대결에서 '타협 없는 원칙외교'로 연전연승을 거두고 있다고 자부하고 있다.[1]

---

* 이 글은 『국제정치논총』(47집 4호, 2007, 53-75쪽)에 발표했던 논문을 수정·보완한 것이다.

북한의 핵외교, 외교전략, 외교행태 또는 북미관계, 북중관계, 북일관계, 남북관계에 대해서는 이미 많은 저술이 나와 있다. 그러나 북한이 국제질서를 어떻게 이해하고 있으며, 동북아 질서에 대해서 어떤 평가를 내리고 있는지에 대한 논저는 그리 많지 않다. 선군외교, 핵억제력 등 북한 외교안보 담론의 배후를 이루고 있는 사고의 방향과 틀, 생김새와 구조를 밝히는 작업이 필요하다. 북한이 처한 역사적 현실 속에서 생존과 번영을 구가하기 위해 세계질서, 지역질서에 대한 성찰과 대외 실천을 통해 얻어진 지혜가 축적된 것이 바로 평양의 국제관계론이라고 할 수 있다. 북한의 국제관계 담론은 세계질서를 이해, 설명, 예측하고 이를 바탕으로 미래의 국가행위에 대한 계도적인 나침반의 역할을 수행하게 될 것이다.

북한이 체계화된 국제정치학을 정립하고 있지 않기 때문에 북한의 국제관계론에 대한 우리의 연구 또한 일천할 수밖에 없다. 그러나 북한의 정치적 · 경제적 삶은 한반도 및 동북아를 비롯한 세계질서의 운영방식과 밀접한 관계를 맺고 있고, 그러한 연유에서 북한 또한 자신들을 둘러싸고 있는 국제정치, 안보, 경제의 현실에 대한 나름대로의 관점을 보유하고 있다. 이 논문의 목적은 여기저기 산재되어 있는 북한의 국제관계 담론을 모아 평양판 국제관계론을 정립해 보는 것이다.[2] 북한의 국제질서관에 대한 이해를 통해서

---

1 윤현철, 『'고난의 행군'을 락원의 행군으로』(평양: 평양출판사, 2002), 88-108쪽; 김철우, 『김정일장군의 선군정치』(평양: 평양출판사, 2000), 245-261쪽

2 서울발 국제정치학의 정립을 위한 노력에 대한 제언과 충고로는 민병원, "국제정치이론: 한국적 이론을 위한 성찰, 재성찰, 실천, 그리고 제안," 2006 한국국제정치학회 연례학술회의 발표논문, 2006년 12월 2일; Chaesung Chun, "Why is There No Non-Western International Relations Theory: Reflections on and from Korea," unpublished manuscript, 2006; 전재성 · 박건영, "국제관계이론의 한국적 수용과 대안적 접근," 『국제정치논총』, 42집 4호, 2002를 참조. 또한 2006년 10월 서울대학교 외교학과 50주년 기념 학술회의 『한국적 국제정치학의 모색: 반성과 전망』에서 발표된 여러 논문을 참고할 수 있다.

곧 북핵문제의 해법이 제시되거나 그들 외교행태의 비밀이 풀리지는 않겠지만 북한이 세계질서와 동북아 질서를 어떻게 이해하고 있으며, 어떤 세계관과 지역관 아래 전략을 수립하고 행동에 옮기는가에 대한 이해와 의미 부여는 가능해질 것이다.

2. 북한의 국제관계 연구 현황

북한에 국제정치학 또는 국제관계론이 체계적으로 발전되어 있는 흔적은 많지 않다. 사회주의의 국제관계론은 사회구성체 내부의 운영방식에 더 큰 관심을 갖고 있는 마르크스주의의 전통하에서 그리 발달하지 못한 것도 사실이다. 정치현상을 독립적으로 관찰하기보다 정치경제의 통합된 틀을 강조하는 사회주의의 전통도 독립된 정치학, 국제정치학의 발달을 저해하는 요소로 작용해 왔다. 소련에서 국제정치학은 제국주의론에 기반을 두고 서서히 국가를 중심으로 하는 별도의 학문으로 성숙되어 갔다. 북한 또한 이러한 사회주의 국가들의 국제관계론의 이론적 '빈곤'을 계승받아 별다른 평양발 국제관계론을 내놓지 않고 있다. 이러한 현실은 21세기 북한의 생존전략이 많은 부분 국제정세의 변화와 변수들에 영향을 받을 수밖에 없다는 현실에 비추어 볼 때 역설적인 현상이라 아니할 수 없다. 북한의 사전은 사회과학 분류 시 정치학, 국제정치학 항목을 따로 두고 있지 않은 반면, 학위명에는 경제학박사, 법학박사, 군사학박사, 사회정치학박사가 존재한다.

북한을 대표하는 김일성종합대학은 개교 당시 인문사회과학 분야에 문학부(사학과, 문학과, 교육학과)와 법학부(법학과, 경제학과)를 두고 있었다. 이 대학은 현재 력사학부(김일성동지혁명력사학과, 김정일동지혁명력사학과, 조선력사학과, 세계력사학과, 당정책사학과, 종교학과), 철학부(철학과, 김일성주의로작과, 주체사상학과), 문학대학(조선문학과, 조선어학과, 한문학과, 도서관학과, 신문학과, 보도학과, 창작학과, 도서정보학과, 민족고전학과), 외국어문학부(로어문학과, 중국어문학과, 영어문학과, 독일어문학과, 불어문학과, 에스파니아문학과), 지리학부, 경제학부(정치경제학과, 재정학과, 대외경제학과, 통계학과), 법률대학(법학과, 국제법학과, 정치학과)을 운영하고 있다. 김일성종합대학의 경우 현재 법률대학의 국제법학과와 정치학과에서 집중적으로 국제관계가 연구되고, 력사학부, 철학부, 경제학부 등이 직간접적으로 기여를 하고 있는 것으로 관측된다. 법률대학의 경우 1950년대 후반 법학부 시절에 한때 국제관계학과가 있었으나 곧 사라졌다.[3]

북한도 다른 사회주의 국가와 마찬가지로 대학보다는 국가가 운영하는 연구소가 국제관계 연구의 중심이 되고 있다. 북한의 사회과학원 중 무역연구소, 국제법연구소, 국제관계연구소, 통일문제연구소 등이 주요 국제문제 연구기관으로 활동하고 있다. 북한의 국제관계대학은 당과 내각에서 복무할 간부를 육성하는 특수교육기관으로서, 당, 정, 군 각 분야에서 5년 이상 현직으로 근무한 인사 또는 일반 대학의 졸업자들이 지원하고 있다. 한국의 외교안보연구원에 해당하는 이 교육기관은 현재 예비 1년, 본과 5년 도합 6년 과정으로 운영된다. 1년 과정의 대사반, 참사반, 외교일꾼 부인반, 2년 과정의 국가안전보위부 일꾼반, 6개월 과정의 재직 간부반 등의 단기과정도 운영되고 있다. 국제관계대학은 국제법학부, 국제경제관계학부, 무역학부, 어학부를 두고 있다.[4] 북한은 최근 들어 개혁, 개방과 관련한 국제관계 관련

---

3 김일성종합대학은 1946년 9월 1일 7개 학부 24개 학과로 개교하였다. 강성윤, "북한의 학문분류체계," 『북한연구학회보』, 10권 1호, 2006년 여름, 1-24쪽.

4 안찬일 외, 『10명의 북한 출신 엘리트들이 보는 10년 후의 북한』(경기도: 인간사랑, 2006), 412쪽. 간부를 육성하기 위한 특수교육기관으로는 국제관계대학과 김일성고급당학교가 있다.

법을 집중 연구하고 있는 것으로 알려지고 있다.[5]

3. 북한 국제관계론의 일반적 특징

평양의 국제관계 담론에서 제일 먼저 눈에 띠는 부분은 그것이 외형적으로 현실주의의 모습을 띠고 있다는 점이다. 국가를 국제질서의 주요 행위자로 보고, 군사력이 갖는 중요성을 강조하고, 국가 사이의 관계를 화합과 협력보다는 갈등과 대결로 보는 면모들이 특히 그러하다.[6]

북한의 국제관계 담론은 국가와 민족을 강조한다. 국가와 민족은 국제관계의 주요 단위로 묘사되며 이들 개념의 강조는 애국, 애족이라는 규범적 가치의 선전으로 줄곧 이어진다. 북한은 수령을 정점으로 당, 군, 인민대중이 유기적으로 연결된 피라미드형의 국가를 상정하고 있다. 북한이 말하는 '사회주의강성대국'은 사회주의 사회를 바탕으로 한 사상과 정치, 군사, 경제, 문화의 강국을 의미한다. 그들은 21세기 강성대국 건설을 위해 '우리 수령제일주의,' '우리 사상제일주의,' '우리 군대제일주의,' '우리 제도제일주의'의

---

5 『연합뉴스』, 2006년 6월 1일.

6 현실주의에 대한 대표적 저서로는 다음 저서를 참조할 것. Kenneth N. Waltz, *Theory of International Politics* (MA: Addison-Wesley, 1979); Robert Gilpin, *War and Change in World Politics* (Cambridge: Cambridge University Press, 1981); Hans J. Morgenthau, *Politics among Nations: The Struggle for Power and Peace* (New York: Alfred Knopf, 1948). 서구 국제정치학의 패러다임 간 논쟁에 대해서는 다음을 참조할 것. Charles W. Kegley, *Controversies in International Relations Theory: Realism and the Neoliberal Challenge* (New York: St. Martin's Press, 1995); Robert O. Keohane, ed., *Neorealism and Its Critics* (New York: Columbia University Press, 1986); David A. Baldwin, Neorealism and *Neoliberalism: The Contemporary Debate* (New York: Columbia University Press, 1993); Yosef Lapid, "The Third Debate: On the Prospects of International Theory in a Post-Positivist Era," *International Studies Quarterly*, 33, 1989.

'4대제일주의'를 구호로 삼고 있다. 평양의 국가론은 전형적인 근대적 부국강병론의 연장선에 있다. 국력의 구성요소로는 정치사상, 군사력, 경제력의 3요소가 강조되고 있다. 김정일 정권은 사상과 군력의 측면에서는 이미 강국의 면모가 갖추어져 있기 때문에 향후 과제로 경제문제만 풀면 명실상부한 강성대국 건설의 위업이 달성된다고 역설하고 있다.[7]

민족은 국가와 함께 국제질서의 주요 행위자로 묘사되고 있다. 북한은 '우리 민족제일주의,' '고려민족제일주의,' '조선민족제일주의'를 내세우며, '20세기의 태양'과 '21세기의 태양'을 모신 '태양민족'의 자부심을 주창한다. 평양의 저술들은 민족을 '사회력사적으로 형성된 사람들의 공고한 결합체'이자 '운명공동체'로 정의하며, '피줄, 언어, 지역의 공통성'을 강조한다. 2000년대 이후 북한은 '우리 민족끼리'의 이념과 '민족공조'를 강조하고 있다. 북한의 민족지상주의적 담론은 평양을 중심으로 한 대동강문화의 존재와 단군이 실존인물이라는 주장으로 확대발전하고 있다. 북한은 1993년 10월 평양시 강동군의 단군릉을 발굴하면서 단군을 실존인물로 주장하기 시작하였다. 이는 1990년대 초 공산권의 몰락으로 수세에 몰리면서 새로운 체제유지 이념으로 민족 이념을 더욱 강조하게 된 사정과 연관이 있는 것으로 보인다. 북한은 고조선, 고구려, 고려, 북한으로 이어지는 체제 정통성을 주장하고 있다.[8]

북한의 국제관계론은 군사력을 중시한다. 평양 지도부는 외적 위협으로부터 인민대중의 자주권과 생존권을 보호하고, 내적으로 경제적 난관과 식

---

7 윤현철, 2002, 159-202쪽; 최일호, "경제강국건설은 우리 혁명과 사회발전의 절박한 요구," 『로동신문』, 2007년 1월 9일.

8 강충희, 『조국통일 3대공조』(평양: 평양출판사, 2005), 1-47쪽; 김현환, 『김정일장군 조선민족제일주의론』(평양: 평양출판사, 2003), 1-130쪽; 『연합뉴스』, 2006년 10월 1일.

량난을 극복하고 강성대국을 건설하기 위하여 강한 군사력이 필요하다며 '총대철학'과 선군정치를 내세우고 있다.[9] 소위 선군시대의 경제건설노선에서도 국방공업을 우선적으로 발전시키면서 경공업과 농업을 동시에 발전시키는 전략을 선택하고 있다. 김정일은 "마치와 낫우에 총대가 있다"라면서 선당후군(先黨後軍)이 아닌 선군후당(先軍後黨), 선군후로(先軍後勞)를 주장하고 있다.[10]

당을 전위에 세우는 여타 사회주의 국가들의 통치노선과 궤를 달리하는 선군의 전통은 김일성이 조선인민혁명군을 먼저 창건하고 광복 후에 당을 창건한 역사적 선례에서 찾을 수 있다. 북한의 문헌은 김일성이 1932년 4월 25일 안도현 소사하에서 반일인민유격대를 창건하였고, 1934년 3월 왕청현 마촌에서 유격대를 조선인민혁명군으로 개편하였다고 기록하고 있다. 해방 후인 1948년 2월 8일 북한은 조선인민혁명군을 발전시킨 조선인민군을 창설하게 된다. 1962년 12월 당중앙위원회 제4기 제5차 전원회의와

---

9 선군정치에 대한 일반적인 해설은 다음을 참조할 것(강현재, "위대한 령도자 김정일동지께서 심화발전시키신 선군사상에 의한 주체의 령도방법," 『철학연구』, 제1호, 2007; 김봉호, 『선군으로 위력떨치는 강국』(평양: 평양출판사, 2005); 김국태, "위대한 장군님께서 선군정치를 펼치신것은 주체혁명의 새시대를 열어놓은 력사적사변," 『근로자』, 제1호, 2005; 편집국론설, "우리당의 선군혁명령도업적을 더욱 빛내여나가자," 『근로자』, 제1호, 2005; 전덕성, 『선군정치에 대한 리해』(평양: 평양출판사, 2004); 윤현철, 2002). 최고인민회의는 1998년 9월 제10기 제1차 회의를 통해 헌법을 개정, 국가기구체계에서 국방위원회와 국방위원장의 지위와 권능을 격상시켰다. 이로써 국방위원회는 최고인민회의보다 아래에, 최고인민회의 상임위원회, 내각, 지방주권기관, 사법검찰기관보다 위에 위치하게 되었다(김철우, 2000, 13-25쪽). 국방위원회 위원장은 "나라의 정치, 군사, 경제력량의 총체를 통솔지휘하여 사회주의조국의 국가체제와 인민의 운명을 수호하며 나라의 방위력과 전반적국력을 강화발전시키는 사업을 조직령도하는 국가의 최고직책이며 조국의 영예와 민족의 존엄을 상징하고 대표하는 성스러운 직책"으로 묘사되고 있다(24쪽).

10 『로동신문』, 2000년 3월 17일.

1966년 10월 조선로동당대표자회에서 북한은 경제건설과 국방건설을 병행하는 '경제국방병진정책'을 추진하는 한편 '전군 간부화,' '전군 현대화,' '전민무장화,' '전국 요새화'로 구성된 '4대군사노선'을 채택하였다.[11]

김정일은 인민군대를 '혁명의 주력군'이며 '나라의 기둥'이라고 치켜세우고 있다. 북한 지도부가 노동계급이 아닌 군을 혁명의 주력군으로 내세우는 것은 시대의 변화와도 관련이 있다. 산업화시대에서 정보화시대로 이동하면서 노동계급의 인테리화가 진행되고, 육체노동보다 정신노동의 양이 많아졌다고 북한의 문헌들은 주장한다. 자본주의 발전, 독점자본의 지배 강화, 반동적인 부르주아 사상문화가 더욱 범람하여 노동계급의 계급적 각성과 혁명화가 억제되고 있기 때문에 군대가 혁명적이고 창조적인 역할을 떠맡고, 앞장서서 혁명을 이끌어 나가야 한다는 것이다.[12]

북한의 국제질서관은 또한 이분법적 대립의 모습을 보여주고 있으며, 북한은 스스로 사회주의와 진보의 보루로 자임하면서 북한 대 미국의 대결구도를 상정하고 있다. 북한은 국제질서를 자주성을 존중하는 세력과 지배와 예속을 강요하는 제국주의 세력, 평화애호 세력과 전쟁정책 세력, 진보적 나라와 반동적 나라의 대결구도로 보고 있다. 북한이 이야기하는 '반제자주력량'에는 '사회주의력량과 국제공산주의운동, 민족해방운동과 민주주의운동, 쁠럭불가담운동과 평화애호력량'이 포함된다. 북한의 대결적 세계관은 미국 신보수주의자들이나 이슬람 근본주의자들의 선과 악, 신의 편과 그 반대편의 이분법적 세계관과도 통하는 측면이 있다.[13]

---

11 김봉호, 2005, 19-45쪽.

12 사회과학원 철학연구소, 『우리 당의 총대철학』(평양: 사회과학출판사, 2003), 55-59쪽.

13 백성호, "김일성 사후 북한 외교노선의 변화와 대외관계의 특징: 1995년부터 2004년까지 『로동신문』의 사설분석을 중심으로," 『국제정치논총』, 45집 4호, 2005, 169-188쪽; 사회과학

평양의 국제질서 담론은 군력을 강조하는 만큼이나 사상의 중요성을 이야기하고 있다.[14] 주체사상에 기초하여 국가를 경영하는 북한의 특성상 이것은 어쩌면 당연한 귀결인지도 모른다. 북한은 사회주의 건설을 위한 동력을 새로운 인간형에서 찾고 있으며, 인간 개조의 핵심이 사상의 개혁에 있음을 강조한다.[15] 평양은 북한과 제국주의세력 사이의 대결이 물질적 토대에서 뿐만 아니라 정신적 차원에서도 전개되며, 사상의 투쟁이 물리력의 경쟁보다 더 결정적인 것이라고 보고 있다. 북한의 한 저작은 "제국주의와의 대결은 힘의 대결인 동시에 사상의 대결이며 신념과 의지의 대결"이라고 적고 있다.[16] 자신을 사상론자로 규정하고 있는 김정일은 교시를 통해 "우리는 혁명투쟁과 건설사업에서 사람들의 사상이 기본이며 사람들의 사상에 의하여 모든 것이 결정된다는 사상론을 주장합니다," "위대한 사상은 위대한 시대를 낳습니다," "혁명운동은 곧 사상운동입니다"라며 사상의 중요성을 설파하고 있다.[17]

국제정치의 주요 행위자들이 합리적이라는 가설하에 사회과학적 일반화를 추구하는 신현실주의와 달리 북한의 국제관계 담론은 제국주의론과 계

원 철학연구소 2003 8-9쪽; 김화 · 고봉, 『21세기태양 김정일장군』(평양: 평양출판사, 2000), 528-532쪽; 『로동신문』, 2006년 8월 21일.

14 사상을 중시하는 마르크스 계열의 국제관계론으로는 Louis Althusser, translated by Ben Brewster, *For Marx* (London: NLB, 1977)와 그람시의 전통을 이어받은 Robert W. Cox, "Social Forces, States, and World Orders: Beyond International Relations Theoyr," R. B. J. Walker, ed., *Culture, Ideology, and World Order* (Boulder and London: Westview Press, 1984) 등이 있다. 로버트 콕스는 물질적 능력, 이데올로기, 제도가 상호작용하는 역사적 구조를 이야기한다.

15 박명남, "인간개조는 본질에 있어서 사상개조," 『철학연구』, 제1호, 2007, 12-14쪽.

16 사회과학원 철학연구소, 2003, 40쪽.

17 김화 · 고봉, 2000, 52-60쪽.

급적 사고를 바탕에 깔고 현실세계의 모순과 문제점을 적나라하게 드러내는 데 주안점을 두고 있다. 무엇보다도 북한의 국제관계 담론은 혁명의 실현이라는 목적론적 성향을 갖고 있다. 평양의 혁명관은 '온 세계의 자주화'로 표현되고 있는데, 북한에게 있어 역사는 자주성 구현의 과정이며, 그러한 차원에서 하나의 완성된 체제를 향해 역사가 끊임없이 진보해 나가는 단선적 발전사관을 갖고 있다고 평할 수 있을 것이다. 순환사관이 아닌 발전사관은 마르크스 계열의 논지의 핵심을 이루고 있다.[18]

북한의 담론은 현 질서에 대한 불만과 새로운 질서에의 열망을 담고 있다. 그들에 의하면 낡은 국제질서는 미국의 '독판치기'와 제국주의의 산물이며, 부익부, 빈익빈을 심화시키는 착취와 약탈의 공간이다. 북한은 자주화 실현을 위해 평화를 보장할 수 있는 국제정치질서와 공정하고 합리적인 세계경제질서의 수립 등 국제관계의 민주화를 역설한다.[19] 현실의 문제점을 비판하고, 지배담론의 허위성을 폭로하며, 현존하는 지배-종속의 권력구조 및 불평등의 물적 구조를 혁신하려는 목적의식을 갖고 있다는 측면에서 북한판 국제관계론은 비판이론의 연장선에 있다고 할 수 있다.[20] 이렇듯 북한의 국제관계론은 국가를 단위로 하고 군력과 갈등을 축으로 하는 관점과 사상을 강조하는 관점 그리고 현실세계의 불공정성을 폭로하고 새로운 세계질서를 만들려는 혁명의 관점을 내포하고 있다.

---

18 김봉호, 2005, 46-58쪽.

19 김화 · 고봉, 2000, 542쪽.

20 비판이론에 대해서는 다음을 참조. Steve Smith, "The Self-Images of a Discipline: A Genealogy of International Relations Theory," Ken Booth and Steve Smith, ed., *International Relations Theory Today* (University Park, pennsylvania: The Pennsylvania State University Press, 1995), pp. 24-26.

4. 북한의 국제관계관

김정일 시대 북한의 국제관계관은 냉전체제의 붕괴에 대한 해석으로부터 출발하고 있다. 주지하는 바와 같이 1990년대 소련과 동구의 사회주의가 붕괴하는 역사적 사건이 일어났으며, 세계사회주의체제가 붕괴하는 현실 앞에서 북한은 '세계정치구도'와 '력량관계'에 커다란 변화가 닥쳤음을 인정하지 않을 수 없었다. 평양은 이 시기 '반제자주력량'에 대한 '제국주의반동세력'의 전반적 공세가 강화되었다고 판단한다. 북한의 한 서적은 1990년대 이후 서방세계에서 '사회주의가 자본주의 품으로 들어오는 시대,' '자유가 전체주의를 타승한 시대,' '사회주의의 력사적 종말,' '자본주의의 승리'라는 평가가 범람했다고 회고하고 있다.[21]

북한은 현 국제정치의 구조를 미제국주의를 정점으로 하는 일극체제로 설명하고 있다. 냉전시대 미국과 소련을 축으로 하는 동서 냉전대결의 '2극화' 구도가 미국을 축으로 하는 '1극화' 구도로 변하였다는 것이다. '세계유일초대국'으로 우뚝 선 미국이 국제무대에서 강권과 전횡을 일삼으며 다른 나라들의 자주권을 유린하고 있다고 북한은 비난하고 있다. 평양은 미국이 세계 제패의 야망을 갖고 침략과 전쟁정책을 펼치고 있다고 보는데, 이러한 미국의 제국주의적인 태도가 자주성을 지향하는 세력에게 커다란 도전이 됨은 물론이다.[22]

북한은 미국 주도의 세계질서를 견제할 수 있는 세력으로 유럽의 부상을 주목하고 있다. 이러한 인식은 2000년대에 들어서 북한이 서유럽국가들과

---

21 김봉호, 2005, 46-58쪽.

22 전덕성, 2004, 1-18쪽.

관계개선에 나선 것과 맥을 같이 하는 것으로 보인다. 북한은 냉전 시기 서유럽국가들이 미국을 추종하는 노선을 취했으나 현재는 미국의 지배에서 벗어나 자주를 지향하고 있다고 판단하고 있다. 유럽은 경제력에서 미국에 필적하는 등 미국의 일극화에 제동을 걸고 다극화의 길을 여는 세력으로 평가받고 있다. 북한은 정치적인 면에서 일부 국가들이 이라크전쟁에 반대한 점, 경제적인 면에서 유로를 통용하고 미국과 유전자, 강철, 소고기 등을 둘러싸고 분쟁을 벌인 점, 군사적인 면에서 '독자적인' 방위정책을 추구하며 '유럽신속반응부대'를 창설한 점을 들어 유럽의 독자세력화를 부각시키려 애쓰고 있다.[23] 평양의 담론은 일극 패권체제보다는 다극체제에 의한 힘의 분산을 선호하는 일정한 논조를 보이고 있다.

미국 중심의 국제질서는 자연 강대국의 전횡과 내정간섭을 허용, 불공정하게 운영되고 있다고 평양은 불만을 터트리고 있다. 미국이 테러와의 전쟁, 대량살상무기 제거, 민주주의 확산, 인권 옹호를 구실로 주권국가에 대한 침략과 간섭을 일삼고 있다는 것이다. 북한은 제국주의 전선의 북한에 대한 간섭과 압박에 대해 "우리의 사회주의 제도를 어째 보려는 것은 닭알(달걀)로 바위를 치는 격"이라며 체제 수호에 대한 자신감을 내비치고 있다. 평양은 미국의 취향에 따라 움직이는 '지배와 예속의 낡은 질서'를 타파하고 '공정한 국제질서'를 세워야 한다고 주장한다. 그들은 새롭게 형성된 질서가 각국의 자주권을 국제관계의 최고원칙으로 삼는 것이어야 한다고 주장한다.[24]

---

23 김봉호, 2005, 166-173쪽. 탈냉전 시기 EU와 북한의 대외관계의 발전에 대해서는 아래의 저작을 참조. 박채복, "EU 대북정책에 있어서 변화와 연속성," 『한국정치학회보』, 40집 2호, 2006년 여름; 김성형, "유럽연합(EU)의 신 대북 협력 정책: EU집행위원회 전략보고서를 중심으로 (1989-2002)," 『한국정치외교사논총』, 26집 2호, 2005; 김정용, "탈냉전시기의 북한의 대 서유럽접근: 국내외적 환경 및 의도," 『한국정치외교사논총』, 26집 2호, 2005.

24 『로동신문』, 2006년 1월 3일, 『연합뉴스』, 2006년 1월 4일자에서 재인용.

1990년대 이후 전개된 국제질서의 변화에 능동적으로 대처하기 위한 북한 지도부의 선택이 선군정치의 길이었음은 주지의 사실이다. 김정일 집권기를 북한에서는 '주체혁명의 새시대,' '선군시대,' '혁명발전의 새로운 높은 단계'로 명명하고 있다. 선군시대는 '자주성의 시대의 계속이며 그보다 높은 단계'로 묘사되고 있다.[25] 흥미롭게도 평양의 몇몇 문헌은 자주통일의 새 시대를 6·15시대라고 명명하고, 김대중 대통령과 김정일 위원장의 역사적인 평양상봉과 6·15공동선언의 채택을 기점으로 삼고 있다.[26] 선군시대의 명명은 자연스럽게 20세기와 21세기의 시대구분을 가능하게 한다. 20세기는 '김일성세기,' '자주시대의 첫 세기'이며, 21세기는 '자주시대의 두 번째 세기,' '김정일세기'라는 것이다. 김일성과 김정일은 각기 '20세기의 태양'과 '21세기의 태양'이라는 위치를 점하고 있는 것으로 묘사된다.[27]

북한은 20세기를 격동의 시기로 평가하면서, 20세기 초엽 사회주의국가가 지구상에 최초로 등장한 사실에 주목하고 있다. 2차 세계대전 이후에는 제국주의국가들에 의한 식민질서가 무너짐과 아울러 복수의 사회주의국가들과 반제혁명운동의 일원인 발전도상의 신생독립국가들이 등장했다. 이즈음 제국주의 또한 현대제국주의로 변모하게 된다. 현대제국주의는 국가독점자본주의를 정치경제적 기초로 하며, 신식민주의에 의지하고, 미제를 우두머리로 하는 종속적 동맹관계를 기반으로 삼는 체제로 정의되고 있다.[28] 20세기 말 반사회주의 역풍으로 소련과 동유럽에서 사회주의가 일시적 좌

---

25 김봉호, 2005, 58-66쪽.

26 강충희, 2005; 최기환, 『6.15시대와 민족공조』(평양: 평양출판사, 2004).

27 김화·고봉, 2000, 1-18쪽.

28 김화·고봉, 2000, 565쪽.

절을 경험하였으나, 현재 사회주의 재건 투쟁이 강화되고 있다고 북한은 진단하고 있다.

20세기는 사회주의조선의 시조인 김일성의 시대와 동일시된다. 진보와 반동, 혁명과 반혁명, 사회주의와 제국주의 사이의 대결로 점철된 20세기에 김일성이 역사상 처음으로 자주성이 사회적 인간의 본질적 속성임을 밝혔고, 그에 기초하여 주체사상을 창조했다고 한다. 김일성의 등장과 더불어 세계사는 역사의 새 시대, 즉 주체시대, 자주시대, 자주성의 시대를 맞이하게 되었다는 것이 북한의 설명이다.[29] 여기서 자주성의 시대란 "지난날 력사의 대상으로 되어 억압받고 착취받던 인민대중이 력사의 주인으로 등장하여 자기의 운명을 자주적으로, 창조적으로 개척해 나가는 시대"를 의미한다.[30] 김정일 또한 김일성이 사람이 세계의 주인이고, 인민대중이 사회역사의 주체임을 밝혔고, 수령의 영도를 통해 민족해방, 계급해방, 사회주의, 공산주의사회 건설을 달성했다고 주장하고 있다.[31] 북한의 문헌은 김일성이 한 세대에 두 제국주의(일본과 미국을 지칭함)를 타도했다고 선전하고 있다.[32]

북한은 21세기를 사회주의의 완전한 승리와 공산주의 건설의 세기로 보고 있다. 온 세계의 자주화가 실현되는 시기이자, 자주시대의 새로운 높은 단계라는 것이다. 20세기 후반 북한의 사회주의는 주체혁명의 과업을 계승해 나가야 할 과제를 짊어지게 된 것이다. 김정일 위원장은 주체사상을 체계화시키고 심화발전시켰으며 선군정치를 내걸었고, 강성대국 건설에 관

---

29 김원삼 · 최순옥, 『4대제일주의는 강성대국건설의 영원한 구호』(평양: 사회과학출판사, 2004), 9-16쪽.

30 김봉호, 2005, 60쪽.

31 김정일, 『주체철학에 대하여』(평양: 조선로동당출판사, 2000), 16-90쪽.

32 강충희, 2005, 45쪽.

한 이론을 제시했으며, 일극화에 맞서 90년대 사회주의 수호전을 전개한 과업을 달성했다고 묘사된다.[33] 북한의 문헌은 흔히 김정일이 제국주의 연합세력과의 대결에서 총 한방 쏘지 않고 연전연승하고 있다고 주장한다. 결국 김정일은 90년대 사회주의 전반과 북한에 닥친 위기를 극복하고 21세기 평양이 나아가야 할 바를 밝혀 준 지도자로 묘사되고 있는 것이다.

김정일 시대 북한의 국제관계관은 사회주의의 몰락과 세계화의 도전에 대한 북한의 대응적 시각을 담고 있다. 북한은 미국이 유일강대국으로 등장한 국제질서의 역학관계 속에서 불공정한 질서를 보다 공정하고 민주화된 질서로 변화시켜야 한다고 주장하고 있다. 북한의 국제관계론은 제국주의론에 바탕을 두고 있으면서도 북한 나름의 현대제국주의론과 자주성 시대론의 내용들을 담고 있다. 김일성이 다 못 이룬 온 세상 자주화의 과업은 이제 그의 후계자인 김정일에게 전수되었다. 김정일은 선군정치를 모토로 미국이 주도하는 국제관계의 표준에 대항하는 변방의 표준들을 창출하려고 노력하고 있다. 평양의 이분법적, 대결적 세계관은 북한이 전격적으로 개혁, 개방의 길로 나오는 선택을 저해하는 요소로 작용하고 있다고 판단된다.

5. 북한의 동북아시아관

북한에 지역학이 존재할까? 북한이 그리는 동북아시아의 현실과 그들이 꿈꾸는 동북아질서는 어떤 모습을 하고 있을까? 21세기 세계질서가 북한과 미국의 양자대결 구도라는 다소 과장된 인식 아래 동북아시아, 동아시아 또는 아시아 태평양 질서에 대한 분리된 논의를 발견하기는 쉽지 않다. 결론

---

33 김원삼 · 최순옥, 2004, 16-28쪽.

부터 이야기하자면 평양의 동북아관은 중국, 러시아와 선린관계를 강조하는 대륙성, 일본, 미국 등 해양세력을 배척하는 배타성, 해양세력을 전쟁세력으로 간주하고 이들과 대결구도를 그리는 비타협성을 가지고 있다.

북한은 동북아에 미국을 정점으로 미국, 일본, 한국의 수직적인 삼각관계가 형성되어 있으며, 미국이 세계제패 야망을 실현하기 위해 한반도의 남쪽을 강점한 채 동북아의 긴장을 야기하고 있다고 주장하고 있고, 평양은 한미일 3각 군사동맹 책동을 경계하며, 한국 정부가 미국추종 노선에서 벗어나 민족공조로 나설 것을 촉구하고 있다.[34] 선군시대 북한은 한반도에서 과거 북한과 미국 사이의 대결구도를 한민족 대 미국의 대결구도로 전환시키려 한다. 2000년 6월 남북 정상회담을 기화로 평양은 '우리 민족끼리' 정신을 강조하면서 한반도문제를 하나의 전체 조선민족 대 미국의 대결구도로 몰아가고 있다. 북은 남이 '련북화합'의 정신에서 '반미자주화투쟁,' '반미민족해방전선,' '반미반전공동전선'에 나설 것을 촉구하고 있다.[35]

북한의 미국관은 비교적 잘 알려져 있는데, 북한은 미국이 해방 후 '해방자'의 탈을 쓰고 들어와 남쪽을 불법적으로 강점하고 있다고 인식한다. 지난 60여 년의 미군 주둔으로 인해 남한은 미국에 정치적 · 경제적 · 문화적으로 예속되어 있는 것으로 평가받고 있다. 평양은 미국이 남쪽 절반에 대한 식민지적 지배, 이북에 대한 비타협적 대결, 남북의 분열 유지 전략을 통해 민족통일을 저해하고 있으며, 한반도를 아시아 · 태평양의 지배권을 행사하기 위한 거점으로 확보하려 한다고 비난한다. 평양은 한반도에는 미국의 아시아전략, 세계전략과 관련된 문제들이 집중되어 있으며, "미국이 8 · 15해방

34 김철우, 2000, 103-130쪽.

35 송승환, 『우리 민족제일주의와 조국통일』(평양: 평양출판사, 2004), 129-155쪽.

후부터《한》반도를 '비게덩어리'처럼 물고 놓지 않는것은 그 지정학적요인과도 관련되여있다"고 보고 있다.[36]

특히 북한의 판단에 의하면 부시 행정부는 핵문제를 구실로 김정일 정권을 '고립말살'하려는 '침략정책'을 펼치고 있다.[37] 북한은 미국의 압살정책에 맞서 선군정치를 무기로 미국의 반공화국 정책에 맞서고 있다고 주장한다. 북한의 대미전략 목표는 미국의 '대조선 적대시 정책'을 종식시키고, 북미관계의 정상화를 실현하는 것이다.

> 선군정치에 기초한 이북의 대미전략은 두 가지 측면으로 요약할수 있는 바 하나는 정치협상을 통해 미국의 대북 적대시 정책을 무력화시키고 관계개선을 실현하는 것이며 다른 하나는 군사적 초강경 태새로 미국의 핵전쟁전략을 꺾어버리고《한》반도의 안전과 평화, 통일을 달성하는것이다.[38]

즉 북한은 미국의 적대시 정책을 꾸준히 비난하면서도 미국과의 화해 가능성을 배제하지 않고 있다. 북미 공동코뮤니케의 발표, 미 국무장관 메들린 울브라이트(M. Albright)의 평양 방문 등 2000년 당시 외교의 진전이 재연되기를 내심 바라고 있는 것이다. 북한은 미국을 체제 생존의 위협 요소로

---

36 강충희, 2005, 1-63쪽.

37 부시 행정부 시기 북미대결 의식을 함축적으로 보여주는『로동신문』사설의 제목을 몇몇 들어 보면 아래와 같다. "미제의 전쟁책동을 단호히 짓부셔 버리자"(2001/06/25), "미제의 침략과 전쟁책동을 단호히 짓부시자"(2002/06/25), "강박에는 강타로 〈응징〉에는 징벌로"(2003/01/12), "사생결단으로 미제와 싸워 민족의 존엄과 자주권을 지키자"(2003/05/28), "반미대결전에서 민족의 존엄과 필승이 기개를 높이 떨치자"(2004/06/25)(백성호, 2005, 주 36 참조).

38 김봉호, 2005, 149쪽.

인식하면서도 한편으로는 체제 생존을 위해 미국과 관계개선을 목표로 하고 있다.[39] 결국 북한은 체제의 위협요인인 미국에 대해서 화전 양면전략을 구사하고 있는 것이다. 평양은 북핵문제 해결의 협상을 고리로 미국과의 적대적 관계를 청산하려는 의도를 여전히 갖고 있는 것으로 판단된다. 북미 적대관계의 청산은 김정일 정권의 제일 위협요인을 제거하고, 미국과 중국이라는 21세기 전반부 두 강대국 사이에서 자신의 전략적 가치를 높일 수 있는 기회의 창을 제공하여 줄 것이다.

평양은 자신과 일본의 관계를 '먼나라'로 표현하고 있다. 21세기 초 북한과 일본은 두 차례에 걸친 일본 총리의 평양방문과 북일 평양선언에도 불구하고 납치문제를 중심으로 긴장관계를 형성하고 있다. 북한은 일본에 대해 적대의식을 숨기지 않으면서 양국 적대관계의 책임을 미국을 추종하여 대북 적대시 정책을 실시하는 일본에게 돌리고 있다. 북한은 군국주의에 의한 불법강점의 원죄를 물으면서 일본을 민족의 '철천지원수'로 규정하고 있다. 일본은 고이즈미 정권 아래 미국과 동맹을 강화하면서 핵, 납치문제를 기화로 북한에 대해 경제제재를 가하는 등 강경자세를 고수하고 있다. 관계정상화에 따른 대규모 수교자금에 관심을 갖고 있는 평양은 선군정치 기조 하에 일본에 대해 강경노선을 취하면서, '선 사죄보상, 후 국교정상화'의 원칙 아래 일본과 협상하겠다는 태도를 견지하고 있다.[40]

북한은 국경을 맞대고 있는 중국, 러시아와 사회주의권의 붕괴 이후에도 소강상태를 거쳐 선린우호관계를 유지하고 있다. 중국과 러시아의 권위주의적 경제개발전략은 향후 북한의 경제회생 노력에 많은 교훈을 줄 수 있을

---

39 김영수, "북한의 대미 인식," 『현대북한연구』, 6권 2호, 2003.

40 김봉호, 2005, 159-165쪽.

것이다. 권위주의, 역사적 유대의 경험, 지리적 인접성 등은 북한, 중국, 러시아 북방 삼국을 가깝게 해주는 요소이다. 물론 소련과 중국이라는 두 거대 사회주의 강국의 존재는 북한사회주의의 자주와 주체를 위협하는 요인으로도 작용하여 평양 정권은 이들로부터 정치적·경제적·사회적 자주를 견지하기 위한 힘겨운 노력을 경주하지 않을 수 없었다.[41]

북한사회주의 현대사에서 중국과 친교의 경험은 아무리 강조해도 지나치지 않을 것이다. 한국전쟁 시기 중국은 자원병의 형태로 위기에 처한 김일성 정권을 도왔다. 중국의 개혁, 개방 추진과 한중수교로 한동안 냉각기를 겪던 북한과 중국은 김정일 정권이 공식출범하고 김정일 위원장이 적극적인 대외행보를 보이기 시작하면서 관계개선의 실마리를 보이기 시작했다. 김정일 위원장은 2000년 5월과 2001년 9월 장쩌민(江澤民) 주석과 정상회담을, 2004년 4월 후진타오(胡錦濤) 주석과 정상회담을 가졌으며, 2001년 1월 상하이 푸동 방문, 2006년 1월 광둥 지역 시찰을 통해 개방 의지를 과시하기도 했다. 6자회담의 전개과정에서도 보이듯 중국은 21세기 초 북한에게 정치적·경제적·외교적으로 제일 주요한 국가로서 위상을 지니고 있다 해도 과언이 아닐 것이다.[42] 동시에 평양은 중국의 대한반도 영향력이 지나치게 증대하는 것을 경계하고 있다.

해방 이후 소련은 한반도 북쪽에 진주하여 김일성 체제의 등장을 후원했

---

41 안드레이 란코프, 『소련의 자료로 본 북한 현대정치사』(서울: 오름, 1995), 6장.

42 백성호, 2005, 182-183쪽. 북중관계 일반에 대해서는 이종석, 『북한-중국관계: 1945-2000』(서울: 중심, 2000)을 참조. 냉전의 붕괴 이후 북중관계를 시위하는 『로동신문』의 사설 제목을 열거하면 다음과 같다. "피로써 맺어진 조중친선은 불멸할 것이다"(1994/10/12), "중국공산당이 걸어온 자랑찬 로정"(1996/07/01), "조중친선의 력사는 끊임없이 흐르고 있다"(2000/06/03), "조중친선은 세기를 이어 강화 발전될 것이다"(2001/01/23), "끊임없이 강화되는 조중친선의 유대"(2001/09/03)(백성호, 2005, 주42 참조).

으며, 냉전 기간 내내 북한의 든든한 후원국이었다. 그러나 90년 한소수교는 양국관계에 치명적 상처를 입혔고, 평양은 소련의 대남 접근을 배신행위로 간주 맹비난했다. 소련이라는 전략적 우방의 소멸은 북한에게 심대한 정치적·경제적 타격을 입혔으며, 평양이 핵개발에 매진하는 주요 동인을 제공했다. 북한과 러시아는 1998년 김정일 체제의 수립과 푸틴(V. Putin)의 등장 이후 우호관계를 회복했다. 양국은 2000년 2월 9일 친선, 선린 및 협조에 관한 조약을 체결했다. 동 조약을 통해 북한과 러시아는 모든 침략과 전쟁정책을 반대하고, 군축과 세계의 안정과 안전을 보장하기 위해 적극 노력하며, 두 나라 중 일방에 대한 침략위협이 조성되거나 평화와 안전에 위협을 주는 정황이 조성될 경우 서로 접촉할 것을 결의했다. 같은 해 7월 푸틴 대통령의 평양 방문과 2001년 8월 김정일 국방위원장의 러시아 답방을 통해 양국은 정치, 경제협력을 강화해 나갔다.[43] 평양은 모스크바와 전략적 협력관계를 중요하게 생각하고 있으며, 이를 중국의 지나친 대북 영향력 확대에 대한 견제로 활용하고 있다.

동북아지역 문제에 관심이 있는 국가들이 참여하고 있는 6자회담을 통해서 한반도와 동북아의 평화질서 구축을 위한 동북아 안보협력체의 논의가 시사되고 있다. 6자회담의 진전, 평화체제의 구축과 관련 자주 논의되는 동북아 다자안보 협력에 대해 현재까지 평양은 부정적인 반응을 보이고 있다. 동북아 안보갈등을 빚고 있는 당사자끼리 신뢰조성이 되지 않은 상황에서 동북아지역안보기구 논의는 시기상조라는 것이다. 『로동신문』은 2004년 초 논설을 통해 동북아안보기구는 현실과 거리가 먼 논의이며, 쌍무적 신뢰

43 김봉호, 2005, 235-237쪽; 최수영, "동북아경제와 북한경제의 발전 방향," *Online Series*, 2005년 10월, 1-5쪽.

조성, 주한미군과 주일미군의 철수가 선행되어야 한다고 주장하였다.[44]

1년 뒤 이 매체는 새로운 동북아 지역론을 들고 나왔다. 2005년 4월 『로동신문』은 사설을 통해 동북아에서 부시 행정부가 미국, 일본, 한국 대 북한, 중국의 대결구도를 유지하려 한다고 분석하고, 미국이 이 지역에서 일본, 한국과 종속적 동맹관계를 강화하는 한편, 북한과 중국 사이를 이간질하려 하고 있다고 비난하였다. 이 사설에 의하면 미국은 끊임없이 영토, 역사문제를 들추어서 동북아지역 국가들 사이에 갈등을 조장하고, 심지어는 일본의 군사대국, 정치강국을 부추기고 있다. 즉 지역국가 사이의 반목의 확대유지로 미국이 이 지역에 대한 군사적 지배와 정치적 영향력을 영속화하려고 시도한다는 것이다. 그러면서 논설은 "여기에 리해관계가 있고 땅이 붙어있는 나라들끼리 모여앉아 지역안보문제를 토의하는것이 무엇보다 중요하다"면서 지역안보 논의에서 미국과 일본을 배제할 것을 주문하고 있다.[45] 평양은 미국과 일본이 동북아시아 지역의 안보와 평화를 교란하는 장본인이라는 기본적 시각을 가지고, 지역평화를 위해서 미국의 전진배치 무력을 철수시키고 일본의 군국화 책동을 분쇄해야 한다고 역설하고 있다.

21세기 초 평양이 그리는 동북아질서는 미국과 일본의 배제로부터 시작된다. 평양은 대륙세력과 해양세력의 양대 진영을 확실하게 구분하고 자신을 대륙세력의 일원으로 규정한 후, 6·15 이후 한국을 미국의 편에서 떼어내어 북한의 대륙진영으로 끌어들이려는 노력을 지속하고 있다. 그러나 외견상 나타나는 배타적 담론이 꼭 북한의 생각을 일방적으로 규정하는 것은

---

44 강철수, "신뢰조성이 우선시되여야 한다," 『로동신문』, 2004년 4월 2일. 냉전이 붕괴되기 전인 1988년 노태우 대통령의 '동북아 평화협의회' 제안과 1989년 고르바초프의 '아시아 안보협력회의' 제안에 대해 북한은 이미 거부 입장을 밝힌 바 있다.

45 김종손, "지역안보문제에서 미일을 배제하여야 한다," 『로동신문』, 2005년 4월 13일.

아니다. 평양은 자신에 대한 적대정책이 철회된다는 전제하에 누구와도 공존할 수 있다는 기본인식을 또한 갖고 있기 때문이다. 평양은 비정부 간 안보협의체인 동북아협력대화(NEACD)에 참가한 바 있으며, 아태안보협력이사회(CSCAP), 아세안지역포럼(ARF), 6자회담에 지속적으로 참가하고 있다.[46]

특히 6자회담을 통한 2·13합의 이후 부드러워진 북한의 말과 행동은 주목할 만하다. 2007년 3월 16일 베이징에서 열린 동북아 평화안보체제 실무그룹 회의에서 북한 대표는 "국제사회의 책임 있는 일원이 되고 싶다"는 의미심장한 말을 남겼다. 북한이 국가 간 동북아평화회의에 참석한 것은 이번이 처음이다.[47] 6자회담이 성과를 내고 한반도 평화체제 구축을 위한 논의가 진전됨에 따라 동북아지역안보에 대한 북한의 평가가 긍정적으로 바뀔 수 있는 공간 또한 넓어질 것이다.

6. 북한 국제관계론 평가

평양의 국제질서관은 '혁명'과 '해방'을 핵심어로 진보진영과 제국진영 간의 갈등을 주요 내용으로 삼고 있다. 팽팽한 대결구도에서 북한은 세계사회주의 진영이 사라진 이후 진보진영의 대표주자로 행세하고 있다. 즉 미국의 현대제국주의가 주도하는 기성 세계질서에 대항해 '구토회복'을 노리는 자주의 선봉대가 평양이 자임한 국제정치적 역할이다.[48] 거대한 미국과 그의 연합세력의 압박에 대항하기 위해 북한은 군력과 사상무장을 강조하면서

---

46 박광섭, "노무현 행정부의 동북아 다자안보협력체 구상과 그 실현 가능성," 『한국동북아논총』, 41집, 2006, 52쪽.

47 『중앙일보』, 2007년 3월 17일.

개별 민족과 국가 단위의 '토굴전'을 펼칠 준비를 하고 있다. 북한의 국제질서론이 자국의 국력을 과장하고 상대의 힘을 과소평가하면서, '평양 중심의 평화적인 세계질서(Pax Chosunica)'의 건설을 꿈꾸는 자국중심주의를 보인다는 면에서 그들의 담론은 이상적이며 낭만적이다. 북한의 객관적 국력과 그들의 이상 차이에서 발견되는 괴리를 간과할 수 없다.

북한이 그리는 동북아시아는 미국의 침투와 대륙세력과 해양세력의 각축으로 이루어진다. 해양세력은 과거, 현재, 미래의 전쟁세력이며 북한을 포함하는 대륙세력은 자주와 평화의 수비군을 형성하고 있다. 북한은 미국이 주도하는 해양세력의 전쟁정책을 방지하는 억지력으로 자신의 잠재적 핵능력의 정당성을 부여하려 하고 있다. 이 지역에서 북한의 목표는 미제국주의의 영향력을 패퇴시키고, 한국을 대륙세력의 일원으로 변화시켜 궁극적으로 한반도 모두를 주체화, 자주화, 선군화하는 것이다.

21세기 초 선군정치 아래 북한의 국제관계관은 개혁, 개방 시기 소련과 중국의 세계관과 일정한 차이를 보여주고 있다. 일단 외견상 국제관계 담론의 기준을 놓고 봤을 때 북한이 본격적으로 열린 사회주의를 실천할 준비가 아직 덜 되어 있음을 보여주는 것으로 여겨진다. 2007년 전반부 6자회담의 진전으로 영변 핵시설의 불능화를 운위하고 있는 현 시점까지 북한의 국제관계론의 기본이 변하고 있는 증거는 별로 보이지 않는다. 안정된 국제질서의 구축을 바탕으로 대내적 경제개선의 문제를 해결하려 한 소련의 개혁 시도나 중국의 개방 노력과 대비되는 부분이다.

---

48 전통적으로 북한의 외교노선은 프롤레타리아 국제주의노선, 반제국주의노선, 비동맹노선을 중심으로 전개되어 왔다. 탈냉전 시기인 1995년부터 2004년까지 『로동신문』의 사설을 기준으로 살펴봤을 때 북한의 외교노선은 국제주의와 비동맹노선의 논의가 축소되고, 반제국주의노선에 대한 언급은 강화되는 경향을 보여주고 있다(백성호, 2005).

소련제국 말기 사회주의 아래 개혁을 꿈꾸었던 고르바초프(M. Gorbachev)의 '정치적 신사고(political new thinking: novoe myshlenie)'는 페레스트로이카(perestroika)를 위한 바람직한 국제환경의 조성을 위해 입안되었다. 또한 신사고는 당시 소련 지도부의 국제정치와 군사적 흐름의 장기적 추세에 대한 재평가를 담고 있었으며, 시대적 상황과 조건에 맞는 소련 외교정책의 목표와 수단을 제공하는 것이기도 하였다. 신사고는 '저개발 사회주의(underdeveloped socialism)'라는 소련의 현실과 '상호의존된 하나의 세계'라는 인식을 담고 있었다.[49]

보다 구체적으로 고르바초프의 세계관은 ① 핵의 재앙, 생태계, 궁핍 등 전인류적인 문제의 인식, ② 인류의 생존을 위한 상호의존, ③ 전쟁의 폐지, ④ 인간의 최고의 가치로서 평화, ⑤ 전지구적 또는 공동안보, ⑥ 군사적 수단이 아닌 정치적 수단에 의한, 세력균형이 아닌 이익의 균형에 기초한 안보, ⑦ 군사적 대결수준의 완화, ⑧ 합리적 충분성, ⑨ 국제관계의 유연성 강조, ⑩ 사회주의와 자본주의가 공존하는 상호의존적인 세계상의 개념들을 포함하고 있다.[50] 결국 고르바초프 아래 소련은 지구상 정치적 행위자들의

---

49 소련 국제관계론에 대한 연구로는 다음을 참조. William Zimmerman, *Soviet Perspectives on International Relations 1956-1967* (Princeton: Princeton University Press, 1969); Allen Lynch, *The Soviet Study of International Relations* (Cambridge: Cambridge University Press, 1987); Margot Light, *The Soviet Theory of International Relations* (Sussex: Wheatsheaf Books, 1988); R. Judson Mitchell, *Ideology of a Superpower: Contemporary Soviet Doctrine on International Relations* (California: Stanford University, Hoover Institution Press, 1982); Klaus Von Beyme, *The Soviet Union in World Politics* (Aldershot, Hants: Gower, 1987). 소련 국제관계론의 연원은 역시 V. I. Lenin, *Imperialism: The Highest Stage of Capitalism* (New York: International Publishers, 1939)이다.

50 Vendulka Kubalkova and Albert Cruickshank, *Thinking New about Soviet "New Thinking"* (Berkeley: University of California, 1989), pp. 1-24; Allen Lynch, *Gorbachev's International Outlook: Intellectual Origins and Political Consequences* (New York: Institute for East-West

운명의 공존과 '힘의 상관관계(correlation of forces: sootnoshenie sil)'의 새로운 표현으로서 '이익의 균형(balance of interest)'에 의한 전지구적 문제들의 평화적인 해결을 주창하고 있었던 것이다.[51]

1970년대 후반 이후 중국은 꾸준히 개혁, 개방을 추진하여 외형적인 면에서 급속한 경제성장을 이룩했다. 이러한 중국 경제력의 부상은 주변국 특히 미국을 비롯한 서구세계에는 위협요인으로 인식되기도 했다. 소련제국의 해체 이후 양극체제가 무너지고 미국 주도의 일극화가 진행되면서 국제정치학자들은 미국의 패권에 대한 잠재적 도전국으로 중국을 꼽기를 주저하지 않았다. '중국위협론'에 대응하기 위해 중국 제4세대 지도부는 '화평굴기(和平 · 起)'론을 주장하고 있다. 평화적으로 부상한다는 화평굴기는 중국이 현재는 물론 강대해진 이후에도 패권을 추구하지 않으며, 중국의 부상은 주변국가에 기회를 제공하여 세계평화와 발전에 공헌할 것이라는 내용을 담고 있다. 2004년 후반부터 '굴기'라는 단어가 줄 수 있는 부정적 측면을 불식시키기 위해 화평굴기론이 화평발전론(和平發展論)으로 대체되어야 한다는 논의가 등장하기 시작하였다. 화평굴기든, 화평발전이든 모두 국제무대에서 대결보다 협력을 중시하겠다는 중국의 의지를 표출하고 있다.[52]

Security Studies, 1989), pp. 1-5.

51 힘의 상관관계(correlation of forces)에 대한 소련측 연구로는 다음의 논문들이 있다. A. Sergiyev, "Leninism on the Correlation of Forces as a Factor of International Relations," *International Affairs* (Moscow), May 1975; V. Zagladin, "World Balance of Forces and the Development of International Relations (Aspects of Theory and Methodology)," *International Affairs* (Moscow), March 1985.

52 조영남, 『후진타오 시대의 중국정치』(파주: 나남출판, 2006), 7장; 김애경, "중국의 '화평굴기'론 연구: 논쟁과 함의를 중심으로," 『국제정치논총』, 45집 4호, 2005; Bijian Zheng, "China's peaceful development and Chinese civilized revival," *People's Daily Online*, April 10, 2006. http://english.people.com.cn (accessed May 8, 2006).

아울러 후진타오 주석은 급속한 경제개발 속에서 빈부격차, 도농격차가 벌어지는 현상에 주목하여 구성원 사이의 평등과 화합을 강조하는 조화사회를 주장하고 있다. 리자오싱 외교부장은 이 개념을 국제정치에까지 확산시켜 조화세계를 언급하고 있다.[53] 2006년 중국 국방백서는 발전, 조화, 투명성의 개념을 중심으로 후진타오 체제가 추구하는 국제사회의 평화, 발전, 협력을 중시하는 국가전략, 군사전략을 강조하고 있다.[54]

고르바초프의 소련과 후진타오의 중국은 모두 경제개발을 위해 정치 및 경제개혁을 받아들이고, 경제발전을 위한 조화롭고, 우호적인 국제환경을 선호하고 있다. 고르바초프와 후진타오는 자국과 자본주의국가를 포함한 여타 열강들과 이익의 공존의 가능성을 역설하고 있는 것이다. 21세기 평양의 국제질서 담론은 조화세계론, 이익의 균형, 평화공존론을 내포하고 있는가? 김정일하의 북한은 최소한 공식문건을 통해서 봤을 때 아직 그런 유화적인 세계관을 갖고 있지 않다. 2000년 이후 북한이 경제회생에 많은 노력을 기울이면서 과거 경직된 사회주의 경제관리노선에서 일부 진전된 언술을 보이고 있는 것이 사실이다. 그러나 현 시기 북한의 선군경제건설전략은 전후 일본의 경무장, 경제우선의 요시다 노선과는 거리가 멀다. 경제위협과 안보위협의 쌍둥이 위협에 둘러싸인 북한은 두 문제의 동시적 해결을 추진하면서도 후자를 전자에 비해 중요시하여 안보문제 해결 위주의 대전략을 수립, 실천하고 있는 것으로 여겨진다. 북한의 공식문헌에서 아직까지 평양발 페레스트로이카나 신사고는 찾아보기 힘들다. 물론 6자회담의 진전과

---

53 Benjamin Robertson and Melinda Liu, "Can the Sage Save China?" *Newsweek*, March 20, 2006, pp. 21-24.

54 김홍규, "중국군 현대화 방향과 함의: 『2006 중국국방백서』 분석을 넘어서서," 『주요국제문제분석』, 2007년 3월 8일.

북미관계의 개선은 상대적으로 북한 지도부가 경제회생 사업에 몰두할 수 있는 물리적 여유공간을 확대시켜 줄 것이다.

1990년대 동구 사회주의의 몰락에도 북한은 '사회주의의 종언'을 받아들이지 않고 있다. 일부 국가에서의 사회주의의 좌절을 북한의 공식담론은 '부분적이며 일시적인 현상'으로 받아들이고 있다.[55] 북한은 동구 사회주의권의 몰락이 과학적 사회주의의 붕괴가 아니라 흐루시초프(N. Khrushchev), 고르바초프와 같은 음모가들이 만들어 낸 변질된 수정주의, 기회주의의 붕괴라고 진단한다. 북한은 사대주의, 교조주의, 경제적 결정론에 빠진 오류를 지적하면서, 군의 사상적 무력화, 군과 당의 분리를 이들 사회주의국가의 커다란 실책으로 분석하고 있다.[56]

세계화에 대해서도 북한은 부정적으로 반응하고 있다. 세계화, 일체화 대 주체성, 민족성의 대결이라는 이분법적 구도 속에서 북한은 세계화의 조류를 거부하고 있다. 소위 일체화는 제국주의자들이 여타 국가와 민족을 예속시키기 위한 책동이라고 북한의 문헌은 비판하고 있다.

> 세계의《일체화》란 본질에 있어서 전 세계를 서방식《자유세계》로 만들며 모든 민족을 저들에게 예속시키고 동화시키려는 궤변이다. 민중의 민족자주의식과 혁명의식을 마비시키고 제국주의자들의 민족말살정책을 정당화하는 변색변형된 각종《인종론》과《세계주의》를 비롯한 반동리론들을 철저히 폭로분쇄하여야 한다.[57]

---

55 김화 · 고봉, 2000, 28쪽.

56 사회과학원 철학연구소, 2003, 76-89쪽.

57 김화 · 고봉, 2000, 319쪽.

북한은 세계화가 발전도상국가들의 경제를 종속과 파멸로 이끈다며 경계하고 있다. 이상의 논의는 개혁, 개방과 관련 북한의 변화 가능성에 대해 낮은 평가를 내리도록 유도한다. 김정일은 과거 "나에게서 그 어떤 변화를 바라지 말라," "우리 식대로 살아 나가자"는 주장을 해 온 것이 사실이다. 평양의 관리들에게서 북한체제에는 개혁할 것이 없으며, 개혁과 개방은 망국의 길이라는 언급도 어렵지 않게 듣게 된다.[58]

그러나 또 한편으로 2000년 이후 북한의 경제운용 방식이 점점 변하고 있음을 간과할 수 없다. 김정일 정권은 "자립성과 주체성이 철저히 담보되는 강력한 민족경제," "모든 부문이 현대화, 정보화되고 생산과 경영활동이 과학화되여 있는 경제," "인민들에게 남부러운 것 없는 유족한 물질문화생활 조건을 충분히 보장"할 수 있는 여건을 목표로 하고 있다.[59] 북한은 자력갱생의 강성대국 건설을 주장하면서 현대적인 과학기술에 기초할 것, 경제사업에서 실리를 중시할 것, 대외무역과 교류의 중요성을 인정할 것 등을 주장하고 있다. 2007년 1월자 『로동신문』의 한 논설은 제국주의자들의 반공화국 고립 책동이 준동하는 환경에서 자력갱생이 강력한 자립적 민족경제를 꾸리기 위한 사회주의 경제강국 건설의 변함없는 투쟁방식이라고 소개하고 있다. 이 기사는 오늘의 자력갱생이 "현대적 과학기술에 기초"하며 "전국가적 범위에서 실리를 보장하는" 방식이라고 정의내리면서, 모든 일군과 근로자가 자력갱생의 원칙을 구현할 것을 촉구하고 있다.[60] 최근 들어 북한은 사회주의 원칙을 확고히 지키면서 가장 큰 실리를 얻을 수 있는 경제관리 방법

---

58 윤현철, 2002, 166-171쪽.

59 최일호, 2007.

60 리영화, "자력갱생은 사회주의경제건설의 변함없는 투쟁방식," 『로동신문』, 2007년 1월 7일.

을 모색해야 한다고 주장하고 있다. 실력, 실적, 실리의 '3실(實)주의'와 '실리사회주의'라는 용어도 사용하고 있다. 결국 현 시점에서 개혁, 개방 관련 북한의 담론은 변화와 불변의 모습을 같이 보여주는 이중적인 성격을 갖고 있다고 할 수 있다.

2002년 경제관리 개선조치 시행 이후 북한주민의 경제상은 많이 변하고 있다. 주민들의 일상은 국가 주도의 계획부문보다 시장부문에 의해 더 많은 영향을 받고 있다. 주민들은 화폐를 매개로 한 생존을 위한 주체적인 경제활동에 익숙해져 가고 있으며, 이러한 과정을 통해 당국의 엄격한 정신적·물리적 통제로부터 점차 벗어나고 있다. 북중거래, 남북거래, NGO의 활동으로 일반인들은 과거보다 외부세계에 대한 더 많은 정보에 접하고 있다.

7. 결론

북한의 국제정치론에는 사회주의와 혁명에 대한 열정과 미국과 미국이 주도하는 세계질서에 대한 적대감과 포위의식이 드러나 있다. 평양 지도부는 세계사회주의 질서의 붕괴라는 열악한 환경에서도 사회주의 이념의 재건을 꿈꾸며 자신들을 복권운동의 중심부에 위치시키고 있다. 평양은 자신을 미제국주의와 맞서 싸우는 자주세력의 핵심으로 부각시키고 있다. 미국이라는 적의 존재는 산업화, 근대화에 실패한 북한이 물질적 성취의 결핍에 대한 구실로 필요 이상 강조되고 있는 측면이 있다.

북한의 대결지향적이고 군사중심적인 국제관계론은 2000년 이후 경제발전을 위한 북한의 경제 담론과 궤를 달리하고 있다. 국제관계론/경제발전론의 이중성과 더불어 경제발전을 위한 담론 속의 실리론/우리식 사회주의론의 이중성은 21세기 초에도 여전히 북한의 개혁, 개방과 자유와 부의 동심

원으로의 북한의 편입을 더디게 만드는 요소로 작용하고 있다. 강성대국의 건설, 김정일 세기, 선군시대라는 거창한 구호에도 불구하고 정보화, 세계화, 자유무역협정으로 이어지는 시대 조류에 북한은 민첩하게 조응하지 못하고 있다.

평양 당국이 현재 응급수술적인 경제회생 노력을 펼치고 있으나 위대한 수령이 지도하는 사회의 이상과 기본적인 생존권마저 위협받는 북한주민의 현실 사이의 괴리는 아직 좁혀지지 않고 있다. 사실상 한반도의 복잡한 국제정치적 현실 아래에서 북한 사고의 개혁은 남북관계의 성숙된 발전, 북핵문제의 현저한 해결, 북미, 북일 수교 논의의 본격화, 한반도 평화체제의 구축, 동북아 다자안보의 시동과 밀접한 연관을 맺을 수밖에 없다. 이중에서 가장 중요한 축의 하나인 북미관계 개선이 가시권에 들어오고, 내부적 개혁, 개방이 본격화하는 것과 발을 맞추어 평양발 국제관계의 인식의 신사고 또한 그 모습을 드러내게 될 것이다.

제8장
탈냉전 시기 북한의 의존 네트워크*

1. 서론

많은 학자들이 지적하는 것처럼 우리는 점차 더 복잡하고 치밀하게 얽힌 네트워크로 구성된 세상에 살게 된 것 같다. 네트워크의 영향력은 전쟁, 외교, 경영, 방송 및 통신, 사회, 종교 등 거의 모든 분야에 걸치고 있다. 20세기 세상이 당구공을 닮은 여러 국가들 사이의 치고받는 관계였다면 새로 등장하고 있는 21세기 네트워크 세상은 국가의 위, 아래, 국가를 통과하는 모든 것들의 짝짓기의 관계이다. 이러한 세상에서 권력의 척도는 연결성(connectedness)이며, 더 많은 연결고리를 확보하고 있는 국가가 자신의 국가목표를 달성할 수 있는 보다 유리한 고지에 서게 될 가능성이 높다.[1]

---

* 이 글은 『한국정치학회보』(48집 2호, 2014, 159-180쪽)에 발표했던 논문을 수정 · 보완한 것이다.

1 하영선 · 김상배 편, 『네트워크 세계정치: 은유에서 분석으로』(서울: 서울대학교출판문화원, 2010); Daniel H. Nexon and Thomas Wright, "What's at Stake in the American Emprie Debate," *American Political Science Review*, 101, No. 2, May 2007, pp. 253-271; Anne-Marie Slaughter, "America's Edge: Power in the Networked Century," *Foreign Affairs*, 88, No. 1, January/February 2009, pp. 94-95.

흔히 북한을 가리켜 '은둔의 왕국'이라고 한다. 이러한 저간의 평가 뒤에는 북한이 반(反)네트워크 또는 반(半)네트워크 국가라는 이미지가 자리하고 있다. '구조적 공백(structural hole)', '착취혈(exploit)', '약한 고리(weak link)'가 북한을 가리키는 속성으로 여겨지고 있다.[2] 북한이라는 개체와 네트워크라는 분석개념은 서로 잘 어울리지 않는 조합이라는 인식이 지배적이다. 정말 그럴까? 북한이 독특한 규범체계와 핵무장 기도로 외부세계와 긴장관계를 유지하고 있지만, 고립과 폐쇄의 개념만 가지고 북한식 짝짓기의 전모를 올곧게 파악했다고 자신하기는 어렵다. 북한이 스스로 대외정책의 노선을 자주, 평화, 친선으로 밝히고 있듯이 북한 또한 자주의 노선이 확보되는 한 국제사회와 평화의 기초 위에서 친선을 도모하려는 희망(?)을 갖고 있을지 모른다. 역사적으로 보아도 과거 북한은 소련, 중국 및 동구 사회주의국가들과 정치적 · 경제적 · 문화적 협력관계를 유지하였고, 아시아 및 아프리카 국가들과 친교하였으며, 비동맹운동에도 적극 가담하였다. 중동 국가들과는 무기와 에너지를 맞교환하는 전략적 관계를 유지하였다.

김정일 시대 북한은 중국, 러시아 등 전통적 우호국들과 관계를 재정립하였고, 한국과는 화해 및 경협을 모색하였으며, 미국과 일본과는 핵문제 및 관계 정상화 등을 매개로 단속적인 협상을 거쳤고, 다른 한편 이란, 이집트, 시리아, 미얀마 등과 전략적 협력관계를 형성하였다. 북한이 국제무대에서 상대적으로 많은 활약을 보여주고 있지는 않지만 북한 또한 나름의 네트워크를 통해서 생존과 도약을 모색하고 있는 모습을 엿볼 수 있다. 특히 북한은 1990년대와 2000년대 '고난의 행군'을 거치면서 생존을 위해 주변국과

---

2 김성배 · 조동호, "김정은의 북한과 공진 · 복합의 대북정책," 『EAI 국가안보패널 보고서: 2010년대 한국외교 10대 과제』, 2012년 4월.

후원과 의존의 관계망을 형성하였다. 선군과 자주의 명제 아래 펼쳐지는 북한의 독특한 '거미줄 치기'와 국제표준에 북한을 맞추려는 주변국들의 거미줄 치기가 한반도 하늘, 바다, 땅 그리고 또 다른 차원의 공간들에서 치열하게 충돌하고 있는 형국이 벌어지고 있다.

이 논문을 통해서 냉전이 붕괴되는 시점에서 김정일 위원장의 사망 시기까지 생존을 위해 북한이 만들어 내는 의존 네트워크의 모습을 그려보고자 한다. 평양의 의존망은 북한 국가의 성격을 폐쇄형에서 반(半)개방형으로 전환시키고 있다. 이러한 성격 전환은 북한의 지대추구(rent-seeking) 행위에서 잘 드러나는 바, 이 글은 지대추구가 평양의 전면적 개혁개방 실천 이전의 중간단계에서 긍정적인 역할을 할 수 있다고 파악하고 있다.

2. 북한과 의존 네트워크

세계사회주의체제의 붕괴 이후 보다 구체적으로 1995년 이후 국제기구, 비정부기구, 국가를 아우르는 국제사회의 원조가 북한의 국가경영과 주민의 생계유지에 적잖이 도움이 되고 있다. 고난의 행군이라고 스스로 명명한 고단한 시절이 닥치자 북한 당국은 생존을 위해 국제사회에 지원을 요청하게 된다. 북한과 국제기구, 비정부기구, 후원국 사이의 새로운 관계망의 형성은 온전한 개혁개방과 자기모순의 무게를 견디지 못한 침몰의 양 극단의 사이에서 북한이 선택한 고육지책의 대가였다.[3]

---

3 북한 외무성의 국가조정위원회가 유엔의 여러 기구와 유럽국, 아태국, 미국국이 유럽, 미국, 호주와, 조선-유럽연합협력조정처가 유럽의 비정부기구와, 조선-미국민간교류협회가 미국 비정부기구와 관계를 맺었다. 조선적십자회는 국제적십자연맹과 대한적십자사와 상대하였다. 노동당 통일전선부와 내각이 남한 통일부 및 관련 부처와 민족화해협의회가 남한 비정부기

대기근 이후 서서히 몰락의 길을 걸으리라는 예상과는 달리 북한은 현재까지 핵을 매개로 한 도발과 협상의 두 모습을 번갈아 내비치면서 북한 특유 스타일의 항해를 지속하고 있다. 자구책이 마땅치 않은 실정 속에 북한은 국제사회의 지원을 통해 주민의 생존을 보장할 수밖에 없었다. 90년대 중반의 재난이 요새국가 북한의 깊은 해자를 건너 두꺼운 방어벽을 뚫고 국제사회와 북한 사이 몇 겹의 관계망이 형성되는 계기를 마련해 주었다. 북한이 국제사회에 도움을 요청하자 세계식량계획(WFP)를 중심으로 유엔아동기금(UNICEF), 식량농업기구(FAO), 유엔개발계획(UNDP), 세계보건기구(WHO), 국제적십자연맹(IFRC), 카리타스(Caritas), 국경없는의사회(MSF) 등의 국제인도주의단체들이 지원에 나섰다.[4] 국제사회의 지원 경험을 통해서 북한 당국을 사이에 두고 국제인도주의단체와 북한 주민을 잇는 대화와 정보 교환의 채널이 형성되었다. 국제사회의 지원은 초기 단순 구호성 식량지원에서 농업, 산림, 축산, 보건, 의료 등 개발지원으로 발전하고 있다. 2002년 4월 기

구와, 조선불교도연맹, 그리스도교연맹, 천주교인협회가 남한의 각 종교조직과 연결망을 형성하였다(황재성, "북한 상주 국제기구의 교훈, 우리도 민관 협력으로 효과적 대북지원체계 만들어야," 『민족화해』, 67, 2014 3월/4월, 23쪽).

4 세계식량계획은 식량, 세계보건기구와 유엔아동기금은 보건의료, 유엔개발계획과 식량농업기구는 영농자재 지원 등 특화된 지원을 실시하고 있다. 북한 유엔대표부가 1995년 8월 유엔인도지원국(UNDHA, 후에 유엔인도지원조정국 즉 UNOCHA로 변경됨)에 긴급지원을 공식 요청하였고, 같은 해 9월 12일 대북지원 관련 유엔기구 공동으로 국제사회에 지원을 호소하여, 1차(1995년 9월-1996년 6월)로 927만 달러를 모금, 지원하였고, 2차(1996년 7월-1997년 3월)로 3,470만 달러, 3차(1997년 4월-12월) 15, 781만 달러, 4차(1998년) 21, 587만 달러, 5차 1999년 18,980만 달러가 지원되었다, UN 합동호소에 참여한 주요 국가는 미국, 일본, 유럽연합, 한국, 캐나다, 호주 등이다(배성인, "국제사회의 대북 인도적 지원," 『국제정치논총』, 44집 1호, 2004, 261-263쪽). 비정부기구의 북한 지원 활동의 경험과 교훈은 L. Gordon Flake and Scott Snyder, eds., *Paved with Good Intentions: The NGO Experience in North Korea* (Westport, CT: Praeger, 2003)을 참조. 비정부기구들은 연락기구로 세계식량계획 아래 식량지원연락단(WFP-FALU)을 설치한 바 있다.

표 1. 북한 상주 인도/개발 지원 기구 현황

지역	기구
평양	유엔: FAO, UNDP, UNICEF, WFP, WFP-FALU, WHO, UNFPA, OCHA 후원: AidCo (Food Security Unit), Humanitarian Aid Office (ECHO), Italian Development Cooperation (ITDCO), Swiss Agency for Development Cooperation (SDC) 국제기구: IFRC, ICRC 비정부기구: (상주) Adventist Development and Relief Agency (ADRA), Campus fur Christus, Cooperazione e Sviluppo (CESVI), Concern Worldwide, Deutsche Welthungerhilfe (GAA), Handicap International (HI), Premiere Urgence, PMU Interlife, Triangle GH (비상주: FALU를 통해서) Caritas, World Vision, ACT, CFGB
함경북도	ADRA, FALU, UNICEF, WFP, WHO, UNDP
량강도	FALU, SDC, UNDP, UNICEF, WFP, WHO
자강도	FALU, FAO, IFRC, SDC, UNICEF, UNDP, WFP, WHO
평안북도	Campus for Christus, DWHH, FALU, FAO, ICRC, IFRC, UNDP, UNFPA, UNICEF, WFP, WHO
평안남도	ADRA, Concern, EC, DGDev, FAO, ICRC, IFRC, PMU, Premiere Urgence, SDC, Triangle, UNICEF, UNDP, WFP, WFP-FALU, WHO
남포	FALU, UNDP, UNICEF, WFP, WHO
황해북도	ADRA, Campus for Christus, FAO, IFRC, SDC, UNDP, UNICEF, WFP, WHO
황해남도	ADRA, Campus for Christus, CESVI, DWHH, AidCo, FALU, FAO, UNDP, UNFPA, UNICEF, WFP, WHO
개성	ADRA, FALU, FAO, IFRC, UNDP, UNICEF, WFP, WHO
강원도	CESVI, FALU, FAO, ITDCO, UNDP, UNICEF, WFP, WHO
함경남도	Campus for Christus, FALU, FAO, ITDCO, UNDP, UNICEF, WFP, WHO

출처: Smith, 2005, xviii-xix.

준 인도지원 활동은 북한 전체 인구의 85%와 211군(郡) 중 163군에 미치고 있다.[5] 2003년을 기점으로 한 〈표 1〉은 북한을 둘러싸고 있는 국제기구 및 NGO의 네트워크를 보여주고 있다.

5 Hazel Smith, *Hungry for Peace: International Security, Humanitarian Assistance, and Social Change in North Korea* (Washington, D.C.: United States Institute of Peace Press, 2005).

〈표 2〉는 2000년부터 2012년 사이 농업, 식량, 보건, 식수와 공중위생 분야의 연도별 대북 인도적 지원 규모와 전달자(channel) 및 기부자(donor) 별 지원액을 보여주고 있다.

표 2. 국제사회의 인도적 지원과 전달자 및 기부자 별 총합계

(a) 국제사회의 연도별 지원 (단위: 천 달러)

연도	총 지원 (Funding)	미이행 약정액 (Uncommitted pledges)
2000	224,149	0
2001	377,599	0
2002	360,835	0
2003	182,886	3,814
2004	301,784	0
2005	46,168	3,660
2006	40,043	10,496
2007	103,065	13,915
2008	56,697	0
2009	61,330	0
2010	24,492	0
2011	98,350	164
2012	97,509	0
합계	1,974,908	32,050

(b) 2000-2012년 전달자 종류별 총합계 (단위: 천 달러)

지원 단체 종류	총 지원 (Funding)	미이행 약정액 (Uncommitted pledges)
UN 기구	1,301,728	2,924
정부	213,005	10,000
NGO	151,122	0
기타	60,757	6,545
민간 기구	16,357	11,717
적십자/적신월	226,733	865
비 명시	5,205	0
총합	1,974,908	32,050

(c) 2000-2012년 기부자별 총합계

(단위: 천 달러)

대표 기부자 (Donor)	총 지원 (Funding)	미이행 약정액 (Uncommitted pledges)
적십자/적신월(Red Crescent)	20,684	0
UN 기구	61,679	0
호주	42,062	615
오스트리아	435	0
브라질	4,315	0
캐나다	37,767	0
이월금	147,189	0
유엔중앙긴급구호기금(CERF)	75,265	0
중국	3,218	0
쿠바	1,241	0
키프로스	12	0
체코	274	0
덴마크	13,456	0
이집트	3,881	0
에스토니아	41	0
유럽연합 집행위원회	115,534	5,819
핀란드	12,993	0
프랑스	2,543	0
독일	47,626	0
그리스	37	0
헝가리	133	0
아이슬란드	13	0
인도	1,000	0
아일랜드	7,598	0
이탈리아	34,745	0
일본	247,247	0
한국	412,306	11,017
쿠웨이트	0	250
리히텐슈타인	57	0
룩셈부르크	4,582	0
네덜란드	10,321	0
뉴질랜드	2,372	0
노르웨이	43,042	0
OPEC 기금	287	0
폴란드	63	164
민간 기구	176,402	11,717
러시아 연방	16,453	0
사우디아라비아	9,042	0

싱가포르	35	0
남아프리카 공화국	301	0
스웨덴	72,247	1,860
스위스	34,859	0
터키	170	0
영국	7,946	609
미국	250,941	0
다수 기부자	52,490	0
합계	1,974,908	32,050

주: 총 지원(Funding)=기부액(Contributions)+기부 약정액(Commitments)

출처: 유엔 인도지원조정국(UN Office for the Coordination of Humanitarian Affairs: UNOCHA)의 FTS (Financial Tracking Service), http://fts.unocha.org, 2012년 11월 6일 기준.

북한과 국제사회의 의존 네트워크가 형성된 이후부터 평양 당국은 비교적 세련된 솜씨로 외부로부터 지원을 유도해 내는 원조외교(aid diplomacy)를 이어가고 있다. 북한정권은 지난 15년 남짓의 기간 동안 비교적 안정된 외부 공급을 받고 있다. 마크 매닌(Mark Mannyin)에 의하면 평양은 한 국가로부터 공급이 끊기면 다른 국가로 공급선을 옮겨 타는 기회주의적 모습을 보이고 있다. 다자 형태의 후원보다 양자 관계의 지원을 선호하며, 모니터링 등 조건부 지원을 최소화하려 애쓰고 있다. 한국과 중국이 지원을 늘리면 엄격한 모니터링을 요구하는 유엔세계식량계획(WFP)의 지원을 축소시키는 식이다. 평양은 호시절에는 강경한 협상 태도를 견지하다가, 곤궁한 시절이 돌아오면 한결 부드러워진 태도를 보이는 등 유연성을 갖추고 있는 것으로 평가된다. 2008년 남북관계 냉각 시에는 미국에게 지원을 요청하면서 고강도 모니터링 조건을 수용하기도 하였다. 1995년 이후 국제사회는 1천 2백만 톤 이상의 식량을 북한에 지원해 오고 있다. 거의 매년 40만 톤 이상을 지원하고 있고, 중국·한국·미국·일본의 지원이 75% 이상을 차지하고 있다.[6] 아래에서 탈냉전 시기 북한과 주요 국가 사이 후원-의존 네트워크를 (김정일 사망 시점인 2011년 말까지) 국가별로 살피기로 한다.

1) 한국

탈냉전의 공간에서 남북 교류협력은 남한의 보수, 진보 연합(coalition)의 진퇴와 북한의 도발과 협상의 변주에 좌우되었다. 남북 경제교류는 탈냉전의 공간에서 1989년 현대 정주영 회장의 방북과 1991년 대우 김우중 회장의 방북이 시발점이 되었다. 2000년 이후 남북교역이 외형적 팽창을 기록하면서, 2005년 교역액이 최초로 10억 달러를 넘어섰다. 2007년 남북교역액이 북한 전체 교역액의 38.9%를 차지하면서 정점에 달했다가, 2009년에는 33%를 기록하며 정체를 보였다. 2010년 5·24 조치로 개성공단 운영을 제외한 남북교역이 중단되었다.[7]

1995년 쌀 15만 톤 제공으로 시작된 대북지원은 1995년부터 2011년 말까지 총 지원 규모가 3조 2,052억 원에 달했으며, 이 가운데 정부 차원의 지원이 2조 3,459억 원을 차지했다. 김영삼 정부 때는 1995년 식량지원 이후 소극적인 자세로 돌아섰다. 김대중 정부 첫 해와 두 번째 해에는 주춤하던 대북지원은 2000년 정상회담을 계기로 증가세로 돌아선다. 임동원의 회고에 의하면 "실제로 국민의 정부 5년간 정부차원에서 쌀 70만 톤, 옥수수 43

---

6 Mark Manyin, "Food Crisis and North Korea's Aid Diplomacy: Seeking the Path of Least Resistance," Kyung-Ae Park, ed., *New Challenges of North Korean Foreign Policy* (New York: Palgrave Macmillan, 2010); Mark E. Manyin and Mary Beth Nikitin, "Foreign Assistance to North Korea," *CRS Report for Congress*, June 25, 2012, pp. 13-15.

7 일본의 World Trade Search(WTS)는 세계 190여 개국의 거울통계(mirror statistics)를 통해서 2006년 북한의 수출총액을 약 22억 달러, 수입총액 약 34억 달러, 합계 약 56억 달러로 추산하고 있다. 2006년 기준 북한의 대외교역 상위 5개국은 중국(30.4%), 한국(24.1%), 인도(10.7%), 태국(7.1%), 예멘(3.9%)의 순이다. 북한의 제1수출품목은 전기기기류로 중국, 한국, 태국에서 수입하여 조립 및 가공을 거쳐 인도, 멕시코, 한국, 홍콩, 일본 등으로 수출하고 있다. 제2수출품목인 의류는 한국과 중국에서 원자재를 도입, 가공하여 한국, 중국, 독일 등으로 수출하는 패턴을 보이고 있다(정광민, "북한 수출산업의 새로운 동향," 『KDI 북한경제리뷰』, 10권 제2호, 2008).

표 3. 남북 교역과 인도적 대북지원 (단위: 남북 교역액=백만 달러, 인도적 대북지원=억 원)

	남북 교역액 현황			대북지원		
	반입	반출	합계	정부 차원	민간 차원	총액
1990	12	1	13			
1991	106	6	112			
1992	163	11	174			
1993	178	8	186			
1994	176	18	194			
1995	223	64	287	1,854	2	1,856
1996	182	70	252	24	12	36
1997	193	115	308	240	182	422
1998	92	130	222	154	275	429
1999	122	212	334	339	223	562
2000	152	273	425	2,035	387	2,422
2001	176	227	403	975	782	1,757
2002	272	370	642	2,650	576	3,226
2003	289	435	724	2,607	766	3,373
2004	258	439	697	2,672	1,558	4,230
2005	340	715	1,055	3,147	779	3,926
2006	520	830	1,350	2,273	709	2,982
2007	766	1,032	1,798	3,488	909	4,397
2008	932	888	1,820	438	725	1,163
2009	934	745	1,679	294	377	671
2010	1,044	868	1,912	204	200	404
2011	914	800	1,714	65	131	196

출처: 통일부(http://www.unikorea.go.kr), 통계자료, 검색일: 2012년 8월 5일. (정부 차원의 지원은 무상 지원, 민간기금지원액, 식량차관을 모두 합한 액수임)

만 톤, 비료 91만 5,000톤, 그리고 민간차원에서 옥수수 약 8만 톤, 밀가루 약 3만 톤이 직접 북한에 지원되었다"고 한다.[8] 햇볕정책을 계승한 참여정부의 대북지원은 규모 면에서 더욱 커졌다. 김대중, 노무현 정부 시절 대북

8 임동원, 『피스메이커: 남북관계와 북핵문제 20년』(서울: 중앙북스, 2008), 352쪽.

지원이 상승세를 타다가, 이명박 정부 들어서 정부 차원, 민간 차원 지원이 모두 감소세로 돌아섰다. 연 50만 톤의 식량과 30만 톤의 비료 지원이 중단되었고, 2009년 이후 금강산 관광, 개성 관광, 평양 관광 등 모든 관광 프로그램이 중단되었다. 2010년에는 천안함과 연평도 사건이 발생하면서 남북간의 긴장은 더해졌고, 이명박 정부는 개성공단사업을 제외한 남북교역 중지, 국민의 방북 불허, 북한 선박의 우리 측 수역 항해 금지를 포함한 5·24 조치를 발표하였다.[9] 이명박 정부 때 대북 지원은 노무현 정부에 비해 1/5 이하로 축소되었고, 비료, 식량 등 식량난 해소 지원은 사라진 가운데 보건, 의료 교육 분야의 지원에 치중하였다. 북한의 대남접촉 창구는 초기 조선아태평화위원회, 민화협, 민경련에서 점차 농업과학원, 협동농장, 병원, 제약공장, 구강예방원, 유치원, 탁아소 등으로 확장되었다.[10]

국민의 정부 출범 이후 시민단체가 활발하게 대북지원에 참여하게 된다. 민간 차원의 대북지원은 1998년도의 275억 원 수준에서 2004년의 1,660억 원 규모로 성장했다. 시민단체들은 식량, 의류, 생필품 지원에서 농업협력사업, 보건의료 지원사업 등 다양하게 사업을 펼쳤다. 대표적인 대북 지원 민간단체를 성격별로 보면 아래와 같다:

---

9 한동호, "북 당대표자회 이후 미·북관계 전망," 『주요국제문제분석』, 2011년 1월 14일.

10 최대석, "노무현 정부의 대북 인도적 사업 현안과 발전전망," 『국제정치논총』 44집 1호, 2004, 235-254쪽. 통일노력60년 발간위원회는 김대중 정부 시절 정부 차원의 대북지원액을 총 3,425억 원(2억 7,208만 달러)으로 잡고 있다(통일노력60년 발간위원회 편, 『통일노력 60년: 하늘길 땅길 바닷길 열어 통일로』(서울: 통일부, 2005)). 한나라당 진영 의원은 김대중 정부와 노무현 정부 10년 동안 중앙정부, 지방정부, 민간단체의 유무상 지원을 모두 합해 대북 지원금 총액을 8조 3,805억 원으로 주장하고 있다. 이는 김대중 정부 시절 2조 7,028억 원과 노무현 정부 시절 5조 6,777억 원을 합한 액수이다. (『동아일보』 2008년 9월 30일 참조). 대북지원의 범위에 대한 이견으로 통계가 데이터마다 차이를 보이고 있다.

- 종교단체: 남북나눔운동, 예장총회사회부, 한국기독교총연합회, 천주교민족화해위원회, 불교종단협의회, 좋은벗들, 한국JTS, 은혜심기운동본부
- 보건단체: 대한결핵협회, 대한의사협회, 한국건강관리협회
- 남북협력단체: 국제옥수수재단, 남북어린이어깨동무, 우리겨레하나되기운동본부, 우리민족서로돕기운동, 평화의 숲, 어린이의약품지원본부
- 구호단체: 굿네이버스인터내셔날, 동방사회복지회, 월드비전, 유진벨재단, 한국국제기아대책기구, 한민족복지재단, 나눔인터내셔날
- 기타: 남북협력강원도운동본부, 남북협력제주도민운동본부, 새마을운동중앙회[11]

2009년 10월 현재 통일부에 등록된 대북 관련 단체는 모두 238개로, 통일활동 전반 63개, 학술연구단체 37개, 경제협력 12개, 사회문화협력 35개, 인도지원협력 51개, 새터민 지원 35개, 개성공단 관련 2개, 통일교육 관련 3개의 기구들이 활약하고 있다. 이들 단체들의 활동은 초기 단순 물자지원에서 교류협력사업, 개발지원사업으로 전환되었다. 우리민족서로돕기는 천주교, 기독교, 불교 등 6대 종단과 시민단체가 연합한 단체로, 농업과 보건의료 분야와 개발복구 지원사업을 중점 추진하고 있다. 국제옥수수재단은 북한의 주요 식량작물인 옥수수를 대상으로 대북 지원사업을 펼치고 있으며, 영농물자, 시험 재료, 기술 제공의 활동을 펼친다.[12]

---

11 통일노력60년 발간위원회 편, 2005, 312-318쪽.

12 라미경, "대북 관련 NGO 활동, 평가와 전망," 현대북한연구회 편. 『기로에 선 북한, 김정일의 선택』(파주: 한울, 2011), 205-240쪽.

2) 중국

탈냉전의 공간에서 중국은 원하든 원하지 않든 지속적으로 북한의 정치, 경제 후원자 역할을 맡아 왔다. 본 연구의 시간적 공간에 한해 중국의 대북 지원은 변수가 아닌 상수라고 할 수 있다. 대북 지원은 외형상 상무부가 총괄하지만 군과 당 헤이룽장 성, 지린 성, 랴오닝 성을 포함하는 지방정부까지 나서고 있다. 한 연구에 의하면 중국은 1995년 식량 10만 톤, 1996년 식량 10만 톤, 1997년 식량 15만 톤, 1998년 식량 10만 톤 · 비료 2만 톤 · 원유 8만 톤, 1999년 식량 15만 톤 · 코크스 40만 톤, 2001년 식량 20만 톤을 북한에 무상 제공하였다. 1999년 대북 원조액은 5,000만 위안, 2001년 7,000만 위안, 2002년 5,000만 위안으로 추산되고 있다. 북핵문제를 풀기 위한 6자회담이 시작된 2003년 중국은 북한 경제 건설을 위한 경제원조와 무상지원 확대 의사를 표명했으며, 2005년에는 53만 톤의 식량원조를 하였다.[13] 다른 통계는 중국의 대북 식량지원을 2001년 42만 톤, 2005년 44만 톤, 2007년 28만 톤으로 잡고 있다. 2000년대 후반 경제적인 측면에서 북한의 대중 의존이 심화되고 있는 것으로 나타났다. 북한 시장에서 판매되는 원자재, 설비 가운데 80% 이상, 북한 종합시장에서 유통되는 식료품과 공산품의 50% 이상이 중국산으로 추정된다.[14] 중국은 북한에 대해 경제적 관여를 하며, 북한이 중국식 개혁개방을 받아들이기를 희망하고 있다.

후진타오 주석 시대에는 정부주도, 기업위주, 시장중심의 원칙을 수립하여 대북 지원의 지침으로 삼았다. 2003년 이후 북한과 중국 사이 교역이 급

---

13 이태환, "북 · 중 관계," 세종연구소 북한연구센터 편, 『북한의 대외관계』(파주: 한울, 2007), 274-275쪽.

14 최명해, "북한의 대중 '의존'과 중국의 대북 영향력 평가," 『주요국제문제분석』, 2010년 6월 11일.

증하였고, 단순 교역에서 벗어나 지하자원 개발 투자가 두드러졌다. 2009년 10월 원자바오 총리 방북 시 중국은 압록강 대교 건설과 나진항 공동개발 의향을 표명하였다. 중국은 2009년 7월 초 요녕성의 '요녕연해경제벨트 지역발전계획'을, 8월 말 '창지투(長吉圖)'를 선도구로 하는 길림성의 '두만강 구역합작개발계획강요'를 국가전략으로 승인하였다. 2011년 초 북한과 중국은 나선특구개발, 황금평 개발, 지하자원 공동개발에 관한 여러 양해각서와 협정에 서명하였다. 또한 중국은 랴오닝 연해경제벨트 규획과 대북한 육로-항만-구역 일체화 프로젝트(신압록강 대교, 황금평 및 위화도 개발, 훈춘-권하-원정 도로 현대화, 나진 및 청진항 개건 등)를 추진하고 있다.[15]

미국 닉슨 센타의 드루 톰슨은 중국의 대북 투자액을 〈표 4〉와 같이 정리하고 있다. 임수호는 2003년부터 2009년 사이 중국의 순누적투자액을 1.25억 달러로 보며, 실제 투자액은 통계를 상회할 것으로 예측하고 있다.[16] 드루 톰슨에 의하면 1997년부터 2010년 4월까지 138개 합작기업이 설립되었다. 대북 투자기업들의 지역별 분포를 보면 길림성과 요녕성 기업이 62%를 차지하고 그 외에는 베이징, 산동, 상하이 등이다. 투자 형태로는 41%가 채취산업에, 38%가 경공업에, 13%가 서비스업에, 8%가 중공업 분야에 투자하고 있다. 중국의 대북투자는 지하자원 개발에 집중되고 있으며, 2004년에서 2009년 사이 중국의 기업과 지방정부가 북한 각지 주요 광물자원의 투

---

15 박형중, "북 · 중 경제관계 증대와 북한정권의 미래: '외래지대 의존국가(rentier state)론적 분석,"『온라인 시리즈』, 2011, 1-2쪽; 전봉근, "2011년 북한정세 전망과 새로운 대북전략 모색,"『주요국제문제분석』, 2011년 1월 20일, 8쪽; 이영훈, "창지투개발계획의 실현 가능성과 북한의 개혁 · 개방,"『KDI 북한경제리뷰』, 13권 제4호, 2011, 3-19쪽; 림금숙, "장길도 선도구와 나선특별시 간 경제협력의 새로운 동향,"『KDI북한경제리뷰』, 15권 제1호, 2013, 138-155쪽.

16 임수호, "북 · 중경협의 현황과 전망,"『JPI 정책포럼』, 2011년 6월, 3-4쪽.

자개발 및 채굴권을 확보하였다.[17] 중국은 또한 '동북3성 진흥계획'을 추진하는 것과 연계하여 2000년대 중반 이후 인근 항구 및 백두산 관광단지 개발, 김책제철연합기업소 근대화, 북중합작 철도회사 발족, 압록강변 발전소 공동개발 등 북한과 접경지역에 대한 투자를 확대하고 있다. 이 외에도 국제 여객버스 운행 및 백화점 운영 등 서비스 분야, 어업 개발, 제조업 분야에 대한 투자가 이어지고 있다.[18]

표 4. 중국의 대북 투자, 원유 수출 및 북중 교역

(a) 중국의 대북투자

(단위: 백만 달러)

년도	2003	2004	2005	2006	2007	2008	2009
금액	1.12	14.13	6.5	11.06	18.4	41.23	5.86

출처: 드루 톰슨 저·이원경 역, "침묵의 파트너: 북한 내 중국의 합작투자," 『KDI 북한경제리뷰』, 제13권 제3호, 2011, 45쪽.

(b) 북중 교역

(단위: 백만 달러)

연도	북한의 수출	북한의 수입	합계
1990	125	358	483
1991	86	525	611
1992	155	541	696
1993	297	602	899

17 투자개발 대상은 함경북도 강안탄광, 오룡광산, 무산광산, 함경남도 덕성광산, 장진광산, 상농광산, 양강도 보천탄광, 혜산청년광산, 8월광산, 문락평광산, 평양북도 덕현광산, 룡등탄광, 룡문탄광, 덕현탄광, 신천탄광, 평안남도 2·8직동청년탄광, 천성청년탄광, 룡흥탄광, 황해남도 옹진광산, 황해북도 은파광산, 수안광산 등이며 종목은 갈탄, 철, 몰리브덴, 금, 은, 동, 무연탄, 연, 아연을 아우른다(이원경, "최근 북중 경제협력 실태 및 사례," 『KDI 북한경제리뷰』, 13권 제3호, 2011, 51-55쪽).

18 제조업 분야에는 2004년 조선영초건재품합영회사(석면 스레트 생산), 영광가구합영회사, 2005년 평양전기기구합영회사, 평진자전거합영회사, 2006년 조선은풍합영회사(사료첨가제), 2008년 평양아명조명합영회사, 평양백산연초유한책임회사(담배) 등이 설립되었다(이원경, 2011, 52-55쪽).

1994	199	425	624
1995	64	486	550
1996	69	497	566
1997	122	535	657
1998	57	356	413
1999	42	329	371
2000	37	451	488
2001	167	573	740
2002	271	467	738
2003	395	628	1,023
2004	586	800	1,386
2005	499	1,081	1,580
2006	468	1,232	1,700
2007	582	1,392	1,974
2008	754	2,033	2,787
2009	793	1,888	2,681
2010	1,188	2,278	3,466
2011	2,464	3,165	5,629

출처: KOTRA 데이터. 김석진 통일연구원 연구위원 제공.

(c) 중국의 대북한 원유 수출

	북한으로 수출량 (만 톤)	북한으로 수출액 (100만 달러)	북한가격 (달러/톤)	국제가격 (달러/톤)	북한으로 수출 총액 (100만 달러)	원유비중 (%)
1988	120	74	62	97	345	21.5
1989	-	-	-	-	-	-
1990	106	68	64	153	358	18.9
1991	110	148	134	130	525	28.1
1992	102	123	121	128	541	22.7
1993	104	134	129	122	602	22.3
1994	105	122	116	111	424	28.7
1995	102	131	128	119	486	26.9
1996	93.6	118.6	127	137	497	23.9
1997	50.6	64.6	128	138	535	12.1
1998	50.4	48.4	96	99	356	13.6
1999	31.7	31.0	98	107	329	9.4
2000	38.9	75.6	194	207	451	16.8
2001	57.9	108.8	188	183	573	19.0
2002	47.2	76.5	162	169	468	16.4
2003	57.4	121.0	211	204	627.7	19.3

2004	53.2	139.3	262	241	799.5	17.4
2005	52.3	197.7	378	334	1,081.1	18.3
2006	52.4	246.9	471	432	1,232.3	20.0
2007	52.3	282.0	539	435	1,392.5	20.3
2008	52.9	414.3	783	709	2,032.4	20.3
2009	52.0	238.6	459	425	1,886.9	12.6
2010	52.8	325.8	617	543	2,278.5	14.3
2011 1-9월	40.7	397.2	979		2,374.3	16.7

출처: 일본 세이난학원대학 오가와 교수 작성. 인용은 정은이, "접경지역 단동에 대한 현지조사," 『KDI 북한경제리뷰』, 15권 제4호, 2013, 88쪽.

북한과 중국은 1992년 정부 간 장부기제방식에 의한 물물교환을 중지하고 새로운 무역협정을 통해 국제통화 결제에 의한 무역방식을 채택하였다.[19] 1980년대 말부터 중국의 대북 수출이 급증하기 시작하였고, 이후 중국의 수출 초과 현상이 지속되고 있다. 1990년대 중후반 양국 교역 절대액이 감소 추세를 보이기도 하였으나, 2000년대 이후 지속적 증가세를 보이고 있다. 2009년에는 중국과 무역이 북한 전체교역액의 50%를 상회하였다. 2011년 현재 중국은 북한의 제1 교역국으로 자리매김하고 있다. 중국의 대북 수출에서 원유는 10-30%의 비중을 차지하고 있다. 1980년대 북한은 중국에서 100만 톤, 소련에서 100만 톤, 중동에서 50만 톤 등 연간 250만 톤 정도의 원유와 석유제품을 수입했던 것으로 전해진다. 2000년대 북한은 중국에서 매년 50만 톤 내외의 원유를 구입하고 있다.[20] 북한과 중국 사이 전

---

19 1995년부터 중국은 대북원조를 재개하고, 잠시 중단되었던 구상무역과 우호가격을 부활시킨 것으로 전해진다. 이종석, 『북한-중국관계: 1945-2000』(서울: 중심, 2000), 265-306쪽.

20 북한의 전체 원유 도입량을 한국의 KOTRA는 61.3만 톤(2004년), 52.3만 톤(2005년), 52.4만 톤(2006년)으로, 일본의 World Trade Search(WTS)는 75.4만 톤(2004년), 132.2만 톤(2005년), 127.9만 톤(2006년)으로 추정하고 있다. KOTRA 데이터에 비해 WTS 데이터는 카타르, 예멘, 가봉 등의 수입원을 추가로 포함하고 있다. 정광민, 2008. 후자를 기준으로 볼 때 중국이 북한 에너지 수요의 90%를 제공한다는 주장은 과장된 듯하다.

략적 불신으로 군사적 의존은 의외로 미약하다. 중국의 대북 군사원조는 형식적인 것에 그치고 있고, 지난 10여 년간 주요 군사무기 수입국 순위에서도 1위 카자흐스탄(58%), 2위 러시아(27%)에 이어 중국(16%)은 3위를 기록하고 있다.[21]

3) 미국

탈냉전의 공간에서 북미관계는 심한 부침을 겪었고, 그에 따라 북한에 대한 미국의 지원도 영향을 받았다. 워싱턴은 인도적 지원이 대외적으로 정치적 고려 없이 행해지고 있다고 발표하고 있지만, 사실상 미국의 대북 지원은 북핵 협상의 진전 등 정치적 요소의 영향을 많이 받는 것으로 보인다. 냉전의 막바지였던 1988년 10월 미국 정부는 대북한 제재조치의 제한적 완화를 단행하였다. 이러한 조치는 북한 학자 및 문화인의 민간 차원 미국 방문 장려, 미국인들의 북한 방문 제한 완화, 인도적 차원 대북 교역 허용, 미 외교관의 북한 외교관 접촉 허용 등 4개항으로 이루어져 있었다.[22] 이후 미국의 대북 지원은 핵협상에 따른 보상과 인도주의적 지원이 주종을 이루고 있다.

1995년부터 2008년 사이 미국은 북한에게 13억 달러 이상의 지원을 했다. (50% 이상 식량 지원, 약 40% 에너지 지원, 소액의 의료품) 2009년 초반부터 2011년 말까지는 지원이 중단되었다. 미국의 에너지 지원은 1995-2003년과 2007-2009년의 두 기간에 걸쳐 북한의 플루토늄 핵시설 동결의 대가로 지원되었다. 1994년 10월 제네바 북미 합의각서(Agreed Framework)는 영변 플루토늄 핵시설 동결의 대가로 경수로 2기와 중유(HFO) 제공(경수로 건설 기간 동안 매년 50

---

21 최명해, 2010.

22 정문헌, 『탈냉전기 남북한과 미국: 남북관계의 부침』(서울: 매봉, 2004), 36-38쪽.

만 톤)을 규정하였다. 1995년부터 2002년 사이 미국은 KEDO를 통해서 4억 달러 이상의 중유를 제공하였다. 북한과 미국은 1999년 9월 7일부터 12일까지 베를린에서 고위급회담을 갖고 북한이 장거리 미사일 발사를 유예하며, 미국은 대북 경제제재 일부를 해제한다는 합의에 도달하였다. 부시 행정부는 2002년 12월 북한의 우라늄 프로그램 존재 의혹을 이유로 에너지 지원을 중단하였다.[23] 이후 부시 행정부는 2004년 여름 북한 인권법 제정, 2005년 가을 BDA 은행 '돈세탁 우려 대상' 지목 등 제재 위주 대북정책을 구사하였다.

북한의 1차 핵실험 이후 재개된 6자회담을 통해서 2007년 2·13합의가 채택되었다. 관련국들은 영변 플루토늄 핵시설 동결 및 불능화와 연계하여 중유 백만 톤(5개국이 20만 톤 씩) 상당의 경제, 에너지, 인도주의적 지원을 결정하였다. 부시 행정부는 2007년 중유 지원을 재개하여 2008년 12월까지 약속했던 중유 20만 톤 배달을 완료하였다. 1996년 이래 미국은 220만 톤의 식량(8억 달러 어치)을 주로 WFP(90% 이상)를 통해서 북한에 지원하였다. 1999년 3월 미국은 금창리 지하 핵 의혹 시설 검증의 대가로 곡물 60만 톤 제공에 합의하였다. 2007년 홍수가 나고 중국과 한국의 지원이 감소하자 북한은 미국에게 손길을 내밀었다. 2008년 5월 USAID는 1년 동안 50만 톤의 식량지원을 발표하고, 6월부터 지원이 시작되었다. 40만 톤은 WFP를 통해서, 10만 톤은 비정부기구를 통해서 전달할 계획이었으나, WFP를 통한 지원은 8월 이후 중단되고, 비정부기구를 통한 지원은 이듬해 3월까지 지속되어 목표량 중 일부만이 전달되었다. 북한은 2009년 4월 대포동 2호 발사와 5월 2차

---

23 Manyin and Nikitin, 2012, pp. 1-17.

핵실험을 단행하였다.[24]

정식 국교가 없는 양국관계의 속성상 미국의 시민사회와 종교단체들이 양국을 잇는 이음새 역할을 해 주고 있다. 특히 유진벨 재단(Eugene Bell Foundation), 조선의 그리스도인 벗들(Christian Friends of Korea), 글로벌 리소스 서비스(Global Resource Services), 월드 비전(World Vision) 등이 결핵 치료, 의약품 제공, 보건 사업, 농장 운영 지원, 식량 지원 등 인도주의 사업을 전개하였다.[25]

4) 일본

일본의 대북 지원은 본 관찰 기간 중 처음에는 너그러웠으나 나중에는 야박해진 전후후박(前厚後薄)의 형태를 띠고 있다. 도쿄는 애초 주요한 대북 교류 및 지원국이었으나 남북, 북핵 문제가 악화되면서 교류 및 지원을 중단하였다. 일본은 1995년 북한이 곤궁에 처하자 바로 식량지원에 나섰다. 그러나 1998년 8월 북한이 광명성 1호를 발사하자 일본 정부는 대북 전세기 운항 중단, 비공식적 접촉 제한, 식량 원조 및 KEDO에 대한 협력 동결 등을 포함하는 대북제재조치를 단행하였다. 1999년 9월 북미 베를린 미사일 회담 타결 이후 곧 대북제재 대부분을 해제하고 식량 지원을 재개하였다. 2000년에는 4월, 8월, 10월 연이어 북일 회담을 열었고, 2000년 쌀 18만 톤, 2001년 32만 톤을 지원한 바 있다. 2002년 10월 HEU 프로그램을 둘러싼 북미 사이 긴장은 다시금 북일관계에 영향을 미쳤다. 북한의 주요 후

24 안문석, 『노무현 정부와 미국』(파주: 한국학술정보, 2007), 13-26쪽; 김종대, 『노무현, 시대의 문턱을 넘다』(서울: 나무와 숲, 2010); Manyin and Nikitin, 2012, pp. 1-17.

25 이 외에도 아래 단체들이 활동하고 있다. 헬핑 핸즈 코리아(Helping Hands Korea), 주빌리 캠페인(Jubilee Campaign), 헤븐즈 패밀리(Heaven's Family), 오픈 도어즈(Open Doors), 머시 코어즈(Mercy Corps).

표 5. 북일 교역

(단위: 백만 달러)

연도	북한의 수출	북한의 수입	합계
1990	301	176	477
1991	284	225	509
1992	257	223	480
1993	252	217	469
1994	323	170	493
1995	340	253	593
1996	291	227	518
1997	310	179	489
1998	219	175	394
1999	203	146	349
2000	257	207	464
2001	226	248	474
2002	234	132	366
2003	174	92	266
2004	163	89	252
2005	131	62	193
2006	78	44	122
2007	-	9	9
2008	-	8	8
2009	-	3	3
2010	-	-	-
2011	-	-	-

출처: KOTRA 데이터. 김석진 통일연구원 연구위원 제공.

원국 중 하나였던 일본은 납북자/북핵 문제가 악화되자 2002년부터 대북지원을 중단하였다. 고이즈미 준이치로 총리가 2002년 9월, 2004년 5월 두 차례에 걸쳐 평양을 방문하는 등 적극적으로 대북 교섭에 나섰으나 양국관계는 납치 문제, 핵문제로 벽에 부딪치게 된다.[26] 2006년 7월 5일 북한이 대포동 2호를 포함하여 7발의 미사일을 시험 발사하자 일본이 가장 먼저 독자적인 대북 제재조치를 내놓았다. 9월 말 아베 신조 총리의 등장과 함께 일본은

26 조양현, "일본인 납치 문제와 북일 관계 동향 및 전망," 『주요국제문제분석』, 2008년 1월 7일.

대북 강경노선을 걷게 된다. 5억 달러 안팎을 기록하던 북일 교역은 2002년 들어 4억 달러 아래로 하락하였다. 2003년 북일 무역 규모는 전년도 대비 약 70%대를 기록하였다. 2002년도 북한 총교역액 중 16.3%를 차지하던 북일교역은 2003년도에는 11.1%로 하락하였다.[27] 이후 북일교역 규모는 계속 줄어 2010년 전후 양국 사이 거래가 끊기게 된다.

5) 러시아

냉전 시대 북한과 소련의 전통적인 우방관계는 1980년대 중후반부터 소원해지기 시작하였다. 한소 수교와 러시아의 등장을 거치면서 양자 관계는 더 악화되었고, 양국 간 경제거래 또한 급감하였다. 그러나 러시아는 차츰 아시아태평양 지역과 한반도에서 정치적 영향력 복원을 꾀하면서 북한과 관계를 개선하기 시작하였다. 북한과 러시아는 2000년 북러 친선선린 및 협조조약을 체결하고, 2000년 7월 평양, 2001년 8월 모스크바, 2002년 8월 블라디보스토크에서 세 차례 정상회담을 가졌다.

1990년 소련은 북한 전체 무역의 50%를 상회하는 제1교역국가였으나 이듬해에는 14%까지 격감하였다. 그 후로도 북한-러시아 교역은 감소세를 보여 2000년대 1-6% 대의 낮은 수준을 보였다. 2000년대에 북러관계는 현저하게 개선되었으나 경제적 상호의존만은 회복되지 못했다. 약 38억 루블 상당 북한의 대러 채무는 양국 관계개선에 장애물로 작용하고 있다. 러시아는 북한 문제에 대한 영향력 향상을 지속적으로 도모하고 있으나 경제 투자에는 아직 인색한 면모를 보이고 있다. 이러한 상태는 에너지 협력 등 북방경

---

27 임재형, "북 · 일 관계," 세종연구소 북한연구센터 편. 『북한의 대외관계』(파주: 한울, 2007), 157-241쪽.

제가 원활하게 가동하기 전까지는 지속될 가능성이 있다.[28]

2011년 8월 말, 바이칼 호수 인근에서 개최된 북한-러시아 정상회담은 양국 간 거리를 좁힐 수 있는 계기를 마련하였다. 두 정상은 6자회담 재개, 남북러 가스관과 전력망 연결, 대러 채무, 군사협력, 농업협력 등의 의제를 놓고 토론을 벌인 것으로 보인다. 이 외에도 러시아의 대북 원유 지원과 나선특구 투자, 극동 지역에 북한 노동자 추가 파견, 고위 군인사 교류 확대와 군사장비 및 부품 제공, 철도 연결 사업에 대한 논의 가능성이 있다.[29] 철도, 가스, 전기를 매개로 한 북러 협력 논의는 경제적 실익과 함께 중국 견제라는 정치적 고려도 작용하고 있는 것으로 관측되고 있다.

6) 유럽

북한은 대미, 대일 외교에 힘쓰면서 동시에 서유럽에 대한 외교 노력 또한 배가시켰다. 북한은 탈냉전 이후 새 국제질서에 적응, 미국 특히 부시(George W. Bush) 행정부의 압박에 대한 대응 카드, 경제지원 확보의 차원에서, 유럽연합은 미국과 대등한 동반자관계를 추구하고 아시아에서 영향력을 확보하는 차원에서 서로에 접근했다. 유럽연합은 대북지원을 통한 개혁개방 촉진, 인권개선, 민주주의 촉진, 대량살상무기 문제 해결에 관심을 갖고 있다.

북한과 유럽은 1990년대 중반 이후 학자 및 경제 관료 연수를 통한 자본주의 학습, 농업과 에너지 분야 경제협력을 위한 기초활동, 자동차 또는 섬

---

28 James Clay Moltz and Alexandre Y. Mansourov, eds., *The North Korean Nuclear Program: Security, Strategy, and New Perspectives from Russia* (New York: Routledge, 2000).

29 고재남, "러 · 북 정상회담과 한반도 정세," 『주요국제문제분석』, 2011, 6쪽; 신범식, "러북남 가스관 프로젝트와 러북 및 한러 정상회담," 『EAI 논평』, 22호, 2011, 2쪽; 여인곤, "울란우데 북 · 러 정상회담의 러시아 측 의도와 평가," 『온라인 시리즈』, 2011, 2-3쪽; 조민, "김정일 북한 국방위원장의 8월 대장정," 『온라인 시리즈』, 2011, 5쪽.

유 분야 투자 상담, 식량과 의료 분야 인도주의 지원 등 다양한 협력 채널을 구축하고 있다. 유럽의 대북 지원은 초기 단순 식량지원에서 협동농장 재건, 농업기술 지원 등 구조적 개혁으로 옮아가고 있다. 유럽연합 대표단이 1998년 5월 나진선봉 경제무역지대를 방문한데 이어 1998년 12월, 1999년 11월, 2000년 11월 북한과 유럽연합은 정치대화를 열어 인도적 지원 확대, 대량살상무기 해결, 남북대화 촉진, 인권문제, 식량지원 투명성 등을 주제로 토론했다. 북한은 2000년 이탈리아, 영국과, 2001년 네덜란드, 벨기에, 스페인, 독일, 룩셈부르크, 그리스, 유럽연합과, 2003년에는 아일랜드와 수교하였다.[30]

유럽연합(EU)은 1995년 한반도에너지개발기구(KEDO)에 공식회원국으로 참여할 것을 결정하고, 경수로 건설 기간 동안 북한에 대체 에너지 제공 동참과 유럽의 과학·산업·기술 차원 지원 의사를 밝혔다. 1995년 9월 유럽 국가 중 독일이 가장 먼저 수재 지원 성명을 발표했다. 같은 해 10월 유럽연합 산하 유럽인도주의원조사무국(ECHO: European Commission Humanitarian Aid Office)은 북에 29만 에큐(ECU) 긴급 원조를 결정했다. 1995년부터 2011년까지 유럽연합 차원의 대북 총지원액은 3억 66백만 유로에 달하고 있다. ECHO는 1995년부터 2008년까지 식량·보건·위생 분야 130여 프로젝트를 통해 북의 취약계층에 1억 24백 4십만 유로의 인도주의 지원을 했다. 평양 주재 ECHO 사무소는 2008년 장기 원조로의 전환을 위해 문을 닫았다.[31]

유럽연합은 북한 대외무역의 10% 안팎을 차지하는 주요 교역 상대 중 하

---

30 김정용, 2005, 57-82쪽.

31 김성형, "유럽연합(EU)의 신 대북 협력 정책: EU집행위원회 전략보고서를 중심으로(1989-2002)," 『한국정치외교사논총』, 26집 2호, 2005, 29-56쪽; 주한유럽연합대표부, http://eeas.europa.eu/delegations/south_korea/ (검색일: 2012년 11월 13일).

나이다. 2000년대 초반까지는 10-25%의 비중을 기록했으나, 그 이후 비중이 10% 미만으로 떨어졌다. 유럽연합 구성 국가 중 2005년 기준으로 독일, 네덜란드, 프랑스, 스웨덴과 교역이 전체 유럽연합 교역액의 66%를 차지하고 있다. 북한-EU 교역액은 2000년 2억 5천4백만 달러(북한의 수출 9천만 달러, 수입 1억 6천5백만 달러), 2005년 2억 9천1백만 달러(북한의 수출 9천만 달러, 수입 2억 1백만 달러), 2010년 1억 75백만 유로(북한의 수출 1억 5백만 유로, 수입 7천만 유로)로 나타나고 있다.[32]

유럽의 기독교 계열 NGO들은 단기간의 사회적 평판과 정치적 영향력보다는 장기적이고, 지속가능한 프로젝트에 더 많은 관심을 두고 있다. 유럽의 사회단체들은 공산주의가 용인되는 사회적 분위기, 동구 사회주의국가들과 오랜 시간 공존한 체험을 바탕으로 북한과 같은 닫힌 체제와 상호작용하는 방식을 체득한 것으로 보인다. 주요 단체는 아래와 같다:

• 카리타스(Caritas: Campus für Christus), Diakonie (Protestants), 아그로 액션(German Agro Action), 아드라(ADRA: Adventist Development and Relief Agency), 에이에스비(ASB: Der Arbeiter Samariter Bund), 캐어(CARE Germany), 월드 비전(World Vision Germany), 메디코 인터내셔널(Medico International).

이 기구들은 대개 온건하고 통합적인 접근 방식을 취하고 있으며, 후원자와 지역민 사이 신뢰관계를 형성하는 바탕 위에서 북한 주민들의 자구 능력을 키워 주는 지역 선도의 자구(自救) 프로젝트에 매진하고 있다. 이들은 대

32 정성장, "북한 · 유럽 관계," 세종연구소 북한연구센터 편. 『북한의 대외관계』(파주: 한울, 2007), 400쪽.

부분 정치와 원조의 분리, 필요(need)에 기초한 대응의 원칙 아래 평양 등 대도시에서 떨어진 농촌 지역에서 일반 주민과 직접 대면하는 소규모 활동을 펼치고 있다. 카리타스는 스위스의 기독교 계열 NGO로 인도주의 견지에서 식량원조, 의약품 및 의료시설 제공, 농업개발, 어린이 지원(의류, 식품, 문방구 등), 교육훈련에 주력하고 있다. 아그로 액션은 농촌과 농업 개발을 위해 주민 교육훈련, 종자 개량, 식용 가능 음료 제공, 그린 하우스 채소 재배, 인도주의적 구급 의료 제공 등의 활동을 펼치고 있다.[33]

3. 북한 노드의 지대추구(rent-seeking)

외래지대 의존국가(rentier state) 또는 지대추구국가라는 용어는 원래 석유자원에 의존하는 중동 여러 국가들의 정치경제를 분석하기 위해 만들어졌으나 이후 자연자원의 수출에서 발생하는 외래소득과 독재정권의 내구성의 관계를 밝히는 쪽으로 확대되었다.[34] 아랍 산유국들의 경우 석유로부터 벌어들이는 수입이 정부 소득의 90% 이상을, 수출의 95% 이상을 차지한다.[35] 여기에서 지대(rent)란 "모든 자연 자원의 소유로부터 얻어지는 보상", "자연

33 상기 명시된 단체 외에도 이탈리아의 세스비(CESVI), 영국의 칠드런즈 에이드(Children's Aid Direct Plan), 아일랜드의 컨선 월드와이드(Concern Worldwide), 독일의 한스 자이델 재단(Hanns Seidel Stiftung)과 프리드리히 에버트 재단(Friedrich Ebert Stiftung) 등이 있다. 북한에 상주하던 캡 아나무르(Cap Anamur), 국경 없는 의사회(MSF), 옥스팜(OXFAM)을 비롯한 다수 기구들이 북한 정권의 대응에 실망하고 북한에서 철수한 바 있다(Park Sung-Jo, "Instrumental versus Solidaric Rationality: European NGOs in North Korea," *Journal of Peace Studies*, 8, No. 2, 2007).

34 Hazem Beblawi and Giacomo Luciani, eds., *The Rentier State* (New York: Croom Helm, 1987).

35 Hazem Beblawi, "The Rentier State in the Arab World," Hazem Beblawi and Giacomo Luciani, eds., *The Rentier State* (New York: Croom Helm, 1987), p. 53.

의 선물로서 발생하는 소득" 또는 "비생산적 경제행위를 통해 재부를 획득할 수 있도록 정치적으로 만들어진 기회" 등으로 정의할 수 있다.[36]

하젬 베블라위(Hazem Beblawi)는 지대추구국가의 일반적 특성을 다음과 같이 정리하고 있다. 첫째, 순수한 지대경제(rentier economy)란 존재하지 않으며, 지대경제는 다만 지대를 통한 수익이 지배적인 경우로 정의할 수 있다. 둘째, 지대경제는 상당 정도의 외래지대에 의존하는 경제를 의미한다. 상당 규모의 외래지대는 강력한 국내 생산 기반의 뒷받침 없이도 경제를 지탱할 수 있게 한다. 셋째, 지대추구국가에서 오직 소수만이 이러한 지대 창출에 관여하며 기타 다수는 그 지대의 분배와 활용에 관여할 뿐이다. 넷째, 지대추구국가에서 외래지대의 주요 수혜자는 정부이다. 베블라위에 의하면 지대경제에서는 소위 지대추구 의식(rentier mentality)이 팽배하게 된다. 이러한 의식의 발생은 전통적인 노동-보상의 인과관계의 단절, 즉 소득 또는 부 따위 경제적 보상이 노동이나 위험 감수와 연계되는 것이 아니라 기회 또는 상황에 연계되는 것에서 기인한다.[37]

지아코모 루시아니(Giacomo Luciani)의 생산국가와 할당국가의 이분법 또한 지대추구국가 개념 이해와 관련 유용하다. 생산국가는 대부분의 인구가 국가가 아닌 곳에서 소득을 창출하며, 국가는 세금에 의존한다. 국가는 경제성장을 목표로 하는 경제정책을 추진하게 된다. 경제성장이 곧 국가의 수입과 국가의 능력을 증가시키기 때문이다. 할당국가는 국내경제로부터 자유롭기 때문에 경제정책보다는 지출정책에 더 관심을 갖는다. 할당국가는 세금에 의존하지 않으며, 지출을 통하여 재화를 분배한다.[38] 지대추구국가가

---

36 Beblawi 1987, p. 49; 박형중, 2011, 3쪽.

37 Bebalwi, 1987, pp. 51-52.

곧 할당국가라고 할 수 있다.

박형중은 대내 경제개혁을 포기한 2005년 이후 북한이 외래지대 의존국가로 변하였다고 보고 있다. 북한이 개혁을 포기한 이후 외래지대로부터 얻는 소득의 다변화, 극대화 전략을 구사하고 있다는 것이다. 2009년 10월 이후 북한-중국 경제협력의 심화 역시 외래지대 확대전략으로 해석하고 있다. 박형중은 지대의 종류를 원료의 판매를 통해 얻는 소득인 원자재 지대, 주요 교통로 또는 하부구조 시설로부터 발생하는 위치 지대, 강대국과 동맹 따위 전략적 입장으로부터 발생하는 전략적 지대, 개발원조 또는 도덕적 원조로부터 얻는 정치적 지대, 자국 노동력이 타국 노동시장에 참여하여 벌어들인 소득의 이전으로 생기는 이민자 지대 등으로 구분하고 있다. 북한은 2009년 전체 수출액 중 광물성 생산품 수출 40% 이상, 동식물성 제품, 목재류, 귀금속류, 비금속류를 포함할 경우 대략 70%의 원자재 지대, 나진항 개발, 관광사업, 시베리아 철도, 가스 수송관 등의 위치 지대, 중국과 전략적 협력으로부터 얻어지는 전략적 지대, 인도주의 원조와 개발원조 형태의 정치적 지대, 해외파견 노동자(6-7만 명)와 개성공단 근로자를 아우르는 이민자 지대를 수혜하고 있다.[39] 그런데 박형중은 북한의 지대추구 행위에 대해 자못 비판적인 시각을 견지하고 있다.

> 개혁을 통해 국내경제 생산성을 증대하자면 정권은 기득권 침해조치를 취해야 하며, 생산성 증대로 발생하는 수익을 상당 부분 주민과 나누어 가져야 하고,

---

38 Giacomo Luciani, "Allocation vs. Production States: A Theoretical Framework," Hazem Beblawi and Giacomo Luciani, eds., *The Rentier State* (New York: Croom Helm, 1987), pp. 73-74.

39 박형중, 2011, 2-4쪽.

> 조세징수를 늘리자면 주민에게 정치적으로 양보해야 한다. 그러나 외래지대 수입 증대는 기득권 침해조치를 취할 필요가 없고, 또한 그 소득을 국가가 독점할 수 있어서 정권생존에 유리하다. 한 마디로 외래지대 원천의 다변화는 내부 경제 개혁 없이도 정권 생존을 위한 경제적 기반을 마련하는 방책이다.[40]

상기 인용문이 웅변하듯 박형중은 북한 당국의 외래지대 추구 행위를 부정적으로 바라보고 있다. 그의 부정적 인식은 외래지대 의존 국가에서 일반적으로 관찰되는 세 가지 특징, 즉 ① "국가가 외부 발생 소득을 대부분 독점"하며, ② "획득된 지대는 생산증대를 위해 재투자되지" 않으며, ③ "지대의 존재는 독재정권의 존속과 생존을 뒷받침"한다는 것이다.[41]

일반적으로 새로운 독재자, 노쇠한 독재자, 그리고 자금력이 고갈난 독재자의 정권은 취약성을 안고 있다. 독재자의 교체기, 독재자가 쇠약해진 시기, 독재자의 물리적 통제력이 취약해진 시기 그를 둘러싸고 있는 핵심 엘리트들은 계속해서 독재자를 위해 대중을 통제할지 아니면 독재자에게 등을 돌리고 자신들의 살 길을 찾을지 고민하게 된다. 천연자원이 풍부하거나 거액의 원조를 받는 정권의 독재자들은 자신의 풍부한 자금력으로 부하들에게 물질적 보상을 하고 그 대가로 그들의 충성을 사서 정권의 안정을 기하게 된다.[42] 이런 논리의 연장선에서 박형중은 북한의 지대추구 행위에 대해 비판적인 결론을 내리고 있다. 북한의 권력자가 대외원조와 천연자원을 활용하여 권위적인 정권을 연장하고 있다는 것이다. 즉 그는 안정적인 외래지대

---

40 박형중, 2011, 5쪽.

41 박형중, 2011, 5-6쪽.

42 Bruce Bueno De Mesquita and Alastair Smith, "How Tyrants Endure," *The New York Times*, June 10, 2011, A35.

공급이 독재정권의 지속을 가능하게 하는 물질적 기반 역할을 하므로 지대국가를 부정적으로 보고 있는 것이다.

필자는 박형중의 주장과는 달리 한시적으로나마 북한의 지대 의존 전략이 역사적인 소임과 역할이 있다는 긍정론을 펼치고자 한다. 우선 2005년 이후 북한의 지대국가화가 진행되었다는 주장에 대해 북한은 냉전시대 때부터 원천적으로 지대에 의존해 왔다는 점을 강조하고 싶다. 중국과 소련 사이에서 북한이 펼친 전통적인 등거리 외교가 바로 북한의 지정학적 위치를 활용한 전략적 지대의 발현이었다. 그러므로 북한 정권은 지대추구 행위가 비교적 익숙한 숙련공인 셈이다.

북한의 지대 의존은 전통적인 중동의 지대 의존과는 사뭇 다른 특성을 갖고 있다. 우선 북한의 지대국가 성격은 미완성이라는 점이다. 베블라위의 지적처럼 세상 어디에도 순수한 지대경제란 존재하지 않지만 북한의 경우 중동의 표준(?) 지대국가들에 비해 지대 의존도가 많이 떨어짐을 지적하지 않을 수 없다. 향후 북한의 경제가 개혁개방의 길을 걸으면 지대 성격의 변화와 더불어 지대 의존도 또한 떨어지게 될 것을 조심스럽게 예측할 수 있다. 중동 국가군의 경우 석유라는 특정 자원에 의해 현저하게 지대국가의 성격이 결정되는 반면에 북한의 경우는 어느 하나의 자원에 의존하기보다는 여러 다른 성격의 지대가 중층적으로 존재하는 모습을 보여주고 있다.

중동국가들의 지대 수취가 풍부함을 기반으로 하고 있는데 비해 북한의 경제적 수취는 풍족함과 부족함의 양자에 기반하고 있다. 북한은 양의 매력과 음의 매력을 동시에 활용하여 주변국으로부터 지대를 취하고 있다. 북한체제의 붕괴가 가져올 수 있는 지역질서의 교란을 미연에 방지하기 위해 주변국은 최선책인 아닌 차선책으로 북한체제의 존속에 밑거름이 될 인색하지 않을 정도의 물질적 지원을 정기적·비정기적으로 제공하고 있다. 외부

지원이 줄어들어 정권에 위협적인 상황이 올 경우 북한은 자신의 존재감을 드러내기 위해 지역의 안정을 뒤흔들 수 있는 도발을 감행하는 것도 불사하고 있다. 이것은 일종의 강탈적·강압적 지대 수취 형태로 볼 수 있는데 이때 주변국은 자발적이거나 경제적 이득을 바라보고 북한에 투자하는 것이 아니라 북한의 무모함을 미연에 방지하기 위한 심사에서 북한을 달래기 위해 선심을 쓰게 된다. 주변국들이 북한이 문제를 일으키지 않는 것을 전제로 미리 보험을 사듯이 북한에게 경제적 보상을 제공하는 것이다. 북한의 지대추구는 잠재적 폭력성을 내포하고 있으며, 주변국은 잠재적 폭력의 현실화를 예방하는 차원에서 이 지대를 구매한다.

그럼에도 북한의 지대추구 행위는 역기능보다 순기능이 많은 것으로 관측된다. 오랜 기간 고립과 폐쇄에 젖어 있던 북한의 정치경제 체제가 연결과 개발의 정치경제 체제로 탈바꿈하는 데 지대국가의 존재는 긍정적인 역할을 하게 될 것이다. 지대추구의 과정에서 북한 주민과 외부세계의 소통이 증가하며, 국가 이외 행위자의 부 또한 증가할 것이고, 정보와 부의 확산은 국가 이외 행위자의 권력을 증가시킬 것이다. 북한사회와 외부세상의 연결고리가 확대되고, 연결성의 증가는 상호의존을 강화시킬 것이며, 상호의존의 강화는 (그 역과 함께) 북한이라는 노드에 대한 외부 행위자 노드의 영향력 증가를 내포하므로 북한이 국제규범, 관습, 제도에 편입되는 것을 의미한다. 요새국가가 정상국가로 탈바꿈하는 과정에서 가교국가로서 북한의 존재가 필요해지고 가교국가 = 지대추구라는 등식이 성립하게 된다.

북한의 지정학적 위치는 북한이 갖고 있는 현존하는 최대 자산 중 하나이다. 나진항의 물류 및 관광 기능, 가스 파이프라인 연결, 한반도 철도와 시베리아 철도의 연계 등이 좋은 예를 보여준다. 북한은 주변국과 협력과 갈등의 관계를 맺으면서 해양국가와 대륙국가의 전략적 이해관계가 교차하는 지점에 위치한 자신의 지정학적 지위를 전략적 자산으로 활용하는 지대추구 전략을 추구하고 있다. 지대추구국가로서의 북한의 성격은 북한이 정상국가로 진화하는 여정에서 동북아시아 지역의 안정과 번영을 밑받침하는 긍정적인 의미를 가질 수 있다.[43]

4. 북한의 새로운 네트워크 형성을 위하여

외부세상과 비교적 거리를 두고 있는 북한이 짧은 시간에 개혁과 개방의 방향으로 나아가리라고 예측하기는 쉽지 않다. 북한이 장기간에 걸쳐 점진적인 변혁의 길을 걸을 것으로 추정해 봤을 때 중간목표로서 지대국가의 역할에 주목하게 된다. 북한은 한동안 혁신과 기업가 정신에 의존한 경제발전보다는 노동력, 지하자원, 전략적 요충지로서 위치에 의존하는 경제성장 모델에 주력할 가능성이 크다.

현실주의는 핵심 노드인 국가의 군사력과 경제력으로 표상되는 '자원권력(resource-base power)' 중심적 사고를 하면서 여러 국가들 사이의 세력균형(balance of power, BoP)을 기반으로 국제정치를 이해하고 있다. 이에 비해 세력망(network of power, NoP)의 세계정치를 담으려는 네트워크 담론은 강제와 제재의 물리적 권력을 넘어서서 설득과 동의를 가능하게 하는 지식과 문화 등 비물질적 권력자원의 중요성과 함께 관계로부터 발생하는 탈노드 차원의 권력까지 상정하고 있다. 네트워크에서 비롯되는 권력은 '집합권력(collective

---

43 2002년 4월 김정일 위원장은 한국의 대통령 특사단을 맞은 자리에서 다음과 같이 진술했다고 한다. "서쪽의 경의선을 중국횡단철도와, 그리고 동쪽의 동해선을 시베리아횡단철도와 연결하면 조선반도가 '평화지대'가 될 수 있어요. 부산에서 시베리아 철도와 중국철도를 통해 유럽으로 물동량이 오고가는데 어떻게 여기서 전쟁이 벌어질 수 있겠습니까". (임동원, 2008, 613쪽).

power)', '위치권력(positional power)', '구조권력(structural power)'으로 정리된다.[44] 이 중 통(通)하게 하는 권력인 위치권력은 네트워크 위에서 노드의 독특한 위치로부터 만들어지는 권력을 의미한다.[45]

현재 중국은 북한과 바깥세상 사이에서 위치권력을 행사하고 있는 것으로 해석된다. 또는 중국이 매개 중심성(betweenness centrality)을 가지고 중개권력(brokerage power)을 행사하는 것으로 볼 수 있다.[46] 중국의 역할은 6자회담, 천안함 사건, 연평도 사건 등을 통하여 여실히 증명되었다. 동북아시아의 네트워크 위에서 중개자로서 중국의 위상은 북한의 네트워킹이 불완전함에서 비롯된다. 북한이 신사고로 무장하여 자신의 전략적·지정학적 위치를 활용하여 지대를 얻는 가교국가로 탈바꿈하게 되면 중국의 중개권력이 북한으로 이전될 가능성이 있다. 김정은 시대 북한이 경제성장을 위해 지식산업을 기반으로 한 전략을 표방하지만 폐쇄사회와 수동적인 인력으로 당장 정보산업의 강국으로 발돋움하기에는 어려움이 있을 것이다. 과도기 북한의 자산은 새롭게 형성되는 동북아시아의 네트워크에서 북한의 위상을 활용하는 지대 전략이라고 할 수 있다.

현재 북한과 국제사회와의 연결망은 의존 네트워크의 성격을 짙게 갖고 있다. 향후 의존 부분과 네트워크 부분 모두에서 변화가 필요하다. 북한의 현존 거미줄 치기는 국가 대 국가, 국가 대 국제기구, 국가 대 NGO의 유형

---

44 김상배, "네트워크 세계정치이론의 모색," 하영선·김상배 편, 『네트워크 세계정치: 은유에서 분석으로』(서울: 서울대학교출판문화연구원, 2010), 50-55쪽.

45 김상배, "네트워크로 보는 중견국 외교전략: 구조적 공백과 위치권력 이론의 원용," 『국제정치논총』, 51집 3호, 2011a, 51-77쪽.

46 매개 중심성의 개념은 김상배, "한국의 네트워크 외교전략: 행위자-네트워크 이론의 원용," 『국가전략』, 17권 3호, 2011b, 20-25쪽 참조.

을 보여주고 있다. 즉 시민사회가 성숙되어 있지 않은 현실 속에 국가 행위자가 전면에 나서 일인 다역으로 국가, 국제기구, 시민단체를 모두 상대하는 것이다. 향후 국가와 분리된 자생력을 가진 시민사회가 활성화되어 국가로부터 거미줄 치기에 더하여 밑으로부터 거미줄 치기가 활성화되어야 할 것이다. 비대해진 국가 기구의 역할을 축소하는 한편 시민사회의 개방으로 시민사회 대 시민사회의 만남을 주선해야 한다. 북한 또한 보다 많은 국가와 교류하기를 희망하고 있는 것 같지만 현실적으로, 그리고 역사적으로 북한의 관계 맺기는 다른 개방된 국가들에 비해 수적으로 열세인 것이 사실이다. 중국, 러시아 등 전통적인 협력국을 넘어서는 보다 광범위한 짝짓기가 필요하다. 미국과 일본을 비롯한 서구 선진국과 링크를 호혜와 협력의 성질로 변환시키고 이들 국가와의 관계증진 속에서 모방과 학습이 이루어져야 할 것이다. 특히 미국과의 관계개선에 있어서는 미얀마, 베트남의 선례가 좋은 참고가 될 것이다.

다음으로 의존의 부분을 상생의 변수로 치환시킬 필요성이 있다. 북한의 부족함을 무기로 한 주변국에 대한 원조외교는 후자의 피로감을 가져올 수 있으며 장기적으로 지속되기 어려운 속성을 포함하고 있다. 부족, 결핍, 부정 등 음의 매력에서 자원, 위치, 관광 등 양의 매력에 기반을 둔 네트워크 형성이 절실하다. 수직적인 의존 네트워크에서 보다 수평적인 상생의 네트워크로 변화하기 위해서는 주변국의 관심을 끌 수 있는 북한만의 매력을 갖추는 일이 필요하다. 일방적으로 받는 관계에서 주고받는 관계로의 변화는 보다 건실하고 장기적인 네트워크 형성의 필수 요건이라고 할 수 있다. 호혜적인 네트워크의 발달을 위해서는 북한 지도부의 신사고와 함께 선군에서 선경, 선민으로 대전략의 변환이 요구된다. 북한경제의 정상화 과정이 북한과 주변 국가가 모두 이익을 볼 수 있는 관계 정립의 첩경이 될 것이다.

현재 북한의 대외행보는 G2라는 구조적 공간 속에서 펼쳐지고 있다. G2 구조는 북한에게 기회일 수도 있고, 위기일 수도 있다. 새롭게 등장하는 중국 지도부가 북한의 핵모험과 폐쇄성에 거리를 두려고 할 수 있다. 중국의 경제개발 전략과 동아시아 안정 정책에 북한의 행동이 부담을 준다고 느낀다면 중국의 고민 또한 깊어질 것이다. 중국의 홍기로 요약되는 동아시아 질서의 급격한 변화는 또한 면역력이 떨어진 북한에게 위기 요인으로 작용할 수도 있다. 이에 반하여 중국의 부상이 북한에게 결코 불리한 환경이 아닐 수도 있다. 우선 중국의 부흥은 정치적 독과점과 경제적 자유화가 공존할 수 있다는 가능성을 말해 주고 있다. 북한 또한 엘리트들의 선택에 따라서 점진적 체제진화의 길을 걸을 수도 있을 것이다. 또한 동아시아의 맹주로 자리하는 중국이 북한을 보호하는 바람막이 역할을 해 줄 수 있을 것이다.

중국의 홍기 아래 북한 또한 21세기에 걸맞는 대전략을 구상하고 있을 것이다. 향후 북한의 최선의 선택은 미국과 중국 사이에서 균형을 취하는 것이 될 것이다. 냉전 시기 북한은 두 강대국 소련과 중국 사이에서 등거리 외교를 펼쳤으며 비동맹외교를 강조했다. 체제 대결구도 속에서 북한의 미국에 대한 접근은 거의 차단되어 있었고 북한이 기타 서방국가들과 관계를 개선할 여지도 거의 없었다. 냉전 이후 진영 구도가 사라지면서 북한이 다른 국가들과 관계를 개선할 수 있는 공간은 상대적으로 넓어졌다고 평가할 수 있다. 북한은 향후 미국과 중국 사이에서 등거리 외교를 펼치며 양국의 경쟁을 활용하고, 양국으로부터 더 많은 지원을 받아 내는 전략을 구사할 것이다. 다만 북핵 문제는 미국과 관계개선에 가장 큰 장애가 되고 있다. 북한은 체제 생존전략 차원에서 어떻게 핵문제를 풀고 미국과 관계개선을 실천할 것인지 진지하게 고민해야 한다. 만일 북한에 미래가 있다면, 향후 북한 정책결정자들의 주요 과제 중 하나는 미국으로 향하여 발산할 자신의 매력을 찾는 일이 될 것이다.

5. 결론

북한과 세계의 상호작용은 대항 담론 대 지배 담론, 대항 네트워크 대 지배 네트워크 간 협력과 갈등의 양상을 보여주고 있다. 탈냉전의 공간에서 북한은 불리한 대내외 여건을 복수의 비정부기구, 국제기구, 국가와 관계망을 형성하며 그럭저럭 버텨 나갔다. 김정일 시대 북한은 정권안보 차원에서 과거 북방삼각형의 일원인 중국, 러시아와 협력을 복원하면서 한국, 미국, 일본과 버거운 협상을 벌였다. 한편, 주변국은 나름의 정책과 계산을 가지고 북한과 후원-의존망을 형성했다.

김정은 집권 이후 북한은 김정일 시대 선군의 생존전략을 계승하면서, 핵과 미사일을 매개로 자위의 군사적 토대를 마련한 후에 경제발전을 통해 정상국가로 전환하겠다는 전략을 펼치고 있는 것으로 추정된다. 북한의 젊은 지도부는 중국, 한국과 새로운 전략적 관계를 수립해야 할 과제를 안고 있다. 북한이 기존 협력망의 외연적 확대를 추구할 때 우선순위로 떠오르는 국가는 미국과 일본이다. 미국, 일본과 어떤 관계를 세울 수 있는지가 북한의 미래 항해 순항 여부에 큰 영향을 끼칠 것이다. 북한은 의존 네트워크를 통해서 자신의 전략적 위치와 자원을 활용한 지대추구 행위를 통해 경제적 이득을 얻고 있다. 북한이 가교국가로서 지대를 통하여 동북아시아 네트워크의 허브 위상을 차지하는 것은 탈(脫)의존과 정상국가로 변환하는 과정에서 일정 기간 긍정적 역할을 하리라고 본다.

제4부

북한문제의 해법

제9장
북한은 현상유지 국가인가?*

1. 서론

21세기 초 세계화, 정보화의 조류와 격리된 채 북한은 여전히 대양 속에 떠있는 외로운 섬처럼 고립의 길을 걷고 있다. 인터넷의 보급, 정보의 홍수라는 배경 아래 진행된 중동의 민주화 열풍으로 많은 관찰자들은 다시금 북한 체제의 내구성에 대해 갑론을박하고 있다. 20세기 말 동구 사회주의 체제의 몰락과 21세기 초 중동 권위주의 체제의 변혁 움직임은 자연스럽게 북한의 오늘과 내일에 대한 질문을 던지게 한다. 북한의 미래와 관련 많은 낙관론과 비관론이 교차하는 것과 마찬가지로 북한의 과거와 현재의 정체성과 관련해서도 상반된 의견이 난무하고 있다. 북한 체제의 성격을 어떤 기준으로, 어떻게 정의할 것인가에 대한 문제는 우리에게 많은 숙제를 던져 준다.

이 글은 김정일 시기 북한 체제의 성격을 탐구하는 것을 목적으로 한다. 북한 국가의 성격을 가늠하는 잣대는 여러 가지일 수 있으며, 실제로 많은 논자들이 북한체제의 독특성과 일반성을 각각 강조하는 여러 형태의 국가

---

* 이 글은 『국제정치논총』(53집 4호, 2013, 165-190쪽)에 발표했던 논문을 수정 · 보완한 것이다.

론, 체제론을 설파해 왔다.[1] 이 글은 과거의 체제론 논의를 재론하거나 새로운 잣대를 제시하기보다 국제정치이론에서 자주 언급되는 국가성향(state orientation)에 대한 담론을 활용하고자 한다.[2] 최근 중국의 부상과 더불어 중국 위협론, 중국 기회론 등 중국의 위상과 정체성에 대한 많은 논의가 있었다. 특히 미국과 중국의 세력전이(power transition) 가능성이 조심스럽게 운위되는 가운데 중국이 기존 세계질서에 도전하는 체제 도전적 성향을 가지는지, 현 질서 속에서 발전을 도모하는 체제 순응적 성향을 가지는지에 대한 논쟁이 벌어지고 있다.

국가성향론은 현상유지 국가(status quo power)와 현상타파 국가(revisionist power 또는 anti-status quo power)의 이분법을 취하고 있다. 후자는 세계질서 또는 지역질서 차원에서 현상태(status quo)에 대해 불만을 갖고 있으며, 자원배분과 관련 더 많은 배당을 요구하고 현존하는 세력균형을 뒤집으려는 시도를 하는 국가를 의미하는 반면 전자는 현 질서에 만족하고, 현 세력균형을 지키려고 노력하는 국가를 의미한다. 그렇다면 현재 북한이라는 행위자는 현상유지적 성향을 갖고 있는가 아니면 현상타파적 성향을 갖고 있는가? 북한의 국가성향에 대한 판단은 국제정치이론에서 파생된 개념의 단순한 적용이라는 차원뿐만 아니라 우리의 대북정책의 성격과 방향을 설정하는 데에도 필요한 작업이다. 북한의 국가성향에 대한 판단에 따라 우리의 대응도

---

1 북한 국가론에 대한 논의는 최완규 편, 『북한의 국가성격 변용에 관한 연구: '예외국가'의 공고화』(서울: 한울아카데미, 2001)을 참조.

2 왜 꼭 국제정치이론에서 제기되는 '국가 성향론을 고집하는가'에 대한 반론이 가능하다고 본다. 필자는 국가 성향론이 북한 체제의 성격을 파악하는 유일한 길이라고 보지는 않는다. 아무런 기준 없이 즉흥적으로 그때그때 북한 체제의 성격을 운위하는 것보다는 확실한 개념과 기준을 가지고 논하는 것이 훨씬 생산적이라고 판단하고 있다. 물론 국가 성향론 이외에 다른 기준을 가지고 북한 체제의 성격을 파악하려는 노력에 대해 열린 자세를 견지하고 있어야 할 것이다.

또한 달라져야 하기 때문이다. 본고는 국제정치이론상 국가성향 논의를 일별한 뒤, 북한의 국가성향을 판단하기 위한 기준을 제시하고, 마지막으로 세력균형의 재편이라는 논거를 통해 김정일 시기 북한이 현상타파적인 국가성향을 가지고 있다는 주장을 전개한다.

2. 국제정치이론과 국가성향 논의

국제정치이론에서 국가성향에 대한 논의는 가장 두드러진 위치를 차지하는 것은 아니지만 비교적 익숙한 부분에 속한다. 같은 현실주의(realism) 그룹에 속하는 이론가들 사이에서도 각자의 입장에 따라 국가성향 관련 다른 결론을 내리고 있다. 어떤 부류는 국제질서의 속성상 단위 국가들이 자연스럽게 현상유지적 성향을 갖는다고 보는 반면 다른 부류는 국가들이 일반적으로 현상타파적 성향을 띠게 된다고 파악한다. 또 다른 분파는 국가성향의 가변성을 기본 전제로 삼고 있다.

케네스 월츠(Kenneth N. Waltz)는 국제정치의 특성을 개별 국가 상위에 중앙권위체가 존재하지 않는 무정부 상태(anarchy)로 보고 있다. 무정부 아래 국가는 자신의 안전 문제를 스스로 해결해야 하는 자조(自助, self-help)의 길을 걷고 있다. 지구상의 모든 국가는, 기능상의 분화 없이, 모두 안보(security)를 확보하기 위해 노력하고 있다. 국가가 추구하는 최고의 가치는 정치적 독립과 국토 보존, 즉 생존인 것이다. 월츠에 의하면 국가의 목표는 힘(power)의 추구가 아니라 안보의 확보이다. 국가가 자신의 세력권을 넓히기 위해 적극적인 팽창정책을 펼치는 것이 아니라 단지 소극적인 안보를 추구한다는 점에서 월츠는 국가의 속성을 안보 추구자(security-seeker) 또는 현상유지 국가(status-quo power)로 파악하고 있다. 그에 의하면 주변에 강력한 국가가 대두하는 경우 국가들은 이 위협적인 국가에 편승(bandwagoning)하기보다는 대항 동맹을 형성하는 균형(balancing) 전략을 선택하는 경향이 있다.[3]

월츠가 국가들이 기본적으로 현상유지 성향을 갖는다고 보는 반면 미어세이머(John J. Mearsheimer)는 이와 반대로 국가들이 현상타파 성향을 갖는다고 주장한다. 미어세이머는 국제관계에서 무정부 상태, 공격 능력 보유, 상대국 의도의 불확실성, 생존의 갈망, 합리적 사고가 어우러져 자조, 공포, 힘의 극대화 추구의 결과가 나타난다고 본다. 그에 따르면 모든 국가는 생존을 위해 다른 국가보다 강력한 힘을 추구하게 된다. 무정부 상태가 위험하기 때문에 국가는 자신의 안전을 지키기 위해 다른 국가보다 더 많은 힘을 가지려 한다. 따라서 국가는 현실에 만족하지 않고 팽창을 지속하는 현상타파 성향을 가진다.[4]

이에 비해 케네스 월츠 이전의 고전적 현실주의자들은 국가 성향의 가변성을 인정하였다. 모겐소(Hans J. Morgenthau)는 모든 국가가 권력을 추구하고 있다고 하면서도 현상유지 정책(status-quo policy)과 제국주의 정책(imperialist policy) 중 하나를 상황에 따라 선택한다고 보았다. 그는 현상유지 정책은 둘 또는 그 이상의 국가들 사이의 권력관계를 역전시키는 것을 반대한다고 정의하고 있다.[5] 키신저(Henry Kissinger)는 19세기 초 유럽질서를 분석하면서 혁명주

---

3 Kenneth N. Waltz, *Theory of International Politics* (Reading, MA: Addison-Wesley, 1979); 이근욱, 『왈츠 이후: 국제정치이론의 변화와 발전』(파주: 한울, 2009), 제1장.

4 John J. Mearsheimer, *The Tragedy of the Great Power Politics* (New York: W. W. Norton, 2001); 이근욱, 2009, 제3장. 공격적 현실주의(offensive realism)와 방어적 현실주의(defensive realism)의 구분에 관해서는 다음을 참조(Robert Jervis, "Realism, Neoliberalism, and Cooperation: Understanding the Debate," *International Security* 24: 1, Summer 1999, pp. 42-63).

5 Hans J. Morgenthau, *Politics among Nations: the Struggle for Power and Peace* (New York: McGraw-Hill, 1993).

의 국가(revolutionary state)와 보수주의 국가(conservative state)를 구분하였다.[6]

스웰러(Randall L. Schweller)는 국가의 상대적 힘에 따라 강대국, 준강대국(less great power), 약소국의 구분을, 추구하는 이익에 따라 현상유지 국가와 현상타파 국가의 분류를 사용한다.[7] 그에 의하면 현상타파 국가들은 그들이 현재 갖고 있는 것보다 그들이 탐내는 것을 더 가치 있게 본다. 이러한 국가는 현상태를 변화시키고 그들의 소유가치를 확대하기 위해 군사력을 사용하기도 한다.[8] 스웰러는 신현실주의가 모든 국가를 현상유지 국가로 분류하려는 현상유지 편향(status-quo bias)이 있음을 지적하면서, 각 국가가 추구하는 목표가 주어진 여건 아래 제각기 다를 수 있다는 주장을 하고 있다.[9]

스웰러는 연속적(continuous) 개념인 국가이익을 단순화를 위해 현상유지와 현상타파의 양분된(dichotomous) 변수로 제시한다고 하면서 현상유지 국가들은 그들의 자원을 주로 유지하려고 노력하는 반면 현상타파 국가들은 그들의 자원을 증가시키려 노력한다고 주장한다. 그에 의하면 현상타파 국가들이 항상 현상태를 전복시키는 작업에 매진하고 있는 것은 아니다. 그들 또한 현상태의 수호자에 도전할 상대적인 경제적·군사적·정치적 능력이 결핍되어 있을 때는 일정 기간 수동적으로 남아 있기도 한다.[10]

---

6 Henry Kissinger, *A World Restored: Metternich, Castlereagh, and the Problems of Peace 1812~1822* (London: Weidenfeld & Nicolson, 1999).

7 Randall L. Schweller, *Deadly Imbalances: Tripolarity and Hitler's Strategy of World Conquest* (New York: Columbia University Press, 1998).

8 Randall L. Schweller, "Bandwagoning for Profit: Bringing the Revisionist State Back In," *International Security* 19: 1, Summer 1994, p. 105.

9 Randall L. Schweller, "Neorealism's Status Quo Bias: What Security Dilemma?" *Security Studies* 5: 3, Spring 1996, pp. 90-121.

10 Randall L. Schweller, "Tripolarity and the Second World War," *International Studies Quarterly*

길핀(Robert Gilpin)은 국가성향을 파악하기 위해 권력 분배, 권위의 서열, 국제관계를 지배하거나 영향을 미치는 권리 또는 규칙들의 세 요소를 제시하고 있다. 길핀에 의하면 현상타파 국가들은 국제사회에서 통용되는 규칙과 제도, 세계적 또는 지역적 권력 분배와 권위 서열을 근본적으로 바꾸려고 한다.[11]

중국의 부상과 세력전이의 가능성은 중국의 국가성향에 대한 논의를 낳았다. 부상하는 국가는 기존 국제질서가 패권국가에게 유리하게 전개되어 있어서 이를 불편하게 여기고 불만을 가지는 경향이 있다는 점에서 부상하는 중국이 현상타파 국가가 아닐까라는 염려가 섞인 견해가 많이 대두하였다. 제럴드 시걸(Gerald Segal)은 중국을 강력하고 불안정한 탈현상유지 국가로, 데니 로이(Denny Roy)는 대외적 목표를 추구하기 위해 힘을 사용할 가능성이 있는 불만족 국가로 구분하고 있다.[12] 반면에 란신 시앙(Lanxin Xiang)은 중국이 현상유지 국가이며 오히려 미국이 현상타파 국가라는 도발적인 주장을 내놓고 있다.[13] 데이비드 강(David C. Kang) 또한 중국이 영토에 대한 야망이 제한적이며, 국제무역기구(WTO) · 아세안지역안보포럼(ASEAN) · 동남아시아국가연합(ARF) 등 국제사회에 합류하려는 진정을 보여주고 있는 점을 들어 중국을 현상타파 국가로 해석하기 어렵다는 주장을 펴고 있다.[14]

37: 1, March 1993, pp. 73-103.

11 Robert Gilpin, *War and Change in World Politics* (Cambridge: Cambridge University Press, 1981), p. 34.

12 Gerald Segal, "East Asia and the 'Constrainment' of China," *International Security* 20: 4, Spring 1996, pp. 159-187; Denny Roy, "Hegemon on the Horizon?: China's Threat to East Asian Security," *International Security* 19: 1, Summer 1994, pp. 149-168.

13 Lanxin Xiang, "Washington's Misguided China Policy," Survival 43: 3, Autumn 2001, pp. 7-23. 아래 논문은 란신 시앙의 주장에 대한 균형잡힌 논평이다(David Shambaugh, "China or America: Which is the Revisionist Power?" *Survival* 43: 3, Autumn 2001, pp. 25-30).

존스턴(Alastair Iain Johnston)은 현상태의 변혁을 기획하는 행위자를 골라내기 위해 다섯 가지 기준을 제시하고 있다. 첫째, 공동체 구성원들의 행동을 규제하는 제도에 그 행위자의 참여율이 낮다. 둘째, 행위자가 국제제도에 참여는 하지만 공동체의 규범을 받아들이지 않는다. 셋째, 행위자가 국제제도에도 참여하고 일시적으로 그 규칙과 규범을 지키지만, 기회가 주어지면 곧 제도와 공동체의 원래 목적을 해치는 방향으로 규칙과 규범을 고치려고 한다. 넷째, 행위자가 국제체계 권력관계의 급격한 재분배를 선호하는 성향이 있다. 다섯째, 행위자의 행동이 권력의 재분배를 현실화하는 것을 목표로 하고 있고, 그 목표를 위해 군사력을 사용할 의사가 존재한다. 이러한 기준을 가지고 분석해 봤을 때 존스턴은 오늘의 중국이 미국 내 보수적인 견해와 달리 현상유지적인 성향을 더 많이 갖고 있다는 판단을 내리고 있다.[15]

3. 북한의 국가성향을 밝히기 위한 논의의 틀

공격적 현실주의가 국가들이 기본적으로 현상타파 성향을 갖고 있다고 주장하고, 방어적 현실주의는 반대로 국가들이 현상유지 성향을 갖고 있다고 주장하는 바와 같이 구조현실주의자들은 국가의 기본 성향이 고정되어 있다고 본다. 공격적·방어적 현실주의 모두 무정부 상태라는 국제질서의 구조의 영향력을 절대적인 것으로 보며 구조가 국가성향을 결정한다는 결정론적인 사고를 갖고 있다. 그러나 이 글에서는 국제정치질서에 대한 논의

14 David C. Kang, "Getting Asia Wrong: The Need for New Analytical Frameworks," *International Security* 27: 4, Spring 2003, pp. 57-85.

15 Alastair Iain Johnston, "Is China a Status Quo Power?" *International Security* 27: 4, Spring 2003, pp. 5-56.

에서 무정부 상태의 영향력이 과대평가되고 있으며, 설령 구조의 영향력을 인정한다고 하더라도 그것이 특정 국가의 성향을 어느 한 방향으로 경도시키지는 않는다는 전제를 갖고 출발한다. 즉 국제정치의 단위들은 현상타파성을 띠게 될 가능성과 현상유지성을 띠게 될 거의 동일한 가능성을 갖고 있으며, 구체적인 역사의 공간에서 대내외적인 충격과 변화의 영향을 받아 둘 중 하나의 성향을 지배적으로 갖게 된다. 국가성향이 외재적으로 미리 정해진 것이 아니라 구체적인 조건에 반응한 결과라는 주장은 그것이 또한 시기적으로 새로운 조건의 창출과 몰락에 따라 변화할 수 있음을 인정하는 것이 된다.

국제정치이론에서 운위되는 국가성향론에 비추어 북한은 어떤 성격을 가진 나라라고 할 수 있는가? 북한은 현상유지 성향의 국가인가? 아니면 현상타파적인 성격을 가진 국가인가? 일견 즉답이 가능할 것 같은 이 질문에 대해 주로 국제정치이론의 관점에서 북한 문제를 논의하는 학자들은 각기 엇갈린 평가를 내놓고 있다. 주로 보수 진영의 논자들은 북한을 호전적이고 팽창적인 국가로 보는 반면 진보 진영의 논자들은 북한이 외부의 자극에 대응하는 반응적이고 수동적인 국가로 보는 경향이 있다. 미국에서 활동하며 종종 대립되는 견해를 피력하는 두 학자의 주장을 통해 두 가지 견해에 접해 볼 수 있다. 미국 보수의 입장에 서 있는 한 학자는 다음과 같이 주장하고 있다.

> 이 논문은 정책결정자들이 현 시점에서 북한의 의도와 관련 주요한 변환이 있었다고 가정해서는 안 된다는 강경파의 주장과 견해를 같이 한다. 이 지역의 군사적 상황이 변하지 않은 상황에서, 한반도에서 현상타파적 행동을 보여준 북한의 역사를 볼 때, 최근 평양의 전술적 우호 행보가 보다 광범위한 전략적 변화를 시위하는 것이라고 보기는 어렵다.[16]

즉 그는 북한이 역사적으로 현상타파적 성향을 드러내 왔으며 논문 집필의 시간적 공간에서 북한의 이와 같은 타성이 극적으로 변하였다는 명확한 증거는 찾을 수 없다는 주장을 내놓고 있다. 종종 그와 대척점에 서있는 주장을 하는 다른 학자는 앞의 해석과는 사뭇 차이가 나는 평가를 내리고 있다.

> 둘째, 1950년에 북한이 침략자였던 것은 맞지만 1993년에도 북한이 물리력을 사용하여 남한을 공산화하려는 목표 또는 의도를 보유하고 있는지는 전혀 확실치 않다. 1950년 이래 분석가들은 한반도에서 전쟁의 개연성이 높으며, 기회가 생기면 북한은 남한을 곧 침략할 것이라고 주장해 왔다. 그러한 침략이 일어날 수 있는 여러 시나리오를 만드는 것이 정책 연구가들의 종래 소일거리 중 하나였다. 캔로 시마모토는 남한의 정치적 위기 또는 북한의 내부 혼란이 남한에 대한 침략을 촉발하는 상황을 상정하고 있다. 그러나 한국은 과거 그러한 어려움을 많이 겪어왔다. 1961년과 1980년 두 번씩이나 한국 군대는 쿠데타를 실행하기 위해 전방에 있는 군부대를 이동시켰다. 그 뒤를 이은 혼돈과 군부의 대립은 북한이 침략을 기도할 수 있는 절호의 기회였다. 확실히 그러한 상황은 독재자들이 권력을 확고히 한 이후의 비교적 평화로운 통치 기간에 비하면 침략에 훨씬 유리한 기회였다. 그렇다면 호전적이고 팽창적인 북한이 남한을 침략하는 것을 왜 우리는 목도하지 못하였는가?[17]

---

16 Victor D. Cha, "Hawk Engagement and Preventive Defense on the Korean Peninsula," *International Security* 27: 1, Summer 2002, p. 43.

17 David C. Kang, "Rethinking North Korea," *Asian Survey* 35: 3, March 1995, p. 258.

이 인용문은 북한을 관성적으로 현상타파적인 성향을 가진 국가로 해석하는 것에 대해 반대 의견을 표출하고 있다. 이러한 대립된 논의는 태평양 건너 한국에서도 여전히 이어지고 있다. 한국 보수는 대개 북한의 호전성과 그 불변성에 대해 불편한 심기를 드러내기를 주저하지 않는다. 이에 비해 한국 진보는 한반도의 냉전이라는 구조적 상황을 탓하며 북한이 안보불안을 해소하기 위해 신경질적으로 반응하고 있는 맥락을 더 강조하는 경향이 있다.

여기에서 하나 주의할 점이 있다. 그것은 한국 사회의 북한체제 성격에 대한 논의가 국제정치이론의 국가성향론을 바탕에 깔고 전개된 것이 아니라 그와는 별개로 한국적 상황의 필요에 의해 자연발생적으로 생겨나 독자적이고 토속적인 담론체계를 갖고 있다는 점이다. 따라서 한국에서 북한체제 성격을 논할 때 흔히 등장하는 혁명의 수출, 도발 가능성, 무력통일, 적화야욕, 침략성 등의 논의를 국제정치이론의 국가성향 논의의 틀에 맞추기 위해서는 일련의 '번역' 작업이 필요할 것이다.

한 국가의 성향을 알기 위해서는 그 판단의 구체적 기준과 근거를 제시해야 한다. 나치 독일, 제국 일본, 나폴레옹 하의 프랑스 같은 경우 다수가 이들 국가의 성향에 대해서 동일한 판단을 내릴 수 있겠지만 (물론 이 사례들에 대해서도 이견이 있을 수 있다) 그렇지 않은 경우도 많이 있다. 위에서 살펴 본 후진타오 시대 중국의 국가성향을 둘러싼 논쟁이 한 예다. 학자들은 개혁과 개방을 추구하며 지속적으로 부상하고 있는 현 중국의 성향과 관련 현상유지적인지, 현상타파적인지 아직 의견일치를 보지 못하고 있다.

본고는 북한의 국가성향을 파악하기 위해 한반도의 두 숙적인 남한과 북한 사이의 관계에 초점을 맞추려고 한다. 즉 북한의 국가성향은 숙적인 남한에 대한 행태에서 나타난다고 본다. 세계 차원의 도전국은 세계질서의 물적 재분배와 제도적 개편을 요구할 것이다. 지역 차원의 도전국은 지역질서 상 물적 재분과 제도적 개편을 요구하게 될 것이다. 그러나 세계/지역 질서 차원에서 패권을 추구하지 않는 국가들의 경우 현상유지/현상타파 여부는 숙적관계에 있는 두 국가 사이의 물리적 재편성에 초점을 모아야 할 것이다. 세계 수준 또는 지역 수준의 패권을 추구하기에 무리인 약소국의 경우라도 세계질서 또는 지역질서에 대한 도전을 시도할 수 있다. 약소국이 세계 패권 또는 지역 패권을 추구하는 강대국과 연합을 맺어 현상유지 세력에 도전하는 경우이다. 북한의 경우 현재 세계/지역 패권에 도전하는 국가 또는 세력이 존재하지 않는 현실에서 홀로 현상변경을 추구하기는 무리일 것이다. 그러나 담론 수준에서 북한이 세계/지역질서에 도전하는 것은 가능하며, 실제로 북한의 세계질서관과 지역질서관은 현상태를 비민주적·비도덕적으로 해석하면서 새로운 질서의 형성을 강력하게 촉구하고 있다.[18]

실제로 비패권국가가 패권국가에 기생하여 또는 담론의 수준에서 세계질서/지역질서의 현상 변경을 추구할 수 있음에도 이 논문에서는 비패권국가가 세계/지역 수준에서 현상변경을 추구하는 것과 양자 관계에서 현상변경을 추구하는 것을 구분하여 후자에 대해서만 논의를 하기로 한다. 본고는 패권을 추구하지 않으면서 숙적관계를 이루고 있는 두 국가의 관계에서 현상타파/현상유지 성향을 어떻게 구분할 것인가에 초점을 맞추고 있다.

전적으로 양자관계에만 초점을 맞춰 국가성향을 분별할 경우 담론과 실천 두 기준을 거론할 수 있지만 여기에서도 국가의 구체적 행위에만 초점을 맞추는 선택을 하였다. 담론을 기준으로 삼을 경우 양자 사이 합의된 기존질서, 체제, 규범, 제도, 규칙, 의사결정 양식의 존재 유무와 관련 소모적인

18 우승지, "김정일 시대 북한의 국제관계론 이해를 위한 시론," 『국제정치논총』 47집 4호, 2007.

논쟁에 휘말릴 가능성이 있기 때문이다. 또 국가성향을 판단함에 있어 국가 지도자들의 의지, 태도, 발언과 관련 주관적 해석에 매몰될 수가 있다. 즉 선전 차원의 언술과 실천 의지가 뒷받침된 언술을 구별하기 힘들어질 수 있다. 실천 또는 행위의 기준에서 현상유지/현상타파를 판별하기 위해 이 논문은 아래 두 기준을 활용하고자 한다. 첫째 기준은 양국 사이 권위, 영토 분배에 불만을 품고 군사력의 사용을 통해 현상태를 변경하려고 하느냐이다. 둘째 기준은 기존 세력균형의 분배에 불만을 품고 군사적 세력균형의 재분배를 통해 이를 적극적으로 변경하려고 하느냐이다.

4. 북한 '취약론'/'변화론'에 대한 고찰

전술한 바와 같이 북한의 성향에 대한 국내 논의는 국제정치이론의 국가성향론을 전제로 하고 이루어진 것이 아니기 때문에 본고의 주제와 꼭 들어맞는 논의는 희소하다고 할 수 있다. 그럼에도 북한의 혁명 수출, 호전성, 남침 준비 등을 소재로 한 논의가 빈번하게 있어 왔기 때문에 이러한 논의들이 북한의 국가성향론에 차용될 여지가 존재한다.

국내에는 북한의 국력이 쇠퇴하였고, 이것이 정권의 전략에 영향을 끼쳐 더 이상 북한이 무력을 사용한 통일이나 혁명의 수출을 추진하는 것이 불가능해졌다는 논의가 존재한다. 1980년대 말 세계사회주의체제의 붕괴 이후 북한은 심각한 경제난·식량난·에너지난으로 난국에 봉착하였다. 작금 북한이 처한 경제적 어려움에 대해서는 객관적 지표와 많은 증언들이 뒷받침하고 있다. 한국은행 통계에 따르면 북한은 1990년대 기간 대부분 마이너스 경제성장을 기록하였고, 산업시설의 30퍼센트 정도만이 가동하고 있다는 분석이 나왔다. 전력, 금속, 선박, 시멘트, 경공업, 농업 등 산업 전반의 기능이 급속히 저하되었고, 국가는 구성원의 안위와 생존을 보장하는 역할을 제대로 수행하지 못하였다. 1990년대 중반 고난의 행군 시기 수많은 북한 동포들이 기아에 시달렸다는 증언이 탈북자로부터 꾸준히 나오고 있다. 민간단체 '좋은벗들'은 1990년대 중반 약 350만 명이 굶어 죽은 것으로 추정한 바 있다. 기아의 피해 규모에 대해서는 여러 다른 주장이 존재하며, 이후 100만 명 안팎 규모가 보다 설득력을 얻고 있다. 북한의 만성적인 식량난은 21세기 초엽까지 이어지고 있는 실정이다.[19]

북한 '취약론' 또는 '쇠퇴론'은 북한 지도부의 혁명전략 수정 주장의 물적 근거로 이용되곤 한다. 많은 논자들이 북한의 경제적 취약성이 드러나면서 북한 지도부의 혁명전략 또한 수정될 수밖에 없었음을 지적하고 있다. 특히 2000년대 초반의 공간에서 북한의 '변화'에 대한 주장이 많이 등장하였다. 북한체제 성격의 변화는 대외적인 행보와 대내 운영의 변화 양쪽에서 일어났다는 지적이다.

2000년을 기점으로 북한은 적극적인 대외 행보를 시작하였다. 2000년 7월에 아세안지역안보포럼(ARF)에 가입하고, 2001년 5월 유럽연합(EU)와 수교를 비롯해서 2000년대 초반 유럽 여러 나라들과 수교하였다. 김정일 위

---

19 좋은벗들, 『사람답게 살고 싶소』(서울: 정토출판, 1999); 나초스 저, 황재옥 옮김, 『북한의 기아: 기아와 정치, 그리고 외교정책』(서울: 다할미디어, 2003); 이석, "1994-2000년 북한 기근: 초과 사망자 규모와 지역별 인구변화," 『국가전략』 10권 1호, 2004; David C. Kang, "They Think They're Normal: Enduring Questions and New Research on North Korea-A Review Essay," *International Security* Vol. 36, No. 3, Winter 2011/12, pp. 152-161. 고난의 행군 당시 북한의 실상을 엿보게 해 주는 저작으로 추가적으로 권혁, 『고난의 강행군』(서울: 정토출판, 1999)과 좋은벗들 엮음, 『북한사람들이 말하는 북한이야기』(서울: 정토출판, 2000)를 참조. 특히 탈북 여성들의 고난의 모습에 대해 알려면 김태현 · 노치영, 『재중 북한이탈여성들의 삶』(서울: 하우, 2003)이 도움이 된다. 1990년대 경제위기에 따른 국가 역할의 축소와 가족 단위의 대응에 대해서는 박현선, 『현대 북한사회와 가족』(서울: 한울, 2003).

원장은 2000년 5월 베이징을 방문하였고, 이듬해에도 상하이와 베이징을 방문하였다. 김정일은 특히 "중국, 특히 상하이는 개혁 · 개방 이후 유례가 없을 정도의 큰 변화를 이룩했고, 중국 공산당이 행한 개혁 · 개방 정책이 옳았음이 충분히 증명됐다"고 발언한 것으로 전해지고 있다. 2000년 2월 러시아와 북한은 우호협력선린조약을 체결하였고, 이어 7월 푸틴(Vladimir Putin)과 김정일이 정상회담을 가졌다. 북한은 미국과 관계개선에도 신경을 써서 급기야 2000년 10월 조명록 차수의 워싱턴 방문과 올브라이트(Madeleine Albright) 국무장관의 평양 방문이 성사되었다. 2002년 9월 중순에는 고이즈미 준이치로(小泉純一郎) 일본 총리가 평양을 방문, 조일평양선언을 발표하였다. 남북관계에도 많은 변화가 있었다. 남북 정상회담을 비롯하여 수많은 남북대화가 열렸고, 남과 북은 개성공단, 금강산 관광, 남북 철도 및 도로 연결 등 협력 사업을 적극적으로 추진하였다.[20]

그러나 2000년대 초반의 북한의 적극적 외교 행보는 지속되지 못하였다. 중국, 러시아 양국과 냉랭하던 수준은 벗어났으나 냉전 시대 전통적인 우호관계가 회복되었다고 보기는 힘들다. 한국, 미국, 일본과 그 외의 서방세계와의 교류는 답보상태를 걷거나 후퇴의 기미조차 보였다. 미국, 일본과는 핵 · 미사일 · 인권 · 납치문제 등으로 관계개선에 실패하였다. 남북관계도 북한의 전략적 · 전술적 선택과 한국 행정부 교체의 영향을 받으며 부침을 거듭하였다.

2002년 7 · 1경제관리 개선조치의 발표로 한국에서는 북한 체제의 근본적인 변화에 대한 기대가 컸다. 이즈음 북한은 가격 현실화, 임금 인상, 인센티브제 실시, 계획지표의 축소, 기업의 자율성 강화, 사회주의 물자교류시

---

20 다케사다 히데시, 이혁재 옮김, 『두려운 전략가 김정일』(서울: 다락원, 2001), 제1장.

장 인정, 지방예산편성 개편, 포전담당제 도입, 시장 허용, 국영상점의 부분적 시장화 확대 등의 조치를 취하였다. 한국에서는 이를 두고 2002년 이전의 북한과 그 이후의 북한이 확연히 구분된다는 전제 아래 북한이 점진적으로 변혁의 길을 걸을 것이라는 분석이 많이 등장하였다. 7·1조치 이후의 북한 사회주의의 성격을 '실리 사회주의'로 규정하는 글들은 계획경제와 시장경제의 공존 현상에 주목하면서 북한 자체 변화의 동력의 가능성에 힘을 실었다.[21]

그러나 7·1조치 이후 북한 당국은 점차 경제개혁과 시장화를 강화하기보다는 이와 상반되는 노선을 추진하기 시작한다. 북한 변화론은 탄력을 잃게 되고, 기대는 실망으로 바뀌었다. 애초의 기대와 달리 북한 현장에서의 변화가 남한 측의 기대에 훨씬 못 미치는 수준이었고 또한 역풍이 불었기 때문이었다. 한국에서는 북한 변화론에 대한 자성의 논조가 고개를 들기 시작했다.

> 특히 2002년 이른바 '실리 사회주의'라는 용어가 등장한 이후에 북한의 체제변화는 속도와 시기의 문제일 뿐 큰 방향에서는 기정사실로 받아들여졌다. 건국 이래 최대의 개혁정책으로 알려진 7·1조치를 통해 북한은 체제개혁에 진입했다는 평가가 나오기도 했고 시장화는 이제 돌이킬 수 없는 지점을 통과했다는 분석도 제기되었다. 그러나 실리 사회주의라는 이름이 남쪽에 널리 퍼진 뒤 얼마 되지 않아 북에서는 또 다른 정책 기류가 형성되었고 급기야 2007년 이후에는 반동적 보수화가 정책 기조로 자리 잡았음이 확인되었다. 시장은 다시 통제되고 억압되었다. 7·1조치로 대표되는 개혁 정책이 결국은 좌초하고 만 것이다.[22]

---

21 김근식, "김정일 시대 북한의 신발전전략: 실리사회주의를 중심으로," 『국제정치논총』 43집 4호, 2003년 겨울; 정영철, 『북한의 개혁개방: 이중전략과 실리사회주의』(선인: 2004).

22 김근식, "북한 '실리 사회주의'의 추진과 좌절: 북한변화에의 함의" 『북한연구학회보』 14권 2호

김근식은 북한이 "아직 체제전환이 개시될 수 있는 조건이 아님을 알 수 있다"고 진단하고 있다. 그는 북한의 체제전환이 아직 시기상조이며, 7·1 조치로 상징되는 북한의 실리사회주의 또한 결국 '좌절'되고 말았다고 평가한다.[23] 김정일 시대 소위 실리 사회주의는 결국 '찻잔 속의 폭풍'으로 끝나고 말았다. 2005년 즈음부터 북한의 대내외 정책이 강경화, 보수화 기조로 선회하였으며, 국가계획경제의 복원을 꾀하였다. 2009년 11월 화폐개혁, 2009년 12월 외화사용 금지, 2010년 1월 시장 폐쇄 및 농민시장으로 전환 등 사회주의 체제의 복귀를 꾀하는 조치들이 줄을 이었다. 시장 확대를 포함한 개혁개방에 대한 거부 반응, 유일 지배체제의 지속, 3대 세습 추진, 핵과 미사일 지속적 개발 등 북한의 변화 자체가 한계에 부딪치는 상황이 벌어졌다.

북한의 변화를 강조하는 논지는 북한이 '남한과의 체제경쟁'과 '민족통일국가의 형성'이라는 목표를 '포기'하고 남한과 '평화공존'을 추구하는 방향으로 북한의 정책이 바뀌었다는 주장과 맥을 같이하고 있다.[24] 북한이 과거 본능적으로 팽창정책을 추구해 왔지만 세계질서와 한반도 정세가 근본적으로 변화한 상황에서 체제 생존이 최우선 과제가 되었고, 혁명 수출 따위는 후순위로 밀렸거나 잊혔다는 주장이다. 최진욱은 북한의 대남정책이 "공세적 대남 혁명전략의 일환이 아니라 수세적 체제생존전략의 일환으로 추진"되고 있다고 주장한다. 북한이 탈냉전의 공간에서 세계사회주의 체제 붕괴, 김일성 노쇠화, 중국과 소련의 한국 접근 등 불리한 여건 아래 "흡수통일이라는 공포감"을 갖게 되었고, 체제 생존에 급급하면서 대남정책 또한 공세적인

2010년 겨울, p. 2.

23 김근식, "북한 '실리 사회주의'의 추진과 좌절," pp. 5-6.

24 백학순, "대남전략과 대외전략," 정성장 백학순 공저, 『김정일 정권의 생존전략』(성남: 세종연구소, 2003), p. 94.

것에서 수세적인 것으로 바뀌었다는 것이다.[25] 김예경 또한 "북한은 우선적으로 중국의 부상을 활용해 미국을 견제하고, 체제안보와 경제회복 등을 확보할 수 있는 방어적 편승전략을 선호할 가능성이 높다"고 주장하고 있다.[26] 중국의 부상에 따른 북한의 대응전략을 살피는 논문에서 그녀는 북한이 현상의 변경을 추구하는 공격적 편승보다는 현상의 유지를 꾀하는 방어적 편승을 도모하리라는 분석을 내놓고 있다.

탈냉전의 공간에서 북한의 국력이 급격히 위축된 점에 기인해 북한의 혁명전략 또한 수세적으로 변했다는 주장을 국제정치이론의 국가성향에 대입해 보면 북한을 현상타파보다는 현상유지로 해석할 여지가 높아진다고 볼 수 있다. 즉 북한은 현상을 변경할 능력도, 의지도 없다는 주장이 서게 되는 것이다. 그러나 본고는 북한 쇠퇴론과 변화론에 기반을 둔 북한 현상국가론에 반대하는 입장에 서려고 한다. 1990년을 전후로 해서 북한의 국력이 급격히 위축되었다는 주장에 동의하지 않는 논자는 많지 않을 것이다. 다만 국력 쇠퇴가 바로 북한의 국가성향이 현상유지적이라는 판단을 담보하지는 않는다는 점을 지적하고 싶다. 즉 국력의 상승기에 현상유지 성향과 현상타파 성향을 가진 국가가 모두 존재할 수 있듯이 국력의 하강기에도 현상유지 성향을 가진 국가가 존재하는 반면 현상타파 성향의 국가 또한 발생할 가능성이 남아 있다. 관건은 국력의 절대적 크기의 성장, 위축, 정체가 아니라, 주어진 여건 아래 제한된 국력을 어떻게 사용할 것인가 하는 지도부의 국가전략에 있다. 심각한 경제난과 안팎의 위기 속에서도, 또는 오히려 그러한

25 최진욱, "남북관계 60년과 통일담론," 『KDI 북한경제리뷰』 10권 8호 (2008년 8월), p. 14.

26 김예경, "중국의 부상과 북한의 대응전략: 편승전략과 동맹, 유화 그리고 현안별 지지정책," 『국제정치논총』 47집 2호 (2007), p. 83.

여건으로 인해 국가 지도자가 현상타파라는 전략적 선택을 취할 수도 있는 것이다.

기존 북한 변화론은 암묵적으로 북한이 혁명을 수출하는 현상타파적 성향에서 수세적으로 정권 생명 유지를 도모하는 현상유지적 성향으로 바뀐 것으로 해석할 수 있는 여지를 더 많이 남기고 있다. 북한의 변화라는 주제에 대해서는 갑론을박이 가능하겠지만, 필자 또한 북한이 탈냉전과 고난의 행군을 거치면서 일정 정도의 변화를 거친 것으로 판단하고 있다. 1990년대 이후 대외 정보의 유입 증가, 계획경제의 일부 수정, 시장 허용 등 국가-사회관계에 유의미한 변화가 있었다고 판단된다. 그러나 변화 유무와 함께 변화의 성격, 변화의 방향에 대해 질문을 하지 않을 수 없다. 북한 당국은 1980년대 후반 이후 조성된 새로운 환경 속에서 국력의 쇠퇴와 정권안보에 대한 심각한 도전을 경험하면서 개혁과 개방을 통해서 경제회복에 나서는 선택을 한 것이 아니라 대외원조와 시장 활동에 의존하여 주민의 식생활 문제를 일부 해결하고, 남은 자원을 핵·미사일 능력 배양에 집중적으로 투자하는 선택을 하였다. 이어지는 장에서는 본고에서 제시한 기준을 가지고 북한의 현상타파 성향을 고찰해 보고자 한다.

5. 북한의 현상타파 시도: 핵, 미사일 개발을 통한 세력균형의 재편

이 글은 국가성향의 가변성을 전제하고 있으며, 북한의 경우 김정일 위원장의 단독 집권 이전인 1980년대 후반을 기점으로 하여 국가성향에 일대 전환이 왔다고 주장한다. 이 시점은 세계적으로 냉전체제가 붕괴하고 새로운 질서가 수립되는 시기와 일치한다. 서울 올림픽, 독일 통일, 소련 붕괴, 한국 민주화, 남북경제 격차 공고화, 김일성 주석 사망, 한중 수교, 고난의 행군 등 과거와 차원을 달리하는 역경의 환경은 북한에게 체제 도전요인을 물리치기 위한 새로운 전략의 마련을 요구하였다. 이후 북한에는 1960년대 후반부터 형성되기 시작한 유일체제가 한계점에 다다르며 과거와 질적으로 구별되는 새로운 국가-사회관계가 나타나기 시작하였다.

70-80년대를 거치면서 남북한 체제경쟁에서 심하게 뒤처진 북한은 경제적인 측면에서 추격보다는 비재래식 군사력의 확충을 통해 군사적 세력균형의 역전을 시도하게 된다. 1980년대 후반은 냉전체제가 무너지기 시작하는 격동기였다. 대외적으로 고르바초프(Mikhail S. Gorbachev) 등장 이후 소련은 페레스트로이카(perestroika)와 글라스노스트(glasnost)의 길을 걷기 시작했고 이는 결국 소련의 해체와 동구 사회주의의 연이은 몰락으로 이어졌다. 세계 사회주의체제와 세계자본주의체제의 대결은 후자의 승리로 결말이 났으며, 북한이 체제의 최고 위협으로 꼽았던 미국 중심의 단극질서가 급속히 마련되었다. 세계화, 정보화, 네트워크화로 상징되는 새로운 질서의 수립은 자립, 주체, 자위를 근간으로 하는 북한 체제의 존립을 위협하였다.

외부적으로 사회주의권의 지원이 격감하고, 내부적으로 폐쇄적 계획경제 운영이 한계에 달하면서 북한의 경제는 급격히 쇠퇴하였다. 반면 한국은 지속적 경제성장으로 세계 12권의 무역대국, 경제대국으로 성장하였다. 이 시기에 이르러서는 남북 사이의 국력격차가 심대해져 양자의 체제 경쟁 자체가 무의미해지기 시작하였다. 한국은 지속적인 경제성장과 더불어 직접선거에 의한 민주주의 정권이 등장하게 된다. 남북 국력의 격차 확대와 냉전체제의 해체가 이루어지는 상황 가운데 북한은 경제성장을 통해 남한을 추격하는 노선과 핵 및 미사일 개발을 통해 남북 사이의 세력균형을 역전시키는 노선 중 후자를 택하였다. 남북경쟁에서 절대적 열세라는 상황 판단 아래 북한 지도부는 탈냉전의 공간 속에서 정권생존이 국가의 최고 목표이며, 이를 위해 군사 분야에 집중 투자하고, 경제와 인민복지 후퇴를 감내하며, 한정된 자원으로 남한을 추월하기 위해 핵과 미사일 등 비대칭 전력 강화에 몰두한다는 전략적 판단을 내렸을 것으로 판단된다.[27]

북한은 1980년대 후반부터 핵개발과 중장거리 미사일 개발을 본격적으로 시도하기 시작하였다. 1994년 미북 제네바 합의, 2005년 6자회담 9·19 공동성명 등 대외적인 비핵화 약속에도, 꾸준히 핵과 미사일 개발에 매진해 온 것으로 판단된다. 북한은 1980년 5MW급 흑연감속원자로를, 1985년부터 방사화학실험실을 영변 핵단지에 건설하기 시작했으며, 1986년 9월부터 원자로 가동을 시작하였다. 북한은 1985년 12월 핵비확산조약(NPT: nuclear nonproliferation treaty)에 서명했고, 1992년 1월 30일 핵안전조치협정에 서명하였다. IAEA가 사찰 과정에서 자신들의 추정치와 북한의 신고 사이에 불일치를 발견하고 미신고 시설 2곳에 대한 사찰을 요구하자, 북한은 오히려 3월 중순 NPT 탈퇴를 선언하였다. 북핵을 둘러싼 긴장 국면은 1994년 10월 21일 스위스 제네바 강석주 외무성 제1부상과 로버트 갈루치(Robert L.

---

27 북한의 핵무장 시도, 미사일 개발과 관련해서 그동안 그 배경, 동인, 의미, 결과에 대해 여러 논의가 있었다. 황지환의 글은 현실주의, 자유주의 등의 시각이 어떻게 북핵문제를 해석하고 있는가를 살피면서 기존 이론들이 북핵 문제의 동인을 잘 설명하지 못함을 지적하고 있다. Hwang Jihwan, "International Relations Theory and the North Korean Nuclear Crisis: Bridging the Gap between Theory and Practice," 『국제관계연구』 13권 1호, 2008, pp. 115-148. 또한 북한의 핵 프로그램과 비핵화를 둘러싼 국제관계에 대해서는 아래 두 저작을 참고. Leon V. Sigal, *Disarming Strangers: Nuclear Diplomacy with North Korea* (Princeton: Princeton University Press, 1998); James Clay Moltz and Alexandre Y. Mansourov, Eds. *The North Korean Nuclear Program: Security, Strategy, and New Perspectives from Russia* (New York: Routledge, 2000). 북한의 국방비 투자액은 잘 알려지지 않고 있다. 2008년 4월 북한 최고인민회의는 군사비를 총 예산의 15.8%로 공표한 바 있다. 대한민국 국방부는 북한의 실질 군사비가 국민총소득(GNI)의 30% 정도를 상회할 것으로 추정하고 있다(국방부, 『국방백서』(서울: 국방부, 2009), p. 23).

Gallucci) 핵 담당대사 사이에 북한의 핵동결과 중유 제공 및 경수로 건설을 기본 내용으로 하는 기본합의문(Agreed Framework)에 합의함으로써 일단락되었다.

1994년 7월 김일성 주석 사망 이후 '고난의 행군'이라고 스스로 명명한 식량난과 경제난 속에 국가의 통치 부재 현상이 빚어지기도 했다. 김정일은 1997년 조선노동당 총비서직을 승계하고, '선군정치'와 '강성대국'을 향후 통치이념으로 제시하였다. 1998년 8월 22일자 『로동신문』 정론은 '주체의 사회주의강성대국'을 내세우면서 이를 "착취와 억압, 가난과 무지, 침략과 략탈, 지배와 예속으로 얼룩진 지난 시대의 반동적, 반인륜적 국가건설사에 종지부를 찍고 인민의 자주적 요구, 인류의 념원을 전면적으로 꽃피워 주는 영원한 리상국"이라고 정의하였다. 이 글은 "사상의 강국을 만드는 것부터 시작하여 군대를 혁명의 기둥으로 튼튼히 세우고 그 위력으로 경제건설의 눈부신 비약을 일으키는 것이 우리 장군님의 주체적인 강성대국건설방식"이라고 설명하고 있다.[28] 1998년 8월 31일 북한은 광명성 1호로 명명된 로켓을 발사하였으며, 같은 해 9월 8일 김정일이 국방위원장에 재취임하였다. 1998년 9월 9일 공화국 창건 50주년 기념 『로동신문』 사설은 강성대국 건설 방침을 재확인하고 있다.[29] '선군'과 '강성'의 기치에서 볼 수 있듯이 이 시기 북한은 한정된 자원을 군사력을 증강하는 데 집중적으로 투자하였고 핵과 미사일 개발에 주력하였다.

2000년을 전후한 북한의 적극적 대외 행보는 2002년 10월 제임스 켈리(James A. Kelly) 미국 국무부 동아태 담당 차관보의 방북 시 HEU(highly enriched uranium) 프로그램에 의한 핵개발 논란이 촉발되면서 멈추었다. 북한은 2003

---

28 최칠남·동태관·전성호 "강성대국," 『로동신문』 1998년 8월 22일.

29 『로동신문』, 1998년 9월 9일

년 1월 10일 NPT 탈퇴를 선언하였다. 이후 미국, 북한, 중국의 3자회담을 거쳐 북핵문제 해결을 위한 6자회담이 가동되기 시작한다. 2005년 2월 10일 북한의 핵 보유 선언에 이어 같은 해 9월 19일 6자회담에서 공동성명을 일구어냈으나 이후 미국이 금융제재를 강행하자 북한은 2006년 10월 1차 핵실험으로 맞섰다.

2009년 5월 2차 핵실험에 이어 같은 해 9월 3일 북한은 우라늄 농축시험 성공을 발표한다. 북한은 2010년 11월 미국의 핵과학자 일행에게 영변 핵단지 내 고속 원심분리기 2,000기 규모의 우라늄농축 공장과 25-30MWe 소형 경수로 건설 현장을 공개하였다. 파키스탄 당국이 압둘 카디르 칸(Abdul Qadeer Khan) 박사를 심문한 내용에 의하면 1980년대부터 칸 연구소(Khan Research Laboratories)는 북한의 우라늄농축 프로그램에 관여하여 원심분리기와 설계도를 제공하였다. 1993년 12월 베나지르 부토(Benazir Bhutto) 전 파키스탄 총리의 방북을 계기로 북한의 탄도 미사일과 파키스탄의 우라늄 농축기술의 교환이 성사되었고, 1994년에는 칸 박사가 방북하였다. 1995년에는 최광 인민무력부장이 파키스탄을 방문하였다. 칸 박사는 열 세 차례에 걸쳐 북한을 방문한 것으로 알려지고 있다.[30] 이러한 정황에 의하면 북한은 미국과 제네바 합의에도 불구하고 은밀하게 우라늄 프로그램을 활용한 핵무기 개발을 지속한 것으로 판단된다.

2012년 봄 기준 북한은 약 100kg의 핵물질을 보유하고 있고(플루토늄 40kg, 고농축 우라늄 60kg), 백 여 차례의 고폭실험을 실시하였으며, 북한에는 핵 기술 관련 3,000여 명의 기술자가 활동하고 있는 것으로 알려지고 있다. 북한은 고농축 우라늄을 이용 5-6개의 핵무기를, 플루토늄을 이용 6-7개의 핵무기

30 윤덕민, "북한의 우라늄농축 프로그램과 대응방향," 『주요국제문제분석』 2011년 1월 12일.

를 보유하고 있을 가능성이 있다. 핵무장과 관련 북한은 그동안 최소 65.8억 달라를 사용한 것으로 추정되며, 이것은 북한 전 주민을 8년간 먹여 살릴 수 있는 액수에 해당한다.[31]

북한은 미국, 러시아, 중국 다음으로 많은 미사일 보유량인 약 1,000기의 각종 탄도미사일을 보유하고 있으며, 대륙간탄도미사일(ICBM: intercontinental ballistic missile) 능력 보유에 근접하고 있다. 북한의 미사일 규모는 KN-02 50기, 화성 5/6호 600-700기, 노동 미사일 200기, 무수단 미사일 75-150기 등이다. 북한은 전술 미사일과 전역 미사일을 실전배치하고 있으며, 전략미사일은 개발 단계에 있는 것으로 추정된다. 1970년대 말 이집트가 제공한 스커드 B 미사일에 대한 역엔지니어링(reverse-engineering)을 토대로 복제 생산을 추진, 1984년 스커드 B 미사일 복제품 개발, 실험발사에 성공했고, 1980년대 후반부터 이란을 비롯한 중동국가에 수출하였다. 북한은 1985년 스커드 B 미사일을 개량하여 화성 5 미사일(사거리 320-340km)을 개발했고, 1989년에는 화성 5 미사일을 개선하여 화성 6 미사일(사거리 550km)을 개발하였다. 1988년경 사거리 1,300km 이상의 중거리 미사일인 노동 미사일 개발에 착수, 1993년 5월 무수단리 발사장에서 실험발사, 1990년대 중반 실전배치하였다. 이로써 북한은 오키나와를 비롯한 일본 전역과 베이징, 상하이 등 중국 주요 도시를 사정권에 두게 되었다.[32]

북한은 2000년경부터 소련의 SSN-6을 개량한 것으로 알려진 무수단 미사일을 개발, 실전배치하였다. 무수단 미사일은 이동식 수직발사대에 탑재

---

31 Lee Kwang-ho, "North Korea's Nuke Programs and Capabilities," *Vantage Point* 35: 6, June 2012, pp. 4-9.

32 윤덕민, "북한의 탄도미사일 프로그램 평가," 『주요국제문제분석』 2006년 7월 26일.

되어 있고, 사정거리 3,200km로 괌과 오키나와를 사정권에 두고 있다. 북한이 2000년대 중반 개발한 KN-02 미사일은 오산과 평택을 사정권에 두고 있고, 신속 발사와 정확성을 자랑한다. 2000년경 개발한 SS-22는 액체 연료를 사용하고 최대 사정거리가 900km 정도이다. 북한은 1998년 8월 약 2,200km의 사정거리를 지닌 중거리 탄도미사일 대포동 1호를 시험발사하였다. 같은 미사일이 일본 열도를 가로질러 태평양상에 탄착했으나 인공위성을 궤도에 진입시키는 데는 실패하였다. 2006년 7월 5일 북한은 대륙간 탄도미사일 대포동 2호를 포함 총 7발의 미사일을 발사하였다. 6,000km 가량의 사정거리를 가진 대포동 2호의 실험발사는 공중에서 폭발, 실패로 귀결되었다. 북한은 2009년 4월 5일 다시 대포동 2호를 발사하였다.[33]

위에서 살펴본 바와 같이 김정일 시기 북한은 군사적 세력균형의 재편을 목표로, 경제성장과 민생 희생의 바탕 위에 핵 · 미사일 능력의 배양에 진력하였다. 김정일 위원장의 전략적 선택은 선군정치라는 슬로건으로 표현되었으며, 이는 군부의 영향력 확대와 체제 전반의 군사화를 초래하였다. 선군 노선 아래 북한은 전면전을 포함하여 군사력을 사용하여 현 상태(status quo)를 일시에 전복시키려는 행동을 보이지는 않았으나, NLL(nothern limit line)을 둘러싸고 여러 차례의 남북 충돌을 빚었고, 이윽고 김정일 정권 말기인 2010년에는 천안함 사건, 연평도 사건을 초래하였다.[34]

---

33 윤덕민, "북한 미사일 프로그램 평가," 국립외교원 외교안보연구소 편, 『2012년 정책연구과제 2』(서울: 국립외교원 외교안보연구소, 2013).

34 천안함, 연평도 사건을 비롯한 몇 차례의 NLL 충돌에도 북한의 무력 사용이 지속적 · 전면적이지 않고, 제한적 · 단속적이었다는 측면에서 이 글에서 제시한 국가성향을 가르는 첫째 기준, 즉 군사력 사용을 통한 현 영토/권위의 재분배에는 미치지 못하는 것으로 사료된다. 서해상 교전은 1999년 6월 15일 제1연평해전, 2002년 6월 29일 제2연평해전, 2009년 11월 10일 대청해전, 2010년 3월 26일 천안함 피격 사건, 2010년 11월 23일 연평도 포격 사건 등이다(김종대,

6. 결론

국제정치이론에서는 현상타파/현상유지의 명쾌한 이분법을 사용하고 있지만 현실적으로 특정 시점 특정 국가의 정책에는 양자가 다분히 섞여 있는 사례가 많다. 또한 어느 국가가 현상타파적이라고 해서 그 무리에 속하는 국가들이 모두 같은 정도의 공격성, 침략성, 파괴성을 내포하고 있는 것도 아닐 것이다. 특히 전쟁 또는 그에 준하는 상황이 아닐 경우 국가성향 논의가 불필요한 오해로 번질 위험(?)도 도사리고 있기 때문에 신중한 접근이 필요하다고 할 수 있다.

지금까지 국제정치이론에서 거론되는 현상유지/현상타파 논의를 출발점으로 삼아 김정일 시대 북한의 국가성향에 대해 논하였다. 상대 국가에 대한 전략과 정책을 수립하면서 그 국가의 성향을 올바르게 파악하는 일은 사뭇 중요하다. 한 국가의 성향을 그릇되게 판단하게 되면 그것이 곧 상대에 대한 그릇된 전략과 정책으로 이어질 수 있다. 현상유지 국가를 현상타파 국가로 오인하고 그 국가에 대한 정책을 펼치면 너무 인색한 대응이 나올 수 있고 결과적으로 현상유지 세력의 입지를 약화시켜 불안요인을 증대시키는 오류를 범할 수 있다. 반대로 현상타파 국가를 현상유지 국가로 오인하고 대응을 하면 흔히 이야기하는 유화정책으로 이어질 수 있고 이는 과소대응의 오류로 귀결될 것이다.

이 논문은 김정일 시기 북한의 국가성향이 현상타파적이라는 주장을 담고 있다. 북한이 핵과 미사일 프로그램을 통해서 열세에 놓인 남북한 군사적 세력균형의 재역전을 노린다는 점에서 그와 같이 평가하였다. 2011년

『시크릿 파일 서해전쟁』(서울: 메디치, 2013)).

12월 이후 김정은 시대 역시 경제회생을 노리는 여러 조치에도 불구하고 조선노동당 중앙위원회 전원회의를 통해 채택된 '경제 · 핵 병진노선'에서 엿볼 수 있듯이 북한의 현상타파적 성향에는 아직까지 별다른 변화의 기색이 보이지 않고 있다. 북한의 국내외 환경에 커다란 충격과 변화가 오기 전까지는 김정일 시대 국가성향이 관성적으로 일정 기간 지속되리라고 여겨진다. 그러나 과거 북한 현대사에서 현상타파 성향과 현상유지 성향이 번갈아 존재한 전례에 비추어 볼 때, 향후 북한의 대전략과 성향이 고정불변의 상수로 남을 것이라고 예단하기는 아직 이르다고 할 수 있다.[35]

---

35 한 국가의 국가성향에 대해 논하는 것 자체가 국가성향의 변화 가능성을 전제하고 있는 것이다. 필자는 북한 건국에서 한국전쟁에 이르는 시기, 1960년대, 1990년대에서 2000년대에 걸쳐 특히 북한의 현상타파적 성향이 두드러졌다고 잠정적으로 파악하고 있다. 북한 현대사의 국가성향 변천사에 대해서는 별도 논의의 장이 있어야 할 것이다.

제10장
북한 선진화 전략*

1. 서론

일본 제국주의 패망과 함께 찾아온 한반도의 분단은 60여 년의 세월이 흘렀지만 아직도 지속되고 있다. 남한은 20세기 패권국인 미국과 연대하여 수출지향 전략을 채택함과 동시에 국제시장질서에 적극적으로 뛰어들어 경제성장을 이룩하였고, 성장은 또한 점진적인 민주화의 밑거름이 되었다. 이제 남한은 경제발전과 민주화를 발판으로 삼아 선진의 과업을 수행하고 있다. 반면 북한은 항일 유격대 중심의 지배세력을 구성하여 대륙국가인 중국, 소련과 연대하고 자력갱생에 의한 자립경제 수립을 목표로 하였다. 자주와 주체를 강조하는 수령을 중심으로 한 북한의 폐쇄적 국가운영은 만성적인 정체를 불러왔다. 김정일 정권은 핵무장을 통해 정권안보를 보장받으려 하고 있지만 선군정치와 선군경제 노선을 버리지 않는 한 '취약국가(fragile state)'를 벗어나기 힘들 것이다.

---

* 이 글은 『북한 2032: 선진화로 가는 공진전략』(하영선 · 조동호 공편, 서울: 동아시아연구원, 2010, 35-71쪽) 에 발표했던 논문을 수정 · 보완한 것이다.

인권, 환경, 기후, 폭력, 빈곤 등 21세기 당면과제들을 해결하는 전선에서 남한은 G20 주요 참여국으로서 세계 표준을 추수하던 역할에서 표준을 창출하는 역할, 즉 '룰 추종자(rule taker)'에서 '룰 제정자(rule setter)'로 탈바꿈하고 있다. 신흥 성장국의 일원으로서 남한은 국제무대에서 선진국과 개발도상국을 이어주는 고리의 역할을 하면서 21세기 새로운 세계경제질서의 창조에 나름대로 이바지하고 있다.

세계화, 정보화와 함께 21세기 국제질서는 새로운 방향으로 흘러가고 있다. 1990년대 공산주의 몰락과 함께 국가들은 번영과 평화를 향한 경주를 벌이고 있다. 그러나 유독 북한만이 이 질주에서 한 발자국 비켜서 있다. 선군과 핵무장의 대전략으로 북한이 남한과 함께 민주, 개방, 성장, 균부의 목표들을 수행할 수 있을지 자못 의심스럽다. 남북한이 함께 공진의 선순환을 시작하기 위해서는 북한의 환골탈태가 불가피하다. 향후 북한은 '요새국가(fortress state)'의 정체성에서 벗어나 동아시아의 해양세력과 대륙세력을 연결해 주면서 해양성과 대륙성의 장점을 겸비한 '수륙양용국가(amphibious state)'로 '변환(transform)'해야 할 과제를 안고 있다.

1990년대 후반 출범한 김정일의 선군정권은 남북대화를 시도하고, 미국 · 일본 등과 관계개선을 추진하고, 7 · 1경제관리 개선 조치를 취하는 등 변화의 움직임을 보이기도 하였으나 아직 정치 · 경제 · 사회적으로 주목할 만한 개혁 움직임을 보여주지 못하고 있다.[1] 이는 개혁 · 개방의 추진이 현 정권의 권위주의적 지배구조를 약화시킬 것이라는 핵심 지도부의 판단에 그 원인이 있다고 본다. 북한이 폐쇄적이고 획일적인 계획경제를 고집하고

1 북한의 '변화'에 대해서는 다음의 저작을 참조. 박선원, "김정일시대 북한의 변화: 진화론적 접근," 『한국정치학회보』 36집 3호, 2002년 가을, pp. 155-173; 신지호, "북한체제변화 3단계론: 대북정책에의 시사," 『한국정치학회보』 36집 4호, 2002년 겨울, pp. 103-119; 전봉근, "북한의

권위주의적 지배를 강화할수록 번영과 민주의 길은 멀어지게 될 것이다.

이 장에서는 북한이 고립과 정체의 늪에서 벗어나 선진의 대열에 합류하기 위해 필요한 것이 무엇인지를 고민해 보고 있다. 선진화는 과정으로서의 선진화와 최종 상태로서의 선진화로 나누어 볼 수 있다. 즉 선진화는 세계표준을 모방하고 추격하려는 노력임과 동시에 세계표준의 창조자의 자리에 서려는 모든 노력의 합을 의미한다. 이 경우 북한의 선진화는 세계표준과의 격차를 줄이려는 북한 자신의 노력과 스스로 표준을 창출하려는 시도를 의미하게 된다. 이 장의 목적은 북한의 현재 조건 아래 가장 실현성이 높은 북한의 미래상을 예측하려는 것이 아니라 북한의 선진화가 필요하다는 판단에 근거하여 단계적 선진화 방안을 모색해 보는 것이다. 즉 북한 현실에 대한 분석적 접근과 아울러 북한 정책결정자들에게 점진적인 선진화 방안을 제시하는 정책 제안의 성격을 띠고 있다.

따라서 이하의 논의는 북한의 선진화가 필요하다는 당위론에서 출발하고 있다. 북한 엘리트 스스로의 구상과 의지에 의한 선진화 프로그램의 한 예를 제시하는 것을 목표로 하고 있다. 이러한 강령을 제시하는 데에는 '고난의 행군'을 힘겹게 넘긴 북한이 선택한 선군 노선으로는 세계화, 정보화 시대의 과제들을 풀기 어렵다는 부정적 판단이 자리하고 있다. 북한이 '선부(先富)'와 '선민(先民)'의 세계적 조류에 합류하기 위해서는 어떠한 절차와 강령이 필요한가? 내폭, 외폭 등 북한 급변사태가 내외에 고통과 부담을 준다는 전제 아래 비교적 덜 고통스러운 점진적인 개혁의 노정을 상정하고 그 과정을 1단계(단기), 2단계(중기), 3단계(장기)의 3기로 나누고 있다.

변화 실태와 전망," 『주요국제문제분석』 2005년 11월 16일; 김근식, "북한의 실리사회주의와 체제변화," 『북한연구학회보』 11권 2호, 2007년 겨울, pp. 31-45.

1단계는 선군정치가 지속되면서 체제 안과 밖의 모순이 심화하는 쇠퇴(decay)의 시기로 북한은 이 단계에서 선군의 지속으로 선진과 민주를 향한 탈출구를 만드는 데 실패할 가능성이 높다. 2단계는 새로운 지도부가 탄생하면서 선군체제로부터 탈피하는 과도기적인 성격을 가진 이행(transition)과 개혁의 시기로 상정한다. 이 시기 계몽수령의 등장은 북한으로 하여금 부분적 개혁과 개방의 노선을 취하는 것을 가능하게 해 줄 것이다. 3단계에는 수령의 지배체제가 종언을 고하면서 개혁과 보수 사이의 아슬아슬한 균형은 개혁의 우위로 귀결되며, 이 단계는 선부와 선민의 노선 아래 체제의 근본적인 변환(transformation)의 시기로 설정된다. 혁신을 용이하게 하는 개인, 사회, 제도, 국가의 등장으로 북한의 경쟁력이 신장될 것이며 선진의 목표에도 근접하게 될 것이다. 또한 과도기와 변환의 단계에서 남한과 국제사회가 실천해야 할 과제에 대해서도 언급될 것이다.

2. 선군시대 정치체제의 특징

1970년대부터 폐쇄와 계획의 비효율성으로 북한은 국가운영의 어려움을 겪는 체제의 경직화 과정을 걷고 있었다. 1980년대 후반 사회주의체제의 붕괴, 1990년대 중반 김일성 사망, 그리고 '고난의 행군'으로 상징되는 미증유의 경제난으로 북한은 한국전쟁 이후 최대의 위기를 경험하게 된다.[2] 체제 전반의 위기를 극복하기 위한 김정일의 시도는 선군정치의 표방으로 나타났다.

---

2 1990년 중반 북한경제의 상황에 대해서는 Marcus Noland, "Why North Korea Will Muddle Through," *Foreign Affairs* Vol. 76, No. 4, July/August 1997, pp. 105-118 참조.

북한은 선군정치의 시작을 1995년 1월 1일 김정일의 다박솔 초소 방문으로부터 찾고 있다. 1997년 10월 7일 중앙방송 정론을 통해 김정일의 '선군후로' 발언을 소개하면서 북한은 지속적으로 경제에 대한 총대의 우위를 강조하고 있다. 김정일 정권은 탈냉전 시기 안팎의 위기를 극복하기 위해서 선군정치를 들고 나온 것으로 보인다. 북한은 '고난의 행군'으로 대표되는 위기를 극복하기 위해서 군이 선도역할을 해야 함을 강조하고 있다. 제국주의 포위망 속에서 군사적 위협을 물리치고 사회주의 건설을 지속하기 위해 조직화된 군대가 선봉에 서야 한다는 것이다. 북한은 군이 없으면, 인민도 없고, 사회주의 국가도 없고, 당도 있을 수 없다고 소개하고 있다. 또한 군이 약해지면 국가도 약해진다면서 군이 체제수호와 자주권수호의 첨병임을 밝히고 있다. 김정일 정권은 소련의 몰락도 경제의 취약이 아닌 군대의 혁명성 부족 탓으로 돌리고 있다.

김일성 주석의 사망과 경제위기로 포스트 김일성 체제의 불안정성에 대한 예측이 많았으나 현재까지 북한체제는 생존하고 있다. 1990년대 후반 김정일이 노동당 총비서와 국방위원장의 자리에 앉았고, 2000년대 들어와 두 명의 남한 대통령과 정상회담을 가졌고, 두 차례의 핵실험을 단행하였다. 선군체제는 대내외적 위기 상황을 선군정치와 핵무장으로 탈출하려는 위기관리체제의 성격을 갖고 있다. 선군 북한은 재래식 전력의 열세를 만회하려는 자강전략 아래 핵과 미사일 능력의 개발에 전력을 쏟고 있다. 군사기술 면에서 우위에 있는 한미동맹을 무력화시키기 위해 다양한 비전통적 공격수단을 강구하고 있는 것으로 보인다. 선군을 물리적으로 뒷받침하기 위한 군수산업에 대한 과도한 투자는 소비경제의 비효율성을 가져오고 있고, 군부 인사의 지나친 중용은 체제의 경직화를 초래하고 있다.

선군 시기 북한은 경제적으로 IT, 소프트웨어, 애니메이션에 집중하는 단번도약 전략, 남한 자본의 활용, 특구와 관광에 의존하는 발전 전략을 추진하고 있다. 국가의 자원배분 능력이 한계에 달하면서 북한 지도부가 일부 시장과 자율화의 정책을 취하기도 했으나 기본적으로 선군 북한은 사회주의 계획경제의 근간을 훼손하는 정책을 취할 의사가 없는 것으로 판단된다. 북한은 2000년부터 2004년까지 일부 제한적인 성격의 개혁 조치를 취하였다. 2002년에는 7·1경제관리 개선 조치를 취했고 2003년에는 종합시장의 등장을 용인하였다. 그리고 2003년 9월에는 임명된 박봉주 총리의 지휘 아래 개혁 노력이 탄력을 받으면서 계획과 시장이 병행되는 운영방식이 등장하게 된다. 그러나 개혁의 확대가 특권경제의 기득권 침해로 이어졌고 당과 군의 권력기관 등은 2005년 초부터 개혁에 저항하기 시작한다. 2007년 4월 박봉주 총리가 실각하였고, 2009년 11월 말 화폐개혁이 단행되었다. 현재 북한의 경제운영 방식은 시장을 억압하고 국가통제를 강화는 보수노선으로 급격히 선회하고 있다.[3]

선군시대를 앞 시대와 구분시켜 주는 주요 특징은 국가-사회관계의 성격의 변화이다. 국가는 여전히 전사회적인 가부장적 질서를 유지하려 하지만 인민의 의식주를 책임지지 못하는 상황에서 국가의 권위 또한 추락할 수밖에 없다. 인민에 대한 감시체제도 예전과 같은 위력을 발휘하지 못하고 있

---

3 박형중, "화폐교환조치의 파장과 전망: 정치경제학적 분석," *Online Series* (통일연구원), 2009년 12월 10일. 북한의 경제 운영과 관련 계획경제와 시장경제의 병존론, 궁정경제와 인민경제의 병존론, 3중경제론(특권경제, 인민경제, 시장경제), 경제의 4분할론(동원경제, 특권적 계획경제, 내각 관할의 일반적 계획경제, 시장경제) 등 다양한 시각이 존재한다. 박형중은 잉여수취와 조정기제의 기준에 입각하여 이들보다 더 세분된 7개의 구획을 제시하고 있다. 7개의 구획은 김정일 경제, 기관별 '회사' 경제, 내각경제(계획경제), 제2경제(특권 계획경제), 동원·지원경제, 농촌협동경제, 장마당 경제를 포함한다(박형중, "과거와 미래의 혼합물로서의 북한경제: 잉여 점유 및 경제조정기제의 다양화와 7개 구획구조," 『북한연구학회보』 13권 1호, 2009년 여름, pp. 35-60).

다. 국가가 경제운영에 실패한 만큼 자생적 시장화가 진행되고 있다. 시장 매대와 사적 상업 활동의 다수를 여성이 차지하고 여성의 수입이 남성을 앞서는 현실은 전통적인 가부장적 질서의 붕괴를 가져오고 있다.[4] 대중에 대한 국가의 완벽한 통제가 주체시대의 특징이었다면 국가와 대중이 유리된 채 서로 생존의 길을 가는 '표류하는 정체(drifting regime)'가 선군시대의 특징이라고 할 수 있다.[5]

2003년 종합시장의 용인 이후 북한사회에는 노동력이란 상품을 매개로 노동자와 자본가가 거래하는 노동시장이 형성되고 있고 다양한 형태의 노동이 분출하고 있다. 노동계층이 상류층·중산층·하류층으로 분화하는 것과 동시에 정상 가동되는 공장이 축소되면서 정상적 노동일상이 붕괴되고 주변노동이 팽창하고 있다. 여기서 주변노동이란 공식적 경제활동 통계에 잡히지 않고, 일의 성격상 통상적 사회규범의 허용범위를 벗어나 있고, 최저 수준의 생계유지 정도의 물질적 보상만이 주어지는 경우를 말한다. 소작인·가정부·대리동원 노동·삯군 · 개인교사·외화벌이 고용원 등 품삯노동 · 일당제 노동 · 서비스업이나 매춘·도박·마약거래 등이 구체적 예이다. 이러한 형태의 노동의 증가는 노동자 자신의 고용과 소득의 불안정과 함께 국가의 노동자에 대한 통제의 약화라는 이중적 의미에서 북한 체제의 취약 요소로 대두하고 있다.[6]

---

4 Andrei Lankov, "Changes to North Korea's System of Social Control," *North Korea Newsletter*, No. 77, October 22, 2009.

5 브레즈네프 시기의 소련체제를 '표류하는 정권(drifting regime)'으로 묘사한 하용출 교수의 용어를 차용한 것이다.

6 박영자, "2003년 〈종합시장제〉 이후 북한의 '주변노동'과 '노동시장': 노동일상의 상황과 구조," 『한국정치학회보』 43집 3호, 2009년 가을, pp. 149-171.

경제가 침체하고 이념이 퇴색하면서 '회의와 냉소'의 공간은 넓어지고 있다. 인민이 직접 의식주의 문제를 해결하는 과정에서 국가의 직접 간섭으로부터 자율적인 공간이 생겨나고 이것이 확대되고 있는 것이다. 동유럽 일부 국가의 경우 저항 엘리트가 지하 네트워크로 연결되고 국가의 규범에 대한 대안을 제시하기도 하였다. 지배문화와 구별되는 '2차 문화(second culture)'가 형성되고 자율적 공간인 '병행사회(parallel society)'가 탄생하였다.[7] 북한의 경우 아직 여기까지 진전되고 있지는 않지만 국가의 통제가 미치지 못하는 영역과 집단이 확대 중인 것만은 사실로 보인다.

국가는 인민에게 제공자(provider), 보호자(protector)의 역할을 할 수도 있고, 약탈자(predator), 침범자(perpetrator)의 역할을 할 수도 있다. 현재 북한 국가의 성격을 어떻게 규정할 수 있을까? 현재 자주 논의되는 취약국가 또는 실패국가의 개념들은 북한의 정체성을 파악하는 데 많은 시사점을 준다. '취약국가'는 국가가 응당 수행해야 할 기본적인 기능을 발휘하지 못하고 있는 국가를 의미하며 이러한 국가 아래 국민들의 인간적 삶은 큰 폭의 제한을 받게 된다. 보다 구체적으로 취약국가는 ① 물리적 강제력을 독점하지 못하고, ② 국민들의 기본적 욕구와 필요를 충족시킬 공공재를 생산하지 못하며, ③ 영토 내에서 통일성과 대표성을 지닌 정부를 갖지 못한 국가를 의미한다.[8] '실패국가(failed state)'는 복지의 제공, 국경의 방어, 국민을 대표하는 등의 국

---

7 김갑식, "사회주의 체제전환국의 정치체제 변화," 『북한연구학회보』 11권 2호, 2007년, pp. 1-30.

8 이조원, "취약국가 모델과 북한에 대한 개발협력 연구," 『북한연구학회보』 12권 2호, 2008년 겨울, pp. 289-320. 불량국가(rogue state), 불량정권(rogue regime)이라는 용어도 사용된다. Japser Becker, *Rogue Regime: Kim Jong Il and the Looming Threat of North Korea* (Oxford: Oxford University Press, 2005).

가의 임무를 충족시키지 못하는 경우를 가리킨다.[9]

현재 북한의 국가는 실패하고 있는 국가이며 취약국가이다. 인민들에게 기본적 삶을 영위하기 위한 정도의 재화와 서비스를 제공하지 못하고 있다는 점에서 북한의 국가경영은 성공적이지 못하다. 그러나 여타 취약국가와 구별되는 특징 또한 지니고 있다. 북한은 취약국가이면서 동시에 안보적으로 위협적이며 내부적으로 권력이 집중화되어 있는 상태이기 때문이다. 선군시대 북한은 경제적으로는 취약하지만 군사적으로는 위협적인 이중성을 갖고 있다.

3. 점진적 쇠퇴와 탈출의 모색

1) 선군체제의 쇠퇴

김정일의 집권이 지속되는 동안 북한은 선군노선을 고집할 것으로 예상된다. 이 시기 수령 통치는 지속되며, 그 속에서 선군체제의 모순이 증가할 것이고, 인민들은 '선군 피로감'에 젖게 될 것이다. '정통성의 부재(legitimacy deficit)' 또는 '업적의 부재(achievement deficit)'에 시달리는 독재자의 불안 심리로 선군 북한은 계속해서 내부와 외부의 적을 만들어 끊임없이 인민을 총동원하고 통제하려는 시도를 하게 될 것이다. 국방위원회와 노동당의 조직, 감시, 선전기구가 엘리트와 대중을 동원하고 관리하는 중심 역할을 지속할 것이다.

9 Anthony Vinci, "Anarchy, Failed States, and Armed Groups: Reconsidering Conventional Analysis," International Studies Quarterly Vol. 52, No. 2, June 2008, pp. 295-314. 또한 Simon Chesterman, Michael Ignatieff, and Ramesh Thakur, ed., Making States Work: *State Failure and the Crisis of Governance* (Tokyo: United Nations University Press, 2005) 참조.

선군 북한에서 소련 및 동구 사회주의의 몰락 이후 닥친 경제의 침체에서 탈출하기 위해 근본적인 개혁과 개방 프로그램이 등장할 가능성은 적어 보인다. '21세기 강성대국론'은 요새국가의 존속을 전제로 한 개발 모델로 북한은 정권의 존재를 위협할 수 있는 근본적인 처방보다는 미봉적인 대처에 머무르게 될 것이다.

선군의 구호 아래 국가가 인민에게 약속한 '과실'을 제공해 주지 못하는 상황은 지속될 것이다. 주체와 선군의 통치 목표와 현실의 괴리가 커지는 현실에서 선군(先軍)을 주창하는 국가와 선부(先富)를 희망하는 인민 사이 기대의 차이는 좁혀지지 않고 넓어질 가능성이 더 크다고 할 수 있다. 인민의 기본적인 의식주 문제가 해결되지 못하고 빈부격차가 커지는 상황에서 인민의 정보량이 증가함에 따라 상대적 박탈감 증대와 정권의 정통성 하락은 지속될 가능성이 크다. 주민의 복지가 김정일 정권의 대전략 우선순위에서 밀리면 밀릴수록 국가와 주민이 각자 생존을 위해 협조하는 체하면서 실제로는 상이한 목표를 추구하는 '표류'의 상태가 지속될 것이다.

향후 북한의 미래를 결정지을 주요 사안 중의 하나는 바로 후계문제라고 할 수 있다. 포스트 김정일 문제는 북한의 미래뿐만 아니라 한반도 및 동북아질서에 커다란 영향을 미칠 수 있는 초미의 사안이다. 후계 방법론의 모색은 1단계의 가장 중요한 과제 중 하나이다. 지도자가 집권당을 창설하였거나 권력이양의 제도화가 성숙되지 않은 경우 불확실성을 줄이고 권력의 공백을 피하려는 엘리트는 종종 권력세습에 의존하게 된다. 실제로 1946년부터 2006년 사이 독재국가에서 9건의 핏줄에 의한 세습이 이루어졌다. 이 경우 아버지가 아들에게 권력을 넘김으로써 권력자와 피임명자 모두의 안위를 보장받으려는 동기가 작용한다. 주변 엘리트 또한 승리를 예측할 수 없는 권력투쟁보다 승계를 선호하는 경향이 있다. 세습은 정권의 해체나 권력공백에 비해 훨씬 매력적일 수 있는 것이다. 즉 일견 이단적으로 보이는 세습은 권력자와 엘리트 모두에게 이익을 가져다주는 '합리적인' 행위가 될 수도 있다.[10]

북한 당국은 북한의 독특한 수령제 사회주의를 지속시키는 방법이 백두혈통에서 후계자가 나오는 것밖에 없다는 결론을 내린 것으로 보인다. 후계의 주력군과 관련하여 남한에서는 국방위원회 주도설, 군부 주도설, 조선로동당 주도설이 엇갈리고 있다.[11] 아직 20대에 머무르고 있는 김정은이 '150일 전투', 국제노동절 기념행사 등 대중동원 운동과 행사를 기획, 지휘하면서 후계수업을 받고 있는 것으로 전해지고 있다.[12] 2009년 1월 8일경 김정일이 당 조직지도부에 김정은 후계자 결정 교시를 하달하였다는 보도가 있었으며, 현재 노동당 조직지도부(리제강 제1부부장, 리용철 제1부부장, 김경옥 제1부부장), 노동당 선전선동부(최익규 부장, 리재일 제1부부장), 인민군 총정치국(김정각 제1부국장), 국방위원회(장성택 노동당 행정부장, 우동측 국가안전보위부 수석부부장, 주상성 인민보안상)가 후계체제 구축작업을 주도하고 있는 것으로 보인다.[13] 후계의 성공

---

10 Jason Brownlee, "Hereditary Succession in Modern Autocracies," *World Politics* 59, July 2007, pp. 595-628.

11 국방위원회 주도설은 고유환, "김정일 건강변수와 후계구축의 시나리오," 『KDI 북한경제리뷰』, 2008년 9월 참조. 당주도설은 정성장, "포스트 김정일 시대 북한 권력체제의 변화 전망," 『세종정책연구』, 5권 1호, 2009 참조. 김정일 위원장의 건강이상설 이후 북한의 미래와 관련 세습과 후견통치, 집단지도체제, 군부 단독집권, 권력투쟁, 권력공백 등 다양한 시나리오가 개진되고 있다(전봉근, "북한의 권력 변동 시나리오 연구: 김정일 '건강이상설' 이후," 『주요국제문제분석』, 2008년 10월 10일).

12 『연합뉴스』, 2009년 5월 11일.

13 정성장, "김정일의 3남 김정운의 후계체계 구축 전망," 『합참』, 40호, 2009년 7월. 2005년경에는 김정철이 후계자로 유력시되는 분위기였다(정성장, "김정일 시대 북한의 후계 문제: 징후와 후계 구도," 『한국정치학회보』, 39집 2호, 2005년 여름).

여부는 북한 파워 엘리트의 단결, 대중의 저항과 조직화, 미국과 핵대결의 향방에 달려 있다고 할 수 있다. 김정일의 선군 북한은 백두혈통에 의한 권력세습이라는 목표를 달성하기 위해 전력을 집중할 것이며 짧은 기간에 북한의 엘리트가 세습 이외의 대안을 마련하거나 통치 엘리트의 기도를 좌절시킬 저항세력이 등장할 가능성은 높지 않은 것으로 관측된다.

북한은 지속적으로 남한의 보수와 진보 사이의 갈등을 조장하고 활용하는 대남정책을 전개할 것이다. 북한 지도부는 경제적 어려움을 극복하기 위해 남한의 대북 투자 및 지원을 받아내면서도 동시에 남북 사이 긴장을 고조시켜 체제결속을 다지는 이중적 정책을 지속할 것이다. 남북 국력의 차이가 극심한 상황에서 북한은 남남갈등을 부추기고 민족공조 대 외세공조의 이분법으로 남한과 미국 사이의 동맹관계를 약화시키는 전략을 택할 것이다. 중국, 러시아와 전통적인 협력관계를 회복하기 위해 노력하는 한편 미국, 일본과는 대결의 구도 속에서도 관계개선과 협력의 가능성을 열어 놓고 협상에 임할 것이다.

이 시기 북한은 체제 모순에 대한 근본적인 처방을 내놓지 못한 채 선군의 구호 아래 정권안보에 사활을 거는 정책을 지속할 것이다. 대외적으로 핵대 안전보장과 경제지원을 둘러싼 지루한 협상과 공방이 지속될 것이다. 핵문제의 해결은 북한의 미래, 북한의 선진화 과정의 제일 화두가 될 것이다. 핵문제 해결의 지연은 선진화를 더디게 할 것이고, 해결 시점이 앞당겨질수록 선진화 과업도 앞당겨질 공산이 크다. 선군을 표방하는 단계에서 북한의 핵문제 해결은 지난한 과제가 될 것이다.

2) 탈출의 모색

김정일 정권은 선군정치를 고집하고 있으며, 그의 집권 기간 중 선군의 레토릭과 실천이 근본적으로 바뀔 가능성은 미약해 보인다. 따라서 이 글은 김정일 정권에서 선군의 노선이 지속되며 그의 퇴진과 더불어 국가, 사회에 전반적인 변화가 가능해질 것이라는 전제 위에 출발한다. 김정일 퇴진 이후 새롭게 등장한 지도부는 과거 정권의 그늘에서 벗어나 새로운 정책들을 추진하게 될 것이다. 포스트 김정일 체제의 제한된 개혁의 경험은 그다음 단계에서 보다 혁신적인 변화를 가능하게 하는 밑거름이 되어 줄 것이다. 즉 북한의 변화는 쇠퇴, 전이, 변환의 과정을 겪게 될 것이다. 북한체제 변화의 기본 가정(assumption)은 다음과 같다.

① 북한 체제의 모순, 취약성, 후진성에도 불구하고 내폭(implosion)이나 외폭(explosion)의 가능성은 그리 높지 않다.[14]
② 북한의 현상유지는 체제에 가해지는 부담의 증가로 어렵다.
③ 북한의 변화는 일직선의 발전(linear progress)은 아닐 것이며 시행착오와 그에 따른 학습효과가 반영될 것이다. 북한은 전진, 퇴보, 정체를 거듭하면서 점진적으로 발전해 나갈(muddling forward) 것이다.
④ 북한 변화의 제일 주체는 북한 엘리트와 인민이다.[15]
⑤ 우호적인 환경(environment 또는 structure)의 조성은 북한의 변화를 촉진시키며 용이하게 해 줄 것이다. 따라서 북한의 변화는 단위(안)와 환경(밖)이

---

14 이것은 내폭이나 외폭의 가능성이 없다고 주장하는 것이 아니다. 외폭보다는 내폭의 가능성이 상대적으로 더 높으며, 남한과 주변국은 물론 만일의 경우를 위해 대비책을 마련해 놓아야 한다. 급변사태에 대한 대비책을 다룬 연구는 다음을 참조할 것(박관용 외, 『북한의 급변사태와 우리의 대응』(파주: 한울, 2007); 조성렬 외, "북한의 위기관리체제와 우리의 대응방안," 국회 정보위원회(2006)).

15 Andrei Lankov, "Changing North Korea," *International Herald Tribune*, October 14, 2009.

상호작용하며 함께 변하는 '공진(共進)'의 모습을 보여야 한다.[16]

⑥ 북한의 변화는 가장 바람직한 시나리오에는 미치지 못하지만 선군노선의 고수에서 오는 정체보다는 긍정적인 모습을 보이는 중간노선을 탈 가능성이 크다.[17]

⑦ 각 단계별 과제를 성공적으로 수행하고 단계별 위험요인을 효과적으로 제거할수록 변화의 동력은 커진다.

⑧ 정치 · 경제 · 군사 · 사회 · 문화 · 인권 · 과학기술 분야에서 북한의 발전은 입체적으로, 병렬적으로 진행될 것이다.

⑨ 효율적인 정부와 능동적인 시민사회는 변화의 폭을 높여 줄 것이다.

⑩ 시간이 흐를수록 북한은 선진화의 목표에 근접하게 될 것이다.

이런 가정 아래 〈그림 1〉은 북한 변화의 궤도를 묘사하고 있다. 논의의 간결성을 위해 세 개의 노선을 상정하고 있다. 첫 번째 길인 선군의 길은 현재 정권의 노선이며 이 노선을 지속할 경우 북한의 발전은 더디게 진행될 수밖에 없고 여타 국가와의 성장의 격차는 벌어질 것이다. 그림이 시사하듯 선군의 길과 선진의 길은 일치하지 않는다. 북한은 단기적으로 선군의 길을 걷다가 중기에 이르면 낮은 단계의 선진의 길로 말을 바꾸어 타게 된다. 이

---

16 과거 햇볕론의 대북정책은 환경의 변화를, 냉전 시기의 대북정책은 북한이라는 행위자의 변화를 강조했다. 본고의 입장은 구조의 변화와 단위의 변화가 같이 일어나야 한다는 것이다. 공진의 개념은 나비와 식물의 상호 유전자 변화에 대한 관찰로부터 비롯되었다. 이 개념의 기본 속성은 상호의존과 상호적응이다. Terry B. Porter, "Coevolution as a Research Framework for Organizations and the Natural Environment," *Organization & Environment*, Vol. 19, No. 4, December 2006, pp. 479-504. 진화론의 고전은 Charles Darwin, *The Origin of Species* (New York: Collier & Son, 1909[1859])이다.

17 이런 측면에서 이 글은 '가장 바람직한 경로(the most desirable path)'와 '가장 현실적인 경로(the most likely path)'의 중간을 취하고 있다.

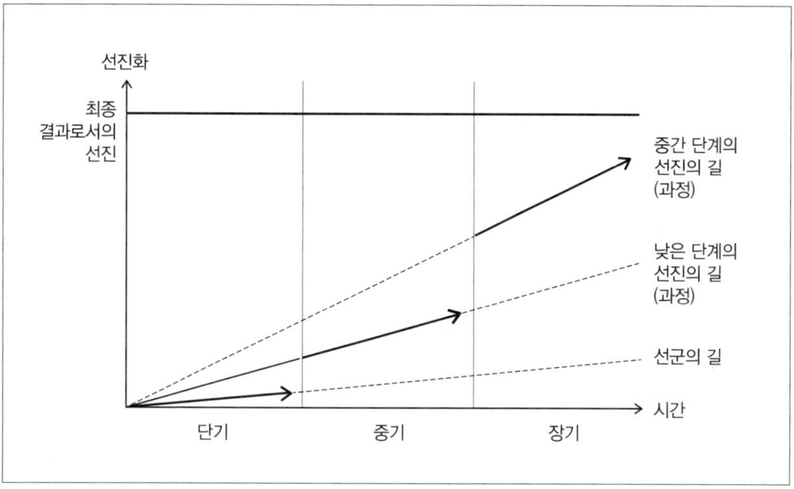

그림 1. 선군의 길과 선진의 길

노선 아래 북한은 과거보다 훨씬 비약적인 성장을 기록하게 된다. 장기적으로 북한은 중간 단계의 선진의 길에 들어서게 된다. 이 노선 아래 북한은 부분적으로 선진의 목표를 달성하게 되며 최종 결과로서 선진에 근접하게 될 것이다. 북한이 낮은 단계, 중간 단계 선진의 길을 선택할수록 북한의 선진화 속도는 빨라지게 된다.

사회주의 국가의 개혁 및 체제전환의 유형을 지배세력의 분열을 빚은 러시아형, 민중봉기에 의한 전환인 동부유럽형, 타협에 의한 전환인 중부유럽형, 위로부터 초보적 정치개혁을 실험 중인 중국형, 당국가 위계체제를 고수 중인 쿠바형으로 나누어 볼 수 있다. 북한의 미래가 위의 삼분법을 따른다고 가정할 때 북한은 쿠바형 → 중국형 → 중부유럽형의 수순을 밟게 되는 것이다.[18]

---

18 김갑식, 2007, pp. 1-30.

선진화란 표준을 창출하는 것이며 새로운 표준은 남보다 한발 앞선 혁신(innovation)에서 비롯된다. 혁신은 발명과 도입의 합이다.[19] 한 국가가 선진화 과업을 달성하기 위해서는 여러 분석수준에서 많은 요건들이 필요할 것이다. 우선 개인 차원에서 비판적·합리적·창의적 사고를 갖추고 근면하게 일하는 구성원이 필요하다.[20] 사회 차원에서 이런 개인을 육성하는 요건들은 사적 소유권 인정, 능력에 따른 복수의 기회 제공, 구성원들의 공정한 경쟁과 그것을 가능하게 하는 법의 지배와 바람직한 제도의 정착을 들 수 있다. 기본적으로 선진사회는 외부의 정보, 인적 자원, 물적 자원이 자유롭게 내부로 들어오고, 내부의 에너지가 밖으로 분출될 수 있는 개방사회(open society)일 수밖에 없다. 이동(transportation), 통신(communication), 상거래(commerce)의 자유는 선진의 필요조건이다. 국가-사회의 관계는 역학관계상 너무 한쪽에 일방적으로 치우치지 않는 것이 좋다. 국가는 사회가 역동성을 가질 수 있도록 리더십을 발휘해야 하며, 사회는 국가로부터 자유로우면서도 국가를 견제할 수 있는 힘을 갖고 있어야 한다. 국제수준에서 경쟁과 활발한 무

---

19 David Nordfors, "What is Innovation?" *eJournal USA* Vol. 14, No. 11, November 2009, p. 4. '창조적 파괴(creative destruction)'에 대해서는 Joseph A. Schumpeter, *Capitalism, Socialism and Democracy* (New York: Harper & Brothers, 1942) 참조. 보스톤 컨설팅 등이 마련한 2009년 혁신지수 국가별 등위(1위-110위)에 따르면 남한은 2위를 차지하고 있고 북한은 등장하지 않는다. The Boston Consulting Group and National Association of Manufacturers, "2009 Innovation Index Country Ranking," *eJournal USA* Vol. 14, No. 11, November 2009, pp. 26-27.

20 혁신을 불러오는 창의적 기업가들을 조사한 한 연구는 '혁신가의 DNA(innovator's DNA)'라는 것을 발견해 냈다. 개인의 혁신성을 가져오는 요인은 연상하기(associating), 질문하기(questioning), 관찰하기(observing), 실험하기(experimenting), 인맥쌓기(networking) 등이다. 필자들은 혁신적 기업가들이 공히 현상유지(status quo)를 바꾸려는 강한 욕망을 갖고 있으며 변화를 위해서 위험을 감수하는 성향을 갖고 있다고 지적한다. 즉 혁신가들은 혁신할 용기와 현상타파적 편향성을 갖고 있다. Jeffrey H. Dyer, Hal B. Gregersen, and Clayton M. Christensen, "The Innovator's DNA," *Harvard Business Review*, December 2009, pp. 61-67.

역도 발전의 원동력이 된다.[21]

개인, 국가, 사회, 국제관계에서 이런 요건들이 충족될수록 많은 혁신이 일어나는 역동성이 생겨나게 된다. 창조적 개인, 정부의 리더십, 내외의 경쟁이 합쳐졌을 때 사회운영과 테크놀로지 면에서 혁신이 가능해지고 혁신은 선진화의 기본 자산으로 작용한다. 이러한 요건들을 다시 정리하면 아래와 같다.

창의적 개인 + 공정한 사회 + 효율적 정부 + 국제경쟁
→ 이노베이션(테크놀로지 발달 포함) → 선진

현재 북한의 현실은 위에서 제시한 선진화 공식의 제반여건과는 상당한 거리를 보여주고 있다. 수령의 영도라는 수직적 질서와 외부세계와 단절된 폐쇄는 북한의 후진성의 근본원인으로 작용하고 있다. 현재 북한체제의 속성을 상징적으로 표현할 수 있는 개념으로 요새국가(fortress state)를 들 수 있다. 요새국가는 폐쇄적이며, 정권안보를 제일 가치로 생각하고, 여타 행위자나 제도의 간섭을 받지 않고 국가의 제반 업무를 총괄하는 우월적 지도자가 존재하며, 구성원들을 국가목표의 달성을 위해 총동원하는 국가를 의미한다.[22]

---

21 Fareed Zakaria, *The Post-American World* (New York: W. W. Norton & Company, 2009), Ch. 3; Robert O. Keohane, "Governance in a Partially Globalized World," *American Political Science Review* Vol. 95, No. 1, March 2001, pp. 1-13. James P. Andrew, "Government and Innovation," *eJournal USA* Vol. 14, No. 11, November 2009, pp. 28-30.

22 반면 한반도의 남쪽에는 탐험선국가(voyager state)가 탄생하였다. 탐험선국가는 해양세력인 미국, 일본과 연대 상호의존과 대외지향적인 정책을 펼쳤다(우승지, "남북한 관계 60년 분석: 1948-2008," 『국제 · 지역연구』 17권 2호, 2008년 여름, pp. 121-156). 북한을 요새국가(또는

폐쇄의 기원은 역사적으로 미국과의 전쟁과 강대국에 포위되어 있다는 북한의 피해의식 단면에서 찾을 수 있다. 북한이 요새국가로 유지될 수 있는 데는 지형적 요인도 한몫 거들고 있다. 즉 서해와 동해, 압록강과 두만강, 그 사이에 있는 백두산과 주변의 고산지대, 그리고 DMZ는 북한이라는 요새를 지키는 해자(垓字: moat) 역할을 하고 있다. 북한은 인민과 외국인의 출입을 엄격히 통제하고 있다.[23] 북한과 외부의 연결 또한 상당히 제한되어 있다. 북한과 중국은 압록강과 두만강을 사이에 두고 16개의 출입처를 통해 통행과 통상을 하고 있다.[24] 남한과 북한을 잇는 육로는 판문점, 개성과 파

군국주의 국가: garrison state)로 명명한 경우는 Bruce Cumings, *North Korea: Another Country* (New York: The New Press, 2004). 커밍스(Bruce Cumings)는 요새국가를 해롤드 라스웰(Harold Lasswell)을 빌려 폭력의 전문집단이 권력을 행사하는 국가로 정의하고 있다. 와다 하루키는 북한을 유격대국가로 명명한다. 그는 유격대국가를 국가사회주의체제 위에 구축된 2차적 형성물이며, 유격대 모델이 전 국가로 확대되어 김일성을 사령관으로 하고 전 인민이 받드는 형태로 정의하고 있다(와다 하루키, 서동만·남기정 옮김, 『북조선: 유격대국가에서 정규군국가로』(서울: 돌베개, 2002)). 최근의 북한 국가론 연구 현황에 대해서는 김연각, "북한 국가의 성격: 기존 논의의 검토와 제언," 『북한연구학회보』 10권 2호, 2006년 겨울, pp. 89-112가 정리가 잘 되어 있다.

23 북한은 평양 북쪽 22km에 위치한 순안 비행장을 통해서 2002년 11월 현재 평양-북경(주 2회), 평양-방콕(주 1회), 평양-마카오(주 1회), 평양-블라디보스톡(주 1회), 평양-심양(주 2회) 고려항공 정기노선을 개설하고 있다. 열차를 이용한 통행은 평양-북경(주4회), 평양-심양(주4회), 평양-모스크바(주 4회) 편이 운행되고 있다. 북경에서 오후 5시 25분에 탑승하면 25시간 25분 걸려 평양에 도착한다(통일부 통일교육원, 『북한방문 길라잡이(개정판)』(2002), pp. 37-60).

24 중국과 북한을 잇는 출입처는 라진 원정리-훈춘 권하, 함북 샛별-훈춘 사타자, 함북 남양-훈춘 도문, 함북 삼봉-용정 개산둔, 함북 회령-용정 삼합, 함북 무산-화룡 남평, 양강 삼장-화룡 고성리, 양강 상두봉-안도 쌍목봉, 양강 혜산-길림성 장백, 자강 중강-길림성 임강, 자강 운봉-길림성 청석, 자강 만포-길림성 집안, 자강 위원-길림성 노호초, 평북 삭주-요녕성 태평만, 평북 신의주-요녕성 단동, 평북 신의주-단지 등이 있다(곽승지, 『동북아시아 시대의 연변과 조선족』(서울: 아이필드, 2008), p. 106 참조). 중국과 북한은 노후한 압록강 철교를 보완해 줄 제2의 압록강 철교 건설에 합의한 바 있다. 중국은 또한 함경북도 무산의 철광석 확보를 위해 2011년 완공을 목표로 약 2,000억 원을 투입하여 화룡(和龍)과 난핑(南坪)을 잇는 철도 연장

주를 잇는 서부 회랑, 금강산과 고성을 잇는 동부 회랑이 있다.[25] 문제는 역사적으로 폐쇄는 후진성과 깊은 연관이 있다는 점이다. 북한의 고립 또한 정치, 경제, 문화의 낙후를 초래하는 주요 원인의 하나로 작용하고 있다.[26]

수령의 영도는 국가의 실패를 낳았다. 정권안보 우선의 정책은 자원의 왜곡된 분배를 초래했다. 정책결정 과정에서 아래로부터 투입이나 비판이 없었기 때문에 북한 지도부는 자기 점검과 조정의 기회를 갖지 못한 채 그릇된 결정을 확대재생산했다. 북한 정권이 대중동원 방식의 노동력 착취에 의한 건설노선을 걷는 한 인민은 단순한 동원의 대상으로 간주될 뿐이다.[27] 요새

공사에 돌입했다(『중앙일보』, 2009년 10월 28일).

25 2009년 10월 이명박 정부는 남북관계 경색 분위기에도 불구하고 남북 간 육로 통행 관리에 사용되는 군 통신선 현대화를 위한 자재와 장비를 북측에 제공하기로 결정했다. 군 통신선을 구리 케이블에서 광 케이블로 교체하는 이 작업에는 21억~27억 원의 비용이 들 것으로 통일부는 추정하고 있다(『중앙일보』, 2009년 10월 22일).

26 자카리아(Zakaria)에 의하면 1500년대 이후 서양의 흥기와 동양의 침체의 원인은 개방성의 차이에 있었다. 지리상의 발견이 서양의 발달에 커다란 공헌을 하였다. 그러나 동양은 외부와의 접촉에 흥미를 잃고 곧 세상으로 향한 문을 닫아버렸다. 정화(鄭和)는 1405년부터 1433년까지 7회에 걸쳐 대선단을 이끌고 동남아, 인도양, 아프리카 원정을 단행하였다. 그러나 이후 명(明)과 청(淸)은 해금(海禁)정책을 펼쳤다. 중국은 아편전쟁과 난징조약을 통해 서양세력에게 교역을 허락했고, 일본은 나가사키를 제외한 지역의 대외교역을 금지하였다. 일본은 페리의 흑선을 통해 개방의 길을 걷게 된다. 조선 또한 명을 모방하여 해금(海禁)정책과 공도(空島)정책을 폈다. 해금은 '하해통번지금(下海通番之禁)'의 약어(특별취재팀, "해상왕 장보고," 『중앙일보』, 2009년 10월 15일). 조선의 개국은 일본을 통해 이루어졌다(Zakaria, 2009; 김용구, 『세계외교사』(서울: 서울대학교출판부, 2006); Rene Albrecht-Carrie, *A Diplomatic History of Europe Since the Congress of Vienna* (New York: Harper & Row, 1973); Walter LaFeber, *The Clash: U.S.-Japanese Relations throughout History* (New York: W. W. Norton, 1997)). 지역과 지역을 잇는 무역을 지배한 해양강국이 그 시대의 지도력을 펼쳤다는 주장에 대해서는 George Modelski, *Long Cycles in World Politics* (London: Macmillan Press, 1987)을 참조. 또한 주경철, 『대항해시대: 해상팽창과 근대 세계의 형성』(서울: 서울대학교출판부, 2008)도 유용하다.

27 '사상전', '속도전', '전격전', '섬멸전', '천리마 운동', '150일 전투', '3대혁명소조운동', '3대혁명붉은기쟁취운동', '숨은 영웅들의 모범을 따라 배우는 운동', '80년대속도창조운동' 등 북한

국가의 문제해결은 국가-사회의 견제와 균형을 수립하는 것부터 출발해야 한다.

오랜 시간 국가로부터 이데올로기 주입에 익숙해진 인민들은 비판적, 창의적 사고를 보여주지 못하며 생존을 위해 조건반사적인 사고를 하고 있는 것으로 보인다.[28] 비교와 연상을 통해 창의적 사고를 할 수 있는 기회가 북한 주민에게는 상당히 제한되어 있다. 북한은 무엇보다 개방사회가 아닌 폐쇄사회의 모습을 보여주고 있다. 정보 이동이 자유롭지 못하며 인구 이동과 상품 교역 또한 제한적으로 이루어지고 있다. 공정한 경쟁과 신분상승의 기회를 열어줄 제반 제도의 마련이 미흡하다.

북한문제의 종착역은 단연 국가라고 할 수 있다. 우선 수령체제로 요약되는 권력의 독점 문제가 있다. 예로부터 지배의 문제는 플라톤(Plato)이 제기한 "누가 감독관을 감독할 것인가(Who guards the guardians)?"라는 고전적인 '거버넌스 딜레마(governance dilemma)'를 낳았다.[29] 북한의 경우 모든 인민의 삶을 수령이 책임지는 가운데 그러면 "누가 수령을 감독하는가(Who guards suryong)?"의 문제가 발생한다. 북한의 지배구조에는 수령의 노선에 오류가 있을 경우 그것을 수정, 견제할 수 있는 장치가 전무하다. 북한에서는 이것을 수령에게 오류가 있을 수 없다는 '신뢰' 또는 '신앙'의 차원에서 풀려고 한다. 북한 현대사에서 권력의 사유화는 많은 문제를 낳았다. 북한의 점진적 변화는 당기구의 정상적 운영(정치국, 중앙위원회 등), 내각의 정상화, 권력이양의 제도화, 백두혈통으로부터 당과 국가를 분리시키는 작업 등 권력의 제도

정권은 각종 대중동원 방식을 활용하고 있다.

28 서울대학교 행정대학원 통일정책연구팀 저, 『남과 북 뭉치면 죽는다』(서울: 랜덤하우스중앙, 2005).

29 거버넌스 딜레마는 Keohane의 표현임. Keohane, 2001 참조.

화에서 찾아야 할 것이다.

북한체제의 두 번째 딜레마는 요새국가의 명운과 개혁·개방의 진전이 반비례한다는 것이다. 이 두 딜레마는 결국 수령과 요새국가가 점차 소멸하면서 개혁과 개방을 점진적으로 추진하는 방향으로 풀어야 할 것이다. 북한 국가가 넘치는 부분이 있는 반면 또한 모자라는 부분도 있다. 당연히 국가의 손길이 미쳐야 하는 곳에 국가가 부재한 실패의 상황을 말한다. 현재 북한의 요새국가는 인민의 먹는 문제를 해결하지 못하고 있을 뿐만 아니라 교육·의료·복지의 문제들도 해결하지 못하고 있다. 이런 분야에서 국가 기능의 정상화가 절실하다. 국가기능이 정상화되어 지속가능한 거버넌스를 인민에게 제공하기 위해서는 제도의 마련이 필요하며 여러 제도의 궁극적 목표는 구성원을 위한 안보(security)·자유(liberty)·복지(welfare)·정의(justice)의 보장이다. 거버넌스 운영의 과정은 책임(accountability), 참여(participation), 설득(persuasion)으로 이루어져야 한다.[30]

결국 요새국가로는 북한의 미래를 보장할 수 없기 때문에 탈(脫) 요새국가화가 이루어져야 하며 그 방향은 교량국가(bridge state)를 거쳐 수륙양용국가(amphibious state)로 진화하는 것이다.

요새국가 → 교량국가 → 수륙양용국가

교량국가는 서로 상이한 성격을 가진 국가와 국가 또는 지역과 지역을 연결시켜 주는 국가를 의미한다. 보다 구체적으로 북한의 국가는 철도, 도로,

30 Keohane, 2001. 현재 북한의 거버넌스는 무책임(inaccountability), 배제(exclusion), 선전(propaganda)과 강요(coercion)로 특징지을 수 있다.

에너지 수송로를 통하여 대륙세력과 해양세력을 연결시켜 이 지역의 화해와 협력을 북돋워 주는 역할을 하게 될 것이다.[31] 교량국가는 아직 대륙국가의 성격이 남아 있어 완전한 수륙양용국가에는 미치지 못하였으나 최소한 대륙세력의 끝자락에서 해양세력의 문물의 혜택에서 벗어나 있던 변방의 자기정체성을 극복하는 여정의 국가적 성격을 의미한다.

수륙양용국가는 교량국가에서 진일보한 형태이다. 수륙양용국가는 대륙성과 해양성을 공유해 양쪽의 장점을 살리고 단점을 버리는 형태의 국가이다. 북한은 그동안 일방적인 대륙 지향을 탈피해서 해양 지향성, 상호의존, 대외지향적 경제발전 등 해양국가의 장점을 배워야 한다. 북한 앞에 놓인 난국을 헤쳐 가기 위해서는 수령 없는 거버넌스를 넘어 21세기형 국가인 슬림국가(slim state)로 다시 태어나야 한다. 슬림국가는 국가의 기능 차원에서 비대해진 부분은 빼고 부족한 부분은 보완이 되어 적절한 실루엣을 가진 형태를 의미한다. 북한 요새국가의 문제는 편재(遍在: omnipresence) · 전지(全知: omniscience) · 전능(全能: omnipotence)을 추구한다는 데 있다. 주체시대 북한은 편재의 목표를 어느 정도 이루었으나 전지 · 전능하지는 못하였으며, 선군시대 아래 그나마 편재의 일각마저 무너지고 있다. 정치, 군사의 비대칭적 팽창 부분은 다이어트를 시켜 제자리를 찾아 주고 경제, 환경, 문화(인권), 정보지식의 분야에 더 많은 관심을 쏟을 필요가 있다.

---

31 노무현 정부의 동북아시대 구상에 가교국가의 개념이 등장한다. 당시 노 정부는 한반도 평화체제와 동북아 지역의 경제공동체, 평화공동체를 구축하는 목표를 갖고 있었다. 남한이 안보, 경제, 사회문화적 영역에서 대륙세력과 해양세력을 연결하는 가교국가의 역할을 수행해야 한다고 보았다(박종철 외, 『한국의 동북아시대 구상: 이론적 기초와 체계』(서울: 오름, 2006); 박명림, "노무현의 '동북아구상' 연구-인식, 비전, 전략," 『역사비평』, 2006년 가을호, 통권 76호, pp. 148-179). 이 글은 남한의 가교국가화를 위해서는 북한의 가교국가화가 선행되어야 한다고 보고 있다.

미래의 북한은 선군으로 왜곡된 자원의 분배에서 벗어나 선부 아래 자원의 효율적 분배를 추구하고 하드 파워와 소프트 파워를 동시에 배양하는 균형전략을 추구해야 한다. 충분한 매력으로 내부 구성원의 이탈을 방지하고 단결을 도모하며 외부의 인재를 끌어 모을 수 있을 때 북한의 선진화가 촉진될 수 있을 것이다.

4. 북한정치 선진화를 위한 공진화 전략

1) 이행과 개혁 단계

북한

1단계가 개혁의 딜레마를 감지한 북한 지도부가 스스로 개혁과 개방에 족쇄를 채우고 있는 시기인 반면 2단계와 3단계는 체제전환 과정에서 초래될 위험을 무릅쓰고 새로운 지도부가 선진의 목표를 향해 힘든 걸음을 옮기는 시기다. 2단계의 특징은 '계몽수령(enlightened suryong)'이 등장하여 개혁과 개방에 착수하는 것이다. 이 기간에 선군노선은 막을 내리게 되고 신 지도부는 정통성 확보를 위해 주민의 의식주 문제해결과 복지수준을 높이기 위한 일련의 개혁 프로그램을 가동해야 한다. 그러나 이 시기에는 개혁속도와 개혁노선을 둘러싼 보수와 혁신의 대립으로 급진적인 프로그램이 등장하기보다 계획과 시장이 공존하고 당내 민주화가 진행되는 등의 제한적인 개혁이 실천될 가능성이 크다. 시간이 흐를수록 보수 우위의 정치구도에서 개혁 우위의 정치구도로 진전되어 나갈 것이다.

김정일의 '은퇴'와 더불어 새롭게 등장한 지도부는 나름대로 선군 시기 문제점들에 대해 해법을 제시하고 새로운 국가의 미래상을 제시하기 위해 노력할 것이다. 혁명의 연속성을 위해 신 지도부가 과거 '혁명 전통'을 송두리째 부정할 가능성은 크지 않지만 동시에 정통성 확보를 위해 신 지도부는 과거와 차별되는 실용적인 프로그램을 개발하기 위해 애쓰게 될 것이다. 결국 이 시기는 보수적 성격과 개혁적 성격을 공유하는 혼합형 정권(hybrid regime)의 시대로 자리매김하게 될 것이다. 김정일 이후 새롭게 등장하는 지도부는 리더십 변화(leadership change)와 함께 레짐 변화(regime change), 엘리트 세대교체(generation change)를 가져올 것이다. 이 과정에서 이념형 투사나 군 출신보다는 선진기술과 경영관리능력을 갖춘 테크노크라트가 약진하게 될 것이다.

백두혈통을 기반으로 한 새로운 지도자는 더 이상의 '베이비 수령'을 잉태하지 않는 '불임 수령' 또는 '마지막 수령'이 되어야 한다. 새 수령은 나이, 경험, 변화된 국내외 환경으로 인해 과거에 비해 느슨한 독재인 '낮은 단계의 유일적 영도'를 하게 될 것이다. 정통성 확보를 위해 혁명 레토릭을 뒤로 한 채, 경제성장을 위한 실험을 포함한 '신사고'를 제창할 가능성이 크다. 계몽수령의 개혁정책은 과거 김정일 시대 선군정치와 결별하는 것으로부터 시작되어야 한다. 1998년 헌법이 "국가주권의 최고군사지도기관이며 전반적 국방관리기관"으로, 2009년 헌법이 '국가주권의 최고국방지도기관'으로 규정한 국방위원회의 역할이 축소되거나 그 존재 자체가 폐지될 것이다. 계몽수령은 군과 국방산업에 대한 지나친 투자를 축소시키고 가용의 자원과 자본을 경제를 재생시키는 데 집중시키고자 노력할 것이다. 사회 전반의 탈군사화가 추진되면서 비정규무력인 노농적위대, 붉은청년근위대 등 '전인민의 군사화'를 위한 조직들은 축소 또는 폐지될 것이다.

이 시기는 과거 김일성 또는 김정일이 제도 위에 군림했던 인적 통치로부터 수령의 권위 또한 당으로부터 나오는 제도에 의한 통치 쪽으로 이동하는 과도기가 될 것이다. 계몽수령은 과거 수령에 비해 훨씬 제한적 권능을 누리고 그 공간을 정치국과 중앙위원회가 차지하게 된다. 정치국과 중앙위원회는 토론과 정책결정기능을 가지게 됨으로써 그 역할이 정상화되고 일정 부분 계몽수령의 전횡을 견제하는 역할을 수행하게 될 것이다. 계몽수령의 권위는 여전히 다른 정치국원, 중앙위원회 위원에 비해 높으나 과거와 같은 무소불위의 권력행사는 불가능해질 것이다.

계몽수령은 보수파와 개혁파가 공존하는 공간에서 양자의 이익과 정책을 조절하는 균형자(balancer) 또는 조절자(coordinator)의 역할을 수행하게 될 것이다. 이는 과거 명령하고 군림하되 책임은 지지 않는 수령의 모습에서 탈피하는 것을 의미한다. 경제 효율성을 높이기 위해 수령이 직접 경제를 관리하는 방식이 아니라 전문인에게 경제운영을 맡기고 수령은 외교, 안보 등에 전념하는 것이 바람직할 수 있다. 점차 수령이라는 북한체제의 소유주(owner)와 경제운영을 책임지는 최고경영자(CEO)의 분리, 즉 소유권과 경영권의 분리가 일어나도록 해야 한다.

계몽수령이 개혁의 도입이라는 역사적 임무를 다하고 개혁의 과정에 수반되는 정치, 경제, 사회의 모순이 중첩되면 불가피하게 백두혈통으로부터 비(非) 백두혈통으로 권력이동이 이루어져 수령의 시대가 막을 내리게 된다. 김일성의 전통에서 자유로운 지도자의 등장은 그 자체로도 과거와 차원을 달리하는 변화의 기폭제 작용을 할 수 있을 것이다. 인치(人治)에서 제도에 의한 통치로 이동이 이루어지며 당내 민주화로 정치국, 중앙위원회로 실질적 권력의 중심이 이동하게 된다. 조선노동당에 의한 권력독점은 유지되지만 당내 민주화의 확산으로 정책결정은 보다 투명해질 것이다. 정치국, 중앙위원회 등을 통한 당내 토론과 합의가 주요 정책결정의 양식이 될 것이다. 조직지도부, 선전선동부, 통일전선부의 과도한 권능이 제자리를 찾고 당 운영자금의 투명화도 진행될 것이다.

수령의 퇴장 자리에는 집단지도체제가 형성되고 권력의 교체는 엘리트

합의로 정식화된 권력이양 모델에 의해서 이루어질 것이다. 권력계승의 제도화는 이양 과정에서 나타날 수 있는 불필요한 정치적 거래비용을 절감시켜 주는 효과를 낳는다. 점차 북한 엘리트의 구성은 수적으로 개혁파가 보수파를 압도하게 되며, 개혁 성향의 지도부는 개혁개방의 속도를 높이게 된다.

2단계에서는 과거 노동당의 결정을 추인하는 거수기 역할만을 하던 최고인민회의가 명실상부하게 사회주의헌법 제87조에 규정된 대로 '최고주권기관'의 역할을 할 수 있도록 내실화가 추진되어야 한다. 선군시대 최고인민회의 선거가 행해지고 회의가 연례적으로 열리지만 정권의 선전도구로만 이용될 뿐 정책결정에 투입(input)이나 영향(influence)을 전혀 행사하지 못하고 있다. 현재 최고인민회의는 정기회의와 임시회의가 있으며 정기회의는 연 1-2회 열리고 있다. 상반기 회의는 전년도 사업정형 및 당해연도 과업 보고, 전년도 예산결산 및 당해연도 예산 심의를 하며, 후반기 회의는 주요 인사(국방위원회 및 내각 인사) 및 조직개편, 법안 개정을 한다. 2단계에서 최고인민회의의 회기 연장과 정기회의 최소 연 2회 보장, 임시회의 수시 개최, 상임위원회의 활성화 규정 등이 마련되어야 한다. 최고인민회의 대의원선거와 관련 공개경쟁선거원칙을 실천하는 한편 최고인민회의가 행정부의 사업에 대해 갖는 감독과 비판 기능을 강화해야 한다.

이 기간 동안 내각 또는 행정부의 권한 확대도 기대된다. 행정부에 대한 당의 통제가 다소 느슨해지고 행정부가 자율적으로 정책을 집행할 수 있는 공간이 넓어져야 한다. 사회주의헌법 제126조는 내각총리가 "조선민주주의인민공화국을 대표"하고, 제117조는 최고인민회의 상임위원회 위원장은 "국가를 대표하며 다른 나라 사신의 신임장, 소환장을 접수"한다고 규정하고 있다. 내각과 내각총리의 권한 강화를 위해 총리가 국가와 정부를 모두 대표하는 일원화 방식을 도입하는 것이 바람직하다. 주체시대, 선군시대 노동당에 의한 국가기구의 전면적 통제, 감시체제가 완화되어 국가기구의 자율성이 증가하면 그만큼 업무수행의 효율성과 생산성이 증가하게 될 것이다. 당과 국가기구의 중앙집권적 통제기능을 재조정하여 중앙에서 지방으로 정책결정 권한을 위임 하위 정책단위의 자율성을 증가시켜야 한다. 당 간부와 국가관료의 전문성 증대를 위해 당원과 공무원에 대한 전면적인 실무교육도 강화시켜야 한다.

2기의 과제는 수령 중심의 생존론에서 탈피하여 수령 중심의 개발론을 모색하는 것이다. 일종의 개발독재 모델이 될 것이며 이 시기 국가는 정권의 안보에 가용자원을 총동원하는 정권의 안보를 우선하는 시각에서 탈피하여 인민의 복지를 염려하는 정권으로 변화해야 한다. 현재 중국과 베트남 정도의 개혁·개방을 추진하는 것이 이 단계의 목표라고 할 수 있다. 이 시기 북한은 계획과 시장이 균형을 이루는 상태에서 점차 계획 부문을 축소시키고 시장 부문을 확대하는 운영방식을 채택하게 될 것이고, 경공업·관광·IT 중심의 개발전략을 짜게 될 것이다. 관료주의로 인한 생산성 저하를 막기 위해 경제문제에 대한 당의 정치적 통제는 많이 약화되어야 한다. 각 생산단위는 생산계획과 판매계획에서 점차 더 많은 자율성을 누리게 될 것이다. 자생력이 떨어지는 국영기업의 민영화와 함께 협동농장과 국영농장의 축소와 자영농 육성도 이 시기에 실천해 봄직하다.

2단계가 1단계와 3단계를 이어 주는 디딤돌 역할을 하기 위해서는 이 기간 중 북핵문제가 마무리 지어져야 한다. 계몽수령은 결국 핵포기의 전략적 결단을 내리고 2단계의 말미에 핵의 완전 폐기가 완성될 것이다. 북한의 핵포기는 북한 선진화의 필요조건이다. 핵포기로 바로 선진화 진입이 가능해지는 것은 아니지만 핵포기 없는 선진화는 불가능하다는 의미다. 북한 비핵화가 빨리 실행에 옮겨질수록 북한 선진화 또한 그만큼 앞당겨질 수 있을 것이다. 핵포기에서 얻어지는 체제보장과 경제협력의 반대급부는 이 시기 북한의 경제를 회생시키기 위한 동력으로 사용될 것이다.

북한은 이즈음 요새국가에서 가교국가로 변화가 시작된다. 평양은 남쪽의 해양국가와 북쪽의 대륙국가를 잇는 에너지, 통신, 교통의 연결자 역할을 하게 될 것이다. 2단계에서 북한은 과거보다 전격적으로 국제사회와 조우하게 된다. 나진, 신의주, 개성, 금강산을 뛰어넘어 원산, 흥남, 해주, 남포 등이 추가적으로 개방될 수 있고 기타 평양을 비롯한 도시들도 외부의 바람을 맞게 될 것이다. 요새국가의 성문을 열게 되는 것이다. 북한과 국제사회의 교류의 확대는 북한이 국제사회의 표준을 지켜야 하는 의무를 수반하기 때문에 과거와 같은 불법거래는 설 자리를 잃게 된다. 불법거래에서 나오던 수익을 벌충해줄 수입원은 이제 북한을 통과하게 될 철도, 도로, 에너지 수송로 등에서 받는 통과세 명목의 '통과 지대(passage rent)'를 통해서 얻게 된다.[32]

2단계에서 국가-사회관계에 변화가 생기게 된다. 가족 영농제, 가내 수공업, 상업 활동 등 개인의 사적 경제활동과 그에 따른 부의 축적을 국가가 인정하게 될 것이며, 이에 비례해서 국가의 인민에 대한 간섭은 점차 줄어들 것이다. 당과 대중을 이어주는 역할을 하던 청년동맹, 직업총동맹, 농업근로자동맹, 여성동맹의 4대 근로단체의 역할 축소가 예상된다. 국가가 계속해서 구성원에 대한 이념적 통제를 시도할 것이나 개방으로 외부의 정부가 다량 수입되면서 국가 차원의 선전의 실효성은 크게 떨어지게 된다. 국가가

---

32 중국 중앙정부 차원에서 북한과의 접경지역을 중심으로 대규모 인프라 투자를 하는 '동북진흥계획'을 추진하고 있다. 중국은 동북3성 경제발전의 일환으로 북한과의 교역 및 투자를 확대하려 한다. 현재 '대북한 육로-항만-구역 일체화' 프로젝트 아래 단동-신의주 압록강도록대교의 신설, 훈춘-나진 도로현대화, 나진항 개건사업 등이 진행되고 있다(원동욱, "최근 중국의 대북 인프라 투자 현황과 한국의 과제," 『홍민논평』 No. 18, 2010년 3월 16일).

인민을 움직이기 위해서는 점차 물질적 인센티브에 의존할 수밖에 없을 것이다. 따라서 국가가 창출할 수 있는 물자의 양과 질이 이 시기의 성패를 좌우하게 될 것이다.

2단계에서 북한 지도부가 당면하게 될 도전요소는 만만치 않다. 우선 이행기의 와중에 개혁지향파와 보수노선파로의 엘리트 분열 가능성이 있다. 정책을 둘러싼 논쟁이 개혁의 와중에서 필요하되 정책의 차이가 권력투쟁으로 진화하는 것은 막아야 한다. 민간 엘리트의 분열과 함께 민간 엘리트를 한 축으로 하고 군부 엘리트를 대립축으로 하는 군민(軍民) 대립의 양상 또한 상정해 볼 수 있다. 군부 엘리트가 국방위원회, 인민무력부 등 중앙군과 지방의 야전군으로 나뉘어 대립하는 양상 또한 벌어질 수 있다. 지도부는 한편으로 개혁 작업을 능수능란하게 수행하면서 다른 한편으로 저항 엘리트의 등장을 막아야 하는 2중의 과제를 수행해야 한다.

1단계에서 벌어졌던 정권과 대중의 표류 현상이 이 시기에 더 심화될 위험이 도사리고 있다. 개방과 더불어 더 많은 정보(information)로 무장한 대중은 이완되는 사회 분위기에 편승하여 더 많은 요구(demand)를 하게 될 것이다. 격변기 연금·의료·복지·교육 등 사회 안전망이 제대로 작동하지 않고, 대중의 욕구를 충족시켜 줄 재화와 서비스의 공급(supply)이 불충분한 상황이 지속되면 사회 안정을 흔드는 불안요인으로 작용할 수 있다. 2단계에서 국가의 제1책무는 인민의 생존을 보장하는 것이다. 1단계에서 부족하게 공급되었던 식량, 소비재 등 주민의 생활과 직결된 품목의 증산을 도모해야 한다.

2단계 부분적인 개방과 개혁은 북한의 국가와 인민이 모두 경험해 보지 못한 신천지의 세계를 열게 될 것이다. 국가는 수령을 정점으로 하는 상명하복에 익숙해져 있기 때문에 밑으로부터 요구를 수용하는 데 익숙하지 않으며, 인민 또한 자신의 불만을 일정한 과정을 거쳐 정치적 행동으로 옮기는 데 학습기간이 필요하다. 인민들이 인터넷 · 휴대전화 · 복사기 등으로 무장하게 되면 국가는 효과적인 대응책을 찾는 것이 점점 더 어려워질 것이다. 국가와 인민을 이어 줄 새로운 제도의 끈이 필요할 것이다.

개방 효과에 따른 일시적 경제성장이 내외의 장벽에 봉착하여 후퇴의 조짐을 보이면서 지역사회 내 빈부의 격차 그리고 지역사회 내부와 외부 사이의 생활수준의 격차가 심화되면 시간적 · 공간적으로 '상대적 박탈감(relative deprivation)'이 증대하여 대중의 분노가 일시에 분출하는 폭력적 사태가 발생할 수도 있다.[33] 인민에 대한 통제가 누그러짐에 따라 '저항(voice)'과 '탈출(exit)'이 증가할 가능성이 있다. 1단계에서 국가의 물리력의 작용으로 저항은 사실상 봉쇄되고 탈출만이 유일하게 인민에게 주어진 선택이었다. 쇠퇴의 시기 탈출이 간헐적으로 일어나는 예외적이고 일탈적인 행동이었다면 2단계와 3단계에서 저항과 탈출이 증가할 공간이 더 넓어진다고 할 수 있다. 탈출과 저항이 동반상승하는 최악의 시나리오를 막기 위해서는 북한 지도부가 인민의 충성을 묶어두는 양질의 프로그램을 만들어 내야 한다.[34] 이행기의 다양한 요구의 분출과 사회 각계각층 사이의 대립과 반목, 이해관계의 상충을 얼마나 잘 소화하고 해결하느냐가 이 시기 성공적 관리의 관건이라고 할 수 있다.

---

33 '상대적 박탈(relative deprivation)'의 개념에 대해서는 Ted Robert Gurr, *Why Men Rebel* (Princeton: Princeton University Press, 1970)을 참조.

34 Albert O. Hirschman, *Exit, Voice, and Loyalty: Responses to Decline in Firms, Organizations, and States* (Cambridge, MA: Harvard University Press, 1970) 참조.

남한 및 국제사회

2단계는 북한이 선군노선을 버리고 개혁과 개방을 향한 첫걸음을 떼는 단계이다. 김정일 이후 후계자가 나름대로 과거와 차별화된 대전략을 입안하여 추진할 것으로 짐작되지만 아직 본격적인 체제변환을 위한 준비와 각오는 부족한 상태로 남을 공산이 크다. 남한과 국제사회는 북한의 개혁수준, 핵폐기 정도에 따라 맞춤형 관여정책을 펼쳐야 한다. 남한과 북한 사이의 경제협력의 양과 질을 높이고, 상호의존을 심화시키며, 남북을 아우르는 제도의 확충을 통해 평화를 정착시켜 나가야 한다. 이 시기 관여정책의 이론적 기반은 상호의존론, 경제평화론, 제도평화론에서 찾아야 할 것이다. 북한 붕괴론에 바탕을 둔 대북정책을 폐기하고 북한과 장기공존을 전제로 북한의 경제회생이 성공할 수 있도록 진정으로 북한을 도와줄 의지를 갖고 구상을 마련해야 한다.

우선 북한의 변화를 기다리기보다 포스트 김정일 체제가 들어서는 것과 때를 맞추어 남한과 국제사회가 인도적 지원을 대폭 확대할 필요가 있다. 개발협력과 경협은 초기에는 선택적으로 신중하게 진행되어야 한다. 성급한 지원 또는 과도한 지원은 북한의 '도덕적 해이(moral hazard)'를 가져올 위험성이 있으므로 이 시기에는 남한과 국제사회의 신중한 접근이 요망된다. 또한 반대로 남북관계의 단절과 국제사회의 무관심은 모처럼 싹튼 북한의 개혁 호기심을 잘라 버릴 수 있으므로 북한의 정책변경을 유도하는 사전 '당근'적 성격의 지원에 인색하지 말아야 한다. 따라서 북한체제 성격의 변화를 관찰하면서 완급을 조절하는 지혜가 필요하다. 이 시기에는 기본적으로 북한의 변화에 상응하는 대북지원 정책을 펼쳐야 한다.[35]

이 시기 남한은 북한과 관광사업 확대, 북한 지하자원 공동개발, 북한의 특구 확대정책에 따른 특구에 대한 투자 및 지원 등의 사업을 진행할 수 있다. 또한 교육, 보건의료, 산림녹화, 환경보호, 식량 및 비료지원, 주택개량 사업 분야의 협력, 철도 및 도로 연결사업, 에너지 수송로 건설 사업에 관심을 가질 필요가 있다.

계몽수령과 집단지도체제의 개혁정책을 뒷받침하기 위해 이 단계에서 남북 정상회담이 정례화 되어야 한다. 정상회담의 합의와 성과를 실천으로 옮기기 위한 통일, 외교, 경제, 환경, 복지 등 각 분야별 장관급 회담도 수시로 열려야 할 것이다. 인도적 지원과 개발지원을 위한 지방자치단체 사이의 교류와 협력도 활성화될 수 있을 것이다.

이 단계에서 북한이 핵을 포기할 의사를 표명하게 되면 남한과 국제사회는 북한이 결심을 실행에 옮길 수 있도록 환경을 조성해야 할 책무가 있다. 북한의 핵은 생존을 위한 보험의 성격이 있으므로 북한에 대한 철저한 체제 보장책이 마련되어야 한다. 북한과의 핵협상은 남한과 북한, 북한과 미국, 6자회담이 조화를 이루는 입체적인 방식으로 이루어질 것이다. 2단계의 말미에는 핵포기 과정에 맞추어 한반도 평화체제 구축, 국제기구의 지원, 북미 수교, 북일 수교, 남북관계의 성숙이 함께 이루어지게 될 것이다.

2) 변환 단계

북한

3단계는 2단계 이행기의 과정에서 시행착오를 하며 얻은 경험을 바탕으로 비약적인 체제의 변환, 정치의 변환을 이루어 '북한식 민주주의'를 정착시키는 것을 기본 임무로 하는 시기이다. 2단계에서 비핵화 실천의 지루한

35 대북지원에 관한 세련된 논의로는 박형중, "대북지원과 대북정책," 2009 통일연구원 학술회의 발표논문, 2009년 2월 18일 참조.

과정이 어느 정도 마무리되면 3단계에서는 핵의 무거운 짐에서 벗어나 선경과 선민의 과업을 철저하고 과감하게 수행할 있게 될 것이다. 이 시기에 북한은 수령의 지배로부터 완전히 그리고 영구적으로 해방되어야 하며 19세기와 20세기에 민주주의를 달성한 다른 국가에 버금가는 민주화, 선진화를 달성해야만 한다. 시민의 직접선거에 의해 선출된 정부의 등장, 조선노동당에 의한 일당독재의 폐지, 신뢰와 공정한 경쟁에 기반을 둔 시민사회의 건설, 국가와 시민사회 사이의 협력과 견제 등의 구체적 목표를 이 시기에 달성해야 한다. 이 시기에는 경제성장과 민주화의 여력을 바탕으로 국제수준의 표준을 추격하고 또 창출하는 '선진북한'의 모습을 목도할 수 있게 될 것이다.

북한식 민주주의의 모습은 북한의 과거, 지도부의 선택, 엘리트 간의 세력균형, 외부의 영향 등의 변수가 복합적으로 작용한 결과가 될 것이다. 3단계에서는 2단계에서 수령의 존재가 사라진데 이어 조선노동당에 의한 일당독재마저 막을 내리게 된다. 2009년 헌법 제11조에 담긴 "조선민주주의인민공화국은 조선로동당의 영토 밑에 모든 활동을 진행한다"는 조항은 개헌과 함께 역사 속으로 자취를 감추게 될 것이다. 헌법에 의해 정당 활동의 자유가 보장되고 노동당 이외에 수권이 가능한 정당이 복수로 존재하게 될 것이다. 노동당은 변화된 내외 환경에 맞는 새로운 강령으로 무장하고 여타 정당과 주민의 마음을 사고 정권을 획득하기 위한 무한경쟁을 벌여야 한다. 이들 정당 사이에서 국민들은 자유롭고 공정한 선거를 통해 정부를 구성할 정당을 선택할 권리를 향유하게 된다. 북한 지역의 거버넌스를 담당할 의지와 능력을 가진 복수의 정치세력은 각기 상이한 세계관과 독자적인 프로그램을 가지고 정치를 펼치게 될 것이다.

북한발 선진 프로그램은 김일성 전통, 경제운영 원리, 사회운영 원리, 국제사회와 관계 등의 내용을 담고 있을 것이다. 우선 정치세력은 김일성의 혁명전통과 어느 정도 거리를 두는가의 문제에 답해야 한다. 백두가문의 전통을 계승하는 선택, 김일성의 항일무장투쟁의 전통과 그 이후 사회주의 건설 노력을 높이 사지만 김정일 통치와는 거리를 두려는 선택, 김일성의 공과 과를 모두 인정하는 선택, 김일성 가문의 통치와 결별하는 선택 중 하나를 선택해야 한다. 경제운영 방식에 있어서는 친시장이나 친계획적 프로그램, 친중공업이나 친경공업 노선 중에 선택해야 한다. 다당제 아래 여러 정치세력은 자유의 가치를 강조하는 이념과 평등의 가치를 강조하는 이념 사이에서 방황하게 될 것이다. 대외적으로 과거 중국, 러시아 등 대륙세력과 친밀하던 외교 관행 또한 영향을 받을 수밖에 없다. 과거의 연장선에서 중국과 친밀한 노선, 새롭게 미국과 친밀해지는 노선을 상정해 볼 수 있다. 무엇보다 중요한 것은 북한의 정치세력이 남한과 정치적 관계를 어떻게 정립하느냐이다. 아래 〈표 2〉는 이런 가능성들을 예시하고 있다. 북한의 정치세력들은 각 열과 행의 항목이 조합된 복잡하고 다양한 정체성을 가지게 된다. 백투혈통에 대해서는 온정적이지만 과거 계획경제와는 단호하게 선을 긋는 프로그램, 백투혈통에 중립적이면서 시장 친화적이지만 정치적인 민주화에는 소극적인 프로그램, 백두혈통에 적대적이지만 시장에도 적대적이고 미국 등 자유진영과도 외교적으로 거리를 두는 프로그램 등 다양한 조합이 가능하다고 할 수 있다. 남한의 입장에서 선호하는 이념형 그리고 남한과 통합을 순조롭게 하는 이념형은 아무래도 백투혈통 적대적, 시장 친화적, 자유 친화적, 미국 친화적, 남한 친화적 프로그램(KH/MF/FF/UF/SF)의 조합이 될 것이다.

표 2. 선진화 프로그램의 갈래

	친화적(friendly)	중립적(neutral)	적대적(hostile)
김일성·김정일 전통과 친밀도	백두혈통 친화적 (Kim Family Friendly)	백두혈통 중립적 (Kim Family Neutral)	백두혈통 적대적 (Kim Family Hostile)
시장 친밀도	시장 친화적 (Market Friendly)	시장 중립적 (Market Neutral)	시장 적대적 (Market Hostile)
자유 친밀도	자유 친화적 (Freedom Friendly)	자유 중립적 (Freedom Neutral)	자유 적대적 (Freedom Hostile)
미국과 친밀도	미국 친화적 (U.S. Friendly)	미국 중립적 (U.S. Neutral)	미국 적대적 (U.S. Hostile)
남한과 친밀도	남한 친화적 (South Korea Friendly)	남한 중립적 (South Korea Neutral)	남한 적대적 (South Korea Hostile)

3단계 북한은 인치에서 법에 의한 지배, 제도에 의한 거버넌스로 진화하게 된다. 이 단계에서 행정부, 입법부, 사법부는 견제와 균형의 관계 속에 놓이게 된다. 의회의 의원들은 자유, 민주선거에 의해 선출되며 실질적 입법권을 행사하고 행정부에 대한 견제 역할을 충실히 하게 될 것이다. 사법부는 정치적 판단에 좌우되지 않고 정치권력에 의한 보복의 두려움 없이 공정한 재판을 할 수 있어야 한다.

이 시기 북한의 민주화를 위해 필요한 것은 수직적 책임성(vertical accountability)이다. 지배 엘리트는 막강한 권한만 가지고 책임을 지지 않는 세력이 아니라 피치자로부터 권력을 위임받고 피치자에 의해 지속적으로 감시받는 입장에 서게 된다. 청문회(public hearings), 시민감사(citizen audits) 등과 더불어 체제전환의 과정에서 엘리트의 권력남용, 배임, 부패, 사기, 수뢰 등을 막아줄 강력한 반부패위원회(countercorruption commission)도 필요하다. 지배 엘리트에 대한 항시적 감시, 견제 장치가 제도화되어야 한다. 수직적 책임성의 핵심은 자유롭고 공정한 선거가 행해지는가의 여부이다. 북한 주민들이 외부의 강요에서 자유로운 상태에서 스스로 선택에 의해 자신들의 지도자를 선출

하는 권리와 의무를 누릴 수 있어야 한다.[36]

민주주의를 실천하기 위해서는 그 사회의 구성원들이 기본적 권리를 누리고 있어야 한다. 인터넷, 휴대전화 사용 등 통신, 여행, 거주이전의 자유가 확대되고 언론, 출판, 집회, 결사, 신앙의 자유가 보장되어야 하며 개인의 소유권이 존중되어야 한다. 특히 일반인이 시민의 권리를 향유하고 자유롭게 정치적 활동을 하기 위해서는 국가안전보위부, 인민보안성 등 공안기구의 명확한 역할 규정과 권력남용 방지책이 필요하다.

경제성장은 민주화를 추동하는 경향이 있다. 경제성장과 민주화 진전이 반드시 정비례하지는 않지만 경제성장을 이룩한 국가일수록 민주주의를 실천하는 확률이 높아진다. 고등교육을 받은 중산층의 형성과 그들의 새로운 가치관과 규범이 민주화를 이끄는 주요 원천이다. 정보산업이 발전하고 지식사회가 등장할수록 사회 구성원들은 자신의 생각과 판단에 의해 자신의 미래를 결정하기를 원하며 위계적인 권위에 도전하고 맹목적인 복종을 거부한다. 자기표현(self-expression)의 욕구와 비판적 사고는 독재와 권위주의가 자랄 수 있는 토양을 서서히 잠식한다. 경제성장으로 산업화가 어느 정도 진전된 환경에서 사회구성원들은 개인 자율성, 자기표현의 기회, 권위로부터 해방을 추구하게 된다. 시민들은 자신의 경제적 성취에 버금가는 시민적·정치적 자유와 민주적 제도를 요구할 것이며 시민들이 자유롭게 국가 내지는 공동체의 의사결정에 참여할 수 있는 통로를 마련해 주는 것이 이 단계 국가의 역할이다. 이 시기 자유의 보장은 무책임한 방종으로 흐를 가능성이 있다. 그래서 자기와 다른 의견을 존중할 줄 아는 인내(tolerance), 타인에

---

36 Larry Diamond, "The Democratic Rollback: The Resurgence of the Predatory State," *Foreign Affairs* Vol. 87, No. 2, March/April 2008, pp. 36-48.

대한 신뢰(trust) 등 사회자본(social capital)의 배양과 축적이 이 단계에서 필요해진다.[37]

3단계 북한의 과제는 2단계 과도기의 소극적 적응과 문제해결 구도를 벗어나 적극적이고 공세적으로 미래를 창조하는 것이다. 북한이 선진의 길로 들어서기 위해서는 사회 구성원의 창의력이 발휘될 수 있도록 개인의 재산권, 이동권이 보장되어야 한다. 국가가 역동적인 사회가 지속될 수 있는 환경을 마련해 주고 사회는 국가의 지나친 간섭에 대해 거부권을 행사할 수 있어야 한다. 경제불안과 사회혼란은 이 시기 암적인 존재로 작용할 가능성이 있다. 국가는 이 단계의 성공을 위해서 범죄와 부패의 단속, 경제성장의 지속, 경제적 불평등의 완화를 위해 힘써야 한다. 주민의 일할 동기를 북돋워 주고 정의로운 사회를 구현하기 위해서는 기본권 보장, 절차적 민주주의의 성숙 등 법의 지배가 확고히 뿌리내려야 한다. 시장의 확산, 민주화, 제도의 공고화는 서로 상승작용을 하면서 북한체제의 성격을 바꾸어 놓게 될 것이다.

남한 및 국제사회

3단계에서는 북한이 개혁과 개방의 길로 들어섬에 따라 남한 및 국제사회는 전폭적·전면적으로 북한과 경제협력을 실시할 수 있게 된다. 북한의 개혁의지가 확인되면 민간, 국가, 국제기구 등의 주체들이 합종연횡으로 북한의 개혁과 개방을 가속화시키기 위한 프로그램을 입안, 실천할 수 있게 된다. 국제사회와의 다양한 협력의 그물망 속에서 북한은 농업, 수산, 경공업, 광업, 정보산업 등에 걸쳐 경제력을 키우기 위한 노력을 기울이게 된다. 이

---

37 Ronald Inglehart and Christian Welzel, "How Development Leads to Democracy: What We Know About Modernization," *Foreign Affairs* Vol. 88, No. 2, March/April 2009, pp. 33-48.

단계의 지원은 증세를 완화시키기 위한 단기 구호인 인도적 지원(humanitarian assistance)에서 근본적으로 원인을 치료하기 위한 개발원조(developmental assistance)로 전환되어야 한다. 북한경제의 성장을 뒷받침해 줄 하부구조 건설에 대규모 투자를 하고 양질의 노동인력을 양성하기 위해 직업훈련센터 건설과 경제시찰단 지원을 실시해야 한다.

북한의 체제변혁 과정에서 겪게 될 도전은 내부적인 것도 있고, 외부적인 것도 있다. 개혁 초기의 곤경이 주로 내부적인 것이라면 시간이 흐를수록 외부 도전의 파고가 높아질 것이다. 3단계 정도의 변화가 수반되면 남한과 북한의 통일로 향한 동력 또한 상당히 커지리라고 본다. 3단계 조선민주주의인민공화국의 최대 후원자이자 잠재적 적은 대한민국일 수밖에 없다. 북한의 주적은 미국이 아니라 남한이다. 이제 막 세상을 향해 문을 연 북한은 이미 오랫동안 개방사회를 지향해 온 남한과 경쟁해야 한다. 민주화, 산업화의 과제를 해결하고 선진화 과업의 문턱에 이미 도달해 있는 남한이 개혁 '초보' 북한에게는 자못 버거운 상대로 다가올 것이다. 북한이 스스로 분야별 우월성을 확보하여 새로운 구심력을 창출하는 것이 필요하다. 3단계에 이르면 남과 북의 경쟁이 치열해지는 한편 협력의 장이 넓어지면서 통합의 기운 또한 자라게 될 것이다. 2단계와 3단계를 거치면서 북한의 기업, 개인, NGO 등이 성장하고 그것들이 남한의 기업, 개인, NGO와 교류하면서 남북 접촉의 면이 넓어지고 다양해질 것이다. 아직 걸음마 단계인 북한 민주주의 육성을 위해 남북 정당 간 협력 내지 통합 노력을 기울이는 한편 일반인을 대상으로 한 민주시민교육을 실시해야 한다.

3단계에서 북한과 국제사회의 협력은 만개하게 된다. 2단계의 말미에 북핵문제가 해결됨에 따라 평양과 워싱턴, 평양과 도쿄의 수교가 가능하게 되고 3단계에서는 본격적으로 주변국 및 국제금융기구의 대북지원이 봇물을 이루게 된다. 외부의 투자는 이제 특구에 한정되지 않고 북한 전역에 걸쳐 이루어지게 된다. 요새국가의 굴레를 벗은 북한은 가교국가를 지나 수륙양용국가로서 보다 국제사회와 긴밀하게 연결될 것이다.

북한과 강대국, 북한과 남한, 그리고 북한과 다른 주변국가와의 협력과 교류가 확대되면서 북한을 축으로 하는 한반도의 국제정치는 보다 복잡하게 전개될 것이다. 동아시아에는 각각 자신의 세력권을 넓히려는 제국과 이에 대응하려는 중소국의 각축이 한층 치열해질 가능성이 있다. 이러한 공간에서 한반도의 이익을 지키기 위해 남과 북이 협력하여 주변국에 외교적 대응전선을 펼치는 해법이 등장할 수 있다. 지금까지는 남과 북이 배타적 국익을 실현하기 위해 주변국을 자신의 진영으로 끌어들이기 위한 소모적 외교만을 실천해 왔다. 남북 외교협력의 경험이 축적되면 남과 북은 대내적으로는 별도의 정치, 경제, 사회 체제를 유지하지만 대외적으로는 단일 노선을 추구하는 외교연합의 단계에 이르게 될 것이다. 이때 남과 북이 각각 냉전과 탈냉전의 공간에서 생존과 번영을 위해 구사했던 그네외교, 북방외교, 실용외교 등은 남북외교연합의 중요한 자산이 될 것이다. 외교연합의 실험과 실천은 다시 내적 통합과 궁극적인 통일을 촉진시키는 촉매제의 역할을 하게 될 것이다. 즉 2단계 이후 한반도의 국제정치는 경제협력 심화 → 외교연합 → 경제통합 → 사회문화통합 → 정치안보통합의 수순을 밟을 수 있다.

제11장
제3의 길: 북한문제와 창조적 관여*

1. 서론

21세기 초엽 북한의 존재와 북핵을 둘러싼 갈등은 평화와 공영을 추구하는 동북아 지역질서의 커다란 문제로 남아 있다. 탈냉전의 공간 속에서 주변환경은 조금씩 변화하고 있다. 금융위기 아래 출범한 버락 오바마(Barack Hussein Obama) 정부는 과거 힘의 우위를 이용한 일방주의와 궤를 달리하는 소프트 파워를 중시하는 외교노선을 강조하고 있다. 한국의 이명박 정부는 미국과의 동맹 강화 등 국제공조를 중시하며 이전 정부의 '유화'적인 대북정책 노선을 바꾸려 시도하고 있다. 북한은 2008년 여름 김정일 총서기의 와병 이후 후계구도를 가시화하는 등 정권의 명운을 걸고 포스트 김정일 체제 형성 작업에 매진하고 있었다. 2011년 겨울 김정일 총서기의 '조기 사망'으로 예상보다 일찍 김정은 정권이 출범하였으며, 2012년 북한 체제와 한반도의 국제질서는 커다란 시험대에 올라서게 되었다.[1] 천안함 사건, 연평도 포격으로 저점을 찍은 남북관계는 김정일 사후 새로운 관계 정립을 위한 탐색

---

* 이 글은 『국제 · 지역연구』(21권 2호, 2012, 103-135쪽)에 발표했던 논문을 수정 · 보완한 것이다.

중이다. 김정은 체제는 안착할 수 있을 것인가? 또는 그것이 바람직한가? 포스트 김정일 시대 우리의 대북정책의 성격은 무엇이어야 하는가?

그때그때 현안 의제는 바뀌고 있지만 문제의 본질은 그대로인 듯하다. 북한은 향후 국가 붕괴를 막고, 어떤 선택과 경로를 거쳐 고립과 후진으로부터 탈출하는가의 과제를 안고 있다. 주변국의 입장에서는 어떻게 북한을 설득해서 공영과 공존의 길로 나서게 할 수 있는가의 문제가 있다.[2] 평양이 생각하는 해법과 서울을 비롯한 주변자가 생각하는 해법 사이에는 괴리가 존재한다. 이 글은 북한문제를 해결하기 위한 서울 나름의 고민을 담게 될 것이다. 그것을 '워싱턴 컨센서스', '베이징 컨센서스'와 구분하여 '서울 컨센서스'라고 부를 수 있을 것이다. 북한을 향한 서울의 '외침'은 북한의 정체성과 그것의 파장, 과거 대북정책에 대한 성찰, 향후 북한의 정체성을 변화시키기 위한 방법론을 담고 있어야 한다. 이어지는 장은 김대중 정부, 노무현 정부, 이명박 정부의 대북정책의 특징을 살펴보고 있다. 3장에서 북한체제에 대한 분석을 시도하고, 4장에서 관여정책의 성격과 평양을 향한 새로운 관여정책의 구상을 밝히고 있다.

---

1 박형중, "2012년과 후계구축 및 강성대국 건설," *Online Series*, 2012; 정성장, "북한 김정은의 실제 영향력, 지도체제의 성격과 핵심 파워 엘리트," JPI정책포럼, 2012.

2 새로운 대북정책의 방향을 모색하는 최근 업적으로는 하영선, "김정은 체제의 미래와 한국의 전략: 공진(coevolution)전략의 본격적 모색," 『EAI 논평』, 24호, 2012년 1월 2일과 김성배 · 조동호, 『김정은의 북한과 공진 · 복합의 대북정책』(서울: 동아시아연구원, 2012년 4월)를 참조. 중장기적 차원에서 한국의 대북전략을 고민하는 저작으로는 정성장 편, 『한국의 국가전략 2020: 대북 · 통일』(성남: 세종연구소, 2005)을 참조.

2. 현 단계 대북정책의 성격과 진단

냉전 시기 한국은 북한에 대해 주로 북한의 지정학적 팽창 야망을 막는 봉쇄(containment) 또는 군사적 보복의 위협을 통해 북한의 선제공격 의도를 저지시키는 억지(deterrence)를 펼쳤다. 북한에 선군체제가 들어선 이후 한국은 억지의 기반 위에 두 가지 대립되는 대북정책을 실천하고 있다. 김대중 정부(국민의 정부)와 노무현 정부(참여정부)는 북한을 포용하려는 노력을 강조하는 성격의 정책을 펼친 반면 이명박 정부(실용정부)는 북한의 그릇된 행동에 대해 양보는 없다는 강경한 정책을 주요 기조로 삼고 있다. 국민의 정부와 참여정부의 대북정책은 우리 사회의 진보적 이념과 세력에 기반을 두고 있으며, 실용정부의 대북정책은 보수적 이념과 세력의 지지를 등에 업고 있다. '남남갈등'이라는 용어가 나타내듯 두 패러다임 사이의 간극을 메우려는 노력은 아직 성과를 거두지 못한 채 커다란 숙제로 남아 있는 실정이다.

1) 김대중 정부와 노무현 정부의 대북정책

김대중 정부의 화해협력정책과 노무현 정부의 평화번영정책은 기본적으로 같은 노선 위에 서 있다. 노무현 정부는 김대중 정부의 대북정책을 형식적·내용적 측면에서 계승하였으며 두 정권은 각기 한차례씩 북한과 정상회담을 가졌다. 2000년 김대중 대통령은 대한민국 정상으로서 최초로 평양을 방문하여 조선민주주의인민공화국 김정일 국방위원장과 정상회담을 가졌다. 김대중 대통령과 김정일 위원장은 6·15남북공동선언을 통해 남과 북이 ① 통일문제를 우리 민족끼리 자주적으로 해결하며, ② 남측의 연합제안과 북측의 낮은 단계 연방제안 사이의 공통점을 인정하고, ③ 경제협력을 통하여 민족경제를 균형적으로 발전시킬 것을 약속하였다.[3] 김대중 대통령은 햇별정책을 통해 교류협력의 증진을 통하여 북한을 변화시키려는 첫 시동을 걸었다.

북한의 핵실험으로 시련을 겪기도 한 노무현 대통령은 그의 임기 말 남북 정상회담을 단행하였다. 2007년 10월 남북정상선언을 통해 노무현 대통령과 김정일 위원장은 ① 6.15 공동선언 적극 구현, ② 상호 존중과 신뢰의 남북관계로 전환, ③ 군사적 긴장 완화와 신뢰 구축, ④ 6자회담의 2·13 합의 이행 협력, 평화체제 구축과 종전선언 논의 실현 노력, ⑤ 남북 경협의 확대 및 발전, 서해평화협력특별지대 설치, ⑥ 사회문화 분야 교류협력의 발전, ⑦ 남북 간 인도적 사업 협력, ⑧ 국제무대에서의 공동 노력 등에 합의하였다.[4]

참여정부 내내 한미동맹의 성격과 방향을 둘러싸고 논란이 일었다. 참여정부의 '균형자론'은 한국이 미국과 중국 사이에 설 수 있다는 해석을 낳아 보수층의 비판에 직면하였다. 실제 노무현 정부의 외교안보팀은 한국 현대사에서 미국의 긍정적 역할과 부정적 역할을 동시에 보고자 했으며, 중국을 '재발견'한 최초의 정부는 아니었으나 정서적으로 중국의 역할에 많은 기대를 갖고 있었다. 참여정부는 한국 현대사에서 '탈미입중(脫美入中)'의 명제에 가장 근접한 정권이었다.

김대중, 노무현 정부의 대북정책의 기저를 이루는 양대 명제는 '북한 변화론'과 '북핵 협상론'이다. 첫째, 북한 변화론은 북한은 변할 수밖에 없으며, 변화의 길로 이미 들어섰고, 남북교류와 주변국과 관계개선을 통해 점차 변화의 수위를 높여 갈 것이라는 것이다. 사실 국제사회주의체제의 붕괴와 1990년대 중반 경제의 위기로 북한은 과거와 같은 경직된 중앙집권식 계획

---

3 6·15남북공동선언, 2000년 6월 15일.

4 남북정상회담 준비기획단, 『2007 남북 정상회담 합의 해설 자료』, 2007년 10월 4일.

경제를 고집할 수만은 없게 되었다. 북한은 기업경영의 자율성을 높이고 인센티브를 확대하는 새로운 분조관리제(1996년), 독립채산제(1997년), 기업소 간 물자교류시장(2002년)을 잇달아 도입하였다. 2002년 '7·1 경제관리 개선조치'를 통해 물가, 임금, 환율 등 가격기구를 대폭 조정하였고, 이듬해 3월에는 농민시장을 종합시장으로 개편하면서 제한적 변동가격제를 실시하였다. 2002년 10월에는 금강산관광지구를, 11월에는 개성공업지구를 특구로 추가 개방하였다. '종자론', '신자력갱생론', '단번도약론'은 이 시기 북한의 경제관리를 개선하려는 일련의 드라이브를 압축하는 구호들로 빈번히 사용되었다.[5]

북한의 이러한 징후들을 김대중 정부와 노무현 정부는 불가역적 개혁의 신호들로 받아들였다. 통일부는 "현단계 북한의 변화는 체제유지를 전제로 개선을 추구하는 수준의 '개혁(reform)' 단계"라고 평가하고 "북한의 공식 이데올로기와 현실 적응을 위한 실제적인 변화를 구분하기 위해 이분법적 평가보다는 단계론적 평가가 적절"하다고 지적하였다. 또한 통일부는 "변화의 불가역적 특성에 따라 궁극적으로 전 분야의 「근본적인(fundamental) 변화」로 진전될 것"이라는 낙관적인 전망을 내놓았다.[6] 통일연구원이 2007년에 펴낸 책자는 "북한은 변화하는 유기체"라는 프롤로그와 "'지켜만 보는' 방관이 아닌 '함께 하는' 변화로"의 에필로그 사이에 "조금은 더디지만 북한이 변하고 있다", "북한은 지금 경제개혁 중", "북한변화의 중심에 남북협력이 있다"의 제목을 가진 장들로 구성되어 있다.[7]

둘째, 국민의 정부와 참여정부의 대북정책은 북핵 협상론에 기반을 두고

---

5 김영윤·최수영, 『북한의 경제개혁 동향』(서울: 통일연구원, 2005).

6 통일부, 『최근 북한 변화 동향』, 2004년 12월, 4쪽, 13쪽.

7 김영윤·조봉현·박현선, 『북한이 변하고 있다』(서울: 통일연구원, 2007).

있다. 이것은 북한의 핵개발이 동북아시아의 냉전구조가 아직 해체되지 않은 구조적 원인에 기인한 것이며, 평양은 안보불안이 해소되고 경제적 보상이 주어지면 핵을 포기할 것이라는 입장이다. 협상론은 북이 협상을 원하나 클린턴(Bill Clinton) 대통령 임기말 기회를 놓쳤고, 부시(Geroge W. Bush) 행정부 때는 네오콘의 강압적 정책으로 협상의 분위기가 형성되지 못했다는 주장을 펼친다. 노무현 정부는 북핵의 원인을 북한 자체보다는 북미 사이의 안보 딜레마에서 찾고, 한반도의 평화 제도화를 통해 구조를 변화시키려는 노력에 집중하였다.[8] 평화번영정책은 남북경협의 진전과 북핵문제 해결 사이에 선순환적 구조를 만든다는 병행론에 입각하고 있었다.

10년 동안의 적극적인 대북정책의 추진은 적지 않은 성과를 낳았다. 남과 북 사이의 인적 교류가 성장하였고, 교류협력의 폭과 양도 신장되었다. 대화의 증가와 더불어 부분적 긴장완화 또한 달성되었으나 이것이 진정한 그리고 지속가능한 화해와 협력의 도래를 의미하는 것은 아니었다. 북한의 꾸준한 핵개발이 증명하듯이 한반도의 안보 불안 또한 줄지 않았다. 북한의 선군체제는 2002년 7·1조치에도 이후 오히려 시장과 개방의 추세에 역행하는 정책을 펼치고 있다. 남북대화가 꾸준히 이어졌음에도 대화의 속도와 시기가 북한에 의해 좌우되는 경향이 있었다. 남북경협도 제한적으로 이루어져 경협이 북한 변화의 촉매로 작용하기보다는 북한의 현체제 보위를 후원하는 성향도 존재하였다.

상대국에 대한 지원이 개혁의 필요성을 감소시키는 역할을 할 수도 있다. 피원조국이 원조국의 공여를 당연시하며 경제운영 체계의 개선에 소홀하고 잉여 자원을 군사부문에 투자한다면 오히려 개혁에 역행하는 부정적 역

---

8 통일부, 『2006년 업무추진 계획』, 2006년 2월.

할을 하게 된다. 이것을 박형중[9]은 '기생형 현상유지'라고 부르고 있다. 포용의 대북정책은 상호의존과 교류협력의 확대가 남북통합과 공동번영을 가져올 것이라는 단순 기능주의에 입각해 있다. 그러나 남북관계에서 아직까지 교류의 확대가 정치적 신뢰구축과 군사적 긴장완화로 이어지지 않고 있는 아쉬움이 있다. 포용정책의 실천은 남북관계를 과거에 비해 진일보시키는 등 많은 업적을 낳았다. 그럼에도 포용에 대해 아쉬움이 남는 것은 그 전제의 오류에 있는 것이 아니라 불완전성에 있다. 포용 주체의 정책이 변수가 아닌 상수가 될 경우 포용의 대상이 이를 역이용할 공간이 열리게 되는 것이다. 대상의 선한 행위에 대해서도, 배신 행위에 대해서도 일률적으로 보상이 뒤따른다면 피포용자는 ① 자기 노력에 의한 체제 변혁의 동기를 잃게 되고, ② 포용국의 호의를 이용하여 이익만을 챙기고, ③ 모험적 행위를 하게 될 동기가 커지게 된다. 포용국은 협력의 목표를 위해 피포용국의 일탈 행위에 대해 쉽게 용서해 주고, 협력을 유도하기 위해 더 많은 양보를 해야 하는 '유화의 딜레마'에 빠질 가능성이 있다.

2) 이명박 정부의 대북정책

이명박 정부는 성숙한 세계국가를 외교안보 비전으로 내걸고 한반도 비핵 평화구조 공고화, 인도적 협력 증진, 21세기 한미 전략동맹 구축, 에너지 협력외교 강화, 선진 군사능력 확충 등의 구체적인 의제를 추진하고 있다. 실용정부의 대북정책은 과거 김대중 정부와 노무현 정부의 대북정책에 대한 반성으로부터 출발한다. 이명박 정부는 출범과 더불어 과거의 대북정책

---

9 박형중, "대북지원과 대북정책," 2009 통일연구원 학술회의: 북핵 문제 해결 방향과 북한 체제의 변화 전망, 2009년 2월 18일, 35-80쪽.

이 가치와 이념 지향적이었다고 비판하면서, 실용을 기조로 하는 정책을 추진할 것을 역설하였다. 상생과 공영의 대북정책은 추진원칙으로 실용과 생산성에 기초, 원칙에는 철저하되 유연한 방식으로 접근, 국민 합의 기반, 남북협력과 국제협력의 조화를 삼고 있다. 실용정부는 남북경협 4대 원칙으로 북핵 진전, 경제적 타당성, 재정 부담 능력, 국민적 합의에 따른 경제협력을 삼았다.[10]

이명박 정부의 외교안보정책팀은 세계화·정보화의 흐름에 신속하게 적응하지 못하면 북한은 끝내 평화와 번영의 국제질서에서 도태되고 말 것이라는 생각을 갖고 있다. 과거 정부들에 비해 북한 변화의 당위성을 더욱 강조하고 있다. 김대중, 노무현 정부의 정책팀은 북한의 변화를 지나치게 강조하면 북한이 안에서 문을 걸어 잠그고 대화에 응해 오지 않을 것이라는 판단에서 '개혁'과 '개방'이라는 화두의 사용을 자제하였다. 이명박 정부는 남북관계의 양적인 성장에도 불구하고 질적인 성장에 있어 성과가 미흡했다는 자성 아래 당근과 채찍을 통해 북한의 변화를 앞당기려 하고 있다. 상생과 공영의 정책은 경제협력과 북핵문제를 별개의 문제로 분리해서 다루는 병행론의 전략을 반대하며 후자의 진전을 전제로 전자를 추진한다는 연계론의 전략을 내세운다. 이명박 정부는 병행론이 결국 핵무장을 기정사실화해 가면서 경협의 과실만을 따먹는 북한의 행태를 조장 및 방조했다는 반성에서 정경분리의 원칙에 반기를 든다. 실용정부는 북핵문제의 해결에 방점을 두고 북한이 비핵화 노력을 하는 경우 이에 연동하여 대북지원을 한다는 구상을 갖고 있다. 핵포기를 유인하려는 사전 유인책의 제공보다는 핵포기

---

10 통일부, 『대북정책 이렇게 해왔습니다』, 2012년 2월; 청와대, 『이명박 정부 외교안보의 비전과 전략: 성숙한 세계국가』, 2009년 3월; 윤덕민, "『비핵 · 개방 3000 구상』: 과제와 전망," 『주요국제문제분석』, 2008년 4월 29일.

의 행동에 대해 사후 보상하려는 태도를 갖고 있다. 북한의 선한 행위에는 보상을, 일탈 행위에는 처벌을 하겠다는 것은 이 정부가 '느슨한 상호주의(diffuse reciprocity)'에서 벗어나 '엄격한 상호주의(specific reciprocity)'를 실천할 것임을 보여주는 것이다.[11]

이명박 정부는 북핵문제의 원인은 북한이라는 행위자 자체임을 지적하며 단위(unit)를 변화시키려는 노력에 방점을 두고 있다. 정권 초기 북한문제보다 다른 국가 어젠다에 집중하는 선의의 무시(benign neglect)에서, 북한의 2차 핵실험 이후에는 강력한 제재를 앞세우는 징벌적 정책을 펼치고 있다. 북한은 나름대로 이전 정부와 다른 태도로 대북 협상에 임하는 이명박 정부에 대해 좌절 내지는 분노를 표시하며 강경대응으로 나섰고, 이는 김정일 위원장의 와병과 회복, 3대 세습의 과정과 맞물리면서 핵과 미사일 실험, 천안함과 연평도 사건 등 연이은 도발로 이어졌다. 이명박 정부는 천안함 사건에 대한 대응으로 유엔 안보리 회부, 해상 한·미 군사훈련 및 대북 심리전 재개, 개성공단 이외의 남북교역과 교류 전면 중단, 북한 선박의 남한 측 해역 운항 금지, 남한 주민의 방북 불허, 순수 인도주의적 목적을 제외한 대북지원 중단 등을 포함하는 소위 5·24 조치를 단행하였다. 2009년과 2010년 저점을 찍은 남북관계를 회복시키려는 노력이 이어지고 있지만 현재로서는 별다른 돌파구가 마련되지 못한 채 현 정부의 고민만 늘어 가고 있는 실정이다.[12] 김정일 사후 김정은 정권과 이명박 정권의 관계맺기는 아직 태동 중이다.

---

11 박종철, "남북관계 1년의 평가와 과제," *Online Series*, 2009a.

12 『論語』(〈憲問〉편)에 나오는 다음 구절은 천안함과 연평도 사건 이후 적절한 대북정책을 찾기 위해 고민하고 있는 이명박 정부의 대응과 관련 시사점을 주고 있다. 어떤 사람이 "덕으로 원한을 갚으면 어떠냐"고 공자에게 물었다. 공자는 "그럼 무엇으로 덕을 갚을 것인가? 곧음으로 원한을 갚고 덕으로 덕을 갚아야 한다"라고 대답했다. ("或曰 以德報怨 何如. 子曰 何以報德 以直報怨 以德報德.")

이명박 정부 들어 남북관계가 경색되면서 한편에서는 이명박 정부의 보수적인 대북정책이 그 원인이라고 비판하고 있다. 비판자들은 이명박 정부가 민족문제를 국제문제에 종속시키고 있다고 안타까워 한다. 이 정부의 대북정책은 대북 관여를 주장하면서도 관여의 방법론에 대한 고민이 부족하다. 북한과 공존하고, 북한을 인정하는 자세가 약하며 실질적으로 관여에 인색한 면을 보여주고 있다. 북한과 경제협력을 비핵화와 강하게 연계시킴으로써 비핵화 이전 단계의 대북정책의 구체적 성격이 모호해졌다. 겉으로는 북한을 인정하며 공존을 희망한다는 견해를 피력하고 있으나 이것이 실제 행동으로 이어지지 않고 있다. 김대중 정부와 노무현 정부의 대북정책의 기조가 잘못된 것이며 선임 정부의 대북정책은 실패했다는 판단과 이명박 정부의 대북정책은 무엇인가 이전 것과 선명하게 달라야 한다는 명분이 이명박 정부 대북정책의 유연성을 가로막고 있는 형국이다. 이명박 정부의 대북 강경 드라이브가 남북 간의 긴장의 상승이라는 부작용 외에 북핵문제 해결의 진전, 북한 변화의 가속화, 남북관계의 질적 변화 등 어느 면에서도 별다른 실질적 성과를 내지 못했다는 점은 반성해야 할 대목이다.

3. 현 북한체제의 성격

대북정책 논란의 중심에 북한이 있다. 북한 체제의 성격을 어떻게 평가하느냐에 따라 그에 대한 대응이 달라지기 때문이다. 북한 국가의 성격과 관련 전체주의(totalitarianism), 조합주의(corporatism), 신사회주의적 조합주의(neosocialist corporatism), 제도주의적 다원주의(institutional pluralism) 등 다양한 시각이 병립하고 있다.[13] 북한은 2차 세계대전 종전 이후 스탈린주의 이념에 기초하여 국가사회주의로 태어났다. 만주에서 활동하던 항일 유격대가 권력의 중심에 섰으며 이후 무력에 의해 전 반도의 공산화를 기도했으나 실패하였다. 수령 중심의 유일체제는 가부장제적인 지배, 국가에 대한 충성을 강조하는 전근대적 유교 이념을 활용하여 주민에 대한 통제를 강화하였다. 북한은 스탈린주의와 전통주의가 결합된 권위주의적 독재체제로 성장하였고 주체 이념의 강조, 반대파의 숙청, 외부와의 단절, 냉전 체제의 견고화와 맞물리며 전체주의적 성격이 강한 체제로 성장하였다.

해방 이후 한반도의 북과 남에는 각기 다른 특성을 가진 국가와 체제가 등장하였다. 이를 '요새국가(fortress state)'와 '탐험선국가(voyager state)'로 명명할 수 있다. 탐험선국가는 한국의 대외지향적이고 모험적인 성향을, 요새국가는 체제 안보에 사활을 거는 북한의 고립형 성향을 강조한 것이다. 탐험선국가는 "외부세계와 인적·지적·물질적 소통과 교류를 중시하며 상호의존과 대외 지향적 경제개발전략을 추구하는 해양 친화적 국가"를 말한다. 요새국가는 "정권안보를 국가의 제일목표로 삼고 자주, 자위, 자립에 의존하는 대륙 친화적 국가"를 뜻한다. 탐험선국가는 수출입국과 세계화를, 요새국가는 주체, 자력갱생, 선군을 각각 국가전략의 키워드로 삼아 왔다. 주로 군부 엘리트와 해외 유학파가 국가경영을 맡은 탐험선국가는 해양국가와 전략적 협력관계를 유지해 왔고, 요새국가는 항일 유격대와 국내파가 국가 건설의 책무를 맡았으며 대륙국가와 이념·체제·문화의 유사성을 가지고 있다. 북한이 대륙국가와 친화성을 가진 점, 한국이 해양국가와 친화성을 가진 점은 이 지역의 원심력으로 작용하여 한반도의 분절화를 강화시켜 왔다.[14]

---

13 McEachern, Patrick, "Interest Groups in North Korean Politics," *Journal of East Asian Studies*, 8, 2008, pp. 235-258; 오경섭, "북한 전체주의 사회통제와 체제 내구성," 『세종정책연구』, 5권 2호, 2009, 217-260쪽.

14 우승지, "남북한관계 60년 분석: 1948-2008," 『국제·지역연구』, 17권 2호, 2008, 126쪽.

북한 요새국가는 60여 년의 역사 동안 '스탈린체제(48체제)', '유일체제(72체제)', '선군체제(98체제)'의 변화를 겪어왔으며 이제 새로운 체제의 탄생을 눈앞에 두고 있다. 신체제의 정체성은 아직 미확정이며, 안착 여부 또한 불확실하다. 1948년 9월 일당독재와 계획경제를 근간으로 하는 소비에트형 국가가 한반도의 북반부에 등장하였다. 김일성을 중심으로 하는 유격대 집단은 점차 국내파, 연안파, 소련파의 도전을 물리치고 권력을 집중해 나갔다. 1960년대 후반 군부 강경파와 갑산파의 도전과 숙청은 후계구도와 맞물려 있다는 점에서 과거 '종파사건' 등 비(非)빨치산파의 도전과 성격을 달리하는 것이었다. 이 시기부터 북한은 김일성에 대한 개인숭배와 주체사상을 크게 강조하기 시작했으며 동시에 후계자 선정을 마무리하였다. 1972년 사회주의헌법의 등장은 72체제의 완성을 의미하는 것이었다. 유일체제가 완성되는 동안 북한은 국가의 에너지를 내부의 적을 소탕하고 주민을 정신적·육체적으로 동원하는 데 쏟았다. 주체사상과 유일영도 아래 전체주의의 이상에 근접하는 체제가 한반도의 북반부에 수립되었다.

세계사회주의체제의 붕괴와 '고난의 행군'에 대한 대응으로 등장한 것이 98체제다. 선군정치에 기반을 둔 선군체제는 국방위원회를 전면에 내세우고 당과 군의 전국적 조직에 의존하는 시스템이다. 내외 위기에 대응하기 위해 탄생한 선군체제는 무력의 중요성을 강조하며 핵무장에 매진하고 있다. 계획경제의 유지 속에서도 일반 주민은 먹고사는 문제를 부분적으로 시장에 의존하고 있고 그들은 과거보다 많은 외부 정보의 유입에 노출되어 있다. 두 차례에 걸친 체제 변화에도 불구하고 요새국가를 관통하고 있는 폐쇄성으로 인해 북한은 세계화, 정보화의 조류에 합류하지 못하고 있으며, 개혁개방과는 거리가 먼 정책을 고수하고 있다. 향후 김정은이 북한의 지도자로 안착할 수 있을까? 그렇게 된다면 그는 선군노선을 지속하는 '선군수령

2호'가 될 것인가? 아니면 권위주의 아래 경제발전에 주력하는 '계몽수령'이 될 것인가? 김정은의 미래는 엘리트 단결과 주민의 생존권 문제 해결 여부에 달려있다고 할 수 있다. 단기적으로는 엘리트의 충성과 단결 여부가 신체제의 안착에 관건이 될 것이며, 중장기적으로는 주민의 생존권을 보장할 수 있는 통치전략의 마련 여부가 중요해질 것이다. 북한이 개혁개방의 결단을 내리지 않으면 시간이 갈수록 북한의 후진성이 강화될 것이며, 북한은 동북아시아의 교류와 협력을 가로막는 장애물로 남게 될 것이다.

북한은 현재 전체주의 후기의 성향을 드러내고 있으며 무릇 모든 권위주의체제가 그렇듯이 자유화, 민주화의 과정에서 체제 위기에 직면할 위험성을 내포하고 있다. 북한의 급변사태에는 외폭에 의한 붕괴, 내폭에 의한 붕괴, 외폭과 내폭이 융합된 형태의 세 가지 경우가 존재한다. 현 시점에서 북한의 지정학적 위치, 전략적 위상 때문에 외부의 강제력에 의해 북한 체제를 변화시키는 '외폭(explosion)'의 시나리오는 실현 가능성이 낮다고 볼 수 있다. 다시 말하면 동아시아질서의 21세기적 외연은 북한이 '제2의 이라크'나 '제2의 리비아'가 될 가능성을 낮추는 억제의 역할을 하고 있다. 김정일 선군체제는 대륙 간 미사일 개발, 인권의 억압, 두 차례의 핵실험, 전쟁 위협 등 끊임없이 주변국들을 위협해 왔지만 1990년대 초 클린턴 행정부의 영변 핵시설 기습타격 준비설 외에 북한에 대해 군사력 사용이 고려되고 있다는 흔적은 별로 없다. 심지어 북한은 이란, 시리아, 미얀마 등 문제국가들과 은밀한 거래를 하고 있고, 핵확산의 의심마저 받고 있지만 이것이 곧 북한에 대한 침공으로 연결되지는 않고 있다. 현재까지 한반도의 상황 전개는 북한에 대한 군사력 사용이 가능하긴 하지만 무척 어렵다는 것을 반증하고 있는 것으로 보인다. 북한이 권력세습의 혼란, 파워 엘리트의 분열, 국가-사회 구성원들의 아나키적 충돌 사태에 의해 붕괴되는 '내폭(implosion)'의 가능성은 열려 있다. 한국과 주변국들은 포스트 김정일 체제의 형성 과정에서 스스로 모순의 힘을 이겨 내지 못해 발생하게 될 급변사태에 대해 충분한 대비를 하고 있어야 할 것이다.

다른 한편으로 권력세습 이후 체제의 지속 옵션에 대한 대비도 하고 있어야 한다. 그리고 그 대비책은 북한을 '안'과 '밖'에서 서서히 변화시키는 관여의 방법론일 수밖에 없다. 우리는 북한의 급변사태에 대비해 만반의 준비를 갖추고 있는 한편 북한의 점진적 변화를 전제로 남북이 하나로 통합되는 관여의 정책을 기본 기조로 하여 대북정책, 통일정책을 구성해야 한다. 남한이 남북관계에서 적극적인 자세로 임해 주도권을 쥐고 지도력을 발휘해야 한다. 일각에서는 북한문제 해결이 지난하고, 많은 비용이 들며, 오랜 시간을 필요로 한다는 점에서 북한을 무시, 방치하는 전략을 선호하기도 한다. 그러나 북한문제의 방치는 오히려 훗날 더 큰 문제가 되어 부메랑으로 돌아올 가능성이 크다. 한반도의 문제를 한반도의 주인공인 우리가 전략적 현명함과 일관성을 가지고 주도적으로 풀어 나가야 할 것이다. 대북 관여의 중심에 한국이 위치해야 한다.

4. 북한에 대한 새로운 접근

1) 관여에 대한 이해

지난 시절 그리고 현재 진행 중인 대북정책에 대한 검토를 통해 우리는 새로운 대북정책을 설계하고 조립하기 위한 시사점을 얻을 수 있다. 지난 시기 대북정책은 공과(功過)를 함께 지니고 있다. 관여정책의 성과가 바로 나타나지 않는다고 해서 이것이 바로 관여에 대한 부정과 폐기 주장으로 발전해서는 곤란하다. 향후 우리 사회의 화두는 "관여인가, 아닌가?"에서 "어떤 관여를 할 것인가?"로 바뀌어야 할 것이다. 우리가 과거 관여의 일부 부작용에도 불구하고 관여를 포기할 수 없는 이유는 북한에 대한 무관심과 방치가 문제의 해결을 더욱 어렵게 할 것이며, 북한이라는 존재가 스스로 없어지기도 쉽지 않기 때문이다.

관여정책은 국제정치이론에서 자유주의적 전통에 주로 기반하고 있다. 구미에서 관여는 시장, 민주주의, 국제제도 등 자유주의적 메커니즘에 피관여국을 속박하여 자국의 외교정책상 목표를 달성하려는 정책으로 흔히 이해되고 있다. 관여는 주체, 객체(대상), 목표, 수단으로 구성되어 있다. 관여를 펼치는 국가는 자신의 이해관계가 걸린 대상국을 선정하게 한다. 관여국은 피관여국에 대해 구체적인 하나 또는 복수의 정책목표를 지니고 있다. 한 국가가 대상국에게 자신의 이익을 관철시키기 위해서 사용할 수 있는 여러 옵션 중에 관여의 방법론은 주로 긍정적인 유인책을 사용하게 된다. 제재의 방법을 완전히 배제하지는 않으나 관여론은 상대를 혹하게 할 수 있는 유인술에 더 관심을 갖고 있다. 대상국이 관여국의 희망사항을 접수할 경우 기대되는 혜택과 선물의 인센티브에 의해 강제가 아닌 자신의 의지에 의해 정책 방향을 바꾸게 하는 것을 관여라고 할 수 있다. 관여는 일시적이고 일회적인 충격 요법을 통해 대상국의 행위를 강제로 변경하려 하기보다는 중장기적 기간에 걸쳐 관여국과 피관여국 사이의 교류와 협력의 축적을 통해 피관여국의 정체성을 관여국의 정체성에 수렴하도록 사회화시키는 일련의 복잡한 과정을 필요로 한다. 즉 관여정책은 상호의존의 강화 과정을 통해서 단순히 대상국의 행위, 정책 변화에 만족하지 않고 보다 근본적인 정체성의 변화까지도 의도하고 있다는 것이다.[15]

---

15 전재성, "관여(engagement)정책의 국제정치이론적 기반과 한국의 대북정책," 『국제정치논총』,

국제정치학에서 관여는 다양하게 정의되고 사용되고 있다. 때로 강한 국가가 약한 국가에게 강제적이지 않은 수단을 사용하여 자국의 목표를 달성하려 할 경우를 관여로, 약한 국가가 강한 국가를 상대로 긍정적 유인책을 활용하여 자기의 국가이익을 관철하려 할 경우를 유화정책으로 구분하기도 한다. 관여와 유화를 동일한 개념으로 사용하는 경우도 있다. 현상변경세력을 달래기 위해 비강제적 수단을 사용하는 정책으로 보거나 목적 달성을 위해 긍정적인 유인책을 사용하는 경우를 관여로 해석하기도 한다.[16] 필자는 관여와 유화를 혼용하는 것이나 관여국 또는 대상국의 상대적 국력의 격차에 초점을 맞추는 정의에 대해 회의적이다. 즉 강한 국가가 약한 국가에 대해 관여 또는 유화를 펼칠 수 있고 또한 약한 국가가 강한 국가를 상대로 유화 또는 관여를 사용할 수 있다고 본다. 관여를 올바로 자리매김하기 위해서는 유관 개념들과의 같은 점과 다른 점을 분명히 할 필요가 있다. 다음 〈표 1〉에서 보는 바와 같이 관여, 정복, 유화, 봉쇄를 가르는 기준은 수단의 성격과 정책 목표의 성격에 있다.

표 1. 상대국의 정책/정체성을 변화시키려는 노력

	비강제적 수단	강제적 수단
상대의 정체성을 자신의 정체성에 수렴시키려 함	관여	정복
상대의 현상 변경 목표를 좌절시키려 함	유화	봉쇄

43집 1호, 2003, 231-251쪽.

16 전재성은 이를 종합하여 관여를 "외교, 군사, 경제, 문화 등 다양한 영역에서 대상국가와의 교류를 광범위하게 증진시킴으로써 대상국가의 정치적 행위에 영향을 미치려는 정책으로서, 관여의 대상국과 주체국 간 상호의존을 증진시켜 다양한 영역에서 협력을 강화하고, 관계정상화까지 추구하는 정책"으로 정의하고 있다(전재성, 2003, 234쪽).

우선 수단은 비강제적 수단과 강제적 수단으로 양분된다. 물론 관여도 강제적 수단을 사용할 수 있으며, 봉쇄 또한 때로 비강제적 수단을 혼용한다는 점에서 이 구분은 절대적인 것이라기보다 상대적으로 어느 수단에 강조점을 두느냐에 따라 달라질 수 있다고 볼 수 있다. 즉 유화는 비강제적 수단을 주로 사용하고 봉쇄는 강제적 수단에 방점을 두고 있다. 대상국이 현상변경 목표를 가지고 있을 때 봉쇄는 물리적 제재를 통해서 이를 물리치려 하며 유화는 유인책을 통해 자국의 안보를 보장받으려 한다.[17] 자신의 정체성을 상대에게 이입시키려 한다는 점에서 관여와 정복은 같은 반열에 서 있다. 정복은 강제적 수단을 동원하여 자신의 목표를 달성하는데 비해 관여는 주로 접촉과 설득을 통하여 상대의 정체성 변화, 정책과 행위의 변화, 평화공존의 달성 등의 목표를 추구한다. 이상의 논의를 통해 본고에서는 관여를 주로 긍정적인 유인책을 사용하여 대상국의 행위 또는 정체성을 변화시켜 공존과 공영의 새로운 질서를 구축하려는 정치, 경제, 사회적 노력의 합이라고 정의한다.

김대중, 노무현 정부의 대북 포용정책은 관여정책의 한 부류로 분류할 수 있다. 화해협력정책과 평화번영정책은 북한에 대해 상당히 관대한 수단을 사용하였고 북한의 변화 목표에 대해 때로 침묵했다는 점에서 상당히 유연한 형태의 관여정책이거나 관여와 유화의 중간지점에 위치할 수 있는 정책이었다고 본다. 특히 북한의 핵, 미사일 프로그램의 진전에 대한 효과적인

---

17 유화(appeasement)는 일반적으로 양보 또는 타협을 통하여 상대방과 적대적인 관계가 되지 않으려는 일련의 노력을 의미한다. 국제정치학에서 유화는 주로 현상타파세력을 현상유지세력으로 오인하여 무리하게 타협을 취하는 정책을 가리키는 경향이 있다(전재성, "유화 혹은 포용: 히틀러에 대한 유화정책이 대북정책에 주는 시사점," 『국가전략』, 6권 2호, 2000, 75-98쪽).

대응이 미흡했다는 점, 핵 프로그램에 대한 북한의 의지를 과소평가했다는 점, 북한의 변화가 미미했다는 점, 북한의 인권 상황에 대해 적극적인 의사 표명이 미흡했다는 점에서 지극히 성공적인 관여였다고 보기는 힘들다. 그러나 이 땅에서 관여정책의 첫걸음을 딛는 개척자의 역할을 했다는 측면에서 평가가 가능하다.

2) 민족이익 우선론과 국가이익 우선론 비판

'잃어버린 10년' 또는 '잃어버린 5년'의 표현에서 볼 수 있듯이 그간 한국의 대북정책은 북한 포용론과 북한 압박론의 평행선을 그어 왔다. 북한이 이미 변화의 길로 들어섰으며 조건만 맞으면 핵을 포기할 것이라는 낙관론과 북한은 절대 변하지 않을 것이라는 비관론 사이에서 방황했다. 미국의 대북정책에 지나친 기대를 갖는 경향과 핵문제를 북미 사이의 문제로 치부하는 회피 의식도 있었다. 한미동맹이라는 약속, 민족공조라는 이상 사이에서 한국 외교의 선택 폭이 좁아지는 것을 경험하기도 했다.[18] 기존 대북정책을 다음 〈표 2〉와 같이 민족이익 우선론과 국가이익 우선론의 두 일반형으로 구분해 볼 수 있다.[19]

---

18 S. Snyder, "South Korea's Squeeze Play," *Wahsington Quarterly*, 28: 4, 2005, p. 93.

19 민족이익 우선론과 국가이익 우선론이라는 호칭이 아주 만족스럽지는 않으나 기존 보수와 진보의 대북관이라는 진부한 표현을 피하기 위해 채택한 것이다. 전자는 민족화합의 명분을 우선한다는 점을, 후자는 국제사회의 경쟁에서 국력과 국익의 신장을 강조한다는 점을 부각시킨 명칭이다.

표 2. 대북정책의 분류

민족이익 우선론		국가이익 우선론	
선통일	후통일	선통일	후통일
통일(unification) 지상주의	포용(embracement) 정책	봉쇄(containment)와 반격(rollback)정책	무관심(benign neglect) 정책 또는 조건부 관여

자료: 우승지, 2008, 150쪽의 〈표 3〉을 수정한 것임.

각각은 다시 선통일론과 후통일론으로 세분된다. 선통일에 입각한 민족이익론은 민족을 최고의 가치로 여기며 통일을 시급히 달성해야 할 지상명제로 여기고 있다. 후통일에 입각한 민족이익론은 북한을 포용의 대상으로 간주하여 적극적인 남북 화합정책을 펼친다. 국가이익에 기반을 두고 통일을 강조하는 세력은 봉쇄와 압박으로 북한체제를 소멸시키려는 복안을 가지고 있다. 후통일에 입각한 국가이익 담론은 북한에 대해 무관심한 태도를 보이거나 북한의 태도와 정책의 변화에 연동하여 남북경협을 진행시켜야 한다는 기본 입장을 견지하고 있다. 통일의 화두를 뒤로 접고 나면 국가이익 대 민족이익의 대립적인 양분론이 남는다. 사실상 온건한 입장에서 국가이익을 상대적으로 더 강조하는 세력과 민족이익을 상대적으로 더 강조하는 세력 사이에는 북한에 대한 정책과 태도에 있어 차이점 못지않게 공통점이 존재한다. 그러나 논의를 선명하게 하기 위해 양자의 차이를 부각시켜 보면 다음 〈표 3〉을 얻을 수 있다.

표 3. 북한, 북핵문제에 대한 인식 유형

	국가이익 우선론	민족이익 우선론	제3의 길
북한의 개혁개방 가능성	낮음.	높음.	높지 않으나 중장기적으로 중국형 경제개발 노선을 택할 가능성 존재함.
북한의 위협 수준	높아지고 있음.	낮아지고 있음.	비대칭 전력에 의한 위협을 제외하고는 감당할 수 있는 수준임.
북한체제의 성격	현상타파(revisionist)	현상유지(status quo)	현상타파(revisionist)
안보 위협의 성격	북한의 핵, 미사일 개발	북의 취약성(붕괴가 가져올 경제적 부담, 붕괴 직전 북의 도발 위협). 북미 대결(안보 딜레마)	북한의 붕괴와 북의 비대칭 전력이 모두 위협임.
남북미 삼각관계	한미동맹 강조	민족공조 강조	한미동맹과 민족화합 모두 중요함.
중국관	미국과 중국의 국력 격차를 중시하며 중국의 비민주성에 대해 부정적으로 인식함.	동아시아 신질서 형성과 관련 중국의 역할에 주목하며 중국의 대북 역할에 대해 긍정적으로 인식함.	미국과 중국의 국력 격차를 중시하는 동시에 북한 관련 중국의 역할에 대해 주목함.
북핵의 성격	억지용 그리고 대남 위협용	협상용	억지용 그리고 세력 불균형 역전용
북핵문제 해결 지연의 원인	북한 전략적 결단 내리지 않았음.	미국의 강경자세와 약속 불이행	북한 전략적 결단 내리지 않았음.
북한체제의 내구성	북한은 경제실패, 정보화의 물결, 3대 세습의 모순으로 조기 붕괴할 것임.	북한 체제의 내구성은 의외로 높음.	북한 체제의 붕괴 가능성 존재하나 그것이 곧 통일로 이어지는 것은 아니며 북한이 더디지만 점진적 변화의 길을 걸으며 생존할 가능성을 배제할 수 없음.
북핵문제와 북한문제의 해법	북한이라는 행위자의 변화가 우선되어야 함.	한반도 및 동북아시아의 냉전구조의 해체가 중요함.	단위와 구조가 함께 변하는 공진화를 추구해야 함.

〈표 3〉에서 지적하고 있는 바와 같이 국가이익 우선론은 북핵 등 북으로부터 안보위협을 강조하며 핵문제 해결을 위한 한미 동맹 강화를 중요시한다. 김정일 선군체제는 현상타파(revisionist) 성향을 갖고 있으며 북한이 아직 핵포기 전략적 결단을 내리지 않았다고 보고 있다. 민족이익 우선론은 북의 붕괴가 가져올 위협을 두려워하며 핵문제를 미국 등 국제사회의 협력으로 풀고 서울은 평양과 민족의 화해와 협력을 늘리기 위한 방안 마련에 집중해야 한다고 판단하고 있다. 이 시각은 선군체제가 기본적으로 현상유지(status quo) 성향을 갖는다고 믿고 있다. 양자를 가르는 기준 중의 하나가 북한의 변화 여부이다. 민족이익론은 이미 북한이 많은 변화를 겪었다고 보고 향후 북한의 개혁개방 가능성을 높게 보고 있는 반면 국가이익론은 현재까지 북한의 변화에 대해 냉소적이며 미래 북한의 개혁개방 가능성에 대해서도 회의적이며 오히려 조기 붕괴 가능성을 높게 보고 있다.[20]

앞서 서술한 바와 같이 국가이익론의 근본주의적 입장과 민족이익론의 근본주의적 입장 사이에는 깊은 골이 존재하지만 양쪽 주장의 온건론 사이에는 많은 교감이 형성될 가능성이 남아 있다. 국가이익의 추구를 한국의 선진화 과업 달성이라고 정의하고 민족이익의 추구를 남북통합의 달성이라

---

20 사실상 포용정책이 북한의 변화와 현상유지 성향을 전제로 하고 있다고 볼 때 이들 변수에 대한 판단은 중요한 문제이다. 북한 정권의 성격을 논하면서 빅터 차는 현상타파 성향을, 데이비드 강은 현상유지 성향을 강조하는 경향이 있다. Victor D. Cha, "Hawk Engagement and Preventive Defense on the Korean Peninsula," *International Security*, 27(1), 2002, pp. 40-78; David C. Kang, "Rethinking North Korea," *Asian Survey*, 35(3), 1995, pp. 253-267). 2000년대 내내 북한의 변화 여부와 수준에 대한 논의가 잇달았다(박선원, "김정일시대 북한의 변화: 진화론적 접근," 『한국정치학회보』, 36집 3호, 2002, 155-173쪽; 신지호, "북한체제변화 3단계론: 대북정책에의 시사," 『한국정치학회보』, 36집 4호, 2002, 103-119쪽; 전봉근, "북한의 변화 실태와 전망," 『주요국제문제분석』, 2005년 11월 16일; 김근식, "북한의 실리사회주의와 체제변화," 『북한연구학회보』, 11권 2호, 2007, 31-45쪽).

고 정의했을 때 양자는 모두 포기할 수 없는 우리의 과제이다. 국가이익적 시각과 민족이익적 시각의 균형을 통해 국가이익과 민족이익의 어느 한쪽에 경도되지 않는 조화를 추구해야 할 것이다. 국가이익과 민족이익을 공히 중시하는 제3의 시각은 현재 북한이 현상타파 성향을 보이고 있으나 정체성 변화 유도를 통해 북한의 위협을 감당할 수 있다고 본다. 이 시각은 북한이 중장기적으로 개혁개방의 길을 걸을 가능성이 높지는 않으나 불가능하지도 않다는 여지를 남겨 두고 있다. 한미동맹과 민족공조를 동시에 중요시하며 북한 변화와 관련 중국의 긍정적 역할을 인정하고 있다. 제3의 길은 북한이라는 개체와 동아시아 구조의 동시적 변화를 통해서 한반도의 문제를 해결하려는 복안을 갖고 있다.

3) 창조적 관여론(creative engagement policy)

향후 대북정책의 기본 방향은 관여의 포기가 아닌 관여의 진화여야 한다. 여기에는 관여가 통일지상주의, 유화, 격퇴, 봉쇄의 다른 옵션에 비해 우월한 선택이라는 판단이 자리한다. 또한 과거 일방적 양보와 포용이 북한 레짐의 변화를 유도하는 데 그리 효과적이지 못했다는 반성 또한 작용하고 있다. 신관여는 과거 냉전 시기 대북정책과 탈냉전 시기 대북정책의 문제점을 수정하고 장점들을 보완·심화시키는 방향으로 나아가야 한다. 대북정책의 '서울 컨센서스'가 필요한 시점이다. 과거를 전면 부정하고 새로운 기반 위에서 출발하기보다는 남북관계의 역사성, 대북정책의 연속성을 인정하고 과거 사례의 교훈 위에 새롭게 조성된 국내외 여건에 맞도록 정책의 혁신을 시도해야 한다. 관여에 대한 합의를 이룩하고 구체적인 관여의 방법을 찾아야 한다. 한국의 대북 관여의 목표를 일차적으로 평화공존과 상호의존의 남북관계를 이룩하여, 장차 이를 밑거름으로 하여 통일을 달성하는 것으로 삼아야 한다. 통일은 최종, 장기적 목표이며 관여를 통해 남과 북의 정치경제 체제가 충분히 수렴되었을 때 가능해질 것이다.

(1) 비전과 원칙

과거 역대 정권의 대북정책의 장점과 단점을 취사선택하려는 신관여정책을 이 글에서는 '창조적 관여'로 명명하기로 한다.[21] 창조적 관여는 동아시아 지역의 외연의 수준에서 평화, 번영, 통합을 추구한다. 동아시아 지역에 평화롭고 번영된 질서를 건설하면서 그 과정에서 한반도의 통일도 이룩한다는 구상이다. 동아시아 지역에 평화와 번영을 꽃피우기 위해서는 안보공동체, 경제공동체, 문화공동체를 건설하여야 한다. 한반도의 통일은 동아시아 통합을 이루는 과정에서 자연스럽게 이루어지는 결과물이 될 것이다. 역으로 남북통일은 이 지역 통합의 촉진제가 될 것이다. 즉 통일과 통합이 상호 순작용을 하면서 서로 자극제가 되어야 한다.

한국이 동아시아 통합과 한반도 통일의 주역이 되기 위해서는 그 역할을 추진할 수 있는 충분한 정치력, 군사력, 경제력, 문화력을 구비하고 있어야 한다. 민주주의와 시장경제를 근간으로 하는 국가들과 권위주의와 사회주의적 요소를 갖고 있는 국가들이 혼재되어 있는 동아시아의 특성상 지역 평화와 번영을 추구하는 한국에게는 서로 다른 이념과 체제 사이의 협력과 통합을 어떻게 이룰 것인가라는 과제가 주어져 있다. 상호 체제의 차이를 존중

---

21 빌 게이츠(Bill Gates)는 창조적 자본주의(creative capitalism)를 주창하고 있다. 그는 자본주의의 역사적 성공과 성과를 인정하는 한편 점증하고 있는 빈부격차의 문제를 주시하면서, 기업의 혁신적 능력과 시장의 힘을 활용하여 더 많은 사람에게 혜택이 돌아가도록 해야 한다고 역설한다. 그는 빈곤과 질병의 문제를 해결하는 혁신의 주체로서 기업, 정부, NGO의 연합을 강조한다(Bill Gates, "Making Capitalism More Creative," *Time*, July 31, 2008).

하되 우리의 가치를 견지하며, 자연스러운 교류와 대화를 통해 계도의 역할도 견지해야 한다. 한국의 국력과 제도와 규범을 활용하여 이 지역 통합의 촉매제 역할을 맡아야 할 것이다.

대한민국이 동아시아의 평화와 번영을 선도하고 장차 통일한국이 이 지역의 수범국가가 되기 위해서는 한국이 지향하고 있는 가치와 통일한국의 정체성에 대해 분명한 지침을 가지고 있어야 한다. 통일한국의 비전으로 '비핵평화국가', '개방가교국가', '민주복지국가', '선도혁신국가'를 제시할 수 있을 것이다.[22] 통일한국은 NPT 체제의 정신을 존중하여 원자력 에너지를 평화와 번영을 위한 수단으로 활용하며 한반도와 동아시아에 안정된 평화의 질서를 형성하는 데 이바지하는 국가가 될 것이다. 통일한국은 시장경제와 상호의존을 바탕으로 열린 사회를 지향하며 주변국과 활발히 교류하며 대륙국가와 해양국가를 연결하는 교량 역할을 할 것이다. 통일한국은 자유, 인권, 민주주의를 기본으로 시민의 행복과 복지를 증진시키는 역할에 중점을 둘 것이다. 마지막으로 통일한국은 사고, 이념, 기술, 제도의 혁신을 통해 역사의 중심에 서서 세계질서를 이끌어 나가는 선도적 역할을 하게 될 것이다.

비핵평화, 개방가교, 민주복지, 선도혁신의 목표를 향해 나아가는 나침판 역할을 해 주는 것이 창조적 관여론이어야 한다. 그러면 창조적 관여는 무엇으로 구성되어 있는가? 창조적 관여의 첫 원칙은 열린 사고와 유연성이다. 창조성은 부정, 배제, 혐오, 반대의 사고가 아니라 긍정, 통합 및 수렴, 이

---

22 통일한국의 비전 중 앞의 세 항목은 전봉근(2011)을 그대로 따랐다(전봉근, "2011년 북한정세 전망과 새로운 대북전략 모색," 『주요국제문제분석』, 2011년 1월 20일, 18쪽). 윤덕민은 선진민주국가, 녹색성장국가, 세계중심국가, 비핵 · 평화국가의 넷을 통일한국의 미래비전으로 제시하고 있다(윤덕민, "한반도의 새로운 비전: 공동체 통일," 『2010년 정책연구과제 2』(서울: 외교안보연구원, 2011).

해, 찬성의 사고에서 비롯될 것이다. 과거를 부정하는 것이 아니라 과거의 시행착오에서 배우려는 자세가 필요하다. 창조성은 서로를 이해하고 상대에게서 배우려는 자세에서 비롯된다. 창조적 관여론은 한국의 보수와 진보가 머리를 맞대고 서로의 프로그램에서 배우는 것으로부터 시작되어야 한다. 한반도 남쪽 절반의 공간에서마저 서로를 경원시하면서 어떻게 휴전선 너머 동포를 이해하고 포용할 수 있을까? 국가이익을 우선시하는 진영과 민족이익을 우선시하는 진영 사이의 교차학습을 통해서 보수의 대북정책과 진보의 대북정책의 공통분모를 찾으려는 노력이 있어야 한다. 창조적 관여는 그 사고와 태도에 있어서 유연함으로 무장하게 될 것이다. 사고와 정책의 유연함은 이념의 경직된 예단에서 벗어나는 탈(脫)이념에서 찾아야 한다. 열린 사고는 북한의 과거와 현재에 대해서는 냉철한 판단을 하되 북한의 미래와 관련 급변사태에 대한 철저한 대비와 아울러 닫힌 결론을 부정하고 변화 가능성, 변화의 진로, 변화의 속도, 최종 종착역에 대해 미리 예단하지 않는다. 북한 필망론과 북한 필변론 사이에서 현실주의에 바탕을 둔 전망과 이상주의에 기반을 둔 실천이 조화를 이루는 능숙한 운항이 필요하다고 할 수 있다.

둘째, 창조적 관여는 기다리는 자세가 아니라 적극적인 자세에서 선제행동을 취한다. 한국이 앞장서서 북한에 접근할 뿐만 아니라 국제사회가 적극적으로 나설 수 있도록 유도한다. 북한의 양보에 대한 대가성 지불이 아니라 북한의 변화를 유도할 수 있는 프로그램을 마련하여 끊임없이 북한을 노크해야 한다. 우리의 적극성은 민주주의와 경제성장을 성취한 자신감과 책임감에서 비롯될 것이다. 한국사회의 자유, 활기, 번영을 북쪽에도 전파하여야 한다는 사명감으로 북한을 압도하는 경제력을 활용하여 북쪽에도 자유와 번영의 열기가 전해지도록 해야 한다.

셋째, 창조적 관여는 전략적 관여를 표방한다. 과거 이념 중심의 대북정책은 대북 봉쇄와 유화정책의 극단을 낳았다. 맹목적 포용이나 획일적 적대는 국론의 분열을 가져올 뿐이다. 전략적 접근은 한국의 국가이익과 민족이익의 공통분모를 탐색, 확대하는 데 신경을 쓰며, 관여의 속도, 방법, 강도에 대해 사료 깊고 분별 있는 선택을 한다. 북한의 대응과 변화를 주요 변수로 삼아 시의적절하게 관여의 완급, 강약을 조절할 것이다. 북한의 개혁과 개방에 다소 시간이 걸릴 수 있으며, 북핵문제 해결의 실마리도 북한문제 해결의 과정에서 찾을 수 있음을 인정한다. 창조적 관여는 북한의 미래에 대해 열린 시각을 갖고 다양한 미래가 펼쳐질 수 있을 가능성에 주목하여 체제 진화(regime evolution)의 관점에서 북한문제를 접근하게 될 것이다. 전략적 사고는 북한의 성격, 변화 속도, 변화 방향에 대한 철저한 고증을 바탕으로 주변 환경의 변화와 우리 역량의 성숙도, 전체 국가전략과 국가 어젠다에서 북한문제가 차지하는 비중과 의미에 맞추어 적절하고 유연하게 북한을 다루게 될 것이다. 전략적 관여는 북한의 점진적 변화 후 남북합의에 의해 민주주의, 시장경제, 인본주의를 근간으로 통일을 성취하는 것을 목표로 한다. 3대 권력세습을 실천한 북한체제의 앞날에는 ① 선군노선 답습(무변화)의 길, ② 북한식 변화의 길, ③ 개혁개방의 길, ④ 쇠망의 4갈래의 길이 놓여 있다. 네 선택지를 가능성이 높은 항목부터 열거하면 ② > ③ > ① > ④의 순이며, 바람직한 항목부터 열거하면 ③ > ② > ④ > ①의 순이다.[23] 우리의 대북정책의 근간은 북한이 ②의 길을 거쳐 ③의 길로 나아가도록 유도하는 책략을 담고

---

23 이 순서에는 필자의 주관이 많이 깃들어 있다. 가능성의 순서에서 ③을 ①보다 앞에 위치시킨 것은 중장기적으로 선군노선 답습이 지속가능하지 않다고 보았기 때문이다. 단기적으로 ①의 길이 선두에 있다가 차츰 시간이 지남에 따라 순번에서 뒤로 밀리는 현상이 벌어질 것이다. 바람직한 순서에서 ④를 ①보다 앞에 놓은 것은 북한 주민의 고통이 장기간 지속되는 선택을 최악으로 보았기 때문이다.

있어야 하며 동시에 ①의 길과 ④의 길이 현실화될 경우에 대비한 비책도 갖고 있어야 한다. 이것을 4중책(四重策: quadruple strategy)이라고 부를 수 있을 것이다.

넷째, 창조적 관여는 북한과 주변 환경이 동시에 변하는 공진화의 원칙을 강조한다. 북한의 변화에 있어서 제일 주역은 북한일 수밖에 없으며, 북한도 기꺼이 참여할 수 있는 관여의 프로그램이란 자신과 주변이 함께 변하는 것이다. 북한이 스스로를 변화시키려는 '평양 컨센서스'와 한국이 세계의 표준을 창출하려는 '서울 컨센서스'가 어우러져 '한반도 컨센서스'가 만들어질 때 한반도의 제반 문제들에 대한 해답이 도출될 수 있다. 공진화는 단위(unit)와 구조(structure)를 동시에 변화시키는 과정의 산물이다. 오늘의 남북 대치와 북한의 요새국가화는 역사의 산물이다. 한반도와 동북아의 냉전체제와 북한의 요새국가는 서로의 존재를 강화시키는 상호작용을 해 왔다. 따라서 이 지역 냉전체제의 해체는 북한이라는 행위자와 동북아의 냉전 구조를 동시에 변화시키는 것이어야 한다.[24]

다섯째, 창조적 관여는 어느 하나의 방법론에 의존하지 않고 복합적 방법론을 활용한다. 국민의 정부와 참여정부의 대북정책에는 자유주의적 색채가 강하게 배어 있다. 그러나 시장과 상호의존의 긍정적 기능에 대한 확신에 비해 민주주의 확산 등 레짐 타입 변수에 대해서는 별 관심을 보이지 않았다. 실용정부의 접근은 현실주의에 가깝다. 당근과 채찍의 병행, 군사적 억지의 강조, 한미동맹 강조 등이 이명박 정부의 대북정책을 현실주의적이라고 판단하게 만든다. 이명박 정부가 그렇게 핵문제 해결에 우선순위를 두는 것도 평양 정권의 핵보유가 그동안 한국이 공들여 쌓아올린 힘의 우위를

---

24 하영선 · 조동호,『북한 2032: 선진화로 가는 공진전략』(서울: 동아시아연구원, 2010).

무력화시키기 때문일 것이다.

동북아시아는 복잡하고 복합적인 정치경제의 공간이다. 21세기 동북아 질서를 제대로 이해하기 위해서는 현실주의, 자유주의, 구성주의 어느 하나의 렌즈만으로는 불충분하다. 3개의 패러다임이 공존하는 현실을 인정하고 그에 준하는 개념과 사고로 무장할 필요가 있다. 배타적인 이론의 적용은 현실의 일면만을 부각시키고 다른 면을 배제하는 근시안적 이해를 낳을 뿐이다. 현실주의적 시각만을 고집하여 상호의존의 그물로 엮이는 물류, 자본, 정보, 통신, 문화, 인적 자원의 흐름의 힘을 무시해서는 안 된다. 상업적 교환의 증대가 곧 정치와 군사의 신뢰로 이어질 것이라는 낭만적인 사고에 몰입하고 있을 수만도 없다. 정보, 자본, 인적 자원의 교류를 원활하게 해 주는 국제제도의 발달이 현실주의적 균형을 대신할 수는 없다. 동시에 전쟁을 비롯한 무력사용을 무력화시키기 위한 무한 군비경쟁만으로는 상생과 협력의 안보 공동체의 형성을 촉진시킬 수 없다.

동북아를 이해하기 위해 패러다임을 뛰어넘는 시각이 필요한 것처럼 동북아의 정치 · 경제 · 군사적 문제들을 해결하기 위한 방법들도 하나의 패러다임이 아닌 여러 패러다임에서 찾는 복합적 접근이 필요하다. 과거 국민의 정부, 참여정부의 대북정책이 자유주의에 몰입하였다면 실용정부의 대북정책은 현실주의에 함몰될 위험성을 내포하고 있다. 한반도 및 동북아의 상황을 이해하기 위한 작업과 이들 문제를 해결하려는 노력과 정책 또한 패러다임을 뛰어넘는 발상에서 찾아야 할 것이다.[25] 현실주의와 자유주의의 두 날

25 예를 들면 헨리 나우(Henry Nau)는 아시아의 현실을 설명하기 위해서 현실주의에 전적으로 의존하기 보다는 정체성과 힘의 요소를 함께 보는 접근이 필요하다고 주장한다. Henry R. Nau, "Identity and the Balance of Power in Asia," In G. John Ikenberry and Michael Mastanduno (Eds.), *International Relations Theory and the Asia-Pacific* (New York: Columbia University

개에 덧붙여 창조적 관여는 북한의 정체성을 바꾸려는 구성적 관여의 성격을 강조한다. 북한 레짐의 성격을 국제 수준과 표준에 맞추어 나가는 구성적인 관여가 되어야 한다. 구성에는 시간이 소요됨을 인식하고, 충격요법이 아닌 점진적인 접근으로 북한 엘리트의 저항을 약화시킬 필요가 있다.

(2) **실천과제**

창조적 관여의 비전을 실천하기 위해 아래와 같은 과제를 해결해야 한다. 첫째, 북한의 선군노선에서 선부노선과 선민노선으로의 전환을 유도해야 한다. 북한 나름의 경제부흥전략을 입안, 실천할 수 있도록 외부 여건이 조성되는 데 한국 외교의 초점을 맞추어야 한다. 현재 북한 선군체제의 경직성을 고려 북한 변화의 중간 목표로 개혁 중인 중국이나 도이모이 정책을 추진 중인 베트남 정도를 상정해 볼 수 있다. 민감한 북한을 어루만지며 북한이 점진적으로 경제를 정상화시키도록 도움을 주어야 한다. 우선 북한경제의 안정화를 위해 인도주의적 지원, 보건의료 지원, 에너지 지원을 실시하고, 인프라 구축을 위한 교육 및 기술지원, 사회간접자본 건설에 대한 지원으로 확대해야 한다. 이어 북한의 개혁과 개방을 위해 시장경제로의 전환과 국제경제체제로 편입을 유도해야 한다.[26] 북한과 교류협력은 경제적 측면뿐만 아니라 사회문화적 측면을 아우르게 된다. 남북한 당사자 간 접촉은 북한 주민에게 민주주의, 시장경제, 인권 존중의 가치와 제도를 전파시키는 통로가 될 것이다. 북한의 인권문제는 당장 해결해야 할 근본적인 문제이지

Press, 2003).

26 최원기, "2 · 13 합의 이후 북한경제의 개혁 · 개방 촉진을 위한 국제협력 추진 방향," 『주요국제문제분석』, 2007년 7월 25일.

여건에 따라 뒤로 미룰 수 있는 성질의 것이 아니다. 북한과 대화에서 인권 존중이라는 핵심적 가치에 대한 양보는 있을 수 없다.

둘째, 대북정책을 둘러싼 사회통합의 과제이다. 국민의 정부, 참여정부, 실용정부의 대북정책 추진 경험에서 우리가 얻을 수 있는 교훈 중의 하나는 성공적인 정책 추진을 위해서는 전국민적 지지와 격려가 필요하다는 점이다. 북한문제가 갖는 국민적 관심과 이념 분열로 어느 정부의 정책도 다수의 사회적 비판과 저항으로부터 자유로울 수 없었다. 어느 정권이 적절한 정책 구상을 디자인하는 것도 중요하지만 그 구상이 따뜻한 사회적 분위기 속에서 추진될 수 있는 내적 환경 또한 중요하다는 것이다. 과거 한국의 대북정책, 통일정책은 다른 이념과 전략을 추진하는 세력들의 격렬한 투쟁으로 '남남갈등'의 상처만 남기고 정쟁의 말미가 되곤 했다. 하나의 정책을 만드는 것도 중요하지만 그 정책을 효과적이고 일관성있게 추진할 수 있는 지도력과 그것을 배후에서 뒷받침해 줄 수 있는 내부의 단결이 무척 중요하다고 할 수 있다. 시민사회, 대북 NGO들의 활동영역을 인정해 주고 격려하는 배려 또한 필요하다. 정책의 일관성을 유지하기 위해서는 정권교체와 정책 환경의 변화에도 지속될 수 있는 공통분모와 공감대를 찾아야 한다.[27]

셋째, 한반도에 평화를 정착시키는 과제이다. 창조적 관여는 중간목표로 평화공존을 추구한다. 평화공존의 관여는 전쟁과 무력을 통해서 자신의 이익과 목표를 관철하려는 일체의 전략에 반대하며 평화적 이행에 대한 확신을 갖고 있다. 무릇 평화공존은 상대방에 대한 정치적 인정(political recognition)을 전제로 한다. 역사적으로 평화공존은 전체주의적 공산주의국가(totalitarian communist states)와 자유민주국가(liberal democracies) 사이에 실천되었다. 여기서

27 전봉근, 2011.

상대방에 대한 인정은 상대 체제를 지지, 찬양하는 적극적 의미가 아니라 현실적 편의에 입각해 상대의 존재를 인정하는 소극적 의미다.[28] 평화공존은 남과 북의 선의의 경쟁의 토대 위에서 전개되어야 하며, 이러한 공존의 경험은 통합과 통일의 문을 여는 고속도로 역할을 할 것이다.

평화공존을 추구하는 기간 남과 북의 관계를 규정짓는 핵심어는 신뢰여야 한다. 당국간 신뢰가 쌓이고 북한 주민으로부터 우리가 신뢰를 얻을수록 통일에 유리한 환경이 조성될 것이다. 남북 사이 신뢰를 형성하기 위해서는 화해의 과정을 거쳐야 할 것이다. 주류 국제정치학이 합리성과 실증주의를 바탕으로 발전해 왔기 때문에 증오, 화해와 같은 감정적이며 심리적인 개념들이 자리 잡을 틈이 없었다. 국가 사이의 갈등은 기억과 감정을 통해서 확대증폭되기 때문에 사과와 용서를 통해 감정의 치유 과정을 거쳐야만 신뢰구축으로 이어질 수 있다.[29] 평화의 기반을 닦기 위한 화해를 위해서는 한반도의 정전체제를 끝내기 위한 '한국전쟁의 종전과 한반도 평화' 수립을 위한 설계와 '남북한 화해와 한민족 대통합'을 위한 담론이 필요하다. 앞의 것은 주로 법적·제도적 정리와 설계의 내용을 담고 뒤의 것은 화해와 용서, 미래지향적 남북관계의 설정, 통일의 청사진의 내용을 담고 있어야 할 것이다. 종전과 화해로 평화체제의 문을 열고 이어서 양자, 소다자, 다자의 국가 간 관계, NGO, 기업, 개인, 국제기구의 관여, 레짐과 제도의 창출 등 복합적이고 다층적인 동아시아 안보 거버넌스의 형성을 위한 노력이 기울어져야 한다. 동아시아 안보협력체제는 유럽연합(EU), 북대서양조약기구(NATO), 국가

---

28 박종철, "상생공영 정책과 대북포용정책의 비교: 기능주의의 한계와 제도주의의 실험," 『국제정치논총』, 49집 1호, 2009b, 420-424쪽.

29 김학성, "증오와 화해의 국제정치: 한·일간 화해의 이론적 탐색," 『국제정치논총』, 51집 1호, 2011, 7-31쪽.

안보협력기구(OSCE)등 여러 겹의 안보제도가 공존, 협력하는 유럽의 다층적 안보질서가 하나의 모델이 될 수 있을 것이며, 이것의 궁극적인 목표는 통일 한국도 하나의 축을 이루는 '동아시아 협조체제(Concert of East Asia)'가 형성되는 것이다.

북한체제의 변화와 북핵문제의 해결, 한반도 평화체제, 동북아 안보질서의 수립은 나란히 진행될 것으로 예상된다. 한반도와 동아시아를 아우르는 안보협력체제는 북한 비핵화를 위해 북한의 안보 불안을 해소시켜 줄 제반 조치를 포함하고 있어야 한다. 북한의 비핵화는 안보문제를 해결하기 위해 핵을 필요로 하지 않는 정권의 등장을 필요로 하기 때문에 상대적으로 시간이 필요할 것으로 여겨진다. 남북 양국시대는 앞으로 평화공존의 시대 또는 이보다 발전된 형태인 '평화 · 번영 · 인도적 공존(peaceful, prosperous and humanitarian coexistence)'의 시대로 발돋움해야 할 것이다. 이것은 두 행위자가 무력으로 상대를 위협하지 않으며, 호혜의 원칙 아래 상업적 거래와 이익을 추구하고, 각 정치 단위 아래 생활하는 구성원들의 인간적인 삶을 보장하기 위해 함께 노력하는 상태를 의미한다.

넷째, 한국 혼자만의 힘이 아니라 주변국과 함께 북한의 변화를 추동할 과제이다. 이것은 지금도 강조되고 있는 부분이며 핵문제 해결을 위한 6자회담 또한 공동관여(co-engagement) 또는 다자적 관여(multilateral engagement)의 정신 위에 서 있다.[30] 북한문제의 해결은 한국만의 노력과 자원으로 해결할 수 없는 만큼 다자적 협력의 레짐을 형성하기 위해 노력해야 한다. 주변국의 대북정책을 추종하거나 외면하는 것이 아니라 조율하고 조정할 필요가 있

---

30 전재성, "한반도 평화체제: 국제정치이론적 접근," 한국정치학회 정전체제 55주년 특별학술회의 발표 논문, 2008년 7월 10일; 황지환, "한반도 평화체제와 북한 핵 문제," 한국정치학회 정전체제 55주년 특별학술회의 발표 논문, 2008년 7월 10일.

다. 성공적인 다자관여를 위해서는 한국과 북한이 연결되어야 하며, 한국이 주변국을 연결하는 교량 역할을 해야 하고, 북한이 주변국과 연결되도록 도와야 한다.[31] 대외적으로 중국의 대북정책, 미국의 대북정책, 러시아의 대북정책 등에서 공통분모를 찾고 이것과 우리의 대북정책과 공통분모를 확인하고 확대해 나가야 한다. 주변국이 동의하고 후원할 수 있는 통일의 프로그램을 마련하여 꾸준히 대화하고 홍보해야 한다. 한국 주도의 남북통합과 통일에 대해 주변국이 안심하고 신뢰할 때 우리의 통일이 앞당겨지게 될 것이다. 북한의 변화과정에서 북한과 미국, 북한과 일본의 관계정상화 또한 추진될 것이다. 한국은 이 과정에서 북미, 북일 수교가 북한의 비핵화 조치와 보편가치 및 인권규범 준수와 연동하여 점진적으로 이루어지도록 조언의 역할을 맡아야 한다. 관계개선의 증표로 미국과 일본은 단계적으로 북한에 대한 경제제재를 완화하며 교류협력의 폭을 넓혀 가게 될 것이다.

다섯째, 부상하는 중국과 제일 강대국 미국 사이에서 한국의 국가이익을 지키고 북한과 점진적 통합에 유리한 환경을 조성하는 과제이다. 중국의 부상과 새로운 미중관계의 정립은 우리의 통일외교에 커다란 도전요인으로 다가서고 있다. 우리의 대응은 한미동맹의 굳건한 기반 위에서 중국과 전통적인 협력관계를 회복하는 것이 될 것이다. 몇몇 학자들은 중국의 부상이 지역국가들에 위협으로 작용할 것이며, 미중관계는 악화될 것이고, 한국을 포함한 아시아 국가들은 미국과 연대하여 중국에 대한 균형정책을 취할 것이라고 예측하고 있다.[32] 그러나 중국의 부상이 곧 중국의 위협은 아니며 미

31 배긍찬, "동아시아 지역협력 과제와 전망: 제11차 ASEAN+3 및 제3차 EAS 결과를 중심으로," 『주요국제문제분석』, 2007년 12월 10일.

32 Stephen M. Walt, "The Shifting Security Environment in Northeast Asia," Paper Presented at the "Korea Questions: Balancing Theory and Practice" Conference. Seoul. October 7, 2011.

중관계도 과거 미소관계의 재판일 필요는 없다. 상당 기간 동안 미국과 중국은 협력과 갈등을 지속하며 서로의 국력과 위상에 맞는 관계를 정립하기 위해 조율과정을 거칠 것이다.

일반적으로 미국과 중국의 관계가 협력의 여지를 남겨 둘수록 한국의 대미, 대중 협력외교의 공간 또한 넓어질 것이다. 미중관계가 충돌로 치달을수록 한국의 외교는 지난한 길을 걷게 될 것이다. 한편 미국과 중국이 동아시아질서의 주도권을 놓고 경쟁하면 할수록 한국의 파트너로서의 가치는 상승하게 된다. 한국외교는 중국과 미국이 평화적으로 선의의 경쟁을 펼치며 동아시아의 평화와 번영에 긍정적이며 선도적인 역할을 할 수 있도록 양국 사이에서 소통자의 역할을 맡아야 한다. 통일 과정과 통일 이후 한미동맹의 성격 변화와 주한미군의 역할 변화에 논의가 있어야 하며 한반도 통일 과정에서 중국의 안보적 이익에 대한 배려가 있어야 한다. 한미동맹을 강화하면서도 중국과는 지리적 인접, 역사적 경험, 문화적 친밀을 매개로 한 전통적인 우호관계를 지속 및 확대시켜 나가야 한다. 한미일 협력과 한중일 협력이 상보적으로 발전되어야 한다.[33]

21세기 새로운 미중관계의 창출은 우리의 기존 대미정책과 대중정책의 재조정을 강요하게 될 것이다. 분단의 관점이 아닌 통일 과정의 관점, 통일 이후의 관점에서 우리는 새로운 대미정책과 대중정책을 마련하여야 한다. 미중관계의 다양한 조합에 대해 열린 사고를 가진 채 통일 과정과 그 이후

---

33 남창희와 이원우는 한반도 평화정착 과정 혹은 통일 이후 주한미군 운용에 관한 3대원칙을 주장하고 있다. 첫째, 한반도 평화 이후 주한 미지상군이 현 휴전선 이북으로 전개되지 않는다. 둘째, 중국이 무력으로 대만을 공격하지 않는 한 주한미군은 대만문제에 개입하지 않는다. 셋째, 한미 양국은 중국의 안보적 불안을 고려하여 서해를 지향한 공세적인 미군전력을 한반도와 부속도서에 사전배치하지 않는다(남창희 · 이원우, "한국의 동맹네트워크 확대와 한중관계 발전 병행 전략: 전략과제 도출을 위한 시론,『국제관계연구』, 16권 2호, 2001, 28쪽).

그리고 통일의 성격에 대해 미중과 전략적 대화를 나누어야 한다. 한반도의 통일이 미국과 중국의 국익에 도움이 된다는 점을 주지시키고 설득하여야 한다. 미국과는 통일 이후 한미동맹의 성격에 대해 논의하여 하며 중국과는 한미동맹이 반중(反中)동맹이 아니며 중국 포위망이 아니라는 것을 인식시켜야 한다. 미국과 중국 사이에서 양국이 모두 우리를 좋아할 수밖에 없게 만드는 우리만의 매력을 만들어야 한다. 중국의 대북 경제적 관여정책은 우리에게 새로운 기회가 될 것이다. '중국 4성론' 등 불안감에서 벗어나 중국과 함께 북한과 경제협력의 망을 넓혀 가야 한다. 중국의 대북 경제관여정책에 동승, 중국과 한국이 북한의 경제개혁과 개방에 대해 이해를 같이한다는 인식을 줄 필요가 있다.

여섯째, 창조적 관여는 남북한과 주변을 잇는 네트워크를 형성하여야 할 과제를 안고 있다. 북한문제의 근본은 고립에 있으며 북한의 고립은 자신의 후진성을 낳을 뿐 아니라 둘레 행위자들의 교류와 협력을 저지하고 있다. 평양의 고립은 자신에게도 해롭고 주변국에게도 이롭지 않은 것이다. 한국이 반도국임에도 불구하고 DMZ의 장벽으로 사실상 대륙에서 유리된 섬으로 남아 있다. 반도의 국가 한국이 대륙세력과 해양세력을 연결하는 기능을 상실하고 있는 것이다. 이 문제의 해법은 고립의 해소에서 찾아야 한다. 북한과 주변국가의 연계와 의존을 심화시켜 북한을 동아시아의 대륙과 해양을 연결시키는 교량국가로 탈바꿈시키고 다시 남북의 한반도를 유라시아 대륙과 에너지, 교통, 통신, 물류, 교역, 투자, 문화를 매개로 연결시켜야 한다. 북한의 철로를 보수, 확대하여 한반도횡단철도와 대륙철도를 연결시키는 사업, 북한의 도로를 개량, 보수하여 남북, 북중을 연결시키는 사업, 러시아로부터 북한을 관통하여 에너지 수송로를 연결하는 사업 등을 우선 착수하여 북한의 변화를 유도해 내는 촉진제로 활용하여야 한다. 북한이 자신의 전략적 위치를 활용하여 지대추구 행위를 통하여 먹고사는 문제를 해결하는 것이 의미 있는 북한체제 변화의 제1보가 될 것이다.

5. 결론

이 글은 기존 대북정책의 반성을 토대로 새로운 정책을 수립하는 데 일조하는 것을 목적으로 하였다. 결론적으로 이야기하자면 과거 대한민국의 대북정책은 중용의 묘를 살리지 못하고 한쪽에 치우치는 과잉의 정치에 시달렸다고 볼 수 있다. 과거 정책들이 나름 장점과 단점을 공유하고 있음에도 정파적 · 이념적 이해관계 속에서 상대방의 입장을 일방적으로 비난하는 관행이 보다 건설적이고 긍정적인 대북정책의 수립을 방해해 온 측면이 있다. 과거 정책의 단점을 보완하고 장점을 계승하며 새로운 요소를 추가하여 보다 창조적인 제3의 대북정책 마련이 시급한 실정이다.

사회 구성원 다수의 지지를 받는 대북정책 수립을 위하여 보수, 진보가 모두 동의할 수 있는 공통분모를 찾아야 하고, 이를 확대해 나가야 한다. 정권이 바뀌어도 흔들리지 않는 예측가능한 정책의 공감대가 마련되어야 한다. 대북정책을 상식 대 비상식의 대결이라는 관점에서 설정하고 비상식을 갖은 수단을 동원하여 격퇴시키려는 전략보다는 북한 주민의 복지 향상과 역사의 순리에 대한 믿음을 바탕으로 교류와 협력의 증진을 추진하고 그러한 정책의 자연스러운 부산물로 얻어지는 통일을 생각할 수 있어야 할 것이다.

어떤 세련된 대북정책도, 주변국의 이타적인(?) 도움도 그 자체로 성공을 담보할 수는 없다. 문제는 북한의 태도 변화이다. 북한의 새로운 정권담당자들이 역사적 사명감과 위민정신으로 경제재건을 꾀하고 주민을 위하는 정책을 펴는 전략적 결단을 내릴 때 북한에게 미래가 보장된다고 할 수 있다. 중국의 부상은 일반적으로 북한에게 유리한 상황을 조성할 가능성이 높다. 부강한 중국이 북한에게 외풍을 막는 병풍 역할을 할 수 있고, 등소평식 개혁전략은 북한의 선경 사상의 자양분이 되어 줄 것이다. 중국의 현재가 북한의 미래가 되어야 한다. 김정일 퇴진 이후 벌어지고 있는 정권교체, 세대교체는 북한에게 주어진 체제 회생의 마지막 기회일지도 모른다.

참고문헌

제1부. 남북관계 연구의 쟁점과 과제

제1장. 남북관계 60년: 1948-2008

국내문헌

강인덕 · 송종환 외, 『남북회담: 7.4에서 6.15까지』(서울: 극동문제연구소, 2004).

김계동, "한반도 분단 · 전쟁에 대한 주변국의 정책: 세력균형이론을 분석틀로," 『한국정치학회보』, 35(1), 2001.

______, 『남북한 체제통합론: 이론 · 역사 · 정책 · 경험』(서울: 명인문화사, 2006).

김도종, "햇볕정책과 국내정치적 역학: 대북포용정책의 정치적 함의," 『국가전략』, 6(1), 2000.

김명섭, "한국전쟁이 냉전체제의 구성에 미친 영향," 『국제정치논총』, 43(1), 2003.

김성보 · 기광서 · 이신철, 『사진과 그림으로 보는 북한 현대사』(서울: 웅진닷컴, 2004).

김영윤 · 최수영, 『북한의 경제개혁 동향』(서울: 통일연구원, 2005).

김용삼, "노태우 (전대통령)의 육성회고록 1," 『월간조선』, 1999년 5월.

김용직, "유신체제의 정치와 외교," 한국역사정치연구회 편. 『사료로 본 한국의 정치와 외교: 1945-1979』(서울: 성신여자대학교 출판부, 2005).

김학노, "평화통합전략으로서의 햇볕정책" 『한국정치학회보』, 39(5), 2005.

박정희, "1967년도 대통령 연두교서(01/17)," 1967. 박정희 대통령 인터넷 기념관 http://www.parkch.com (검색일: 2008년 3월 27일).

박재민, "김대중 정부 시기 남북한 간 상호성에 관한 연구," 『국제정치논총』, 43(1), 2003.

서재진, 『북한의 7.1 '경제관리개선' 조치가 주민생활에 미칠 영향』(서울: 통일연구원, 2002).

신진, "김대중 정부의 햇볕정책과 구조적 한계," 『국제정치논총』, 43(1), 2003.

심지연, 『남북한 통일방안의 전개와 수렴』(서울: 돌베개, 2001).

오충근, "한국전쟁과 소련의 안전보장이사회 결석: 허사로 끝난 스탈린의 '실리'외교," 『한국정치학회보』, 35(1), 2001.

우승지, "북한 인권문제 연구의 쟁점과 과제," 『국제정치논총』, 46(3), 2006.

_____, "2.13합의 이후 북한의 핵전략과 대남전략에 대한 분석," 『한국정치외교사논총』, 29(1), 2007.

이기종, "북한의 대남정책 결정요인과 전망," 『국제정치논총』, 37(2), 1997.

이동휘, "국제정치경제적 시각에서 본 남 · 북한 경제협력의 의의와 과제," 『주요국제문제분석』 2007년 11월 27일.

이철순, "한국전쟁 이전 미국의 한국의 가치에 대한 평가," 『국제정치논총』, 43(1), 2003.

이혜정, "한미동맹 기원의 재조명: 한미 상호방위조약의 발효는 왜 연기되었는가?" 『한국정치외교사논총』, 26(1), 2004.

전재성, "관여(engagement)정책의 국제정치이론적 기반과 한국의 대북 정책." 『국제정치논총』, 43(1), 2003.

_____, "1965년 한일국교정상화와 베트남 파병을 둘러싼 미국의 대한(對韓)외교정책," 『한국정치외교사논총』, 26(1), 2004.

통일노력60년 발간위원회, 『하늘길 땅길 바닷길 열어 통일로』(서울: 통일부, 2005).

통일부, 『통일백서 2008』(서울: 통일부, 2008).

한홍구, "박정희 정권의 베트남 파병과 병영국가화," 『역사비평』, 62, 2003.

북한자료

『로동신문』 등

해외자료 및 문헌

Diehl, Paul F. and Gary Goertz, *War and Peace in International Rivalry* (Ann Arbor: The University of Michigan Press, 2000).

Jervis, Robert, "Theories of War in an Era of Leading-Power Peace," *American Political Science Review*, 96(1), 2002.

Katzenstein, Peter J. and Nobuo Okawara, "Japan, Asian-Pacific Security, and the Case for Analytical Eclecticism," *International Security*, 26(3), 2001.

Mansourov, Alexandre Y., "Emergence of the Second Republic: The Kim Regime Adapts to the Challenges of Modernity," Young Whan Kihl and Hong Nack Kim. eds. *North Korea: The Politics of Regime Survival* (New York: M. E. Sharpe, 2006).

Rasler, Karen and William R. Thompson, "Explaining Rivalry Escalation to War: Space, Position, and Contiguity in the Major Power Subsystem," *International Studies Quarterly*, 44, 2000.

Russett, Bruce, Harvey Starr, and David Kinsella, *World Politics: The Menu for Choice* (Belmont, CA: Thomson, 2006).

Shambaugh, David, "Asia in Transition: The Evolving Regional Order," *Current History*, April 2006.

Thompson, William R., "Identifying Rivals and Rivalries in World Politics," *International Studies Quarterly*, 45, 2001.

_____, "Explaining Rivalry Termination in Contemporary Eastern Eurasia with Evolutionary Expectancy Theory," Paper Presented at the Annual Meeting of the International Studies Association, Hawaii, 2005.

Vasquez, John A., "Distinguishing Rivals That Go to War from Those That Do Not: A Quantitative Comparative Case Study of the Two Paths to War," *International Studies Quarterly*, 40, 1996.

제2장. 남북관계 연구: 검토와 과제

국내문헌

강인덕 · 송종환 외, 『남북회담: 7.4에서 6.15까지』(서울: 극동문제연구소, 2004).

구갑우, "남북한 관계의 이론들: 분류와 비판," 경남대학교 북한대학원 편, 『남북한 관계론』(파주: 한울, 2005).

권만학, "전환기의 도전과 남북한 관계," 백영철 외, 『21세기남북관계론』(서울: 법문사, 2000).

김근식, "김대중 정부의 햇볕정책: 회고와 전망," 『한국과 국제정치』, 18권 2호, 2002.

_____, "남북한 관계의 특성: 과도기의 이중성," 경남대학교 북한대학원 편, 『남북한 관계론』(파주: 한울, 2005).

김달중, "북방정책의 개념, 목표 및 배경," 『국제정치논총』, 29집 2호, 1989.

김도종, "햇볕정책과 국내정치적 역학: 대북포용정책의 정치적 함의," 『국가전략』, 6권 1호, 2000.

김병문, "한 · 미의 대북정책의 전개와 변화: 김대중 정부시기 클린턴 행정부와 부시행정부의 대북정책을 중심으로," 『세계지역연구논총』, 23집 2호, 2005.

김성진, 『박정희를 말하다: 그의 개혁 정치, 그리고 과잉충성』(서울: 삶과 꿈, 2006).

김성철, "외교정책의 환경 · 제도 · 효과의 역동성: 북방정책 사례 분석," 『국제정치논총』, 40집 3호, 2000.

김연철, "한반도 평화경제론: 평화와 경제협력의 선순환," 『북한연구학회보』, 10권 1호, 2006년 여름.

김영재 · 이승현, "남북한 신정부의 대북 · 대남 정책," 『국제정치논총』, 39집 1호, 1999.

김용복, "김대중정부의 대북정책과 남북관계: 쟁점과 평가," 『동북아연구』, 2003.

김용삼, "노태우 전대통령의 육성회고록 (1)," 『월간조선』, 1999년 5월호.

김용식, 『희망과 도전: 김용식 외교회고록』(서울: 동아일보사, 1987).

김용직 편, 『사료로 본 한국의 정치와 외교: 1945-1979』(서울: 성신여자대학교 출판부, 2005).

김용호, "대북정책과 국제관계이론: 4자회담과 햇볕정책을 중심으로 한 비판적 고찰," 『한국정치학회보』, 36집 3호, 2002년 가을.

김원식, "북한인권 담론의 규범적 논거들에 대한 검토: UN의 개입에 관한 국내 시민사회 담론을 중심으로," 『북한연구학회보』, 10권 1호, 2006년 여름.

김재한, "탈냉전과 남북한 협조," 『국제정치논총』, 30집 1호, 1990.

김정렴, 『아, 박정희』(서울: 중앙 M&B, 1997).

______, 『한국경제정책 30년사』(서울: 중앙일보사, 1990).

김학노, "평화통합전략으로서의 햇볕정책," 『한국정치학회보』, 39집 5호, 2005년 겨울.

남성욱, "북한의 수산업 현황과 효율적인 남북협력 방안," 『북한연구학회보』, 10권 1호, 2006년 여름.

노정호 · 김용호, "대북화해협력정책과 북한의 변화에 대한 실증적 분석," 『한국과 국제정치』, 18권 3호, 2002.

류길재, "남북한 관계와 북한의 국내정치: 남한 요인은 결정적 변수인가?" 경남대학교 북한대학원 편, 『남북한 관계론』(파주: 한울, 2005).

박건영 외, 『한반도 평화보고서』(서울: 한울, 2002).

박건영, "대북정책의 새로운 접근," 『국제정치논총』, 38집 2호, 1998.

박건영 · 박선원 · 우승지, "제3공화국 시기 국제정치와 남북관계: 7.4공동성명과 미국의 역할을 중심으로." 『국가전략』, 9권 4호, 2003.

박명림, "국내정치와 남북관계: '1.5레벨게임'의 구조와 동학," 『계간 사상』, 여름, 2000.

______, "분단질서의 구조와 변화: 적대와 의존의 대쌍관계동학, 1945-1995," 『국가전략』, 3권 1호, 1997.

박선원, "햇볕정책과 여론: 지속성과 변용의 관점에서 본 실증분석," 『한국과 국제정치』, 18권 2호, 2002.

박영호, "탈냉전시대 한국의 대북정책과 남북관계의 변화," 『세계지역연구논총』, 23집 1호, 2005.

박종철, 『미국과 남북한: 갈등과 협력의 삼각관계』(서울: 오름, 2002).

박철언, 『바른 역사를 위한 증언 1 · 2』(서울: 랜덤하우스중앙, 2005).

배긍찬, "1970년대 전반기의 국제환경변화와 남북관계," 한국정신문화연구원 편, 『1970년대 전반기의 정치사회변동』(서울: 백산서당, 1999).

백낙청, 『흔들리는 분단체제』(서울: 창작과 비평사, 1998).

신종대, "남북한 관계와 남한의 국내정치: 북한 요인과 국내정치의 연관과 분석틀," 경남대학교 북한대학원 편, 『남북한 관계론』(파주: 한울, 2005).

우승지, "남북화해와 한미동맹관계의 이해, 1969-1973," 『한국정치외교사논총』, 26집 1호, 2004년 8월.

______, "북한 인권문제 연구의 쟁점과 과제," 『국제정치논총』, 46집 3호, 2006.

윤여상, "이산가족 남북교류 확대에 대한 한국정부의 대응방안: 법률안 제정을 중심으로," 『북한연구학회보』, 10권 1호, 2006년 여름.

윤태영, "한미 동맹체제하에서 한국의 대북한 위기관리, 1968-1983," 『한국정치학회보』, 33집 2호, 1999.

이경재, "비상사태선언과 종신집권체제 완성," 『신동아』, 1985년 12월호.

이근, "구성주의 시각에서 본 남북정상회담," 『국가전략』, 7권 4호, 2001.

이기종, "북한의 대남정책 결정요인과 전망," 『국제정치논총』, 37집 2호, 1997.

이미경, "국제환경의 변화와 북한의 자주노선 정립: 1960년대 시기를 중심으로," 『국제정치논총』, 43집 2호, 2003.

이상우, "남북한 군사갈등과 군축," 『한국정치학회보』, 14집, 1980.

이수형, "동맹의 안보 딜레마와 포기-연루의 순환: 북핵 문제를 둘러싼 한-미 갈등 관계를 중심으로," 『국제정치논총』, 39집 1호, 1999.

이우승 · 전영선, "국내방송의 북한관련 보도태도에 관한 연구: KBS의 9시 종합뉴스와 남북의 창을 중심으로," 『북한연구학회보』, 10권 1호, 2006년 여름.

이종석, "대통령선거와 북한: 남북한의 적대적 의존관계와 변화가능성," 『역사비평』, 가을, 2002.

______, "북한의 권력구조 재편과 대남전략," 백영철 외, 『21세기남북관계론』(서울: 법문사, 2000).

이창희, "민주호와 대북정책," 『한국동북아논총』, 26집, 2003.

이항동, "대북포용정책에 대한 북한의 반응: 1997-1999 로동신문 논평을 중심으로," 『한국정치학회보』, 34집 1호, 2000.

장노순, "국제정치이론의 통합을 위한 시론: 남북한 관계의 정체성 변화와 전략적 선택," 『세계지역연구논총』, 24집 1호, 2006.

______, "약소국의 갈등적 편승외교정책: 북한의 통미봉남 정책," 『한국정치학회보』, 33집 1호, 1999년 봄호.

전재성, "구성주의 국제정치이론과 남북관계," 하영선 · 김영호 · 김명섭 편, 『한국외교사와 국제정치학』(서울: 성신여자대학교 출판부, 2005).

_____, “노태우 행정부의 북방정책 결정요인과 이후의 북방정책의 변화과정 분석,” 하용출 편, 『북방정책: 기원, 전개, 영향』(서울: 서울대학교 출판부, 2003).

전현준, “북한의 대남정책과 남북관계,” 『북한연구학회보』, 3권 2호, 1999.

정성장, “혁명전략,” 세종연구소 편, 『북한의 국가전략』(서울: 한울, 2003).

정성장 · 백학순, 『김정일 정권의 생존전략』(성남: 세종연구소, 2003).

정세현, “남북한관계와 통일문제: 연구현황과 방향,” 『국제정치논총』, 28집 1호, 1988.

_____, “북방정책에 대한 북한의 반응,” 『국제정치논총』, 29집 2호, 1989.

정준표, “북풍의 정치학: 선거와 북한변수,” 『한국과 국제정치』, 봄 · 여름, 1998.

정진영, “남북한 경제교류협력: 트로이의 목마인가 볼모인가?” 『국가경영전략』, 2집 1호, 2002.

조진구, “존슨 정권 후반기의 한미관계: 북한의 대남도발에 대한 한미간의 인식 차이를 중심으로,” 『한국과 국제정치』, 19권 3호, 2003년 가을.

_____, “중소대립, 베트남 전쟁과 북한의 남조선혁명론, 1964-68,” 『아세아연구』, 46권 4호, 2003.

최대석, “긴급구호에서 개발지원으로: 국내 NGO의 지원경험과 향후과제,” 『북한연구학회보』, 10권 1호, 2006년 여름.

최완규, “전환기 남북한의 국내정치와 통일게임,” 『한국과 국제정치』, 가을 · 겨울, 1995.

최용섭, “북한의 도발행위와 대북포용정책: 동해 잠수정 침투사건과 서해안 영해 침범 사건을 중심으로,” 『국제정치논총』, 39집 2호, 1999.

통일노력60년 발간위원회 편, 『통일노력 60년: 하늘길 땅길 바닷길 열어 통일로』(통일부, 2005).

하용출, “서론,” 하용출 편, 『북방정책: 기원, 전개, 영향』(서울: 서울대학교 출판부, 2003).

함택영, “남북한 군비 경쟁과 군축 전망,” 경남대학교 북한대학원 편, 『남북한 관계론』(파주: 한울, 2005).

홍석률, “1968년 푸에블로 사건과 남한 · 북한 · 미국의 삼각 관계,” 『한국사연구』, 113호, 2001년 6월.

『연합뉴스』, 『중앙일보』 등

해외자료 및 문헌

Diehl, Paul F. and Gary Goertz, *War and Peace in International Rivalry* (Ann Arbor: The University of Michigan Press, 2001).

Goertz, Gary, and Paul F. Diehl, “Enduring Rivalries: Theoretical Constructs and Empirical Patterns,” *International Studies Quarterly*, 37, 1993.

Kang, David C., "International Relations Theory and the Second Korean War," *International Studies Quarterly*, 47, 2003.

Koh, Dae-Won, "Dynamics of Inter-Korean Conflict and North Korea's Recent Policy Changes," *Asian Survey*, Vol. 44, No. 3, May/June 2004.

Oberdorfer, Don, *The Two Koreas* (New York: Basic Books, 2001).

Radchenko, Sergey S., "The Soviet Union and the North Korean Seizure of the USS Pueblo: Evidence from the Russian Archives," *Cold War International History Project #47*, July 2005.

Schaefer, Bernd, "North Korean 'Adventurism' and China's Long Shadow, 1966-1972," *Cold War International History Project Working Paper #44*, October 2004.

Smith, Hazel, "Bad, mad, sad or rational actor? Why the 'securitization' paradigm makes for poor policy analysis of north Korea," *International Affairs,* Vol. 76, No. 3, 2000.

Thompson, William R., "Identifying Rivals and Rivalries in World Politics," *International Studies Quarterly*, 45, 2001.

______, "Principal Rivalries," *Journal of Conflict Resolution*, 39: 2, June 1995.

Woo, Seongji, "The Failure of Appeasing North Korea," Paper presented at the International Symposium entitled "North Korea and Peace and Stability in North-East Asia," Nihon University, Mishima Campus, November 20-21, 2006.

제3장. 북한 인권문제 연구의 쟁점과 과제

국내문헌

강철환, 『수용소의 노래』(서울: 시대정신, 2005).

권혁, 『고난의 강행군』(서울: 정토출판, 1999).

김동균, "북한의 인권법제 현황과 개선방향," 평화재단 창립 1주년 기념 심포지엄 발표 논문, 2005년 11월 15일.

김병로, "북한 인권문제 현황과 북측의 태도," 통일정책연구소 북한인권문제 토론회 발표 논문, 1999년 12월 22일.

______, 『북한인권문제와 국제협력』(서울: 민족통일연구원, 1997).

김병묵, 『북한의 인권, 그 실상과 허상』(서울: 다나, 1995).

김서원, "북한의 인권문제 어떻게 볼 것인가?" 전북 평화와 통일을 여는 사람들 제5회 평화교실, 2004년 11월 4일.

김수암, "부시행정부의 대북인권정책: 북한인권법과 민주주의증진법을 중심으로," 『한국정치외교사논총』, 27집 2호, 2006년 2월.

______, 『북한인권국제대회 동향과 향후 전망』(서울: 통일연구원, 2005. 8).

______, "2기 부시행정부의 대북인권정책과 한반도: 진단과 전망," 국방안보학술회의, 2005년 3월 24일.

______, "미국의 북한인권법 발효 이후 한반도," 6 · 15남북공동선언 실현과 한반도 평화를 위한 통일연대 공동토론회, 2005년 2월 3일.

______, "북한인권문제에 대한 국내동향과 쟁점," 『북한조사연구』, 8권 1 · 2호, 2004.

김수암, 이금순, 『2005 국무부 연례각국인권보고서(북한부분) 분석』(서울: 통일연구원, 2006. 3).

김원식, "북한인권 담론의 규범적 논거들에 대한 검토: UN의 개입에 관한 국내 시민사회 담론을 중심으로," 『북한연구학회보』, 10권 1호, 2006년 여름.

김정일, "우리는 지금 식량 때문에 무정부 상태가 되고 있다(1996년 12월 김일성 종합대학 창립 50돌 기념 김정일의 연설문)" 『월간조선』, 1997년 4월.

김태현, 노치영, 『재중 북한이탈여성들의 삶』(서울: 하우, 2003).

나초스, 황재욱 옮김, 『북한의 기아: 기아, 정치 그리고 외교정책』(서울: 다할미디어, 2003).

류은숙, "인권 제국주의와 북한인권," 북한인권토론회, 2005년 3월 23일.

박경서, 『인권대사가 체험한 한반도와 아시아』(서울: 울림사, 2002).

박진원, "북한 어린이 지원사업 사례 발표," 제30차 북한연구회 세미나 발표논문, 2003년 11월 15일.

북한민주화운동본부, 『북한 정치범수용소 수감자 행불자 조사보고서: 잊혀진 이름들』(서울: 시대정신, 2004).

북한인권연구센터, 『북한인권백서 2005』(서울: 통일연구원, 2005).

______, 『북한인권백서 2004』(서울: 통일연구원, 2004).

서재진, 『북한이 개인숭배 및 정치사회화의 효과에 대한 평가연구』(서울: 통일연구원, 2003).

송경민, "대북 인도적 지원의 쟁점과 과제," 제30차 북한연구회 세미나 발표논문, 2003년 11월 15일.

아미티아 센, 박우희 역, 『자유로서의 발전』(경기: 세종연구원, 2001).

안식, "북한주민의 생존권과 대북인도적 지원법," 평화재단 창립 1주년 기념 심포지엄 발표 논문, 2005년 11월 15일.

오준, "유엔 북한인권결의안과 한국정부의 입장," 미발간 논문.

우승지, "대북 인도적 지원의 현황 및 평가," 『주요국제문제분석』, 2004년 7월 30일.

윤대일, 『'악의 축' 집행부 국가안전보위부의 내막』(서울: 월간조선사, 2002).

이근, "북한인권법 제정의 전략적 함의: 북한주민 이탈의 push factor 및 pull factor의 분석," 『국제관계연구』, 11권 1호, 2006.

이금순, 『대북 인도적 지원의 영향력 분석』(서울: 통일연구원, 2003).

이대훈, "시론: 북한인권에 대한 접근," 북한인권토론회, 2005년 3월 23일.

이석, "1994-2000년 북한 기근: 초과 사망자 규모와 지역별 인구변화," 『국가전략』, 2004년, 10권 1호.

이신화, "탈북자와 인간안보," 『계간 사상』, 13권 2호, 2001년 여름호.

이영국, 『김정일 친위대원의 수기: 나는 김정일 경호원이었다』(서울: 시대정신)

전현준, 『북한의 인권실태연구』(서울: 민족통일연구원, 1993)

정성장, "미국의 북한인권법," 『정세와 정책』, 2004년 11월.

정욱식, "한반도 평화와 북한인권, 선순환은 불가능한가?" 북한인권토론회, 2005년 3월 23일.

______, "한반도 평화와 북한인권," 미발간논문, 2005.

제성호, "미국 2004 북한인권법 공포의 의미와 전망," 북한민주화포럼 제1차 국내세미나, 2004년 11월 1일.

좋은벗들, 『북한식량난과 북한인권』(서울: 좋은벗들, 2004).

______, 『북한사람들이 말하는 북한이야기』(서울: 정토출판, 2000).

______, 『사람답게 살고싶소』(서울: 정토출판, 1999).

통일교육원, 『대북지원 새롭게 보자』(서울: 통일교육원, 2004).

통일부, 『주간 북한동향』, 2004년 12월 24일.

최성철, 『북한인권론』(서울: 한양대 통일정책연구소, 1998)

최성철 편, 『북한인권의 이해』(서울: 북한인권개선운동본부, 1995).

최의철, 『유럽연합(EU)의 대북 인권정책과 북한의 대응』(서울: 통일연구원, 2005).

______, 『북한의 인권부문 외교의 전개 방향』(서울: 통일연구원, 2003).

해거드, 스티븐, 마커스 놀랜드, "기아와 인권: 북한 기근의 정치학(Hunger and Human Rights: The Politics of Famine)" 『KDI 북한경제리뷰』, 2005년 9월.

호크, 데이빗, 이재광 역, 『감춰진 수용소(The Hidden Gulag』(서울: 시대정신, 2003).

황장엽, 『어둠의 편이 된 햇볕은 어둠을 밝힐 수 없다』(서울: 월간조선사, 2001).

『연합뉴스』, 『조선일보』, 『중앙일보』 등

북한자료

『로동신문』, 『조선중앙통신』 등

사회과학원, 『정치용어사전』(평양: 사회과학출판사, 1970).

해외자료 및 문헌

Amnesty International(AI), "Starved of Rights: Human Rights and the Food Crisis in the DPRK." http://web.amnesty.org/library/print/ENGASA240032004. (검색일: 2006.5.5)

Cumings, Bruce, *North Korea: Another Country*(New York: The New Press, 2004).

DPRK Central Bureau of Statistics, *Report on the DPRK Nutrition Assessment*(November 2002).

FAO/WFP, *FAO/WFP Crop and Food Supply Assessment Mission to the Democratic People's Republic of Korea*, 22 November 2004.

Flake, L. Gordon and Scott Snyder, *Paved with Good Intentions: The NGO Experience in North Korea*(Westport, Connecticut: Praeger, 2003).

Manyin, Mark E., "U.S. Assistance to North Korea: Fact Sheet," *CRS Report for Congress*, Updated January 31, 2006.

Muntarbhorn, Vitit, *Situation of human rights in the Democratic People's Republic of Korea*, Commission on Human Rights, 10 January 2005.

Smith, Hazel, "Overcoming Humanitarian Dilemmas in the DPRK," *United States Institute of Peace Special Report*, July 2002.

Suh, Bohyuk, "When Human Rights Meet Peace on the Korean Peninsula," *Korean and World Affairs*, Vol. 28, No. 3, Fall 2004.

U.S. Department of State, *DPRK: Country Reports on Human Rights Practices 2005*, March 8, 2006. http://www.state.gov/g/drl/rls/hrrpt/2005/61612.htm. (검색일: 2006.3.14)

U.S. Department of State, *Annual Country Human Rights Report*, February 28, 2005. http://www.state.gov/g/drl/rls/hrrpt/2004/41646.htm. (검색일: 2006.5.5)

WHO, *WHO Country Cooperation Strategy 2004-2008, Democratic People's Republic of Korea*(June 2003). http://www.who.int/disasters/repo/10414.pdf. (검색일: 2006.5.5)

제2부. 냉전 시기 남북관계의 이해

제4장. 데탕트 시기 남북화해

국내문헌

강인덕, "강인덕 극동문제연구소장의 7.4공동성명 전후 증언: 박정희는 왜 김일성의 정상회담제의를 거절했나," 『신동아』, 1993년 1월.

강인덕 · 송종환 외, 『남북회담: 7.4에서 6.15까지』(서울: 극동문제연구소, 2004).

김계동, 『남북한 체제통합론: 이론 · 역사 · 정책 · 경험』(서울: 명인문화사, 2006).

김성보 · 기광서 · 이신철, 『사진과 그림으로 보는 북한 현대사』(서울: 웅진닷컴, 2004).

김용직, "유신체제의 정치와 외교," 한국역사정치연구회 편, 『사료로 본 한국의 정치와 외교: 1945-1979』(서울: 성신여자대학교 출판부, 2005).

배긍찬, "1970년대 전반기의 국제환경변화와 남북관계," 한국정신문화연구원 편, 『1970년대 전반기의 정치사회변동』(서울: 백산서당, 1999).

우승지, "남북화해와 한미동맹관계의 이해, 1969-1973," 『한국정치외교사논총』, 26:1, 2004년 8월.

______, "박정희 시기 남북화해 원인에 관한 연구," 정성화 편, 『박정희 시대와 한국 현대사』(서울: 선인, 2006).

이성봉, "1960년대 북한의 국방력 강화 노선과 정치체제의 변화," 『국제정치논총』, 44:2, 2004.

이종석, 『북한-중국관계 1945-2000』(서울: 중심, 2000).

장경룡, "2000년 이스라엘/PLO의 국제위기: 장기갈등론적 설명," 『국제정치논총』, 41:3, 2001.

최영진, 『동아시아 국제관계사: 제2차세계대전 이후 미중관계를 중심으로』(서울: 지식산업사, 1996).

홍석률, "1970년대 전반 북미관계: 남북대화, 미중관계 개선과의 관련 하에서," 『국제정치논총』, 44:2, 2004.

해외자료 및 문헌

Axelrod, Robert, *The Evolution of Cooperation* (New York: Basic Books, 1984).

Bennett, D. Scott, "Security, Bargaining, and the End of Interstate Rivalry," *International Studies Quarterly*, 40, 1996.

______, "Democracy, Regime Change, and Rivalry Termination," *International Interactions*, 22:4, 1997.

Brecher, Michael, *Crises in World Politics: Theory and Reality* (Oxford: Pergamon Press, 1993).

Brecher, Michael and Jonathan Wilkenfeld, *A Study of Crisis, Vol. I and II* (Ann Arbor: The University of Michigan Press, 1997).

Colaresi, Michael., "Aftershocks: Postwar Leadership Survival, Rivalry, and Regime Dynamics," *International Studies Quarterly*, 48, 2004.

______, Michael and William R. Thompson, "Strategic Rivalries, Protracted Conflict, and Crisis Escalation," *Journal of Peace Research*, 39:3, 2002.

Diehl, Paul F. and Gary Goertz, *War and Peace in International Rivalry* (Ann Arbor: The University of Michigan Press, 2000).

Goertz, Gary and Paul F. Diehl, "Enduring Rivalries: Theoretical Constructs and Empirical Patterns," *International Studies Quarterly*, 37:2, June 1993.

Goertz, Gary and Paul F. Diehl, "Taking · Enduring · out of Enduring Rivalry: The Rivalry Approach to War and Peace," *International Interactions*, 21:3, 1996.

Keohane, Robert O., "Reciprocity in International Relations," *International Organization*, 40, 1986.

Most, Benjamin A. and Harvey Starr, "Diffusion, Reinforcement, Geo-politics and the Spread of War", *American Political Science Review*, 74, 1980.

Most, Benjamin A., Harvey Starr, and Randolph M. Siverson, "The Logic and Study of Diffusion of International Conflict," Minus I. Midlarsky, ed., *Handbook of War Studies* (Ann Arbor: The University of Michigan Press, 1989).

Rasler, Karen and William R. Thompson, "Explaining Rivalry Escalation to War: Space, Position, and Contiguity in the Major Power Subsystem," *International Studies Quarterly*, 44, 2000.

_____, "Rivalries and the Democratic Peace in the Major Power Subsystem," *Journal of Peace Research*, 38:6, 2001.

Russett, Bruce, Harvey Starr, and David Kinsella, World Politics: *The Menu for Choice* (Belmont, CA: Thomson, 2006).

Schaefer, Bernd, "North Korean 'Adventurism' and China's Long Shadow, 1966-1972," *Cold War International History Project Working Paper No. 44* (October 2004).

Snyder, Glenn H., "The Security Dilemma in Alliance Politics," *World Politics*, 36:4, 1984.

Thies, Cameron G., "State Building, Interstate and Intrastate Rivalry: A Study of Post-Colonial Developing Country Extractive Efforts, 1975-2000," *International Studies Quarterly*, 48, 2004.

Thompson, William R., "Principal Rivalries," *Journal of Conflict Resolution*, 39:2, June 1995.

_____, "Identifying Rivals and Rivalries in World Politics," *International Studies Quarterly*, 45, 2001.

_____, "Explaining Rivalry Termination in Contemporary Eastern Eurasia with Evolutionary Expectancy Theory," Paper Presented at the Annual Meeting of the International Studies Association, Honolulu, Hawaii, March 2005.

Vasquez, John A., *The War Puzzle* (Cambridge: Cambridge University Press, 1993).

_____, "Distinguishing Rivals That Go to War from Those That Do Not: A Quantitative Comparative Case Study of the Two Paths to War," *International Studies Quarterly*

40, 1996.

Wolf, Reinhard, "How Partners Become Rivals: Testing Neorealist and Liberal Hypotheses," *Security Studies*, vol. 12, no. 2, Winter 2002/3.

제5장. 남북화해와 한미동맹: 1969-1973

국내문헌

강상욱 · 강인덕 · 정홍진 · 송종환, "남북한 체제경쟁선언-8.15평화통일구상선언 비화." 『월간조선』 2003년 8월호.

김상준, "미국의 아시아안보정책." 『신동아』 1970년 1월호.

김용식, 『희망과 도전: 김용식 외교회고록』 (서울: 동아일보사, 1987)

김정렴, 『아, 박정희』 (서울: 중앙M&B, 1997)

박건영 · 박선원 · 우승지, "제3공화국 시기 국제정치와 남북관계: 7.4공동성명과 미국의 역할을 중심으로." 『국가전략』 9권 4호, 2003.

배긍찬, "1970년대 전반기의 국제환경변화와 남북관계." 한국정신문화연구원 편. 『1970년대 전반기의 정치사회변동』 (서울: 백산서당, 1999)

신욱희 · 김영호, "전환기의 동맹: 데탕트 시기의 한미안보관계." 한국정치사 학술회의 발표논문, 2000년 4월 7일.

심지연, 『남북한 통일방안의 전개와 수렴』 (서울: 돌베개, 2001)

윌리엄 포터, "미하원 외교위 한미관계 청문회: 윌리엄 포터 대사의 증언(1971년 6월 8일)." 『신동아』 1971년 7월호.

외교통상부, 『외교문서공개목록』 (서울: 외교통상부, 1973)

외무부, 『대한민국 외교년표』 (서울: 외무부, 1970)

이경재, "비상사태선언과 종신집권체제 완성."『신동아』 1985년 12월호.

이상우, "박정희와 미국, 그 갈등의 전말." 『신동아』 1984년 10월호.

이흥환, 『미국 비밀문서로 본 한국 현대사 35장면』 (서울: 삼인, 2002)

조세형, "박대통령 단독결정이었는가: 72년 남북대화를 보는 미국의 시각." 『월간조선』 1986년 1월호.

최영진, 『동아시아 국제관계사: 제2차세계대전 이후 미중관계를 중심으로』 (서울: 지식산업사, 1996)

홍석률, "1970년대 전반 동북아 데탕트와 한국통일문제: 미 · 중간의 한국문제에 대한 비밀협상을 중심으로." 『역사와 현실』 42호 12월, 2001.

황일도, "미 국무부 비밀문서로 밝혀진 7.4남북공동성명 내막." 『신동아』 2004년 1월호.

해외자료 및 문헌

Diehl, Paul F. and Gary Goertz, *War and Peace in International Rivalry* (Ann Arbor: The University of Michigan Press, 2001).

Kim, Se-Jin, *Documents on Korean-American Relations 1943-1976* (Research Center for Peace and Unification, 1976).

Snyder, Glenn H, "The Security Dilemma in Alliance Politics." *World Politics* 36: 4, 1984.

Department of State Central Files. 1970-1973. RG 59. National Archives.

Nixon Presidential Materials. National Archives.

제3부. 탈냉전 시기 북한의 대전략

제6장. 2.13합의 이후 북한의 핵전략과 대남전략

국내문헌

김성한, "6자회담 진전에 따른 평화체제 논의의 쟁점과 전망." 『주요국제문제분석』, 2007

돈 오버도퍼, "미국은 왜 북한과 손잡나." 『뉴스위크』(2007년 3월 21일).

동용승, "2.13 합의 이후 대북경협정책의 방향과 과제." 『KDI 북한경제리뷰 (2007년 3월).

서재진, "2.13합의 이후 북한의 전략적 결단." Online Series (2007년 3월).

여인곤 · 이금순 · 정영태 · 조한범 · 최수영, "2.13 북핵 합의이후 북한정세와 남북관계 전망." 『통일정세분석』(2007년 2월).

이교덕 · 임순희 · 정영태 · 최수영, "'2.13합의' 전후의 북한동향." 『통일정세분석』(2007년 4월).

전봉근, "최근 북미의 정책 전환 배경과 관계개선 전망." 미발간 보고서 (2007년 3월 12일).

전재성, "2.13합의 이후의 사태전개와 전망." 『이슈 & 오피니언』9호 (2007년 4월 10일).

정창현, "2.13합의에 대한 북한의 입장과 전망." 『이슈 & 오피니언』8호 (2007년 4월 3일).

조동호, "2007년 북한 신년 공동사설 분석: 분권적 자력갱생의 추진." 『KDI 북한경제리뷰』 9권 2호 (2007년 2월).

통일부, "제20차 남북장관급회담 결과보고.," (2007년 3월 5일).

______, 『월간 북한동향』(2006년 12월 1일-12월 28일).

『서울신문』, 『중앙일보』, 『연합뉴스』 등

북한자료

『개성공단 뉴스레터』, 『로동신문』, 『민주조선』, 『조선신보』 등

김철우, 『김정일장군의 선군정치』(평양: 평양출판사, 2000)

송승환, 『우리 민족제일주의와 조국통일』(평양: 평양출판사, 2004)

해외자료 및 문헌

Hill, Christopher, "Update on the Six-Party Talks." Speech at the Brookings Institute Seminar (February 22). http://www.brook.edu/comm/events/20070222hill.pdf/ (accessed: May 1, 2007).

Kaufman, Stephen, "Talks on North Korean Nuclear Program 'On Track,' U.S. Says." *Washington File* (March 22, 2007).

Koh, B. C., "Six-Party Talks: A Temporary Setback." *IFES Forum* (March 26, 2007).

Lee, Kwang-ho, "Landmark Agreement at Six-Party Talks." *Vantage Point* 30: 3 (March, 2007).

Ripsman, Norrin M., "Two Stages of Transition from a Region of War to a Region of Peace: Realist Transition and Liberal Endurance." *International Studies Quarterly* 49, 2005.

Yang, Moo-jin, "The Implementation of the February 13 Agreement." *IFES Forum* (March 15, 2007).

제7장. 김정일 시대 북한의 국제관계론

국내문헌

강성윤, "북한의 학문분류체계," 『북한연구학회보』, 10권 1호, 2006년 여름.

김성형, "유럽연합(EU)의 신 대북 협력 정책: EU집행위원회 전략보고서를 중심으로(1989-2002)," 『한국정치외교사논총』, 26집 2호, 2005.

김애경, "중국의 '화평굴기'론 연구: 논쟁과 함의를 중심으로," 『국제정치논총』, 45집 4호, 2005.

김영수, "북한의 대미 인식," 『현대북한연구』, 6권 2호, 2003.

김정용, "탈냉전시기의 북한의 대 서유럽접근: 국내외적 환경 및 의도," 『한국정치외교사논총』, 26집 2호, 2005.

김홍규, "중국군 현대화 방향과 함의: 『2006 중국국방백서』 분석을 넘어서서," 『주요국제문제분석』, 2007년 3월 8일.

란코프, 안드레이, 『소련의 자료로 본 북한 현대정치사』(서울: 오름, 1995).

민병원, "국제정치이론: 한국적 이론을 위한 성찰, 재성찰, 실천, 그리고 제안," 2006 한국국제정치학회 연례학술회의 발표논문, 2006년 12월 2일.

박채복, "EU 대북정책에 있어서 변화와 연속성," 『한국정치학회보』, 40집 2호, 2006년 여름.

백성호, "김일성 사후 북한 외교노선의 변화와 대외관계의 특징: 1995년부터 2004년까지 『로동신문』의 사설분석을 중심으로," 『국제정치논총』, 45집 4호, 2005.

서울대학교 외교학과 50주년 기념 학술회의 논문집, 『한국적 국제정치학의 모색: 반성과 전망』, 2006년 10월.

전재성 · 박건영, "국제관계이론의 한국적 수용과 대안적 접근," 『국제정치논총』, 42집 4호, 2002.

조영남, 『후진타오 시대의 중국정치』(파주: 나남출판, 2006).

안찬일 외, 『10명의 북한 출신 엘리트들이 보는 10년 후의 북한』(경기도: 인간사랑, 2006).

이종석, 『북한-중국관계: 1945-2000』(서울: 중심, 2000).

최수영, "동북아경제와 북한경제의 발전 방향," *Online Series*, 2005년 10월.

『연합뉴스』, 『중앙일보』 등

북한자료

강충희, 『조국통일 3대공조』(평양: 평양출판사, 2005).

강현재, "위대한 령도자 김정일동지께서 심화발전시키신 선군사상에 의한 주체의 령도방법," 『철학연구』, 제1호, 2007.

김국태, "위대한 장군님께서 선군정치를 펼치신것은 주체혁명의 새시대를 열어놓은 력사적사변," 『근로자』, 제1호, 2005.

김봉호, 『선군으로 위력떨치는 강국』(평양: 평양출판사, 2005).

김원삼 · 최순옥, 『4대제일주의는 강성대국건설의 영원한 구호』(평양: 사회과학출판사, 2004).

김재호, 『김정일강성대국 건설전략』(평양: 평양출판사, 2000).

김정일, 『주체철학에 대하여』(평양: 조선로동당출판사, 2000).

김철우, 『김정일장군의 선군정치』(평양: 평양출판사, 2000).

김현환, 『김정일장군 조선민족제일주의론』(평양: 평양출판사, 2003).

김화 · 고봉, 『21세기태양 김정일장군』(평양: 평양출판사, 2000).

리행호, 『21세기를 내다보는 경제발전추세』(평양: 사회과학출판사, 2004).

박명남, "인간개조는 본질에 있어서 사상개조," 『철학연구』, 제1호, 2007.

사회과학원 철학연구소, 『우리 당의 총대철학』(평양: 사회과학출판사, 2003).

송승환, 『우리 민족제일주의와 조국통일』(평양: 평양출판사, 2004).

심영철 · 오성길 · 김정남 · 전군섭 · 송승환, 『절세의 애국자 김정일장군』(평양: 평양출판사, 2005).

엄국현, 『조국통일과 미군철수』(평양: 평양출판사, 2005).

오현철, 『선군령장과 사랑의 세계』(평양: 평양출판사, 2005).

윤현철, 『'고난의 행군'을 락원의 행군으로』(평양: 평양출판사, 2002).

전덕성, 『선군정치에 대한 리해』(평양: 평양출판사, 2004).

편집국론설, "우리 당의 선군혁명령도업적을 더욱 빛내여나가자," 『근로자』, 제1호, 2005.

최기환, 『6.15시대와 민족공조』(평양: 평양출판사, 2004).

최일호, "경제강국건설은 우리 혁명과 사회발전의 절박한 요구," 《로동신문》, 2007년 1월 9일.

해외자료 및 문헌

Althusser, Louis, translated by Ben Brewster, *For Marx* (London: NLB, 1977).

Baldwin, David A, *Neorealism and Neoliberalism: The Contemporary Debate* (New York: Columbia University Press, 1993).

Beyme, Klaus Von, *The Soviet Union in World Politics* (Aldershot, Hants: Gower, 1987).

Chun, Chaesung, "Why is There No Non-Western International Relations Theory?: Reflections on and from Korea," unpublished manuscript, 2006.

Cox, Robert W., "Social Forces, States, and World Orders: Beyond International Relations Theory," R. B. J. Walker, ed., *Culture, Ideology, and World Order* (Boulder and London: Westview Press, 1984).

Gilpin, Robert, *War and Change in World Politics* (Cambridge: Cambridge University Press, 1981).

Kegley, Charles W., *Controversies in International Relations Theory: Realism and the Neoliberal Challenge* (New York: St. Martin's Press, 1995).

Keohane, Robert O., ed., *Neorealism and Its Critics* (New York: Columbia University Press, 1986).

Kubalkova, Vendulka and Albert Cruickshank, *Thinking New about Soviet "New Thinking,"* (Berkeley: University of California, 1989).

Lapid, Yosef, "The Third Debate: On the Prospects of International Theory in a Post-Positivist Era," *International Studies Quarterly*, 33, 1989.

Lenin, V. I., Imperialism: *The Highest Stage of Capitalism* (New York: International Publishers, 1939).

Light, Margot, *The Soviet Theory of International Relations* (Sussex: Wheatsheaf Books, 1988).

Lynch, Allen, *Gorbachev's International Outlook: Intellectual Origins and Political Consequences* (New York: Institute for East-West Security Studies, 1989).

_____, *The Soviet Study of International Relations* (Cambridge: Cambridge University Press, 1987).

Mitchell, R. Judson, *Ideology of a Superpower: Contemporary Soviet Doctrine on International Relations* (California: Stanford University, Hoover Institution Press, 1982).

Morgenthau, Hans J., *Politics Among Nations: The Struggle for Power and Peace* (New York: Alfred Knopf, 1948).

Robertson, Benjamin and Melinda Liu, "Can the Sage Save China?" *Newsweek*, March 20, 2006.

Sergiyev. A., "Leninism on the Correlation of Forces as a Factor of International Relations," *International Affairs*(Moscow), May 1975.

Smith, Steve, "The Self-Images of a Discipline: A Genealogy of International Relations Theory," Ken Booth and Steve Smith, ed., *International Relations Theory Today* (University Park, Pennsylvania: The Pennsylvania State University Press, 1995).

Waltz, Kenneth N., *Theory of International Politics* (MA: Addison-Wesley, 1979).

Zagladin, V., "World Balance of Forces and the Development of International Relations(Aspects of Theory and Methodology)," *International Affairs*(Moscow), March 1985.

Zheng, Bijian, "China's peaceful development and Chinese civilized revival." *People's Daily Online*, April 10, 2006. http://english.people.com.cn (accessed May 8, 2006).

Zimmerman, William, *Soviet Perspectives on International Relations 1956-1967* (Princeton: Princeton University Press, 1969).

제8장. 탈냉전 시기 북한의 의존 네트워크

국내문헌

고재남, "러 · 북 정상회담과 한반도 정세," 『주요국제문제분석』, 2011년 9월 26일.

김상배, "네트워크 세계정치이론의 모색," 하영선 · 김상배 편. 『네트워크 세계정치: 은유에서 분석으로』(서울: 서울대학교출판문화연구원, 2010).

______, “네트워크로 보는 중견국 외교전략: 구조적 공백과 위치권력 이론의 원용,” 『국제정치논총』, 51집 3호, 2011a.

______, “한국의 네트워크 외교전략: 행위자-네트워크 이론의 원용,” 『국가전략』, 17권 3호, 2011b.

김성배 · 조동호, “김정은의 북한과 공진 · 복합의 대북정책,” 『EAI 국가안보패널 보고서: 2010년대 한국외교 10대 과제』, 2012년 4월.

김성형, “유럽연합(EU)의 신 대북 협력 정책: EU집행위원회 전략보고서를 중심으로(1989-2002),” 『한국정치외교사논총』, 26집 2호, 2005.

김정용, “탈냉전시기의 북한의 대 서유럽접근: 국내외적 환경 및 의도,” 『한국정치외교사논총』, 26집 2호, 2005.

김종대, 『노무현, 시대의 문턱을 넘다』(서울: 나무와 숲, 2010).

드루 톰슨 저 · 이원경 역, “침묵의 파트너: 북한 내 중국의 합작투자,” 『KDI 북한경제리뷰』, 제13권 제3호, 2011.

라미경, “대북 관련 NGO 활동, 평가와 전망,” 현대북한연구회 편. 『기로에 선 북한, 김정일의 선택』(파주: 한울, 2011).

림금숙, “장길도 선도구와 나선특별시 간 경제협력의 새로운 동향,” 『KDI북한경제리뷰』, 15권 제1호, 2013.

박형중, “북 · 중 경제관계 증대와 북한정권의 미래: ‘외래지대 의존국가(rentier state)론적 분석,” 『온라인 시리즈』, 2011.

배성인, “국제사회의 대북 인도적 지원,” 『국제정치논총』, 44집 1호, 2004.

신범식, “러북남 가스관 프로젝트와 러북 및 한러 정상회담,” 『EAI 논평』, 22호, 2011년 10월 27일.

안문석, 『노무현 정부와 미국』(파주: 한국학술정보, 2007).

여인곤, “울란우데 북 · 러 정상회담의 러시아 측 의도와 평가,” 『온라인 시리즈』, 2011.

이영훈, “창지투개발계획의 실현 가능성과 북한의 개혁 · 개방,” 『KDI 북한경제리뷰』, 13권 제4호, 2011.

이원경, “최근 북중 경제협력 실태 및 사례,” 『KDI 북한경제리뷰』, 13권 제3호, 2011.

이종석, 『북한-중국관계: 1945-2000』(서울: 중심, 2000).

이태환, “북 · 중 관계,” 세종연구소 북한연구센터 편. 『북한의 대외관계』(파주: 한울, 2007).

임동원, 『피스메이커: 남북관계와 북핵문제 20년』(서울: 중앙북스, 2008).

임수호, “북 · 중경협의 현황과 전망,” 『JPI 정책포럼』, 2011-16, 2011년 6월.

임재형, “북 · 일 관계,” 세종연구소 북한연구센터 편, 『북한의 대외관계』(파주: 한울, 2007).

전봉근, “2011년 북한정세 전망과 새로운 대북전략 모색,” 『주요국제문제분석』, 2011년 1월 20일.

정광민, “북한 수출산업의 새로운 동향,” 『KDI 북한경제리뷰』, 10권 제2호, 2008.

정문헌, 『탈냉전기 남북한과 미국: 남북관계의 부침』(서울: 매봉, 2004).

정성장, “북한 · 유럽 관계,” 세종연구소 북한연구센터 편, 『북한의 대외관계』(파주: 한울, 2007).

정은이, “접경지역 단동에 대한 현지조사,” 『KDI 북한경제리뷰』, 15권 제4호, 2013.

조민, “김정일 북한 국방위원장의 8월 대장정,” 『온라인 시리즈』, 2011.

조양현, “일본인 납치 문제와 북일 관계 동향 및 전망,” 『주요국제문제분석』, 2008년 1월 7일.

최대석, “노무현 정부의 대북 인도적 사업 현안과 발전전망,” 『국제정치논총』 44집 1호, 2004.

최명해, “북한의 대중 ‘의존’과 중국의 대북 영향력 평가,” 『주요국제문제분석』, 2010년 6월 11일.

통일노력60년 발간위원회 편, 『통일노력 60년: 하늘길 땅길 바닷길 열어 통일로』(서울: 통일부, 2005).

하영선 · 김상배 편, 『네트워크 세계정치: 은유에서 분석으로』(서울: 서울대학교출판문화원, 2010).

한동호, “북 당대표자회 이후 미 · 북관계 전망,” 『주요국제문제분석』, 2011년 1월 14일.

황재성, “북한 상주 국제기구의 교훈, 우리도 민관 협력으로 효과적 대북지원체계 만들어야,” 『민족화해』, 67, 2014년 3월/4월, 20-23쪽.

『동아일보』 등

해외자료 및 문헌

Beblawi, Hazem, “The Rentier State in the Arab World,” Hazem Beblawi and Giacomo Luciani, eds., *The Rentier State* (New York: Croom Helm, 1987).

Beblawi, Hazem and Giacomo Luciani, eds., *The Rentier State* (New York: Croom Helm, 1987).

Bueno De Mesquita, Bruce and Alastair Smith, “How Tyrants Endure,” *The New York Times*, June 10, 2011, A35.

Flake, L. Gordon and Scott Snyder, eds., Paved with Good Intentions: *The NGO Experience in North Korea*. Westport (CT: Praeger, 2003).

Luciani, Giacomo, “Allocation vs. Production States: A Theoretical Framework,” Hazem Beblawi and Giacomo Luciani, eds., *The Rentier State* (New York: Croom Helm, 1987).

Manyin, Mark, “Food Crisis and North Korea's Aid Diplomacy: Seeking the Path of Least Resistance,” Kyung-Ae Park, ed., *New Challenges of North Korean Foreign Policy* (New York: Palgrave Macmillan, 2010).

Manyin, Mark E. and Mary Beth Nikitin, “Foreign Assistance to North Korea,” (*CRS Report for Congress*, June 25, 2012).

Moltz, James Clay and Alexandre Y. Mansourov, eds., *The North Korean Nuclear Program: Security, Strategy, and New Perspectives from Russia* (New York: Routledge, 2000).

Nexon, Daniel H. and Thomas Wright, "What's at Stake in the American Emprie Debate," *American Political Science Review*, 101, No. 2, May 2007.

Park, Sung-Jo, "Instrumental versus Solidaric Rationality: European NGOs in North Korea," *Journal of Peace Studies* 8, No. 2, 2007.

Slaughter, Anne-Marie, "America's Edge: Power in the Networked Century," *Foreign Affairs*, 88, No. 1, January/February 2009.

Smith, Hazel, *Hungry for Peace: International Security, Humanitarian Assistance, and Social Change in North Korea* (Washington, D.C., United States Institute of Peace Press, 2005).

제4부. 북한문제의 해법

제9장. 북한은 현상유지 국가인가?

국내문헌

국방부, 『국방백서』(서울: 국방부, 2009).

김근식, "김정일 시대 북한의 신발전전략: 실리사회주의를 중심으로," 『국제정치논총』 43집 4호, 2003년 겨울.

______, "북한 '실리 사회주의'의 추진과 좌절: 북한변화에의 함의" 『북한연구학회보』 14권 2호, 2010년 겨울.

김예경, "중국의 부상과 북한의 대응전략: 편승전략과 동맹, 유화 그리고 현안별 지지정책," 『국제정치논총』 47집 2호 (2007).

김종대, 『시크릿 파일 서해전쟁』(서울: 메디치, 2013).

김태현 · 노치영, 『재중 북한이탈여성들의 삶』(서울: 하우, 2003).

나초스 저, 황재옥 옮김, 『북한의 기아: 기아와 정치, 그리고 외교정책』(서울: 다할미디어, 2003).

다케사다 히데시, 이혁재 옮김, 『두려운 전략가 김정일』(서울: 다락원, 2001).

박현선, 『현대 북한사회와 가족』 (서울: 한울, 2003).

백학순, "대남전략과 대외전략," 정성장 · 백학순 공저, 『김정일 정권의 생존전략』(성남: 세종연구소, 2003).

우승지, "김정일 시대 북한의 국제관계론 이해를 위한 시론," 『국제정치논총』 47집 4호, 2007.

윤덕민, "북한의 탄도미사일 프로그램 평가," 『주요국제문제분석』 2006년 7월 26일.

______, "북한의 우라늄농축 프로그램과 대응방향," 『주요국제문제분석』 2011년 1월 12일.

______, "북한 미사일 프로그램 평가," 국립외교원 외교안보연구소 편, 『2012년 정책연구과제 2』(서울: 국립외교원 외교안보연구소, 2013).

이근욱, 『왈츠 이후: 국제정치이론의 변화와 발전』(파주: 한울, 2009).

이석, "1994-2000년 북한 기근: 초과 사망자 규모와 지역별 인구변화," 『국가전략』 10권 1호, 2004.

정영철, 『북한의 개혁개방: 이중전략과 실리사회주의』(서울: 선인, 2004).

좋은벗들, 『사람답게 살고 싶소』 (서울: 정토출판, 1999).

최완규 편, 『북한의 국가성격 변용에 관한 연구: '예외국가'의 공고화』(서울: 한울아카데미, 2001).

최진욱, "남북관계 60년과 통일담론," 『KDI 북한경제리뷰』 10권 8호 (2008년 8월).

북한자료

『로동신문』

해외자료 및 문헌

Cha, Victor D., "Hawk Engagement and Preventive Defense on the Korean Peninsula," *International Security* 27:1, Summer 2002.

Gilpin, Robert, *War and Change in World Politics* (Cambridge: Cambridge University Press, 1981).

Hwang, Jihwan, "International Relations Theory and the North Korean Nuclear Crisis: Bridging the Gap between Theory and Practice," 『국제관계연구』13권 1호, 2008.

Jervis, Robert, "Realism, Neoliberalism, and Cooperation: Understanding the Debate," *International Security* 24:1, Summer 1999.

Johnston, Alastair Iain, "Is China a Status Quo Power?" *International Security* 27:4, Spring 2003.

Kang, David C., "Rethinking North Korea," *Asian Survey* 35:3, March 1995.

______, "Getting Asia Wrong: The Need for New Analytical Frameworks," *International Security* 27:4, Spring 2003.

______, "They Think They're Normal: Enduring Questions and New Research on North Korea-A Review Essay," *International Security* 36: 3, Winter 2011/12.

Kissinger, Henry, *A World Restored: Metternich, Castlereagh, and the Problems of Peace 1812-1822* (London: Weidenfeld & Nicolson, 1999).

Lee, Kwang-ho, "North Korea's Nuke Programs and Capabilities," *Vantage Point* 35: 6, June 2012.

Mearsheimer, John J., *The Tragedy of the Great Power Politics* (New York: W. W. Norton, 2001).

Moltz, James Clay and Alexandre Y. Mansourov, Eds., *The North Korean Nuclear Program: Security, Strategy, and New Perspectives from Russia* (New York: Routledge, 2000).

Morgenthau, Hans J., *Politics among Nations: the Struggle for Power and Peace* (New York: McGraw-Hill, 1993).

Roy, Denny, "Hegemon on the Horizon?: China's Threat to East Asian Security," *International Security* 19: 1, Summer 1994.

Schweller, Randall L., "Tripolarity and the Second World War," *International Studies Quarterly* 37: 1, March 1993.

______, "Bandwagoning for Profit: Bringing the Revisionist State Back In," *International Security* 19: 1, Summer 1994.

______, "Neorealism's Status Quo Bias: What Security Dilemma?" *Security Studies* 5: 3, Spring 1996.

______, *Deadly Imbalances: Tripolarity and Hitler's Strategy of World Conquest* (New York: Columbia University Press, 1998).

Segal, Gerald, "East Asia and the 'Constrainment' of China," *International Security* 20: 4, Spring 1996.

Shambaugh, David, "China or America: Which is the Revisionist Power?" *Survival* 43: 3, Autumn 2001.

Sigal, Leon V., *Disarming Strangers: Nuclear Diplomacy with North Korea* (Princeton: Princeton University Press, 1998).

Waltz, Kenneth N., *Theory of International Politics* (Reading, MA: Addison-Wesley, 1979).

Xiang, Lanxin, "Washington's Misguided China Policy," Survival 43: 3, Autumn 2001.

제10장. 북한 선진화 전략

국내문헌

고유환, "김정일 건강변수와 후계구축의 시나리오," 『KDI 북한경제리뷰』, 2008년 9월.

곽승지, 『동북아시아 시대의 연변과 조선족』(서울: 아이필드, 2008).

김갑식, "북한 정치체체의 변화: 특징과 한계 그리고 전망," 『현대북한연구』 10권 3호, 2007년a.

_____, "사회주의 체제전환국의 정치체제 변화," 『북한연구학회보』 11권 2호, 2007년b.

김근식, "북한의 실리사회주의와 체제변화," 『북한연구학회보』 11권 2호, 2007년 겨울.

김연각, "북한 국가의 성격: 기존 논의의 검토와 제언," 『북한연구학회보』 10권 2호, 2006년 겨울.

김용구, 『세계외교사』(서울: 서울대학교출판부, 2006).

박관용 외, 『북한의 급변사태와 우리의 대응』(파주: 한울, 2007).

박명림, "노무현의 '동북아구상' 연구-인식, 비전, 전략," 『역사비평』, 2006년 가을호, 통권 76호.

박선원, "김정일시대 북한의 변화: 진화론적 접근," 『한국정치학회보』 36집 3호, 2002년 가을.

박영자, "2003년 〈종합시장제〉 이후 북한의 '주변노동'과 '노동시장': 노동일상의 상황과 구조," 『한국정치학회보』 43집 3호, 2009년 가을.

박종철 외, 『한국의 동북아시대 구상: 이론적 기초와 체계』(서울: 오름, 2006).

박형중, "화폐교환조치의 파장과 전망: 정치경제학적 분석," Online Series (통일연구원), 2009년 12월 10일.

_____, "과거와 미래의 혼합물로서의 북한경제: 잉여 점유 및 경제조정기제의 다양화와 7개 구획구조," 『북한연구학회보』 13권 1호, 2009년 여름. 서울대학교 행정대학원 통일정책연구팀 저, 『남과 북 뭉치면 죽는다』(서울: 랜덤하우스중앙, 2005).

신지호, "북한체제변화 3단계론: 대북정책에의 시사," 『한국정치학회보』 36집 4호, 2002년 겨울.

와다 하루키, 서동만 · 남기정 옮김, 『북조선: 유격대국가에서 정규군국가로』(서울: 돌베개, 2002).

우승지, "남북한 관계 60년 분석: 1948-2008," 『국제 · 지역연구』 17권 2호, 2008년 여름.

이조원, "취약국가 모델과 북한에 대한 개발협력 연구," 『북한연구학회보』 12권 2호, 2008년 겨울.

전봉근, "북한의 권력 변동 시나리오 연구: 김정일 '건강이상설' 이후," 『주요국제문제분석』, 2008년 10월 10일.

_____, "북한의 변화 실태와 전망," 『주요국제문제분석』 2005년 11월 16일.

정성장, "포스트 김정일 시대 북한 권력체제의 변화 전망," 『세종정책연구』, 5권 1호, 2009.

정성장, "김정일의 3남 김정운의 후계체계 구축 전망," 『합참』, 40호, 2009년 7월.

______, "김정일 시대 북한의 후계 문제: 징후와 후계 구도," 『한국정치학회보』, 39집 2호, 2005년 여름.

조성렬 외, "북한의 위기관리체제와 우리의 대응방안," 국회 정보위원회(2006).

주경철, 『대항해시대: 해상팽창과 근대 세계의 형성』(서울: 서울대학교출판부, 2008).

통일부 통일교육원, 『북한방문 길라잡이(개정판)』(2002).

『연합뉴스』, 『중앙일보』 등

해외자료 및 문헌

Albrecht-Carrie, Rene, *A Diplomatic History of Europe Since the Congress of Vienna* (New York: Harper & Row, 1973).

Andrew, James P., "Government and Innovation," *eJournal USA* Vol. 14, No. 11, November 2009.

Becker, Jasper, *Rogue Regime: Kim Jong Il and the Looming Threat of North Korea* (Oxford: Oxford University Press, 2005).

The Boston Consulting Group and National Association of Manufacturers, "2009 Innovation Index Country Ranking," *eJournal USA* Vol. 14, No. 11, November 2009.

Brownlee, Jason, "Hereditary Succession in Modern Autocracies," *World Politics* 59, July 2007.

Chesterman, Simon, Michael Ignatieff, and Ramesh Thakur, ed., *Making States Work: State Failure and the Crisis of Governance* (Tokyo: United Nations University Press, 2005).

Cuming, Bruce, *North Korea: Another Country* (New York: The New Press, 2004).

Darwin, Charles, *The Origin of Species* (New York: Collier & Son, 1909 [1859]).

Dyer, Jeffrey H., Hal B. Gregersen, and Clayton M. Christensen, "The Innovator's DNA," *Harvard Business Review*, December 2009.

Gurr, Ted Robert, *Why Men Rebel* (Princeton: Princeton University Press, 1970).

Hirschman, Albert O., *Exit, Voice, and Loyalty: Responses to Decline in Firms, Organizations, and States* (Cambridge, MA: Harvard University Press, 1970).

Keohane, Robert O., "Governance in a Partially Globalized World," *American Political Science Review* Vol. 95, No. 1, March 2001.

LaFeber, Walter, *The Clash: U.S.-Japanese Relations throughout History* (New York: W. W. Norton, 1997).

Lankov, Andrei, "Changes to North Korea's System of Social Control," *North Korea Newsletter* No.77, October 22, 2009.

_____, "Changing North Korea," *International Herald Tribune*, October 14, 2009.

Modelski, George, *Long Cycles in World Politics* (London: Macmillan Press, 1987).

Noland, Marcus, "Why North Korea Will Muddle Through," *Foreign Affairs* Vol. 76, No. 4, July/August 1997.

Nordfors, David, "What is Innovation?" *eJournal USA* Vol. 14, No. 11, November 2009.

Porter, Terry B., "Coevolution as a Research Framework for Organizations and the Natural Environment," *Organization & Environment* Vol. 19, No. 4, December 2006.

Vinci, Anthony, "Anarchy, Failed States, and Armed Groups: Reconsidering Conventional Analysis," *International Studies Quarterly* Vol. 52, No. 2, June 2008.

Zakaria, Fareed, *The Post-American World* (New York: W. W. Norton & Company, 2009).

제11장. 제3의 길: 북한문제와 창조적 관여

국내문헌

김근식, "북한의 실리사회주의와 체제변화," 『북한연구학회보』, 11권 2호, 2007.

김성배 · 조동호, 『김정은의 북한과 공진 · 복합의 대북정책』(서울: 동아시아연구원, 2012년 4월).

김영윤 · 최수영, 『북한의 경제개혁 동향』(서울: 통일연구원, 2005).

김영윤 · 조봉현 · 박현선, 『북한이 변하고 있다』(서울: 통일연구원, 2007).

김학성, "증오와 화해의 국제정치: 한 · 일간 화해의 이론적 탐색," 『국제정치논총』, 51집 1호, 2011.

남북정상회담 준비기획단, 『2007 남북 정상회담 합의 해설 자료』, 2017년 10월 4일.

남창희 · 이원우, "한국의 동맹네트워크 확대와 한중관계 발전 병행 전략: 전략과제 도출을 위한 시론," 『국제관계연구』, 16권 2호, 2001.

박선원, "김정일시대 북한의 변화: 진화론적 접근," 『한국정치학회보』, 36집 3호, 2002.

박종철, "남북관계 1년의 평가와 과제," *Online Series*, 2009a.

_____, "상생공영 정책과 대북포용정책의 비교: 기능주의의 한계와 제도주의의 실험," 『국제정치논총』, 49집 1호, 2009b.

박형중, "대북지원과 대북정책," 2009 통일연구원 학술회의: 북핵 문제 해결 방향과 북한 체제의 변화 전망, 2009년 2월 18일.

_____, "2012년과 후계구축 및 강성대국 건설," *Online Series*, 2012.

배긍찬, "동아시아 지역협력 과제와 전망: 제11차 ASEAN+3 및 제3차 EAS 결과를 중심으로," 『주요국제문제분석』, 2007년 12월 10일.

신지호, "북한체제변화 3단계론: 대북정책에의 시사," 『한국정치학회보』, 36집 4호, 2002.

오경섭, "북한 전체주의 사회통제와 체제 내구성," 『세종정책연구』, 5권 2호, 2009.

우승지, "남북한관계 60년 분석: 1948-2008," 『국제 · 지역연구』, 17권 2호, 2008.

윤덕민, "『비핵 · 개방 3000 구상』: 과제와 전망," 『주요국제문제분석』, 2008년 4월 29일.

_____, "한반도의 새로운 비전: 공동체 통일," 『2010년 정책연구과제 2』(서울: 외교안보연구원, 2011).

전봉근, "북한의 변화 실태와 전망," 『주요국제문제분석』, 2005년 11월 16일.

_____, "2011년 북한정세 전망과 새로운 대북전략 모색," 『주요국제문제분석』, 2011년 1월 20일.

전재성, "유화 혹은 포용: 히틀러에 대한 유화정책이 대북정책에 주는 시사점," 『국가전략』, 6권 2호, 2000.

_____, "관여(engagement)정책의 국제정치이론적 기반과 한국의 대북정책," 『국제정치논총』, 43집 1호, 2003.

_____, "한반도 평화체제: 국제정치이론적 접근," 한국정치학회 정전체제 55주년 특별학술회의 발표 논문, 2008년 7월 10일.

정성장 편, 『한국의 국가전략 2020: 대북 · 통일』(성남: 세종연구소, 2005).

_____, "북한 김정은의 실제 영향력, 지도체제의 성격과 핵심 파워 엘리트," JPI정책포럼, 2012.

청와대, 『이명박 정부 외교안보의 비전과 전략: 성숙한 세계국가』, 2009년 3월.

최원기, "2.13 합의 이후 북한경제의 개혁 · 개방 촉진을 위한 국제협력 추진 방향," 『주요국제문제분석』, 2007년 7월 25일.

통일부, 『최근 북한 변화 동향』, 2004년 12월.

_____, 『2006년 업무추진 계획』, 2006년 2월.

_____, 『대북정책 이렇게 해왔습니다』, 2012년 2월.

하영선, "김정은 체제의 미래와 한국의 전략: 공진(coevolution)전략의 본격적 모색," 『EAI 논평』, 24호, 2012년 1월 2일.

하영선 · 조동호 공편, 『북한 2032: 선진화로 가는 공진전략』(서울: 동아시아연구원, 2010).

황지환, "한반도 평화체제와 북한 핵 문제," 한국정치학회 정전체제 55주년 특별학술회의 발표 논문, 2008년 7월 10일.

해외자료 및 문헌

Cha, Victor D., "Hawk Engagement and Preventive Defense on the Korean Peninsula," *International Security*, 27(1), 2002.

Gates, Bill, "Making Capitalism More Creative," *Time*, July 31, 2008.

Kang, David C., "Rethinking North Korea," *Asian Survey*, 35(3), 1995.

Mcachern, Patrick, "Interest Groups in North Korean Politics," *Journal of East Asian Studies*, 8, 2008.

Nau, Henry R., "Identity and the Balance of Power in Asia," In G. John Ikenberry and Michael Mastanduno (Eds.), *International Relations Theory and the Asia-Pacific*, (New York: Columbia University Press, 2003).

Snyder, S., "South Korea's Squeeze Play," Washington Quarterly, 28(4), 2005.

Walt, Stephen M., "The Shifting Security Environment in Northeast Asia," Paper Presented at the "Korea Questions: Balancing Theory and Practice" Conference. Seoul. October 7, 2011.

남북관계의 이해

초판 1쇄 발행 2018년 4월 6일
초판 2쇄 발행 2018년 7월 20일

지은이 우승지
펴낸이 조인원
펴낸곳 경희대학교 출판문화원
주소 서울시 동대문구 경희대로 26
전화 02-961-0106~8, 팩스 02-961-0291
설립 1960년 9월 16일 제5-8호
등록 1977년 11월 8일 제6-5호
홈페이지 www.khupress.com
전자우편 press@khu.ac.kr

ISBN 978-89-8222-573-4 (93340)